当代世界德育名家译丛
杨晓慧　主编

Thomas Ehrlich
托马斯·欧利希
文集

国际法与使用武力

Thomas Ehrlich　　Mary Ellen O'Connell
[美] 托马斯·欧利希　[美] 玛丽·埃伦·奥康奈尔 ｜著

张珊珊 ｜译

生活·讀書·新知 三联书店

Simplified Chinese Copyright © 2024 by SDX Joint Publishing Company.
All Rights Reserved.
本作品简体中文版权由生活·读书·新知三联书店所有。
未经许可,不得翻印。

图书在版编目(CIP)数据

托马斯·欧利希文集/(美)托马斯·欧利希主编；
王小林等译. —北京：生活·读书·新知三联书店，
2024.7
  ISBN 978-7-108-07520-8

  Ⅰ.①托…　Ⅱ.①托…②王…　Ⅲ.①社会科学—文集　Ⅳ.①C53

  中国版本图书馆 CIP 数据核字(2022)第 182153 号

总　序

一

马克思说:"一个时代的迫切问题,有着和任何在内容上有根据的因而也是合理的问题共同的命运:主要的困难不是答案,而是问题。"比较思想政治教育的兴起既是世界多极化、经济全球化、社会信息化与文化多样化背景下的必然之举,也是学科发展到一定阶段进行观念反思与议题创新的应然选择。

历史从哪里开始,思想进程也应当从哪里开始。和平与发展是当今时代的主题,世界多极化不可逆转,经济全球化深入发展,综合国力竞争日趋激烈。实现中华民族伟大复兴是近代以来中华民族最伟大的梦想,随着中国特色社会主义逐渐迈入新时代,社会矛盾发生深刻变化,提出并推进人类命运共同体思想是在新时代的历史方位中实现中国梦的战略需要。通过挖掘和利用国际合作与交流工作的基础性、前瞻性和引领性的潜力和特点,努力加快宽领域、高层次国际合作与交流步伐。

思想政治教育理应与时代同行,与实践同行,思时代之所思、问时代之所问、急时代之所急,并在最新的实践命题中提取理论命题,在最新的社会实践中检验理论生命力。值此百年未有之大变局,思想政治教育需要从本学科视角出发审视时局并明确自身的使命担当。加强对学生思想政治教育的重视,是立足于新时代教育对学生德育教育的重视的教育内容,是学生成长和发展的重要基础。对于学校而言,思想政治教育的有效开展是促进学校教育改革的重要方式;对于国家及社会的发展而言,思想政治教育有利于保障人才培养的品德修养,是培养德才兼具型人才的重要教育内容;对于学生自身而言,思想政治教育是保障其符合新时代社会发展需求的重要方式,是促进其身心健康、持续发展的重要保障。

拥有宽广的国际视野,对思想政治教育研究者和工作者来说,是不可逆转的发展要求,也是比较思想政治教育在新的发展态势下找准生长点、走特色人才培养道路的必然选择。在对外人文交流中确立比较思想政治教育研究的角色既是实践经验的总结,也是发展模式的探索。开展国际间思想政治教育比较研究对于认识和把握人类社会发展规律具有重大意义,可以指导人们更好地进行社会实践活动;比较的目的在于辨别事物的异同关系,谋求背后的一般规律,以服务于社会现实需要;进行比较要以共同点为前提,立足各国事实情况,不能回避和掩饰问题的实质;在具体的比较过程中,既要以联系的眼光综合运用纵向比较与横向比较,又要以整体性思维处理好比较中的整体与部分、一般与特殊的关系。

二

思想政治教育学是一门研究思想政治教育现象、问题并揭示思想政治教育规律的科学。在这个"历史向世界历史转变"的时代,只有通过比较的研究方法对思想政治教育研究进行时间与空间双重维度的拓展,深入解析不同历史时间和空间地域下的思想政治教育实践的具体样态及其生成发展规律,才有可能深刻把握思想政治教育演变发展的一般规律,为思想政治教育创新发展提供理论基点,探寻现实进路。

党的十八大以来,思想政治教育理论研究与实践创新取得很大成绩。但随着国际形势深刻变化和国内经济社会发展,新情况新问题新挑战层出不穷。思想政治教育要跟上形势变化、更好发挥作用,必须强化人本意识、问题意识、实践意识,不断开拓创新。思想政治教育比较研究的价值追求不止于寻找异同,更在于透过现象看到其背后蕴含的本质性规律,深入理解、借鉴和反思世界各国思想政治教育实践活动。思想政治教育的比较研究进行得越是深刻和精准,我们越能接近思想政治教育的本质规律。以深入开展思想政治教育比较研究为主要切入点,我们亟待提升以"比较思维"为核心的思想政治教育研究格局,超越单一视域的思维阈限,拓宽传统思想政治教育学的认识边界,进一步强化思想政治教育在理论上的学理性和在实践上的适用性。

思想政治教育学自 1984 年确立以来,其主干学科逐渐由"三足鼎立"(原理、历史、方法)的结构体系演变为"四维驱动"(原理、历史、方法、比较)的发展态势。为了使国际比较研究与其他基础理论研究形成正反馈机制,就必须更加全面、深刻、科学、高效地借鉴。基于此,根据学界业已形成的丰富成果与思想观点,从认识论与方法论的视角体察探究思想政治教育国际比较的借鉴问题就显得至关重要。只有积累了一定的国别研究成果和比较研究成果，才能进一步探讨借鉴问题。当比较思想政治教育学科发展到一定阶段后，只有探明借鉴问题，才能更好地展现出其对于促进思想政治教育学科议题创新与观念反思的重大价值。在对外人文交流中确立比较思想政治教育研究的角色既是实践经验的总结，也是发展模式的探索。

总之，无论是从时代背景、文化背景，还是学科背景出发，思想政治教育国际比较的借鉴问题研究都势在必行。

三

我国比较思想政治教育兴起于 20 世纪 80 年代中后期。经过多年的建设，比较思想政治教育的发展已经初具规模。2016 年 5 月 17 日，习近平在哲学社会科学工作座谈会上指出："观察当代中国哲学社会科学，需要有一个宽广的视角，需要放到世界和我国发展大历史中去看。"2019 年 3 月 18 日，习近平在学校思想政治理论课教师座谈会上又强调，教师的视野要广，包括知识视野、国际视野、历史视野，要能够通过生动、深入、具体的纵横比较，把一些道理讲明白、讲清楚。拥有宽广的国际视野，对思想政治教育研究者和工作者来说，是不可逆转的发展要求，也是比较思想政治教育在新的发展态势下找准"生长点"、走特色人才培养之路的必然选择。比较思想政治教育学的研究成果丰硕，包括著作译介、事实描述、要素比较与因果分析，对于比较后借鉴的可能、立场、内容与方略等问题的研究则显得相形见绌。

新时代背景下，开展思想政治教育比较研究具有很强的指导意义，同时也极具挑战。首先，"比较"应当甚至必须作为一种科学的研究方法,应用于哲学社会科学和自然科学研究领域之中。其次,"比较"不仅是一种具体的研究方法,还具有重要的方法论意义。比较研究为人们分析不同历史时代和不同社会的意识形态及其教育提供了科学的认识工具。最后,"比较"更是一种思维方式,这种思维方式理应贯通于整个思想政治教育研究的过程之中。"比较"不单从方法工具层面,更是从思维方式层面赋予了思想政治教育比较研究重要的价值意蕴。

从思想政治教育的时代背景和学科立场出发,我们精选国外思想政治教育相关领域较具权威性、代表性、前沿性的力作,推出了具有较高研究价值与应用价值的系列翻译作品——《当代世界德育名家译丛》(以下简称"译丛")。该译丛是东北师范大学思想政治教育研究中心(以下简称"中心")推出的"比较思想政治教育研究"系列成果之一。我们秉承"以我为主、批判借鉴、交流对话"的基本原则,"聚全球英才、育创新团队、塑国际形象"的建设理念,对国外著名学者的研究成果进行了深度透视与全面把握,意在拓展原有论域,进一步深化学术研究、强化学科建设、服务国家需要。

译丛作品的原作者均在全球范围内享有学术盛誉,具有深厚的理论功底和丰富的实践经验,将这些国外德育名家的研究成果集中翻译并结集出版,高度体现了中心以全局性、世界性的眼光认识问题,致力于推动人文社会科学研究的范式创新与人文社会科学的繁荣发展。

译丛主要面向四大读者群:一是教育学、政治学、社会学、思想政治教育学等领域的科研工作者,二是教育主管部门决策者、高校辅导员、政府相关部门等行政人员,三是思想政治教育、道德教育、比较教育等相关专业的本科生与研究生，四是广大对相关主题感兴趣的学者、教师，以及社会各界人士。

译丛在翻译过程中特别注意原作者真实观点的阐释，同时立足于马克思主义根本立场、观点和方法，坚持中国特色社会主义道路的行动指南，对所选书目及其内容进行甄别。译丛在翻译过程中，由于需努力精准呈现原作者的思想，难免涉及国外的价值取向和意识形态，请所有读者在研习的过程中加以辨别，批判性地进行阅读和思考。

杨晓慧

2024年1月于长春

中文版前言

一

1979年1月1日,中美建立外交关系,这一天对两国来说都是一个重要的日子。当时我在吉米·卡特总统领导下的政府工作,负责直接与总统对接美国的双边和多边对外援助政策。担任这一职务时,我并没有涉足中美关系,但我确实亲身体会到了卡特总统是一位多么杰出的领袖,特别是他在外交领域的作为。

在任期间,我访问了非洲、亚洲、拉丁美洲和南美洲的许多发展中国家。在访问过程中,我看到中美两国为了改善贫困人民生活,特别是在农业、粮食、能源、卫生和人口等领域所做的诸多努力。

我记得曾经在其中几次访问中设想过,如果中美两国能够开展合作,对发展中国家的贫困人民会有多大帮助。多亏了邓小平先生和吉米·卡特总统的领导,两国才走向了合作之路,我衷心希望今后两国之间的关系能够更加牢固。

1985年,在中美两国建交六年后,我和妻子埃伦访问了中国,出席上海交通大学和宾夕法尼亚大学的一个联合项目的庆祝仪式。在那次访问中,我们看到了中国是一个多么了不起的国家,包括它的规模、人口、经济以及历经几千年历史的文化。

二

在我第一次访问中国之后的几年里,中国逐渐在世界舞台上占据一席之地。当我和女儿伊丽莎白再次访问中国时,看到了中国取得非凡进步的有力证据。这次我是应东北师范大学校长的邀请,前来与生活・读书・新知三联书店签订协议,出版我在过去几十年里撰写、合著或编著的11本书,所有这些书都将被翻译成中文。主导这件事的是博学而亲切的蒋菲教授,她是东北师范大学思想政治教育研究中心道德与公民教育比较研究室的主任。

这11本书,连同几十篇文章,承载了我一生在诸多领域的学术研究成果,也反映了我在四所高校担任行政人员和教师以及在美国政府担任四个职位的多年经验。

我一生中担任过14个不同的职位,我妻子开玩笑地说我工作永远做不长久。我的第一份工作是担任勒尼德・汉德法官的书记员,他后来被公认为是美国在世最伟大的法官。当时汉德法官已经八十七岁,和我写这篇序言时同龄。他是一位极富经验的法官,在法官的岗位上工作了五十年,同时也是我的良师。

在担任汉德法官的书记员后,我曾短暂地从事过法律工作,因为我认为在担任法律专业教师前,最好先了解一下律师的日常工作,这也是我自己一直想做的事。但在从事法律工作不到两年之后,我认识的一位前哈佛法学院的法学教授艾布拉姆・查耶斯邀请我加入约翰・F.肯尼迪政府。查耶斯教授是当时的国务院法律顾问,是我的另一位优秀导师,我们后来共同编写了一本关于国际法的三卷本著作,主要是根据我们在肯尼迪政府和后来在林登·约翰逊政府的经历撰写的。

查耶斯教授回到哈佛大学后,我和副国务卿乔治·W.鲍尔一起工作,他是我的另一位宝贵导师。像汉德法官和查耶斯教授一样,鲍尔先生向我传授了有关公共服务的宝贵经验,这些经验到现在仍使我受益匪浅,也引领我将公共服务视为一项崇高的使命。

幸运的是,斯坦福大学法学院邀请我做教师,讲授国际法,我不假思索地接受了,因为学校为我提供了我正想要的教学和写作的机会。五年后,我被选为学院院长。在任期间,我发现自己对一样事物十分享受,我称其为"制度架构"——有机会成为一个机构的领袖并使其发展壮大,且在机构中工作的人们可以得到所需的支持,以充分发挥其能力。

作为一名院长,我观察了美国各地法律服务的提供情况,发现在美国有相当一部分人在需要民事法律救助时孤立无援。杰拉尔德·福特任总统期间,美国正在组建一个新的政府实体——法律服务公司,我被选中担任这个机构的负责人。在这个职位上,我有机会学到了一门重要课程——领导力。与我做院长时一样,这份工作同时也让我了解到了美国贫困人口现状的严峻形势。为卡特总统工作的这几年,让我从全球视角进一步丰富了自己的经验,这有助于我理解发展中国家的严重贫困问题。

这些经历使我确信,我想为领导一所高校贡献力量。宾夕法尼亚大学给了我这个机会,校方选聘我为教务长,即首席学术官。这个职位让我了解到了一所优秀的大学是如何对教学、研究和服务提供支持的。在工作中,我也致力于培养学生具备公民参与所需的能力,这一承诺在我之后担任的职位上一直延续着。

在宾西法尼亚大学工作多年后,我开始意识到,如果有机会,我想领导一所著名的公立大学。当我被聘为印第安纳大学校长时,这个机会来了。印第安纳大学有8个校区,有超过10万名学生,其中位于印第安纳州布卢明顿的主校区有4.3万人。幸运的是,布卢明顿校区有一个规模巨大的亚洲研究项目,使我对中国及其邻国有了进一步了解。

在我担任印第安纳大学校长时,乔治·H. W. 布什总统选择我作为委员会成员加入一个临时的政府实体——国家和社区服务委员会,主要负责为美国所有年龄段的公民参与他们社区的公民工作提供支持。

后来我成为该委员会的主席,并帮助威廉·克林顿总统的政府制定法律。我在该委员会工作之余,又建立一个永久性的新政府组织——国家和社区服务公司。迄今为止,国家和社区服务公司最大的项目"美国志愿队",每年在全美21 000多个地点招募约75 000名男女公职人员参与公共服务。我在这个组织的委员会工作了八年,这份工作进一步加强了我鼓励每一个美国人参与公共服务的决心,无论是作为一份职业还是作为业余爱好。

我和妻子于1995年返回加州,我以杰出学者的身份在加州大学系统任教了五年,还帮助完善了该系统所有23个校区的社区服务学习项目。长期以来,我一直大力倡导将学术学习与社区服务联系起来的课程,如果能把这门课讲好,学术学习和社区服务都会得到加强。我在一个名为"校园契约"的全球性协会担任领导职务,并协助创立了另一个协会——美国民主项目。这两个项目都注重教育大学生积极参与公民活动,以改善其所处的社区。服务学习课程是这类教育的主要组成部分。

由安德鲁·卡内基创立的卡内基教学促进基金会于1997年迁入斯坦福大学校园,我以资深学者的身份加入了这一组织,并获得了与一群亲密的同事一起撰写学术书籍和文章所需的支持。

最后,在卡内基基金会度过了11年美好的时光后,在这个系列的第6本书出版时,我回到了斯坦福大学。这次是在教育研究生院任职,在这里我讲授高等教育领导与管理、高等教育中的教与学、慈善事业、美国民主等课程。我还为许多学生提供了咨询,包括一些中国学生。其中一个学生是我上一本书《公民工作,公民经验》的合著者,她的父母来自中国,但是她出生在美国。这本书在蒋菲教授的帮助下译成中文,并由该系列图书的出版社出版。

三

我坚信美国"公共参与奖学金"的重要性,这是一项学术工作,直接关系到未来公共政策和实践的形成,或对过去公共政策和实践的理解,包括教育学生具备了解这些政策、参与这些实践中需要的知识、技能和素质。

我所有的书都在试图帮助美国政府决策者及其工作人员,或大学政策制定者及其教师和学生。这些书也反映了我在美国政府和三所不同大学——我先后成为院长、教务长、校长的大学里——收获的经验和见解。

这些书分为四大类。首先,有两本书是关于国际法的影响,其中包括我从美国国务院的职业生涯和斯坦福法学院的教学经历中获得的见解。第二，有两本书是关于法律教育的，借鉴了我在斯坦福法学院担任院长的经验。第三，有三本书是关于高等教育的，反映了我在大学教学和管理方面的职业生涯。第四，有两本书侧重于讲授道德、公民和政治责任，基于我自己在这个领域的教学、领导校园契约协会和美国民主项目，以及我任职国家和社区服务委员会委员和国家社区服务公司的经历。最后，有两本书是关于慈善和教育的，不仅反映了我的高等教育经历，而且也反映了我在美国两大慈善基金会董事会的工作，这两个基金会分别是公共福利基金会和理查德罗达·高德曼基金会。

四

我非常感谢东北师范大学和杨晓慧教授、高地教授、蒋菲教授，他们给了我很多殊荣。首先，他们邀请我去东北师范大学进行学术访问。第二，经由他们安排，我的著作得以被译成中文，我也非常感谢为此做出努力的生活·读书·新知三联书店王秦伟先生和成华女士，以及诸多译者，他们的辛苦工作保障了这项工作得以顺利进行。我希望这些做法有助于加强中美两国间的关系。我现在，以及会永远感受到，我与中国之间有一条特殊的纽带相连。

托马斯·欧利希，2021 年

编辑顾问委员会

利特尔 & 布朗出版社

法律图书部

理查德·爱普斯坦

詹姆斯·帕克·霍尔杰出法学教授

芝加哥大学

E. 阿兰·法恩斯沃斯

阿尔弗雷德·麦考马克法学教授

哥伦比亚大学

罗纳德·吉尔森

查尔斯·J. 迈耶斯法律与商业教授

斯坦福大学

小杰弗里·海泽德

斯特林法学教授

耶鲁大学

詹姆斯·克里尔

厄尔·沃伦·德拉诺法学教授

密歇根大学

伊丽莎白·沃伦

威廉姆·A.施内德商法教授

宾夕法尼亚大学

伯纳德·伍夫曼

菲斯登法学教授

哈佛大学

致　谢

非常感谢以下来源授权我们转载其作品：

苹果新闻，伊拉克入侵科威特并占领其油田；美国谴责袭击，呼吁联合行动，纽约时报1990年8月3日。纽约时报公司1990年版权所有。经许可转载。

苹果新闻，7个月后盟军收复科威特，摧毁伊拉克主力部队，纽约时报1991年2月28日。纽约时报公司1991年版权所有。经许可转载。

苹果新闻，美国将向沙特派遣5万人的军队……纽约时报1990年8月9日。纽约时报公司1990年版权所有。经许可转载。

阿伦德，《国际法与诉诸武力：范式的转变》，《斯坦福大学国际法期刊》第27期（1990年版），第21—24页。经斯坦福大学国际法期刊许可转载。

《边界和领土争端（1987年版）》（编辑戴伊）。第244—247页。经朗文集团英国有限公司许可转载。

鲍威特，《诉诸武力的报复行为》，《美国国际法杂志》第1期（1972年版），第66页，授权使用，美国国际法协会版权所有。

查耶斯，欧利希和罗恩菲尔德，《国际法律程序（1968年版)》,第 926 页。经作者许可转载。

对外关系委员会,《真理和强权:国际法与武力的使用(1989年版)》。第 1—13 页,第 25—33 页,第 41—52 页。经对外关系委员会出版社许可转载。

克罗塞特,《海地争端:美国受到限制;阻碍其采取强有力行动的其他因素》,纽约时报 1992 年 5 月 19 日。纽约时报公司 1992 年版权所有。经许可转载。

查普林斯基,《尼加拉瓜案的国际法渊源》,《国际法和比较法》季刊第 38 期(1989 年版),第 151 页,第 158—161 页,第 166 页。英国国际法和比较法研究所许可转载。

丹尼连科,《国际强行法:立法问题》,《欧洲国际法杂志》第 2 期(1991 年版),第 42—65 页。欧洲大学研究所许可转载。

德罗兹迪亚克,贝克和阿齐兹复述了过去六个小时两人的对话,华盛顿邮报 1991 年 1 月 10 日。华盛顿邮报 1991 年版权所有。经许可转载。

《争端解决小组关于美国限制金枪鱼进口的报告》,《国际法汇编(1991 年版)》授权再版,美国国际法学会出版。经许可转载。

德尔布鲁克,《对联合国授权的人道主义干涉的再审视》,《印第安纳州大学法律期刊(1992 年版)》,第 887 页,第 895—901 页。印第安纳大学的受托人 1992 年版权所有。经弗雷德·B. 罗斯曼公司许可转载。

多斯瓦尔德-贝克,《论应政府邀请实施军事干涉的合法性》,《英国年鉴》第 56 期(1985 年版),第 251 页。经路易·多斯瓦尔德-贝克同意转载。

多得,苏联称伊拉克接受从科威特撤军……纽约时报 1991 年 2 月 22 日。纽约时报公司 1991 年版权所有。经许可转载。

欧利希,《塞浦路斯 1958—1967:国际危机和法律的作用(1974 年版)》,第 121—123 页。经牛津大学出版社许可转载。弗莱德·B.罗斯曼公司许可转载。

欧利希,《外交事务的法律程序》,《斯坦福法律评论(1975 年版)》第 27 期,第 637 页。利兰斯坦福大学董事会 1975 年版权所有。

摘自布什总统的讲话,纽约时报 1990 年 8 月 9 日。纽约时报公司 1990 年版权所有。经许可转载。

法恩斯沃斯,伊拉克入侵:掌握财源……纽约时报 1990 年 8 月 3 日。纽约时报公司 1990 年版权所有。经许可转载。

弗里德曼,美国海湾政策:模糊的"关键利益"。纽约时报 1990 年 8 月 12 日。纽约时报公司 1990 年版权所有。经许可转载。

格鲁森,驻巴拿马的美军报告恢复秩序的成果。纽约时报 1989 年 12 月 24 日。纽约时报公司 1989 年版权所有。经许可转载。

亨金,《国际法:政治、价值和职能(1990 年版)》,第 45—46 页。经科威学术数据库许可转载。

亨金,《国家的行为(1997 年第二版)》,第 9—27 页。哥伦比亚大学出版社。经出版商许可转载。

亨金,皮尤,贾尼斯,斯密特,《国际法(1987 年第二版)》,第 542—545 页,经西方出版公司许可转载。

《内战国际法(1971 年版)》(编辑福克)。经约翰·霍普金斯大学版权许可转载。

《国际社会对南斯拉夫社会主义联邦共和国解体的回应》。经美国国际法学会第86届会议文集(1992年版)许可转载。

《国际政治中的干涉行为(1984年版)》,第184页。牛津大学出版社版权许可转载。

1990年8月2日—12月19日伊拉克/占领科威特的侵犯人权行为。大赦国际版权所有。

詹尼斯,《国际法导论(1988年版)》,第35—50页,第53—54页。利特尔&布朗出版社许可转载。

基夫纳,数百名西方人在科威特被捕,纽约时报1990年8月7日。纽约时报公司1990年版权所有。经许可转载。

《现代世界的法律与内战(1974年版)》(编辑 J. N. 摩尔),第217—228页,第235—251页。约翰霍普金斯大学出版社许可转载。

路易斯,随着联合国军力的增长,防止战争的对话正在展开,纽约时报1992年3月1日。纽约时报公司1992年版权所有。经许可转载。

路易斯,海湾地区的对抗:联合国的表态,纽约时报1990年8月10日。纽约时报公司1990年版权所有。经许可转载。

路易斯,安理会以13票对0票否决贸易协议,纽约时报1980年8月7日。纽约时报公司1990年版权所有。经许可转载。

路易斯,联合国的安全作用提升的同时,财政危机愈发严峻:维持和平的成本不断增长,纽约时报1992年1月27日。纽约时报公司1992年版权所有。经许可转载。

马洛伊,《伊拉克制裁:旧的,新的(1991年版)》。《南伊利诺伊大学法律杂志》第 15 期(1991 年版),第 413 页。经南伊利诺伊大学授权许可转载。

联合国在波斯尼亚设立了禁飞区。洛杉矶时报 1991 年 10 月 10 日,第 A8 版。路透社授权许可转载。

奥康奈尔,《继续限制联合国对内战的干涉》,《印第安纳大学法律杂志》第 67 期(1992 年版),第 903—913 页。由印第安纳大学 1992 年版权所有。弗雷德罗·B. 斯曼公司授权许可转载。

奥康奈尔,《执行禁止使用武力的禁令》,《南伊利诺伊大学法律杂志》,第 15 期(1991 年版),第 453 页,第 481 页。南伊利诺伊大学授权许可转载。

奥康奈尔,《国际法院财产刑的执行前景》,《弗吉尼亚大学学报》(1990 年版),第 891 页,第 898 页,第 939—940 页。经弗吉尼亚国际法杂志许可转载。

《巴拿马革命:巴拿马的外交、战争和自决(Ⅰ、Ⅱ)巴拿马的自决和干涉(Ⅰ)》,《美国国际法杂志(1990 年版)》第 84 期,第 182 页。美国国际法协会权所有。经版权允许转载。

珀雷兹,美国必须摧毁这片土地的武装?纽约时报,1992 年 12 月 15 日。纽约时报公司 1992 年版权所有。经许可转载。

罗森塔尔,布什宣布停止进攻,科威特被解放,伊拉克武装被摧毁,签订全面停火协议,纽约时报,1991 年 2 月 28 日。纽约时报公司 1991 年版权所有。经许可转载。

罗森塔尔,美国和盟国对伊拉克展开空战。纽约时报,1991 年 1 月 17 日。纽约时报公司 1991 年版权所有。经许可转载。

罗森塔尔,美军在巴拿马取得广泛控制权,新领导人上任,但诺列加逃脱,纽约时报,1989 年 12 月 21 日。纽约时报公司 1989

年版权所有。经许可转载。

施曼,《海湾战争:苏联》,莫斯科向巴格达发送修订后的计划,纽约时报,1991年2月23日。纽约时报公司1991年版权所有。经许可转载。

西奥立诺(和佩斯),美国如何使联合国支持其使用武力。纽约时报,1990年8月30日。纽约时报公司1990年版权所有。经许可转载。

泰森,《人道主义干涉:法律和道德的探究》(1987年版),第11—15页。经欧文顿纽约跨国出版公司的授权许可转载。

《巴拿马运河相关条约文本》。《国际法资料汇编第16期(1977年版)》,第1022页。国际法学会授权许可转载。

布什关于决定在巴拿马使用武力的演讲稿,纽约时报,1989年12月21日。纽约时报公司1989年版权所有。

泰勒,美国寻求在伊拉克北部建立警察部队,纽约时报,1991年4月30日。纽约时报公司1991年版权所有。经许可转载。

泰勒,美国预计侯赛因即将战胜什叶派敌人,纽约时报,1991年4月30日。纽约时报公司1991年版权所有。经许可转载。

厄克特,谁能阻止内战,纽约时报,1991年12月29日,纽约时报公司1991年版权所有。经许可转载。

福克编,《越南战争与国际法(1969年第二版)》,第282—289页,第1050—1060页。普林斯顿大学出版社版权所有,经普林斯顿大学出版社授权转载。

怀特,《联合国与维护国际和平与安全(1990年版)》,第9章。经曼彻斯特大学出版社许可转载。

总目录

第一章　伊拉克入侵科威特和美国入侵巴拿马　*1*
第二章　国际法和使用武力概述　*156*
第三章　使用武力的国际法渊源　*230*
第四章　使用武力的国际法机制　*294*
第五章　使用武力的国际法规则　*381*

第一章　伊拉克入侵科威特和美国入侵巴拿马

引言

（一）

随着冷战的结束，世界各国迎来了一系列新的机遇。自1945年以来，《联合国宪章》的核心政治设想——各大国将采取一致行动——第一次有可能成为现实。无论美国是否仍然是唯一的"超级大国"，国际社会前所未有的、通过联合国来维护和平和限制使用武力的契机已然到来。

在迈向20世纪末和千禧年之际，我们现在面临的一个核心问题是，如何更好地诠释《联合国宪章》。关于国际法和使用武力问题，我们必须赋予《宪章》中的几项关键条款以实质性的具体内容。比如第2条第4款规定："各会员国在其国际关系上不得使用威胁或武力，或以与联合国宗旨不符之任何其他方法，侵害任何会员国或国家之领土完整或政治独立。"再比如第51条规定："联合国任何会员国受武力攻击时，在安全理事会采取必要办法维持国际和平及安全以前,本宪章不得禁止其行使单独或集体自卫之自然权利。"

如果美国有意愿与联合国其他会员国,特别是安全理事会常任理事国共同采取行动,那么为上述条款的当代意义设定标准就具有可行性,比如"在何时和何种情况下可以使用武力？"本书中的案例将侧重于这些问题的探讨。

在20世纪50年代,美国普遍采取的立场是,在没有遭受直接攻击的情况下,除非得到联合国的支持,否则将抵制单方面使用武力。朝鲜战争期间,这种支持更是十分明确的。联合国安全理事会授权其成员国使用武力,尽管是因为当时苏联临时退出才避免了其行使否决权。在苏伊士危机中,我们的三个亲密盟友——英国、法国和以色列,制定了一项联合计划,以期扭转纳赛尔对苏伊士运河的接管并推翻其政权。这个计划有一定合法性和可行性:纳赛尔占领运河违反了相关条约。但是德怀特·艾森豪威尔——自尤利西斯·格兰特以后我们唯一的"勇士总统"——对此持否定态度。他警告说,美国面临的最大危险是不受文官当局控制的军队,并坚持认为任何针对纳赛尔的行动都应是联合国的行动,而且这个问题应该通过和平手段解决。事实也的确如此。

约翰·肯尼迪上台后,美国外交政策辞令向世界警察转变。回想肯尼迪就职演说中的话:"让每个国家知道,不管它盼着我们好还是坏,我们将付出任何代价,承担任何负担,应对任何困难,支持任何朋友,反对任何敌人,以确保自由的存在和胜利。"苏联接管东欧的情景还历历在目,我们有理由担心克里姆林宫会继续其扩张主义计划。与此同时,肯尼迪总统寻求在多边组织的框架内开展其计划。

第一章　伊拉克入侵科威特和美国入侵巴拿马

如我们所见,古巴导弹危机是肯尼迪总统任期内美苏之间最紧张的对抗,也许空前绝后了。美国试图限制在此类对抗中使用武力,并在美洲国家组织的支持下采取行动。

美国的外交政策在1964年林登·约翰逊总统在任期间,发生了重大转变。美国打着保卫美国公民、阻止多米尼加建立共产主义政权的旗号,单方面采取行动入侵多米尼加共和国。美国作为反对单方面使用武力的旗手的国家地位已经开始逐渐被侵蚀。这种态度的转变在20世纪70年代的越南战争中仍有体现。

正如我们所看到的,在20世纪80年代针对格林纳达和巴拿马的两次行动中,美国都单方面使用了武力。同样的十年间,苏联出兵阿富汗,镇压当地及其他地方的人民起义。

在两个超级大国都采取此类行为的背景下,人们很容易忘记世界上还发生了多少不符合国际法的事情。这使我们需要承认,仅靠国际法不能制止武装冲突,但它可以对控制使用武力产生重大影响。国际法在一系列武力冲突中都发挥了重要作用,特别是在刚果、塞浦路斯和中东。在这三个地区,联合国都派出了自己的维和部队并发挥了积极作用。在世界其他地方的许多实际和潜在的冲突中,各国要么避免使用武力,要么限制使用武力,因为它们认为其他国家会依据国际法来评判它们的行为。

1989年,国际法院宣布了一项具有里程碑意义的裁决,即关于尼加拉瓜诉美国案中的使用武力问题。这一裁决和其他司法诉讼及联合国安理会、联大的各项决议和程序以及一系列其他材料都有助于我们制定指导方针,赋予《联合国宪章》有关使用武力的条款以当代意义。

（二）

在一些人看来,试图通过法律来规制武力的使用似乎有些奇怪。武力和法律难道不是对立的吗?使用武力难道不是法律制度失败的标志吗?上述内容的前提是法律和武力必须在国际舞台上相互制约,就如同国内法一样;更重要的是,法律应该对战争与和平等重大问题的国家和国际决策产生影响,就像处理其他重大公共问题一样。这一观点并没有得到所有国际法律从业者的认同,甚至没有得到所有国际律师的认同。但是大量的实践使我们这一观点更具说服力。

国内事务中,无论是公共事务还是私人事务,客户都希望他们的律师能够帮助他们做决定,并能够以最低的成本获取最大的利益,这是两个密切相关但并不完全相同的目标。法律通常与两者都直接相关,但几乎从不具有控制作用。大多数情况下,非法律问题才是首要问题。比如合同问题主要关注的是价格,离婚问题主要关注的是子女监护权。

国际事务也是一样,法律往往是一个关键因素,而非决定性因素。同样道理,个人或国家在何时、何种情况下能够合法使用武力的问题,亦是国内刑法和民法的重要问题。

尽管国家和国际社会之间存在重大差异,但两者都存在使用武力和法律作用之间的相似性。国内法律体系中,包括适用这些规则的规则和机构,有能力涵盖所有可能出现的问题。比如由立法机构制定法律,行政机构制定规章,执行机构执行法律法规,司法系统裁决争端。然而,国际法更像无法律的海洋中的几个小岛——注意,不是不受法律制约,而是没有法律。因为国际法律体系根本无法解决大多数问题,至少目前没有。与此同时,那些初次考虑这一问题的人常常被国际法的地位所震惊,这在经济学领域最为明显。如果没有美国签订的成千上万个国际协议,人们就不能寄信、不能打电话、不能从国外购买产品,不能做其他许多司空见惯的事。在第一次世界大战之前,美国已经签订了大约 700 项这样的协议。在两次世界大战之间,又有 600 多项协定生效。此后的 45 年中,又缔结了约 8 000 项国际条约,加入了数百个国际组织。

这些材料的一个主要论点是,法律能够而且应该对涉及战争与和平等重大问题的决策产生影响,就像其对涉及国内重大问题的决策产生影响一样。在 20 世纪 80 年代的大部分时间里,这种观点遭到里根政府有影响力的成员及其支持者的反对。正如当时的美国驻联合国大使让·柯克帕特里克所说,我们不能让自己感到单方面受到遵守《联合国宪章》规定的义务的约束,这些义务实际上是存在的,但却被其他国家抛弃了。这不是法治的全部意义。曾被提名为美国最高法院大法官(但被否决了)的罗伯特·博克,更尖锐地指出了这个问题:"国际法排除规范道德,实际上使道德行为显得不道德。毫无疑问,在美国人看来,帮助一个民族推翻一个以武力取代政府的独裁政权,并恢复这些民族的民主和自由是一种道德行为。然而,当我们的领导人出于这种道德理由采取行动时,因为国际法的缘故,他们被迫不断地解释。许多其他评论家,特别是来自国外的评论家,对这种观点提出了尖锐的批评。"时事评论家拉斯·埃里克·纳尔逊在 1989 年的文章中写道:"博克观点似乎很盛行,美国向世界传递的信息就是我们是好人,我们是道德的,我们会做我们认为正确的事情。大多数美国人可能会同意。但如果其他人都不这么认为,也不要感到惊讶。"

正如柯克帕特里克大使的文章中写道,冷战的结束为制定多边遵守国际法的标准提供了一个新的机会,避免了她以前所担心的问题。这要求国际法发挥核心作用。

然而,这一点很重要,即不要过于夸大法律能够而且应该对战争与和平问题产生重大影响的论点。论点不是说法律在任何情况下都能够或应该涉及"但书"条款——对"但书"的法律考量,结论可能是截然不同的。当然,法律考量只是诸多待考量因素之一,除此之外,还有基于政治、社会和经济因素的考虑。

下文这些材料反映了国家或国际做出使用武力决策时法律的一些作用。我们将特别关注三个方面。首先,法律对行动的约束作用。第二,法律证明行为正当性的基础作用。第三,法律作为提供组织机构、程序、法庭决议、辩论和诉讼渠道的作用。

比如在苏伊士危机中,当法律有助于防止使用武力时,其对行动的约束作用体现得十分明显。但即使在使用武力的情况下,如在古巴导弹危机中,肯尼迪总统决定实施隔离而不是授权空袭,法律也是一个考量因素。我们能够从美国和其他国家解释和捍卫其行为的方式中窥见,法律在这些行为背后发挥作用的频繁程度。当然这个理由的说服力有多大对于各个国家来说也不尽相同,这一点国内法也同样如此。最后,联合国的所有机构都是法律机构,通过这些组织机构、程序和执行,解决涉及使用武力相关问题。

(三)

尽管"战争与和平"这类问题很重要,但关于武装冲突的国际法课程却很少。现今法学院提供许多不同的国际法律课程,如国际环境法、国际人权诉讼、外交事务和宪法等。但是除了军事学院,很少有学校开设国际法和使用武力的相关课程。

缺少这方面的课程,部分原因是其所涉及的问题很难。这是国际法的一个难点,也许是最难的。这导致一些律师会质疑:"国际法真的是法律吗?"同样是这些律师,他们可以毫无异议地接受《国际货物销售公约》是条约,并接受该条约对国家具有约束力,因为国际法规定了缔约国的义务。但是批评家们对针对使用武力的国际法是否存在持怀疑态度。

然而,正是因为使用武力问题如此重要,也如此有争议,所以需要法学家和法律工作者们更多的关注。

下文的材料检验了与国际法和使用武力相关的一些实质性问题。文中包含了大量信息,足以让那些以前没有学习过国际法的人了解国际法律体系的性质。对于已经选修国际法基础课程的学生,这些材料着重强调与武装冲突相关的内容。第一章包括两个最近武装冲突的例子,为随后的章节奠定基础。第二章介绍国际法及其规制使用武力的作用。第三章探讨与武装冲突有关的国际法渊源。第四章讨论试图解决使用武力问题的国际法机制。第五章是一个长章,分为三个部分,涉及规范武装冲突的具体国际法规则和附属标准,如友好关系原则。第一部分阐述了国际法中关于不使用武力的冲突的规制;第二部分探讨使用武力的国际法规则;第三部分则着眼于内战的规则——由于世界各地种族冲突的日益增多,涉及在这个领域的法律规范也随着发展不断演进。

关于涉及武装冲突的规则可以分为两大类:一是关于如何规制武装冲突;一是关于何时可以使用武力。下文材料只涉及第二类。第一类——有时被称为人道主义法——也很重要,但鉴于时间限制除非附带提及,文中没有深入探讨此问题。

当你阅读这些材料时,请思考一下在一个见证过柏林墙倒塌的世界里,我们应当如何加强有关规制武装冲突的国际规则?美国在这个过程中又应该扮演什么角色?

一、伊拉克入侵科威特

按语

以下资料描述了1990年8月2日伊拉克入侵科威特的情况。这次入侵是自《联合国宪章》通过以来仅有的几个使用武力侵略他国的实例之一。如下文资料所示,联合国迅速做出了反应。这些事件和东欧巨变一起,引起了一场关于未来如何应对使用武力的重大辩论。

要理解这场辩论,你需要知道伊拉克入侵的事实。当你阅读以下资料时,请注意伊拉克入侵科威特的原因。为什么联合国、美国和其他国家做出那样的反应?请将这些事实与美国入侵巴拿马相比较——这是1945年以来国家使用武力的形式的一个更为常见的例子。这两个近期的关于使用武力的例子将在接下来的章节中作为案例材料来研究。

首先,你应该阅读本章末尾的问题。(这一步对于接下来阅读后续章节也很有帮助。)请带着这些问题回顾入侵科威特和巴拿马的资料。在开始阅读前,你也不妨先翻到第四章,阅读关于联合国、安全理事会和美洲国家组织的说明。你现在不需要对这些组织有详细的了解,但是对它们的功能有一个大致的了解是很重要的。如果你对这些组织不熟悉,先看看第四章会有所帮助。

参考《联合国宪章》也是有用的,参见附录。文中提及《宪章》的条款请参照法条的实际用语。

纽约时报 1990 年 8 月 3 日 A1 版

伊拉克入侵科威特并占领其油田;
美国谴责袭击,呼吁联合行动

赤裸裸的侵略
布什建议联合国采取行动——埃米尔流亡沙特阿拉伯

作者:R. W. 小艾泼尔

纽约时报特别报道

华盛顿 8 月 2 日报道,伊拉克军队今天攻入沙漠王国科威特,夺取了其首都和丰富油田的控制权,迫使其元首流亡海外,使极具战略意义的波斯湾地区陷入危机,引发了全世界的关注和焦虑。

布什总统谴责这次入侵是"赤裸裸的侵略",并试图号召世界各国领导人对伊拉克采取集体行动。

布什总统几乎禁止了所有从伊拉克的进口,并冻结了伊拉克在美国的资产。在科罗拉多州伍迪克里克的新闻发布会上,总统和英国首相撒切尔夫人提出了在联合国框架下采取经济甚至军事行动的可能性。

伊拉克暂停还款

作为回应,伊拉克数周来一直指责科威特偷窃其石油并违反石油输出国组织（OPEC）规定的产量限制，因此暂停了对美国的债务偿还。西方专家断言伊拉克的动机是通过谋取更多的石油美元来缓解金融紧缩，并满足称霸该地区的野心。

尽管今日油价暴涨，但是分析人士指出，全球石油库存非常充足，他们认为全球石油供应并不会受到直接威胁。

科威特的目击者说，今天，伊拉克地面部队以一排排坦克为前锋，冲进海湾地区的沙漠酋长国，造成数百人伤亡。参与攻击的还有空军部队。

对布什来说，伊拉克入侵带来许多方面的问题。尽管近年来向海湾地区投入了大量的资金和资源，但仍很难对该地区直接采取军事行动；存在油价再次飙升的隐患，可能会损害经济增长并重新引发通货膨胀；白宫和国会之间脆弱的预算谈判（其中包括已经考虑的征收汽油税）可能中断，并可能对共和党在今年秋天的选举产生不利影响。

据路透社报道，科威特军队今晚继续在首都多个地区的主要军营进行抵抗。早些时候的报道称，在黎明时分的激烈战斗中，市中心的摩天大楼不断传出爆炸声和枪声。但是，作为阿拉伯世界最强大的军队，伊拉克军队人数远超科威特军队。据报道，在入侵开始后 12 小时，伊拉克就控制了机场、中央银行和所有重要的政府大楼。

美国国务院报告称，伊拉克军队在科威特和伊拉克边界附近的油田拘留了 6 名美国工人。官员们说，他们目前下落不明。

布什总统说道，目前他无法证实伊方拘留美国公民是否属实，但如果这件事是真的，"会对我有非常大的影响，因为我认为保护美国公民是总统的基本责任"。

第一章 伊拉克入侵科威特和美国入侵巴拿马

布什总统今天上午说,实施军事干预不是目前的积极措施,但是美国参谋长联席会议的霍华德·格雷夫斯中将与美国国务卿詹姆斯·贝克3号出访蒙古时说,美国正考虑对伊拉克采取"政治、军事或经济行动"。总统飞往西部与撒切尔夫人会面之后,在阿斯本研究所(Aspen Institute)发表了演讲,他表示,"我们既不锁定任何选项,也不排除任何选项"。

军舰驶向海湾

以"独立号"航母为首的美国海军特遣部队携60架战斗机和轰炸机,从印度洋驶向波斯湾入海口,以示实力。科威特驻华盛顿大使,埃米尔的近亲谢赫·贾比尔·艾哈迈德·艾萨巴赫,目前人在沙特阿拉伯,请求美国立即进行军事干预。

联合国安全理事会一致呼吁伊拉克撤军,尽管伊拉克声称——几乎所有国家都无视——巴格达应科威特反抗组织要求派军进入科威特,伊拉克军队将在几周内撤出科威特。

撒切尔夫人称侯赛因的行为是"不能容忍的",并表示需要"联合国所有成员国的一致合作"。

美国和英国官员指出,根据《联合国宪章》第七章规定,允许安全理事会对任何威胁和平的国家采取经济制裁或军事行动。

但在冷战期间,这样的决议总是很难实现的,因为无论任何重大争端,安全理事会的5个常任理事国都很难达成一致意见。

苏联暂停发货

苏联是伊拉克的主要武器供应商,因此立即中止了向该国的军事运输。贝克先生抵达莫斯科后,美国和苏联计划在星期五联合发表声明。收到伊拉克入侵消息后,国务卿贝克匆忙地改变了他的出访行程。

然而接下来的几天,各方未能采取实际行动来扭转伊拉克对科威特的占领。如果巴格达占领了科威特或建立傀儡政府,伊拉克的石油储备将翻一番,达到1 250亿桶左右,仅次于拥有2 550亿桶石油的沙特阿拉伯。

这次入侵不仅有可能打乱该地区的经济平衡,还有可能改变该地区的军事和政治平衡。

今天,众议院以416票对0票迅速通过了总统对伊拉克的行动,支持对伊拉克的贸易制裁和切断其进出口银行信贷。

参议院一致通过一项决议,呼吁各国根据《联合国宪章》采取"涉及海陆空三军"的多边行动,恢复该地区的国际和平与安全。

参议院外交关系委员会民主党主席、罗得岛州参议员克莱伯恩·佩尔称侯赛因是"中东的希特勒",并批评布什没有提前采取行动阻止入侵。印第安纳州民主党众议员、众议院外交事务委员会有影响力的成员李·汉密尔顿抱怨称,近几周来,美国对伊政策存在"某种惯性"。

对沙特阿拉伯的担忧

几位议员表示,侯赛因现在有胆量和信心,将邻国沙特阿拉伯作为下一个目标。俄克拉荷马州民主党参议员戴维·博伦今天上午听取了中央情报局的简报,他指出,沙特的主要油田距离科威特只有250英里,"没有任何会阻碍伊拉克部队迅速行动的地形"。

博伦说:"我们必须明白,我们的国家利益在很大程度上受到

第一章 伊拉克入侵科威特和美国入侵巴拿马

了威胁。"他认为:"低估萨达姆·侯赛因的最终目标是错误的。他真的在计划让伊拉克在未来能与西方强国相媲美。"

布鲁金斯学会中东问题专家朱迪思·基珀将科威特的冲突描述为"一场资源战争"。

她说:"这是后冷战时期经济依赖型世界出现的第一次危机。随着东西方博弈的结束,小国可以肆无忌惮地侵犯邻国。伊拉克是其所在地区的一个超级大国,但他们需要现金来偿还债务和重建石油工业。他从石油中获得现金;油价正在上涨。他们对科威特有历史性的主张,因此萨达姆·侯赛因选择对其采取行动。"

福特、卡特和里根政府中东问题的顾问,现任哥伦比亚大学教授的加里·希克表示,世界各国的谴责将"毫无效果"。

"当萨达姆·侯赛因这样做的时候他显然预料到了,"希克教授说,"他不会对各国反应感到惊讶,而且显然他早就对此不屑一顾。如果要说服萨达姆·侯赛因相信这样做对他没有好处,我们就必须采取一些实际行动。"

华盛顿被激怒

入侵的消息在星期三晚上和今天早上震惊了华盛顿。

官员们说,布什总统星期三晚上 9 点在白宫住宅区知晓了入侵事件。当晚,布什多次被唤醒,听取国家安全顾问布伦特·斯考克罗夫特做入侵事件的简报,后于早上 5 点签署了有关伊拉克资产和贸易的命令。

今天上午 8 点,布什总统会见高级顾问,其中包括参谋长联席会议主席鲍威尔将军。总统的首席经济顾问迈克尔·博斯金说,如果油价上涨25%,将会"对我们的经济产生负面影响"。

他指出,这样的价格上涨会使经济增长缓慢,但不足以引发衰退。尽管增长率很低,但仍保持略高于1%的增长。

随后,美国能源部表示,中东局势动荡对美国石油产品供应"没有直接威胁"。据估计,今年1月至5月,伊拉克供应了美国8%的石油进口量,约占美国需求总量的3.6%。而从科威特进口的比例要小得多,可能只有1%甚至不足1%。

美国能源部长詹姆斯·沃特金斯表示,美国原油库存接近历史最高水平,目前全世界的库存也异常高。根据美国石油部的一份声明,美国目前战略石油储备可以抵消其从伊拉克和科威特进口的石油量——每天消耗73万桶的话,可支撑800多天……

11 纽约时报1990年8月3日A9版

伊拉克入侵:掌握财源
布什政府冻结侯赛因300亿美元资产

作者:克莱德·H. 范斯沃斯
纽约时报特别报道

华盛顿8月2日报道,据美国政府分析人士,在冻结伊拉克和科威特在美国的资产时,布什总统已经冻结了伊拉克总统萨达姆·侯赛因约300亿美元资产。

而这些资产大部分属于科威特。因为伊拉克在与伊朗的八年战争中破产,欠阿拉伯国家和西方银行500多亿美元,其在美国几乎没有资产。

布什总统除了签署冻结财产和其他资产的行政命令外,还宣布对伊拉克实施贸易禁运。只有出于人道主义采购的信息材料和物品,例如医疗用品,才可以豁免。

伊拉克在美几乎没有资产,但科威特有大量投资

布什总统的行动旨在阻止科威特非法政府获得科威特多年来积累的外国石油美元投资,这些投资价值接近1 000亿美元,主要是在美国、西欧和日本。

布什总统要求其他工业国家的领导人采取类似行动。

伊拉克冻结债务支付

专家提醒,伊拉克操纵科威特的投资也可能对金融市场产生不利影响。

伊拉克冻结支付在美外债,报复美国。其在为美国出口提供资金的进出口银行和为食品运输提供资金的商品信贷公司都有债务。

1989年,美国和伊拉克的双边贸易额约为35亿美元,预计今年会增加。美国从伊拉克进口大量石油,虽然会向伊拉克出售农产品和机械,贸易赤字仍超过10亿美元。

有人质疑贸易禁运能有多大效果。专家们说,伊拉克向其他国家出售石油可能还是很容易,因为其他工业国家出于政治原因不愿停止贸易。

对波斯湾冲突蔓延的担忧使伊拉克实现了另一个重要目标,即油价上涨。伊拉克和科威特能提供美国石油日消费量的5%左右。

美国驻科威特大使馆去年9月的一份报告展示了科威特的投资规模,该报告将科威特投资局管理的外国资产定为800多亿美元。

未来基金

这家设在伦敦的机构管理着未来几代人的储备基金,其中10%的石油收入将留给科威特的下一代,而现在基金里的钱要到2000年才能动用。

大使馆的报告说,现在科威特外商投资的回报率超过了该国的石油收入,多出40亿至50亿美元。

科威特只有200万人口,但石油储量仅次于沙特阿拉伯和伊拉克,居中东第3位。

科威特没有公开其外国投资,但却报告了其中央银行的黄金和货币储备情况,从20世纪80年代中期的55亿美元下降到30亿美元左右,这表明大部分石油收益都直接用于外国投资。

一些投资已经引起了公众的关注,比如1981年科威特以25亿美元收购了加州阿罕布拉的一家石油钻探和生产公司。

国会的质疑

科威特现在犹如曾经美国工业中最大的外商投资国之一的日本一样,因此美国国会质疑敏感企业落入外国手中对其国家安全的影响。

科威特在欧洲一直也在积极投资,尤其在石油和汽油销售方面。科威特独资公司在欧洲销售天然气都带有Q8标识。美国商务部的数据表明,科威特公司在意大利零售汽油市场的份额为

10.5%,在荷兰为4.5%,英国为2.5%,瑞典为10%。

1988年购买英国石油公司22%的股份后,科威特在英国工业的所有权成为该国国家性的问题。英国首相玛格丽特·撒切尔命令削减科威特在英股权至目前的9.8%的股份,目前价值仍超过10亿美元。

科威特还拥有英国最大的银行——米德兰银行10.5%的股份。

一位商务部官员估计,科威特的外国投资大约一半在美国,20%在英国,30%在西欧和日本。

财政部拒绝提供今天行政命令中关于冻结科威特或伊拉克资产的细节。

商务部数据显示,1988年科威特在美国工厂、商业房地产、农场和其他此类资产的直接投资总额为38亿美元。相比之下,日本的投资总额为533亿美元,伊拉克的投资总额"不到50万美元"。

但是,科威特和伊拉克两国在股票、债券、国库券和其他证券上也有组合投资,就科威特而言,这类投资高达数十亿美元。

此外,由于两国与美国的石油业务范围很广,两国在美都有大量的银行存款,这些存款也于今天被冻结。

法律专家预计今天总统的措施会引起诉讼。纽约罗杰斯和威尔斯律师事务所合伙人乔尼·纳尔逊表示,如果科威特新政府无法提取或转移资金,科威特会起诉银行,届时银行将不得不回复是美国政府禁止它们提供资金。

她说:"我预计会有一场真正的诉讼纠纷。"

13 纽约时报 1990 年 8 月 7 日 A1 版

联合国安理会以 13 比 0 的票数通过了中断与巴格达贸易的决议；面临国际社会联合抵制，伊拉克减缓了石油出口

作者：保罗·路易斯

纽约时报特别报道

决议旨在帮助科威特恢复独立。

联合国 8 月 6 日报道，联合国安理会对伊拉克入侵科威特表示愤慨，此次贸易和金融抵制将对伊拉克和被入侵的科威特影响深远。

制裁是在安理会谴责入侵并要求巴格达立即撤军五天后批准的，与此同时，安理会禁止所有联合国会员国从伊拉克或科威特购买石油，或与它们进行其他实际的商业或金融交易。[决议文本，见第 22 页]

15 个会员国，包括在安理会拥有否决权的所有 5 个常任理事国——英国、中国、法国、苏联和美国，有 13 个支持禁运。古巴与唯一的阿拉伯成员国也门弃权。

第三次使用贸易制裁

联合国历史上，这是安理会第三次试图通过实施贸易制裁惩罚违抗其命令的国家。

之前的案例包括 1967 年制裁脱离英国独立的罗德西亚，以及禁止向南非出售武器。

第一章　伊拉克入侵科威特和美国入侵巴拿马

许多与会者支持此次投票结果,认为这表明了安全理事会已经摆脱冷战后的长期不作为,开始依据《宪章》行使其在全球执行和平与安全的职责。

理事会行动受到赞扬

英国代表克里斯平·蒂克尔爵士表示,安理会已经"直面责任",现在必须要"从国际联盟的失败以及安全理事会举步维艰的过去中汲取教训获得成功"。

联合国只能通过有限的手段,强制执行今天的制裁,确保其会员国遵守措施。

安全理事会有权要求会员国使用武力确保对《宪章》的遵守,虽然这一《宪章》规定只在 1950 年朝鲜战争期间被采用过。

否则,政治压力将是唯一切实可行的执行手段。

但美国和 12 个欧洲共同体国家已经宣布对伊拉克实施严厉的经济制裁,此举符合联合国的决议内容。

科威特流亡政府代表,穆罕默德·阿布哈桑惊奇地摇摇头说:"在我九年的任职生涯中,我从未见过一项决议能得到如此全心全意的支持。"

投票表决前,科威特和伊拉克的联合国代表在安理会发言时爆发了激烈的口水战。

阿布哈桑一边说,一边用笔指向空中,指责伊拉克关于星期日开始撤军的承诺是谎言,他说,伊拉克"正在我们神圣的土地上增派军队并巩固其军事力量"。

他声称伊拉克新建一支科威特军队的计划是"为了掩护早已驻扎在那里的占领军"。

但他表示,安理会即将批准的决议是"安理会工作中的历史性变革",意味着"国际社会正竭尽全力让一个蔑视所有国际原则、标准和规范的国家遵守规则"。

不忘礼仪

但即使是阿布哈桑大使也不能完全无视大会的礼仪和在辩论的表达中释放友善。

谈到伊拉克人时他说:"我们和他们关系很好,我们过去爱他们,现在也仍然爱他们,因为他们只是在执行政府的命令。我相信对巴格达当前的局面,他们会感到羞愧。"

伊拉克代表阿卜杜勒·阿米尔·阿尔-安巴里(Abdul Amir al-Anbari)坚称,伊拉克政府已经开始撤军,但是他说,制裁计划将"加剧海湾地区的紧张局势,并会影响撤军"。

他称禁运是"无效的",因为这是美国的单方决定,并表示美国试图利用联合国实现其在海湾地区的"霸权目标","就好像安理会是美国自己的外交部"。

安巴里先生在结束发言时呼吁安全理事会撤销这项决议。

美国预见了伊拉克将得到教训

美国代表托马斯·皮克林(Thomas R. Pickering)表示,制裁计划将向伊拉克证明,"伊拉克漠视国际法,将付出严重的政治和经济代价,包括但不限于切断其武器供应。我们一致认为,国际社会不会接受巴格达倾向于使用武力、胁迫和恐吓的做法"。

苏联重申其对入侵科威特行为的谴责,并表示支持对巴格达

第一章 伊拉克入侵科威特和美国入侵巴拿马

的制裁决议。

该决议责成安全理事会"停止伊拉克对科威特的入侵和占领行为,恢复科威特的主权、独立和领土完整"。

援引《宪章》第七章,赋予安全理事会以威慑侵略的强制性权力,决议表明现在必须禁止"其国民或在其领土内进行任何活动去促进或意图促进从伊拉克或科威特出口或转运任何商品或产品"。

禁止"出售或供应"

它还禁止"其国民或从其境内或使用悬挂其国旗的船只将任何商品或产品,包括武器或任何其他军事装备,不论是否原产于其境内,出售或供应给伊拉克或科威特境内的任何人员或团体"。

禁止在伊拉克和科威特的所有投资行为,以及向这两国的所有付款和汇款。但不包括纯为医疗目的、饥荒救济物资和严格用于人道主义目的的用品。

被侵占的科威特,石油和其他经济合作被禁

安理会说,联合国会员国绝不会承认伊拉克正试图在科威特建立的临时政府,也不会同意伊拉克希望联合国会员国保护该临时政府的国外金融资产和其他资产的要求。

最后,安理会请联合国秘书长定期报告制裁协议的遵守情况,并设立安全理事会特别委员会,监测禁运的实施情况。

除了古巴和也门,该决议还得到了安理会10个轮值成员国的支持,包括代表北半球工业化国家的加拿大、芬兰、罗马尼亚;非洲的埃塞俄比亚、科特迪瓦和扎伊尔,亚洲唯一成员马来西亚,还有哥伦比亚,这些国家和古巴共同组成了拉丁美洲的国家队伍。

英国和芬兰表示,禁运是军事干预争端中的替代,不应视为军事干预的前奏。

但皮克林先生说,"借助这项决议,我们向伊拉克宣称,我们将根据《联合国宪章》第七章,采取必要措施",让伊拉克从科威特撤军。

第七章既规定了经济制裁,也规定了在经济制裁无效的情况下,对违抗安全国家命令的国家使用武力。

几位外交官猜测,美国或其他大国可能会决定封锁土耳其和沙特阿拉伯的输油管道终端,因为伊拉克大部分石油以及科威特在海湾的石油港口,都可以通过这些终端到达外界。

吉尔伯托·施利特勒,安全理事会政治委员会司司长,他在联合国工作了 26 年,所以他的态度可以衡量安理会紧迫程度,"这次,是我们第一次吃不下午饭——过去的 15 年里从未这样"。

15　联合国

安全理事会
第 661(1990)号决议
1990 年 8 月 6 日安全理事会第 2933 次会议通过
1990 年 8 月 6 日

安全理事会

安全理事会重申其 1990 年 8 月 2 日第 660(1990)号决议,

深为关切该决议没有获得执行,而伊拉克继续入侵科威特,造成更多的任命损失和物质破坏,

决心终止伊拉克对科威特的入侵和占领,并恢复科威特主权、独立和领土完整,

注意到科威特的合法政府表示愿意遵守第660(1990)号决议,

铭记其根据《联合国宪章》维持国际和平及安全的责任,肯定按照《联合国宪章》第七章,为对抗伊拉克对科威特的武装攻击,有行使单独或集体自卫的自然权利,兹根据《联合国宪章》第七章:

1. 确定伊拉克迄今未遵守第660(1990)号决议第2段的规定,并已篡夺了科威特合法政府的权力;

2. 因此决定采取下列措施,使伊拉克遵守第660(1990)号决议第2段,恢复科威特合法政府的权力;

3. 决定所有国家均应:

(a) 阻止原产于伊拉克或科威特并在本决议通过之日后出口的任何商品和产品输入其境内;

(b) 阻止其国民或在其领土内进行任何活动去促进或意图促进从伊拉克或科威特出口或转运任何商品或产品,并阻止其国民或悬挂其国旗的船只或在其领土内经营原产于伊拉克或科威特并在本决议通过之日后出口的任何商品或产品,特别包括阻止为这种活动或经营将任何资金转往伊拉克或科威特;

(c) 阻止其国民或从其境内或使用悬挂其国旗的船只将任何商品或产品,包括武器或任何其他军事装备,不论是否原产于其境内,出售或供应给伊拉克或科威特境内的任何人员或团体,或给意图在伊拉克或科威特境内经营的企业或从伊拉克或科威特营运的企业的任何人员或团体,但不包括纯为医疗目的的用品

和在人道主义情况下提供食物,并阻止其国民或在其领土内进行任何活动去促进或意图促进这类商品或产品的出售或供应;

4. 决定所有国家不得向伊拉克政府或伊拉克或科威特境内的任何商业、工业或公用事业机构提供任何资金或任何其他财政或经济资源,并应阻止其国民及其境内任何人员从其境内转出或以其他方式提供任何这种资金或资源给该政府或任何前述机构,阻止将任何其他资金汇交伊拉克或科威特境内的人员或团体,但支付仅为纯属医疗或人道主义目的的款项及在人道主义情况下提供食物的款项除外;

5. 要求所有国家,包括非联合国会员国,不论是否在本决议通过之日以前已签订任何合同或发给任何许可证,皆须严格按照本决议的规定行事;

6. 决定按照暂行议事规则第28条,成立一个安全理事会的委员会,由安理会全体成员组成,执行下述任务,向安理会报告工作,提出意见和建议:

(a) 审查将由秘书长提出的关于本决议执行进展情况报告;

(b) 向各国索取关于各国为有效执行本决议各项规定所采取行动的进一步资料;

7. 要求所有国家同该委员会充分合作以履行其任务,包括提供委员会为执行本决议所索取的资料;

8. 请秘书长向委员会提供一切必要协助,并为此目的在秘书处内做出必要安排;

9. 决定虽有本决议第4至8段的规定,但本决议并不禁止向科威特合法政府提供援助,并要求所有国家:

(a) 采取适当措施,保护科威特合法政府及其机构的资产;

(b) 不承认占领国建立的任何政权;

10. 请秘书长向安全理事会提出执行本决议方面取得的进展情况报告,首次报告应在三十天内提出;

11. 决定将本项目保留在安理会议程上,并继续努力以期早日终止伊拉克的侵略。

纽约时报 1990 年 8 月 7 日 A9 版

科威特数百名西方人士遭到逮捕

作者:约翰·克夫那

纽约时报特别报道

开罗 8 月 6 日报道,伊拉克士兵围捕了数百名西方人,其中包括至少 28 名住在科威特酒店的美国公民,目前并不知道伊拉克打算对他们做什么。

与此同时,伊拉克今天在巴格达和其他城市进行空袭疏散演习,并向执政的复兴党的忠诚者分发了数以万计的步枪,以示愿意抵抗美国的任何军事攻击。

科威特的伊拉克占领军经过为外商提供服务的豪华酒店,围捕了美国、英国和其他西方国家的外商。

在收到报复制裁的威胁之后伊拉克的举动

据报道,这些外商将被带到巴格达,但不清楚此举的目的。伊拉克军此前已经将训练科威特军队的 34 名英国士兵转移到巴格达的一个旅馆。

外国人多于本国人

上周伊拉克入侵后,科威特已暂停所有航班,巴格达机场也已关闭。

100多万外国人滞留科威特,其中约有3 800名美国人。这些外国居民约占科威特人口的60%,并在科威特从事绝大部分工作。由于8月是传统假期,许多人在入侵时可能已经离开。

美国人,其他西方人和日本人,主要从事石油工业和技术领域,巴勒斯坦人和埃及人主要在政府、医学和学校领域,而巴基斯坦人、斯里兰卡人和其他来自南亚次大陆的人主要从事服务业和低端的散工。

美国电话电报公司发言人沃尔特·墨菲称,公司今天收到通知,科威特的那家酒店拘捕的人中有公司的一名美国雇员,但另一处办事点有约24名公司雇员,还没有被拘押。墨菲先生拒绝透露那名被拘捕雇员的信息。

"令人无法接受"

据报道,由伊拉克军官组成的科威特新临时政府昨日威胁道,针对经济制裁或军事行动,它都会有所回应,将外国人扣留在科威特作为人质或将外国利益国有化,并表示不要妄想"一边想表现得体面高贵,一边又密谋以侵略手段颠覆我国和我们兄弟国"。

"这明显是威胁,我们无法接受。"英国外交部发言人回应道,他呼吁伊拉克驻伦敦大使抗议这种言辞。

英国外交部发言人赛亚说,了解到大约有366人被扣押,大多数是英国航空公司航班上的乘客。星期四伊拉克军队进驻科威特时,这架航班在科威特机场被拦截。西德外交部发言称,该国公民也在酒店被围捕。

英国外交部发言人分析道:"他们基本是乘坐公共汽车离开,所以我们假设他们会被带往伊拉克和巴格达。"

国务院发言人玛格丽特·塔特怀勒称,伊拉克总统萨达姆·侯赛因会见了美国驻巴格达高级外交官约瑟夫·威尔逊,二人于巴格达进行了长达几个小时的会晤。

她补充道,美国"认为此次会议非常严肃",是入侵后美国官员与伊拉克总统首次进行外交接触。

切尼出访沙特阿拉伯

美国国防部长迪克·切尼抵达沙特阿拉伯城市吉达,试图说服沙特反抗伊拉克,伊拉克也随之采取对策。伊拉克的突袭和占领其富有的小国邻居的行为让沙特阿拉伯目瞪口呆,国家一片混乱。

美国希望沙特关闭输油管道,该管道穿越沙漠王国科威特,每天负责向伊拉克输送 2 700 万桶石油,关闭管道有助于对伊拉克实施经济制裁。华盛顿还希望获得许可,将沙特用作临时军事行动的集结地。

沙特十分不愿惹恼伊拉克,针对有关报道提及的他们将部队和坦克调到了沙特和科威特的边界,他们予以坚决否认。

一位不愿透露姓名的发言人对沙特新闻社说:"所有这类报道都绝对不真实,如果沙特采取过任何此类措施,官方肯定会宣布。"

沙特的沉默

沙特阿拉伯对其邻国科威特被占领一事明显保持沉默。沙特阿拉伯和其他4个石油酋长国在海湾合作委员会缔结过一项共同防御协议，根据协议，攻击任何一个酋长国，就被视为攻击所有协议国家。

沙特星期日宣布召开紧急内阁会议，发表第一次公开声明，讨论所谓"令人遗憾"的事件。

今晚，巴勒斯坦解放组织主席亚西尔·阿拉法特乘坐伊拉克私人飞机穿梭于阿拉伯国家首都之间，显然这在巴格达的接受范围内，毕竟可以想象最后会提出个表面上的解决方案。

阿拉法特先生今晚飞抵亚历山大，会见埃及总统穆巴拉克。据埃及官方通讯社报道，阿拉法特随后将启程前往沙特阿拉伯，并将在晚些时候去往巴格达。该通讯社还报道，一名沙特阿拉伯特使已抵达埃及，与穆巴拉克举行会谈。

阿拉伯媒体报道说，巴勒斯坦提出的这个得到利比亚支持的计划要求伊拉克撤军，以换取"对伊拉克经济的支持"，这似乎意味着一大笔回报或科威特油田的一部分。根据该计划，科威特将举行自由选举，组建新政府。有报道称，伊拉克将继续控制早已觊觎的具有战略意义的布比延岛，因为该岛控制着通往沙特阿拉伯水道和伊拉克两个主要港口巴士拉和乌姆盖萨尔的道路。

阿拉法特先生一反常态地保持沉默，离开亚历山大时拒绝回答记者的提问，只回答道："如果想把事情办妥，最好谨言慎行。"

伊拉克部队处于戒备状态

穆巴拉克总统的主要政治顾问奥萨马·阿法兹说："这些接触的目的是在探索可行的方法，以便摆脱伊拉克-科威特危机。"

在巴格达，伊拉克的军队处于全面戒备状态，开始了持续数小时的演习,为疏散巴格达的400万人和其他人口较少的城市做准备。

复兴党报纸《革命报》写道:"我们伟大的人民,在经受了无限制牺牲准备的考验后,已经做好了充分的准备,阻止那些敢于侵略伊拉克或科威特的人。"

今天,沙特阿拉伯和海湾地区弥漫着一种沉重的不祥情绪,那些靠石油致富的沙漠小国的领导人试图保持低调。在巴林,当局驱逐了数十名飞往巴林报道这场危机的外国记者。

纽约时报1990年8月9日A1版

美国将向沙特派遣5万军队;伊拉克公开宣布吞并科威特;布什划"线":无意进攻科威特——军队严阵以待

作者:R. W. 小艾泼尔

纽约时报特别报道

华盛顿8月8日报道,美国国防高级官员表示,预计将由5万名精锐美国士兵组成的先锋部队,今日已有数千人到达沙特阿拉伯。布什总统誓言要保卫这个有着世界上最丰富的石油资源的中东王国及其石油储备。

布什总统反对立即派遣军队进入科威特,表示联合国实施的经济制裁,需要一点时间来发挥其抵制经济的作用,以迫使伊拉克总统萨达姆·侯赛因撤军。但布什总统及其助手明确表示,美国陆海空三军长期致力于波斯湾地区。

布什总统说,"已经在沙地上划出了一条线",反对伊拉克对沙特阿拉伯的任何入侵行为。

违法力量

侯赛因总统拒绝让步,宣布吞并科威特,并决定将打击美国领导下的地区中集结的所谓"违法力量",这场战争似乎旷日持久,一触即发。

布什总统强调"我们不是在打仗",认为美军的任务是防御。但这种说法实际上适用于战术层面。从战略层面上看,驻沙特美军调动航母、导弹、战斗机、轰炸机、坦克和其他武器,并施行禁运和事实上的海军封锁,旨在迫使侯赛因总统撤军。

令布什政府失望的是,埃及和摩洛哥决定不会给美国提供军队支持、并肩作战,至少暂时不会,这样的话,多国部队中少了些阿拉伯元素。英国同意加入多国部队,但法国没有。意大利和西班牙也同意为集结的美国飞机提供进入其本土基地的关键通道。

埃及安排阿拉伯对话

欧洲高级外交官称,政府仍然希望可以在联合国授权下开展该地区的军事行动,但这需要时间,也需要苏联和中国的合作,因为任何一方都可以在安理会否决此类行动。

今晚安理会有关伊拉克吞并科威特的紧急会议推迟到星期四举行,因为苏联和中国的驻联合国代表表示,他们没有收到本国政府有关如何投票的指示。

但这两个国家希望支持科威特流亡政府提交的决议草案,宣布吞并无效。

由埃及总统穆巴拉克主导,阿拉伯诸国家于星期四晚上在开罗安排了另一次首脑会议,以寻求和平解决办法。布鲁克林民主党众议员史蒂芬·索拉兹今天与穆巴拉克会晤了一个小时,他说道,埃及领导人希望团结埃及和其他几个阿拉伯国家的军事力量,形成阿拉伯的威慑力量。

但有的政治领导人认为,他们担心侯赛因总统迟早可能会袭击沙特阿拉伯。

布什引用了"我们的原则",把侯赛因比作希特勒

为支持布什总统的行动,众议院军事委员会主席、来自威斯康辛州的民主党众议员莱斯·阿斯平发出警告说:"两国可能会爆发激烈战争,而且很有可能就在未来几天。"

"咄咄逼人的独裁者"

"萨达姆·侯赛因知道我们要来了。"阿斯平先生说道,"他知道明天和下周会有更多的军队进驻。所以他可能趁着我们还没有足够的人员制止他们,设法占领油田,并以此作为要挟。这是最大也是最直截了当的威胁。"

布什总统在任期内向全国人民发表第三次电视讲话,其语气表明了他正在为国备战。

他觉得侯赛因总统是"独裁者,处处咄咄逼人",威胁着邻居国家,并认为他可以和希特勒一决高下。布什总统用了些20世纪30年代后期的感情色彩词,比如闪电战和绥靖主义,说道:"这个国家各地的教堂都在祈祷。"

"美国的传统是坚持原则。"布什总统今天早上在美国总统办公室的演讲中说道,"正如之前的许多次,美国可能需要时间和巨大的努力,但最重要的是,目标需要保持一致。我这一生在战争与和平中见证,虽然美国的目标曾受原则的驱使,但从未动摇。"

布什对经济的担忧

作为美外交史的一个历史性突破,美国派遣伞兵和其他部队进入沙特,因为沙特阿拉伯最终不再隐瞒美国的军事援助,其他阿拉伯国家也可能会这样做。

此外,分析人士认为,这是二战以来美国首次出于担心经济决定进行军事干预。

一位著名的国际银行家安克尔分析道,如果叙利亚是受侵国,"我们不会派遣部队,因为他们没有科威特所拥有的石油"。

布什总统强调了对经济的担忧,他希望其他石油生产国能够增加本国石油产量,缓解禁运伊拉克和科威特石油而给石油消费者带来的痛苦,从而迫使油价下跌。美国政府期望委内瑞拉和沙特阿拉伯等国也这样做。布什总统还呼吁美国石油公司不要漫天要价,因为他们已经被指责在这样做了。

英国派遣部队

国会坚定支持总统的行动。

但一些民主党和共和党的参议员和众议员,对其他大多数国家迄今未承诺参与联合军事行动表示担忧。共和党多数党领袖、堪萨斯州参议员鲍勃多尔表示,"阿拉伯国家也必须加入这个联合行动"。

"我希望我们不会像在越战那样孤军奋战。"加州参议员艾伦·克兰斯顿说道,他是参议院第二大党民主党成员。

金融市场对危机最新进展的反应是股市上涨,油价下跌——

与过去几天的情况正好相反。

伦敦的官员说,英国对多国部队的贡献将包括狂风战斗机和几艘船,但可能不会有任何步兵部队。

美国外交部长道格拉斯·赫德表示:"多国部队的集结旨在阻止侯赛因。"

联合国

安全理事会
第 662(1990) 号决议
1990 年 8 月 9 日安全理事会第 2934 次会议通过

安全理事会

重申其第 660(1990) 号和第 661(1990) 号决议,

对伊拉克宣布与科威特"全面、永久合并"深感震惊,

再次要求伊拉克立即无条件地将其所有部队撤回至 1990 年 8 月 1 日驻扎的阵地。

决心终止伊拉克对科威特的入侵和占领,并恢复科威特主权、独立和领土完整。

还决心恢复科威特合法政府的权威:

1. 决定伊拉克以任何形式和任何借口吞并科威特均无法律效力,视为无效;

2. 呼吁所有国家和国际组织不承认伊拉克吞并科威特领土的行为,尽力避免可能构成以间接方式承认吞并行为的任何行动;

3. 还要求伊拉克立即停止其旨在吞并科威特的行为;

4. 决定将此项目保留在其议程上,并继续努力以期早日结束此次占领。

23　纽约时报1990年8月10日A11版

海湾地区的对立:联合国表态;
联合国安理会宣布伊拉克吞并科威特无效

作者:保罗·路易斯

纽约时报特别报道

联合国,8月9日——联合国安理会今天一致通过决议,宣布依据国际法相关规定,伊拉克吞并科威特无效。

这项决议对所有的组织成员都具有法律约束力。但是伊拉克的联合国代表为他的政府行动辩护,认为这结束了上个世纪阿拉伯世界的分裂,而这个世界是其所谓的帝国主义列强人为制造的。美国和科威特流亡政府的代表迅速指出,这一论点可以成为进一步吞并阿拉伯国家的理由。

此项获得了15个成员国通过的决议称,吞并"没有法律效力,被宣布无效"。

该决议告诉所有国家和国际组织,它们不得承认吞并或采取任何"可能被解释为间接承认吞并"的行动,并"要求伊拉克撤销其意图吞并科威特的行动"。

一致谴责

这是自上周的入侵以来,安理会第三次谴责巴格达接管科威特,尽管这是安理会第一次一致通过的谴责。

但是,也门拒绝参加上周四谴责入侵的第一轮投票,古巴和也门在星期一实施经济制裁的投票中弃权,但没有一个成员国反对这些决议。

伊拉克为结束"人为分裂"的行动辩护

在安理会进行投票之后,大多数成员在一周内三次发表简短讲话谴责萨达姆·侯赛因总统的侵略,伊拉克代表阿卜杜勒·阿米尔·阿尔-安巴里在安理会发言称,"自身有短,勿批他人"。

他说,伊拉克的吞并是为了结束殖民势力造成的"地区分裂",这些殖民势力"把阿拉伯国家变成了 22 个阿拉伯地区,并重新绘制了该地区的地图"。这是伊拉克统一的一部分。

美国代表托马斯·皮克林和科威特代表穆罕默德·阿巴汉森立即指出,这一论点可以用来为吞并其他阿拉伯国家辩护。

第二个决议的探讨

"它的终点在哪里?"皮克林大使说,"它会在科威特结束吗?它会继续侵占沙特阿拉伯吗?会蔓延到约旦吗?"

安理会各成员国开始非正式地讨论第二次决议设定的可能性,该决议由联合国海军巡逻队针对伊拉克和被占领的科威特执行贸易禁运,《联合国宪章》第 42 条授权安理会采取此项军事行动。

此后,苏联和法国宣布,在没有联合国授权的情况下,他们不会加入对伊拉克的封锁。苏联今天发表声明,莫斯科希望就本次封锁与安理会军事参谋委员会进行磋商。

军事参谋委员会是名存实亡的机构,由安理会 5 个常任理事国的参谋长组成。它旨在组织军事力量执行安理会的决定,但过去安理会从未达成一致。

一些西方国家表示,联合国设立封锁的新决议并非绝对必要,因为实施制裁的决议可以被解释为赋予本国海军搜查涉嫌侵权船只的权利。

安理会今天还设立了一个特别委员会,来监测禁运的遵守情况,并任命芬兰为委员会主席,加拿大和哥伦比亚为副主席。

今天英国代表克里斯平·蒂克尔爵士告诉安理会,现有的制裁决议证明英国派遣军舰到海湾地区的决定是正当的,为的是"监控海上交通"以确保遵守决议。

但其他国家认为,如果想要苏联和阿拉伯国家政府加入进来共同努力使制裁生效,需要一项新决议更明确地确立这一权利的政治必要性。

昨晚,在巴格达宣布吞并决定后,科威特流亡政府召开了安理会紧急会议。古巴立即提出了一项决议,表达了对外国军队在海湾地区集结的担忧,并呼吁停止这一行动,试图给会议进程一个反美转折。

但安理会的其他第三世界成员国拒绝支持古巴,古巴被迫放弃其计划。

苏联敦促"共同努力"

莫斯科,8月9日——为了与美国向沙特阿拉伯派遣军队的决定保持距离,苏联今天排除了在波斯湾危机中采取任何军事行动的可能性,除非这是在联合国主持下进行的"共同努力"的一部分。

苏联政府在今天发表的一份声明中说:"苏联主张在联合国安理会内采取协调行动。如果该组织就使用多国部队做出决定,苏联将在此基础上详细阐述其行为方针。"

苏联呼吁联合国安理会对这场危机给予全力关注,并立即与安理会军事参谋委员会协商。

但是,苏联的声明还说:"目前不会考虑参加多国部队或在联合国安理会划定范围外进行海上封锁。"

纽约时报 1990 年 8 月 12 日 A1 版

美国的海湾政策:模糊的关键利益

作者:托马斯·L. 弗莱德曼

华盛顿,8 月 11 日——布什总统在星期三向全国发表的一份声明中解释了向阿拉伯半岛派遣美国军队的决定,他说,保卫沙特阿拉伯是美国的"重大利益"。但布什和他的高级助理们没有明确界定伊拉克入侵和吞并科威特是如何影响美国人的生活和未来的。

对许多美国人来说,这种联系并不清晰。除了汽油价格的快速上涨外,许多人似乎也赞同迈阿密的凯蒂·萨菲尔的观点,她高声质疑:"为什么我们被卷入其中?我们可以从墨西哥得到石油。"

布什政府官员没有明确阐明问题症结的原因之一是,所涉及的真正政治和经济利益并没有总统用来解释这一行动的一些广泛原则那么崇高。

美国没有向沙特的沙漠派遣军队来维护民主原则。沙特君主制是一个封建政权,在这个国家妇女甚至不允许开车。当然,这不是美国使世界安于封建主义的政策,这关乎金钱,关乎保护那些忠于美国的政府,惩罚不忠诚的政府,关乎谁来设定油价。

未能阐明美国的利害关系并证明其正当性,也是由于总统及其顾问在试图用他们能理解的语言向美国人民解释外交政策时语义含混。

另外,布什总统,美国国务卿詹姆斯·贝克和其他高级官员生活在一个外交政策讨论的高深世界里,他们把波斯湾地区的重要性作为一整套给定的设定,以至于达到这样的程度:美国官员并不总是想要阐明清楚其中的利害关系。

正如星期五贝克先生对北约盟国所说的那样,他没有过多的说明:"自1949年以来,每一位美国总统都说海湾地区是美国和西方国家的重大利益。"

为什么?听美国官员私下里说,这些利益可以分为三大类,每一类都值得审视。

一个是油价,一个是控制石油,第三是需要维护国家边界的完整性,这样掠夺性的地区大国就不会轻易地开始吞并他们的邻国。

油价的论据如下:如果伊拉克能够成功吞并科威特,它将控制世界石油储量的20%。进而,如果伊拉克还能威胁到沙特阿拉伯,那么伊拉克将拥有超过世界石油储备的45%的影响力。

这将对美国不利,因此有争议认为,这是因为届时萨达姆·侯赛因总统能够主导石油输出国组织的定价。

但在20世纪70年代初,美国并没有威胁沙特阿拉伯,当时利雅得(沙特阿拉伯首都)完全主导了石油输出国组织的石油定价,甚至利用石油抵制的方式试图迫使华盛顿改变对以色列的政策。

为什么在伊拉克主导油价的情况下，美国的反应截然不同？

官员们说，答案是伊拉克总统萨达姆·侯赛因希望油价上涨的速度比沙特阿拉伯希望的要快。

在上个月伊拉克入侵科威特之前的石油输出国组织会议上，侯赛因总统正向石油输出国组织的同盟施压，将油价从每桶15美元左右提高到25美元。

包括沙特阿拉伯在内的其他石油输出国组织的产油国也希望油价上涨，但它们只希望每桶21美元，以免刺激西方国家的替代能源生产。

对于美国人来说，21美元一桶和25美元一桶的差别是加油站每加仑上涨5美分。

换言之，从价格的角度来看，布什政府向沙特阿拉伯派遣10万士兵的一个原因是每加仑汽油能便宜5美分。有人说，从某种意义上说，油价上涨重新启动替代能源的研发实际上触动了美国的利益。

在里根和布什政府放弃对这些项目的支持之前，这些项目正致力于减少美国对进口石油的依赖。

但官员们认为，实际风险比5美分的油价增长要大得多。他们说，侯赛因总统当时只要求每桶25美元，是因为他当时并没有足够的力量统治石油输出国组织以寻求更多利益。

石油是现代工业世界中最重要的单一商品，不仅对美国，而且对西欧、日本和整个世界来说都是这样，它以合理的价格保证供应被认为对经济的增长有着至关重要的作用。

如果伊拉克领导人能够直接或间接地控制世界石油储量的

40%以上,那么他们会继续提价,谁知道他们还会要求什么样的价格——每桶40美元？也许50美元一桶？

这样的增长几乎肯定会使所有西方经济体陷入衰退。

但还不完全清楚的是,相比阿拉伯统治石油输出国组织时,侯赛因总统是否会更乐意将油价提高至每桶50美元。

伊拉克和沙特一样了解世界石油市场,这意味着他们明白,如果油价被推得太高太快,西方国家最终会发现替代能源,这迟早会将油价拉低。

其次是关于石油的控制权。争议是这样的,看起来许多个公家共同掌握石油的控制权符合美国的利益。但在某种程度上并不是这样,华盛顿想把控制权交给沙特。

原因是,与伊拉克不同,沙特阿拉伯的领导人曾经一直支持美国的利益,并且坚定地反苏。不过,布什总统不能公开说出来,因为这会让沙特君主制很难堪。

美国向海湾地区派遣军队,并不是为了帮助沙特阿拉伯抵抗侵略这么简单。它派遣军队支持石油输出国组织的国家,更有可能迎合华盛顿当局的利益。

在过去,当美国与苏联对抗,和莫斯科争夺中东地区的影响力时,其盟友控制的石油储备具有军事和战略层面的利害关切。但今天,在这场危机中与苏联合作的情况下,这一论点已经大大失去了其紧迫性。

美国政府官员表示,第三个也是最后一个至关重要的问题是冷战后世界的稳定。如果侯赛因总统能够以武力接管科威特而不受惩罚,那么其他区域大国可能会试图使用类似的手段来促进它们在世界各地的利益。

这就是为什么美国和苏联站在一起,发出不容忍这种行动的明确信号,这对未来世界的稳定至关重要。国家主权必须维护。

正如美国国务卿贝克本周在北约的一次讲话中说:"如果武力就能够书写正义,那么世界将陷入一个新的黑暗时代!"

然而,美国政府在世界其他地区并不总是按照这一信条行事。在当局执政的头18个月里,它针对柬埔寨的一项政策中,就把红色高棉武装重新纳入其执政联盟。

在1970年代的恐怖统治中,红色高棉被认为是造成100多万柬埔寨人死亡的罪魁祸首。尽管这一政策现在已经改变,但强权在柬埔寨可以被接纳,因为这符合美国对抗亲苏越南政府的影响力的战略利益。

换言之,反对强权即公理和维护这些国家的主权,充其量不过是对出于经济原因,美国有兴趣维持波斯湾的现状和稳定的一种更合意的说法。

那么,从根本上说,基于美国目前对外国石油的依赖,布什总统提到的重大利益都是真实的和重大的。美国在海湾地区的政策不言而喻,归根结底是:派遣军队是为了保留亲美的沙特阿拉伯手中对石油的控制权,因此油价可以保持低位。

正如星期四的《波士顿环球报》中的一幅漫画所暗示的,简而言之,至关重要的利益可能是让"油老虎"们的世界更加安全。这幅漫画展示了布什总统在椭圆形办公室向美国人民发表讲话的情景。他说:"美国同胞们,我已经向中东派遣了我们的军队……他们是来保卫……的安全……和价值……我们秉持的原则是——每加仑汽油行驶18英里。"

边界和领土争端

编辑:阿兰·J.戴伊

伊拉克与科威特

1961年6月25日,就在科威特获得独立的六天后,伊拉克总理卡西姆将军向科威特全境提出索赔,声称后者在奥斯曼统治下是巴士拉省的一个"组成部分",在第一次世界大战后随着奥斯曼帝国的解体,伊拉克继承了土耳其对巴士拉的领土主权。卡西姆将军对科威特(世界主要石油生产国之一)的声明,未能赢得国际社会对其有效性的认可。1963年,卡西姆下台,阿雷夫总统继任后,伊拉克放弃了索赔,承认科威特为主权国家。然而,在随后的十多年里,邻国之间本来很好的关系受到了一场长期争端的破坏,这场争端主要集中在伊拉克拥有科威特的两个岛屿,即沃巴岛和布比延岛的利益上。伊拉克拥有岛屿的所有权,这两个岛屿位于阿拉伯(波斯)湾东北部的伊拉克—科威特边界以南,地理位置优越,将大大改善该国进入海湾的途径。1973年伊拉克军队向边境的这一地区移动,占领了一个边境哨所,然而,面对阿拉伯的普遍反对,他们很快被迫从那里撤军。随后,伊拉克和科威特为解决边界问题开始了一系列谈判——谈判有时是在外部调解下进行的——尽管经常有乐观的报告出现,但是直到1981年底,双方尚未就划定共同边界达成协议,伊拉克政府在1981年中期恢复了对沃巴和布比延的主权主张。

历史背景

在19世纪,科威特作为奥斯曼帝国巴士拉省的一部分接受

第一章 伊拉克入侵科威特和美国入侵巴拿马

管理,尽管当时土耳其人从未占领或获得对它的完全主权。1896年伟大的谢赫·穆巴拉克在杀害亲土耳其的同父异母的兄弟谢赫·穆罕默德后,夺取了科威特的政权,并宣称科威特从奥斯曼帝国独立出来,宣布他的人民不必效忠土耳其人。为此,谢赫·穆巴拉克寻求英国的保护,1899年在没有奥斯曼苏丹授权的情况下,双方签署了一项协议,根据该协议,英国以换取对科威特外交事务的控制为条件,承诺给予科威特保护。根据1913年7月29日的一项英-土公约,英国确保土耳其承认科威特在科威特城镇周围40英里(64公里)半径范围内的自治权,但1914年第一次世界大战的爆发阻止了该协定的批准。1914年11月3日,英国承认谢赫·穆巴拉克政府为"英国保护下的独立政府",作为与其合作将巴士拉从奥斯曼统治下解放出来的回报。科威特保留这一地位直到1961年6月19日,英国和科威特签署交换照会,终止两国1899年的协定,规定英国承认科威特为主权和独立国家(尽管一项军事援助协定仍然有效)。

　　伊拉克以前由巴格达、摩苏尔和巴士拉三个美索不达米亚省(古土耳其的省或主要行政区)组成,由奥斯曼帝国通过对君士坦丁堡苏丹-哈里发任命的总督(帕夏,土耳其古代对大官的尊称)管理。1918年奥斯曼帝国解体后,人们一致认为美索不达米亚应该建立一个自治国家,1920年10月20日,直到伊拉克准备独立,英国才接受了国际联盟对伊拉克的授权。根据1923年7月24日的《洛桑协定》,土耳其放弃了它以前在今天土耳其边界以外拥有的所有领土,这一放弃也适用于科威特——曾是前奥斯曼帝国巴士拉省的一部分。英国在1932年1月28日放弃对伊拉克的统治后,同年10月3日伊拉克成为一个独立的主权国家,并被国际联盟所接纳。

伊拉克和科威特之间的边界最初是在1923年4月4日和4月19日科威特的谢赫·艾哈迈德·萨巴赫和时任英国伊拉克事务高级专员的珀西·考克斯少将的交换照会中确定的。在随后的1932年7月21日和8月10日的换文中,谢赫·艾哈迈德和当时的伊拉克总理努里·赛义德在1923年的文件的基础上重申了"伊拉克和科威特之间的现有边界",即:从奥德加河与巴廷河的交汇处沿着巴廷河向北,到达萨夫万纬度以南的一个点;然后向东经过萨夫万井以南,将杰贝尔·萨纳姆和乌姆·卡斯尔留在伊拉克,以此类推,到达霍尔·佐贝尔和霍尔·阿卜杜拉的交界处;瓦巴、布比扬、马斯坎(或马什詹)、费拉卡、奥哈、库巴尔、卡鲁和乌姆马拉迪姆等岛屿属于科威特。然而,这一早期的边界划分后来被伊拉克视为无效,理由是在1932年7月21日努里·赛义德签署的文件中伊拉克还没有独立。

伊拉克对科威特的声明

1962年6月25日,卡西姆将军声称伊拉克对科威特拥有主权,他称科威特是"伊拉克不可分割的一部分"。卡西姆将军的声明是基于伊拉克的论点,即(1)科威特是奥斯曼帝国巴士拉省的一部分,(2)在1899年科威特成为英国保护国的协定签署前后,英国和其他国家都承认奥斯曼对科威特的主权。此外,卡西姆将军说,他已颁布法令,任命科威特的谢赫为科威特奥伊姆·马卡姆(地方行政长官)。

伊拉克外交部在1961年6月26日发表的一份声明中详细阐述了卡西姆将军的主张,称它既不承认1899年未经奥斯曼苏丹授权而缔结的"秘密协议",也不承认1961年的协议。因为它旨在"……隐藏在民族独立新的外衣下……保持帝国主义的影响,使科威特与伊拉克分离"。声明还说,前奥斯曼苏丹任命科威特的谢赫,"通过一项法令授予他奥伊姆·马卡姆的头衔,并使他成为科威特巴士拉总督的代表",科威特的谢赫"因此经奥斯曼苏丹授权获得其行政权力,直到1914年"。

科威特拒绝伊拉克的观点,声称它从未受到土耳其主权的影响,科威特自1756年以来一直由同一个萨巴赫王朝"在没有土耳其直接干涉的情况下"统治,奥伊姆·马卡姆的头衔从未在科威特使用过,"从未影响科威特的生活进程或脱离土耳其帝国的独立"。(然而,在这方面应该指出的是,该地区的历史学家普遍认为,1896年谢赫·穆巴拉克是第一个拒绝这一头衔的科威特领导人。)

作为对科威特请求军事援助做出的回应,有相关传言称伊拉克正在巴士拉地区向南转移军队(对此伊拉克予以否认),英国和沙特阿拉伯的军队于1961年7月初抵达科威特,科威特自己的军队也被动员起来。联合国安理会7月初为化解危机所做的努力没有成功,调解工作被阿拉伯联盟接管(7月20日,阿拉伯联盟不顾伊拉克反对接纳科威特为成员国)。8月12日,仅伊拉克一国持有异议的阿拉伯联盟国家与科威特签署了一项协议,根据该协议,英国军队将由阿拉伯联盟自己的一支军队取代,此外,他们还承诺(1)在科威特现有政权下维护其完整和独立;(2)将对酋长国的任何侵略视为对联盟成员国的侵略;(3)一旦发生此类侵略,立即向科威特提供援助,并在必要时会用武力击退入侵者。尽管有这项协定,伊拉克仍重申其对科威特的声明,并从承认科威特的阿拉伯联盟中召回了其代表。

1963年伊拉克承认科威特后的事态进展

1963年2月3日,随着卡西姆将军的下台,伊拉克和科威特之间的摩擦得以缓和。在阿雷夫总统的领导下,伊拉克新政权于1963年10月4日(在受邀的科威特代表团访问巴格达期间)与科威特签订了一项协议。尤其是,伊拉克"承认科威特的独立和完全主权,其边界在伊拉克总理1932年7月21日签署的文件中有详细说明,而这一文件被科威特统治者在1932年8月10日的文件中所接受"。此外,两国同意努力改善关系,在各级建立合作关系,并决定立即建立大使级外交关系。

然而,很明显,伊拉克承认科威特并不意味着接受后者的边界,在随后的几年里,伊拉克对科威特边界某些部分的领土的长期声明又被恢复。伊拉克积极收购沃巴和布比延群岛以改善其进入海湾的通道,鉴于伊拉克发展北鲁迈拉油田和扩大乌姆卡斯尔港,这两个岛屿的重要性更是大大增加。1973年3月,考虑到推进这一问题,伊拉克军队占领了争议地区的一个边境哨所,但紧接着被迫撤出,因为阿拉伯国家不赞成其行动。随后,伊拉克和科威特就边界问题的谈判得到了进一步推进,其他阿拉伯国家在调解中也提供了援助。1975年5月,伊拉克官员宣布,他们已经提出了解决争端的具体建议。这主要涉及科威特将布比延的一半土地出租给伊拉克99年,并放弃科威特对沃巴的主权,以换取伊拉克对科威特陆地边界的承认。其后一个月来自沙特的新闻,援引了科威特的新闻报道称,两国终于为就争议领土问题达成协议奠定了基础。

然而,1975年7月12日,当科威特国民议会在对最近与伊拉克达成协议所做的努力表示支持时,谈判陷入了僵局,强调"科威特拥有对其边界内所有领土的主权,这些领土是根据科威特与其邻国之间的国际和双边协定批准的"。1976年12月13日科威特新闻部代理部长谢赫·阿里强调,根据1932年的换文和1963年伊拉克与科威特之间的协议,瓦尔塔河和布比延岛属于科威特;他还抱怨说,除了"以前伊拉克军队就侵占科威特领土",现在乌姆·盖萨尔地区以南,有"伊拉克军队不同程度地沿着两国边界定期穿越"。

尽管1978年成立了一个由两国内政部长领导的联合委员会,致力于解决突出问题,但在随后的几年里,关于伊拉克—科威特边界划定的谈判进展缓慢。1980年9月伊拉克和伊朗之间爆发战争,导致1981年7月伊拉克重新提出对沃巴和布比延的声明,当时伊拉克的侯赛因总统重申了伊拉克1975年的提议,特别是要求科威特向伊拉克提供布比延一半领土长达99年的租约。不过,科威特政府继续宣称对这两个岛屿拥有主权,1981年12月,科威特一名发言人说,双方未能就恢复谈判的商定日期达成一致。

纽约时报1990年8月9日A15版

以下是《纽约时报》记录的昨天布什总统在椭圆形办公室的讲话摘录

作为一个国家,我们总是被要求定义我们是谁,我们相信什么。有时候做出选择并不容易。作为今天的总统,我请求你们支持我所做的决定,为了和平的事业,为正确的事情挺身而出,对错误的事情进行谴责。

在我的指导下,八十二空降师的成员和美国空军的关键部队今天将抵达沙特阿拉伯,并占领防御阵地。我采取这一行动是为了援助沙特政府保卫自己的祖国。没有人会轻易地让美国军队去执行这样一项危险的任务。但在进行了前所未有的国际磋商并用尽一切办法之后,采取这一行动是有必要的。

让我来告诉你们为什么。不到一周前的8月2日凌晨,伊拉克武装部队在没有挑衅或警告的情况下,入侵了和平的科威特。面对这个比它小太多的邻国微不足道的抵抗,伊拉克的坦克在短短几个小时内以闪电战的方式突袭了科威特。

拥有超过10万人,并配备了坦克、大炮和地对地导弹的伊拉克军队,现在占领了科威特。

这次侵略就发生在萨达姆·侯赛因明确向该地区许多国家保证不会有入侵的数小时后,这种野蛮的侵略行为是没有任何理由的。

外部强加的傀儡政权是不可接受的;以武力取得领土也是不可接受的。任何人,无论敌友,都不应怀疑我们对和平的渴望,任何人都不应低估我们反抗侵略的决心。

指导我们政策的是4条简单的原则。

首先,我们要求伊拉克所有部队立即无条件完全撤出科威特。第二,必须恢复科威特的合法政府,取缔傀儡政权。第三,我的政府,就像从罗斯福总统到里根总统的每一位总统一样,都致力于波斯湾的安全与稳定。第四,我决心保护海外美国公民的生命安全。

伊拉克入侵后,我立即下令禁止与伊拉克的一切贸易,并与许多其他国家一起宣布制裁,冻结伊拉克在该国的所有资产,保护科威特的资产。[抄录中断]和强国。它拥有世界第二大石油储备和超过100万的武装人员。它是世界第四大军事力量。

我国现在进口的石油几乎占消费量的一半,这严重威胁着我们的经济独立性。世界上许多国家甚至更加依赖进口石油,也更容易受到伊拉克威胁。我们在欧洲争取自由的斗争中取得了成功,因为我们和我们的盟国仍然坚定不屈,维护中东的和平需要同样的条件。

但我们必须认识到,伊拉克可能不会停止使用武力来推进其野心。伊拉克在沙特边境集结了一个庞大的战争机器,能够在几乎没有或根本没有额外准备的情况下发动敌对行动。鉴于伊拉克政府对本国公民及其邻国的侵略历史,假设伊拉克不会再次发动攻击是不明智的,也是不现实的。因此,在与法赫德国王协商后,我派遣国防部长迪克·切尼去讨论我们可以采取的合作措施。

在这些会议之后,沙特政府请求我们的援助。我对这一请求做出回应,命令将美国空军和陆军部署到沙特阿拉伯王国。

我要明确指出,沙特阿拉伯的主权独立关系到美国的重大利益。我和国会领导层分享了这一决定,这一决定源于美国和沙特之间长期的友谊和安全关系。

美国军队将与沙特阿拉伯和其他国家的军队共同合作,维护沙特阿拉伯的领土完整,阻止伊拉克的进一步侵略。通过驻扎、训练及演习,这些多国部队将提高沙特武装部队保卫国家的总体实力。

我想解释清楚我们在做什么以及为什么这样做。

32　美国不挑起冲突。我们也不想要左右其他国家的命运。但美国会支持它的朋友。我们军队的任务完全是防御性的。希望不会持续太久。他们不会发动敌对行动,但他们会保卫自己、沙特阿拉伯王国和波斯湾的其他朋友。

……

另外,我会要求石油公司做它们该做的事。它们应该抑制而不是滥用今天的不确定性来提高价格。

33　联合国

安全理事会
1990年8月18日第664(1990)号决议
安全理事会第2937次会议通过

安全理事会

回顾伊拉克入侵并宣称吞并科威特以及第660、661和662号决议,

深切关注在伊拉克和科威特的第三国国民的安全和福祉,

重申伊拉克根据国际法在这方面的义务,

欣见1990年8月17日安理会成员表示关切和焦虑之后,秘书长就敦促与伊拉克政府进行紧急协商所做出的努力,

根据《联合国宪章》第七章,

1. 要求伊拉克允许并为第三国国民即刻离开科威特和伊拉克提供便利,并准许这些国家的领事官员即刻与这些国民进行对接;

2. 要求伊拉克不得采取任何危害这些国民的安全、财产及

健康的行动；

3. 重申第 662(1990)号决议中的决定,即伊拉克吞并科威特是无效的,由此要求伊拉克政府撤销其关于关闭驻科威特外交和领事使馆及撤销其人员豁免的命令,并制止未来的任何此类行动发生；

4. 请秘书长尽早向安理会报告本决议的遵守情况。

90－19678 2401Z(E)

8月2日以来伊拉克占领科威特的反人权行为对被扣留者的酷刑和虐待

在 8—11 月期间,大赦国际组织采访了数十名扣留者,他们说,他们在被伊拉克军队扣留期间受到酷刑。大多数受害者是 16~35 岁的科威特男性,其中一些人在接受采访时身上仍有酷刑留下的痕迹。国际特赦组织还收到了酷刑受害者家属、检查他们的医生以及埋葬他们中去世的人的许多其他证词。有些人还叙述了对妇女的酷刑和虐待,据说她们遭到殴打和强奸。本节末尾详细列出了伊拉克军队自 8 月 2 日以来使用的酷刑和虐待手段。

伊拉克各级军队都涉嫌参与对扣留者施加酷刑的行动。他们包括来自伊拉克正规军的普通士兵、高级军事人员以及伊拉克情报和安全部队的特工。国际特赦组织根据它收到的资料和进行的采访,认为审讯期间有系统地使用酷刑,其目的在于方便获取资料和作为惩罚的手段。正是在这一时期,酷刑被描述为最残忍的方式,当时伊拉克军队使用的审讯方法通常会给人造成永久性的身体或精神损害。在这种情况下,扣留者的情况更为复杂,因为他们在扣留期间得不到医学治疗,而且在获释后,也几乎完全没有医疗设备治疗。

有两类扣留者似乎会受到特别严重的酷刑:科威特武装部队、国民警卫队、警察和安全部队的实际或疑似成员,以及涉嫌参与武装抵抗伊拉克军队的个人。然而,也有人因参与非暴力活动而受到酷刑,例如和平示威(入侵初期)、在墙上写反伊拉克口号、持有反对派传单和升起科威特国旗。在这些案件中,酷刑在很大程度上是为了获取参与反对派活动的有关人员的身份信息,活动的地点以及伊拉克当局正在寻找的个人或家庭的信息。在其他情况下,目的是迫使扣留者在释放后以告密者的身份与伊拉克人合作。再加上迫使他们对科威特统治的家庭和政府发表声明,宣布效忠伊拉克总统萨达姆·侯赛因。最终,对扣留者施以酷刑的纯粹暴行是为了恐吓广大民众,并阻止其他人以任何形式表达反对伊拉克在科威特的存在。

35 联合国

安全理事会
第 665(1990)号决议
安全理事会第 2938 次会议通过
1990 年 8 月 25 日

安全理事会

重申第 660(1990)、661(1990)、662(1990)和 664(1990)号决议,并要求立即全面执行这些决议,

决定在第 661(1990)号决议中根据《联合国宪章》第七章实施经济制裁,

决心结束伊拉克对科威特的占领,这种占领危及一个会员国的存在,恢复科威特的合法权威,恢复科威特的主权、独立和领土完整,因为这需要迅速执行上述决议,

痛惜伊拉克入侵科威特造成无辜生命损失,并决心进一步防止这种损失,

严重警告伊拉克继续拒绝遵守第 660(1990)、661(1990)、662(1990)和 664(1990)号决议,特别是伊拉克政府使用悬挂伊拉克国旗的船只出口石油的行为,

1. 呼吁会员国与科威特政府合作,科威特正在向该地区部署海上部队,根据安全理事会的授权,采取与具体情况相称的必要措施,停止所有进出口海运,以检查和核实其货物和目的地,以及确保严格执行第 661(1990)号决议规定的有关此类航运的规定;

2. 因此,请会员国根据上文第 1 段,进行必要的合作,以确保最大限度地利用政治和外交措施,遵守第 661(1990)号决议的规定;

3. 要求所有国家按照《宪章》提供本决议第 1 段所述国家可能需要的协助;

4. 进一步敦促有关国家为执行本决议上述各段而协调行动,酌情利用秘书长的机制向安全理事会及第 661(1990)号决议所设委员会提出报告,以便利监督本决议的执行情况;

5. 决定继续积极关注和处理此事。

37 纽约时报 1990 年 8 月 30 日 A1 版

美国是如何获得联合国支持其在海湾地区使用武力的?
联合国的分水岭
特别报道

作者:伊蓝·西奥立诺,埃里克·佩斯
纽约时报特别报道

8月29日,华盛顿——8月22日,一通电话打断了在怀俄明州农场的国务卿詹姆斯·贝克的休假,这当然不是第一次打扰他假期的电话,但却是最重要的一次。苏联外交部长谢瓦尔德纳泽(Eduard A. Shevardnadze)致电贝克的山区休闲寓所,他表示莫斯科倾向支持联合国的决议,授权世界各国海军对伊拉克实施国际贸易禁运。

距离苏联全面同意还要两天时间,但这个电话是美国及其西方盟友为了说服苏联、中国和有反抗精神的第三世界的国家,需要采取紧急行动以确保针对伊拉克入侵科威特的联合国制裁能够得以执行,而进行的六天六夜的外交努力的关键节点。

基于这个电话,美国驻联合国代表托马斯·皮克林和其他政府官员加倍努力,想要结成国际联盟遏制伊拉克总统萨达姆·侯赛因。

权宜之计

8月25日,星期六凌晨4:10,联合国安理会以13票赞成、0票反对、2票弃权通过了第665号决议,呼吁在该地区拥有海军的成员国"视需要"采取行动,"确保严格执行"对伊拉克的贸易禁运。

这是联合国45年来,历史上第一次在没有联合国旗帜或指挥的情况下做出如此大规模的军事授权。这也是在国际组织框架内美苏合作的最显著的范例。

但根据对参与谈判的美国政府高级官员和外国外交官的采访,争取联合国参与的努力在很大程度上只是权宜之计,而不是基于一套崇高的多边团结原则。

美国政府官员表示,美国求助于联合国,主要是为了转移其他国家对华盛顿单独行动的反对意见,并且避免了美国军舰拦截那些同情伊拉克的国家的船只可能带来的麻烦。

决议的通过有赖于下列综合因素的作用:美国及其盟国微妙的外交和施压;苏联对伊拉克日益失去耐心;以及贝克先生和谢瓦尔德纳泽先生之间的密切磋商,他们的工作关系和友谊的萌芽有助于决议获得支持。

贸易禁运

单独行动

重新思考

纽约时间8月2日的凌晨2点,伊拉克坦克开进科威特一小时后,主管政治事务的副国务卿罗伯特·金米特(Robert M. Kimmitt)给驻联合国代表皮克林先生打电话,指示他召开安全理事会紧急会议,谴责侵略行为,要求伊拉克立即无条件撤军。8月3日,安理会通过了一项类似的决议,决定对伊拉克实施贸易制裁,宣布对科威特的吞并无效,并对伊拉克扣押外国人质和关闭外国驻科威特大使馆提出质疑。

尽管安全理事会给予了前所未有的合作,但当8月12日星期日贝克宣布美国决定单独行动,并"禁止"伊拉克在海上的商业活动时,世界各国领导人仍然感到震惊。贝克先生称,根据《联合国宪章》第51条,科威特提出的正式请求在法律上证明了这一行动的正当性。第51条规定,成员国有权在安全理事会采取行动前行使"单独或集体自卫"。

但到了8月13日星期一,安理会的几个成员国在一次非公开会议上断言这是一个没有耐心的美国总统在实施封锁。或者换种说法,使用"可疑的法律公式来证明它是正当的,而且实施前没有告知任何人"。以加拿大代表伊夫·福蒂尔(Yves Fortier)为首的外交官们认为,安理会应根据宪章第42条采取循序渐进的方式,该条款规定了封锁和其他军事行动,但必须得到安理会的明确批准。

"我试图表明,加拿大是华盛顿在安理会最好的朋友,如果你最好的朋友不能向你直言,谁能呢?"福蒂尔先生说,"我说过,这是一片未知的水域,没有先例,为什么不按照《宪章》制定者的设想去做呢?"

另一位外交官回电给他的首都说道:"自危机爆发以来,美国第一次显得孤立无援。"

就在那时,布什政府开始为止损进行多方协调。贝克先生分别致电法国外交部长罗兰·杜马斯和谢瓦尔德纳泽先生。是的,也许美国本应该多征求他们的意见,并说服他们相信,美国希望他们帮助执行禁运。

谢瓦尔德纳泽重申了他在上个星期对贝克所说的话,他说,也许是时候重振一个被称为军事参谋委员会的强大的联合国机制,以共同解决波斯湾危机了。

尽管美国长期以来一直反对联合国保护下的任何军事行动,但金米特先生还是在8月14日星期二呼吁联合国代表按照苏联的想法,讨论在联合国主持下在海湾部署军舰的问题。一位与会的外交官说:"美国人给了苏联人他们想要的。"

挑战

中国的船只和伊拉克油轮

布什政府仍然没有决定大力推动安理会通过决议,使美国的"封锁"合法化。一位美国高级政府官员说:"我们的战略是,我们要自己做我们必须做的一切,如果我们能带动联合国,那更好。"

但是到本周末,美国情报官员警告说,随着载有石油的伊拉克油轮驶向也门水域,联合国的制裁即将被打破。美国将不得不做出决定,是制止这艘油轮还是允许它驶入港口。

更为复杂的是,情报官员发现一艘载有化肥的中国货船,正从伊拉克唯一运作正常的港口拉特乌姆卡斯尔(Umm Qasr)驶离。尽管这一中国船只因机械故障不得不返港,但这一事件凸显了美国决定自行阻止伊拉克航运的风险。布什政府知道,扣押或摧毁一艘中国船舶可能会破坏安理会进一步采取集体措施的任何机会,也可能会使世界舆论对美国不利。

8月20日星期一晚间,皮克林受命召集安理会紧急会议,寻求一项允许使用武力执行制裁的决议。他的明确命令是,无论需要多长时间,安理会都要继续开会直至通过决议。

皮克林现年58岁,曾任美国驻以色列、约旦和萨尔瓦多大使,是美国国务院最资深的职业大使之一,开始了一项被其他外交官称为"英勇的努力",给一段可怕的简报披上积极的外衣。他认为,伊拉克油轮"卡尼琴"号将于纽约时间8月21日星期二上午6点前抵达也门海域,并敦促安理会成员国立即接受美英联合决议草案。

但是安理会成员国没有从他们的首都得到如何投票的指示,他们要求皮克林先生提供他无法提供的关于卡尼琴号位置的证据。当也门首席代表通知安理会,也门不允许油轮卸货之后,会议于凌晨1点休会。皮克林先生用流利的阿拉伯语向他的也门同事表示感谢。

一位西方大使说:"皮克林是一个绅士,但我们中的许多人觉得,那晚美国人失去了很多善意。"

8月22日星期三,皮克林向安理会特设制裁委员会提交了一系列显示伊拉克多艘油轮位置的地图,而英国首席代表克里斯平·蒂克尔爵士则提供了英国愿意共同参与实施制裁的证据。

一位参与者说:"这和猪湾的事不一样,但在那一刻,我们很多人都相信了。"

策略

团结中苏

美国及其西方盟国还开展了一场非凡的外交活动,让苏联和中国参与到谈判进程中来。

这项决议的最终成功很大程度上是贝克先生和谢瓦尔德纳泽先生的电话外交的结果,两人的关系在去年得到了蓬勃发展。

他们的合作非常密切,当他们两人在西伯利亚会晤时,贝克先生是第一个将入侵情况通知苏联同行的人。

在随后的几周里,两人保持着联系,有时一天几次,要么直接通过电话,要么通过各自首都的特使联系。

但在美国开始推动禁运的决议后,谢瓦尔德纳泽明确表示,苏联希望在接受这项惩罚性决议之前,能够先穷尽其针对侯赛因政权的外交努力。

20多年来,莫斯科为巴格达提供了大部分武器装备,训练了伊拉克军队,并帮助伊拉克建设了基础设施。

在莫斯科会见伊拉克副总理、资深外交官哈马迪(Saadun Hamadi)时,苏联官员指责伊拉克造成了危机,并敦促侯赛因遵守安理会的呼吁,从科威特撤军,释放外国人质。苏联说,如果不这样做,伊拉克将面临国际社会更严厉的措施。

8月22日星期三,谢瓦尔德纳泽在电话中告诉贝克,莫斯科需要再给侯赛因总统48小时,但美国可以继续推动决议。在第二天的电话中,谢瓦尔德纳泽告诉贝克,戈尔巴乔夫总统已经向侯赛因总统发出了紧急个人呼吁。

但8月24日星期五,苏联外交部副部长及驻联合国首席前特使亚历山大·贝洛诺戈夫(Aleksandr M. Belonogov)在外交部紧急召见了美国大使杰克·马洛克(Jack Matlock),并同意了这一行动。

一位政府高级官员略有修改地引用了贝洛诺戈夫的讲话内容,"我们已经收到伊拉克人的回复,答案令人不满意",他说,苏联已经"准备出发了"。

一位高级政府官员说:"捕鱼伙伴保持了真正的密切联系,最终这成了关键。"

中国人也需要说服。从一开始,中国就反对使用武力制裁,并表示,他们相信大国介入会使波斯湾危机更加恶化。

在总统致中国领导人的信中,以及美国和中国官员在华盛顿、联合国和北京的会晤中,布什政府明确表示,5个常任理事国之一否决该决议是不可想象的。

最后的夜晚

临时延误,终极胜利

8月24日星期五晚上,安理会举行了一次马拉松式的会议,最终在黎明前通过了决议。为了获得苏联和中国的支持,在最后的文本中删除了使用"最低限度武力"的直接提法,而加入了"最大限度地使用政治措施"一词。但这些并没有改变决议的基本主旨。

不过,通过这项决议的投票并不容易。安理会不得不等待中方获得北京方面的最终指示。古巴是安理会15个成员国中10个轮值理事国之一,它做了最后的努力试图说服其他第三世界成员国推迟表决。其他第三世界代表团试图改变措辞,以便有效地设立联合国海军活动联合指挥部。人们看到皮克林和克里斯平爵士挤在安理会附近的走廊里,试图得到哥伦比亚和马来西亚的顽固特使的全力支持。

凌晨4点10分,投票进行时,一些代表转向中国首席代表李道豫,看他是否会像他们预期的那样投弃权票。他并没有,而是和其他12个人一起举手投了赞成票。古巴和也门弃权。

联合国安理会
第666号决议
第666(1990)号决议
1990年9月13日联合国安理会第2939次会议通过

安全理事会

回顾其1990年8月6日第661(1990)号决议,其中第3(c)段和第4段适用于食物,但不包括人道主义情况下的食物,

认识到可能会出现需要向伊拉克或科威特境内平民提供食物的情况,以减轻人们的苦难,

注意到安全理事会关于伊拉克与科威特间局势的第661(1990)号决议所设委员会已经收到若干会员国的有关来文,

强调应由安全理事会自己或通过上述委员会来确定是否出现人道主义情况,

深切关注伊拉克未遵守它根据安全理事会1990年8月18日第664(1990)号决议对第三国国民的安全和生活保障所负有的义务,并重申:根据国际人道主义法律,包括1949年8月12日《关于战时保护平民的日内瓦公约》的有关内容,伊拉克在这方面负有全部责任。

兹根据《联合国宪章》第七章,

1. 决定为了做出必要的判断是否出现了第661(1990)号决议第3(c)段和第4段所称的人道主义情况,安全理事会关于伊拉克与科威特间局势的第661(1990)号决议所设委员会将不断审查伊拉克和科威特境内的食物供应情况;

2. 希望伊拉克履行它根据第664(1990)号决议对第三国国

民所负的义务,并重申:根据国际人道主义法律,包括1949年8月12日《关于战时保护平民的日内瓦公约》的有关内容,伊拉克对他们的安全和生活保障负有全部责任;

3. 请秘书长为上面第1和第2段的目的,紧急地并不断地从联合国有关机构和其他适当的人道主义机构,以及所有其他方面,索取关于伊拉克和科威特境内的食物供应情况的资料,并由秘书长定期向委员会转递;

4. 并请在索取和提供这类资料时,特别注意以下几类可能会遭受特别苦难的人如15岁以下的儿童、孕妇、产妇、病人和老年人;

5. 决定如果委员会在收到秘书长的报告之后,确定已经出现了紧急需要人道主义援助的情况,必须向伊拉克或科威特提供食物,以减轻人们的苦难,它将迅速向安理会报告它关于如何应付这类需求的决定;

6. 指示委员会在做这类决定时,应铭记应该通过联合国,在红十字国际委员会或其他适当的人道主义机构的合作下,提供食物,并由它们分配,或在它们的监督下分配,以保证食物分到原定受惠者手中;

7. 请秘书长进行斡旋,以便根据本决议和其他有关决议的各项规定把食物运送和分配给科威特和伊拉克;

8. 回顾第661(1990)号决议,并不适用于纯粹用于医疗目的的物资,但建议,医疗物资的出口应受到出口国政府或适当的人道主义机构的严密监督。

联合国安理会第 667 号决议
1990 年 9 月 16 日第 667(1990)号决议

安全理事会

重申其 1990 年 8 月 2 日第 660(1990)号、1990 年 8 月 6 日第 661(1990)号、1990 年 8 月 9 日第 662(1990)号、1990 年 8 月 18 日第 664(1990)号、1990 年 8 月 25 日第 665(1990)号和 1990 年 9 月 13 日第 666(1990)号决议,

回顾伊拉克为缔约国之一的 1961 年 4 月 18 日《维也纳外交关系公约》和 1963 年 4 月 24 日《维也纳领事关系公约》,

认为伊拉克下令关闭各国驻科威特外交和领事使团和取消这些使团及其人员的特权与豁免的决定,违反了安全理事会的各项决定以及上面提到的国际公约和国际法,

对伊拉克不顾安理会的各项决定和上面提到的公约的规定,竟对驻科威特的外交使团及其人员采取暴力行动,深表关切,

对伊拉克新近侵犯驻科威特的外交馆舍,劫持享有外交豁免权的人员和在馆舍内的外国侨民,感到愤慨,

并认为伊拉克的这些行动构成侵略行为,并且公然违反了其根本国际义务,破坏了《联合国宪章》规定的国际关系准则,

回顾伊拉克必须为任何使用暴力对待科威特境内的外国侨民、任何外交或领事使团或其人员的事件承担全部责任,

决心确保安理会的各项决定和《宪章》第 25 条受到尊重,

还认为伊拉克的行动有重大影响,是它违反国际法的又一次升级,迫使安理会不仅应立即做出反应,还必须紧急磋商采取进一步的具体措施,务使伊拉克遵守安理会的各项决议。

兹根据《宪章》第七章,

1. 强烈谴责伊拉克对各国驻科威特外交馆舍和人员进行的侵略行为,包括劫持在这些馆舍内的外国侨民的行动;

2. 要求立刻释放这些外国侨民以及第661(1990)号决议中提到的所有外国国民;

3. 并要求伊拉克立刻并充分履行它根据安全理事会第660(1990)、662(1990)和664(1990)号决议,1961年4月18日《维也纳外交关系公约》和1963年4月24日《维也纳领事关系公约》和国际法所承担的国际义务;

4. 还要求伊拉克立刻保证各国驻科威特和伊拉克外交和领事人员及馆舍的安全与安宁,不得采取任何行动阻碍外交和领事使团履行职务,包括同本国侨民接触和保护他们的人身安全与利益;

5. 提醒所有国家都有义务严格遵守第661(1990)、662(1990)、664(1990)、665(1990)和666(1990)等号决议;

6. 决定紧急进行磋商,尽快根据《宪章》第七章,针对伊拉克一再违反《联合国宪章》,违反安全理事会各项决议和国际法的行为,采取进一步的具体措施。

兹根据《宪章》第七章,

1. 要求所有国家履行其义务,保证严格彻底地遵守第661(1990)号决议,特别是其中第3、4和5段;

2. 确认第661(1990)号决议适用于一切运输工具,包括飞机在内;

3. 决定所有国家,不论在本决议通过之日以前所签订的任何国际协定或任何合同或所发放的任何执照或许可证曾经授予任何权利或规定任何义务,均不得准许任何来往伊拉克或科威特的飞机载运货物自领土起飞,除非所载运的是经安全理事会或安全理事会关于伊拉克与科威特间局势的第661(1990)号决议所设委员会授权并按照666(1990)号决议在人道主义情况下提供的食物,或纯属医疗目的的用品或联合国伊朗和伊拉克军事观察团专用的物品;

4. 并决定所有国家均不得准许要飞往伊拉克或科威特着陆的、不论在何国注册的任何飞机,飞越其领土,除非:

(a)飞机在该国指定的伊拉克或科威特境外的一个机场着陆,以便接受检查,保证机上没有违反第661(1990)号决议或本决议规定的货物,为此目的,可以将飞机扣留必要的一段时间;

(b)该次飞行经安全理事会所设委员会核可;或

(c)该次飞行经联合国证明纯为军事观察团服务;

5. 又决定每个国家均须采取一切必要措施,确保一切在其境内注册的飞机或主要营业地或永久住所在其境内的经营者所经营的飞机,遵守第661(1990)号决议和本决议的各项规定;

6. 还决定所有国家均须将不适用上文第4段的着陆规定而在其领土与伊拉克或科威特之间的飞行及该飞行的目的,及时通知安全理事会所设委员会;

7. 要求所有国家进行合作,采取必要措施,在符合国际法包括1944年12月7日《芝加哥国际民用航空公约》的情况下,确保切实执行第661(1990)号决议和本决议的规定;

8. 并要求所有国家扣留进入其港口、正式或已经被用于违反第661(1990)号决议的任何伊拉克注册船舶,或不准这类船舶进入其港口,但经国际法承认为保障人命所必要的情况除外;

9. 提醒所有国家,根据[联合国安理会第661号决议]第661

(1990)号决议],它们有义务冻结在其境内的伊拉克资产,保护在其境内的科威特合法政府及其机构的资产,并向安全理事会所设委员会报告这些资产的情况;

10. 还要求所有国家向安全理事会所设委员会提供资料,说明它们为执行本决议各项规定而采取的行动;

11. 确认联合国、各专门机构和联合国系统内其他国际组织必须采取必要措施,实施第661(1990)号决议和本决议的规定;

12. 决定:如有一国,或其国民,或通过其领土,规避第661(1990)号决议或本决议的规定时,即考虑对该国采取措施,以杜绝这类规避行为;

13. 重申1949年8月12日《关于战时保护平民的日内瓦公约》适用于科威特,伊拉克作为公约缔约国有义务完全遵守《公约》的所有规定,特别是根据《公约》应对其所犯的严重违约行为负责,而做出或下令做出严重违约行为的个人也应负责。

联合国安理会第678号决议
1990年11月29日第678(1990)号决议

安全理事会

回顾并重申其1990年8月2日第660(1990)号、1990年8月6日第661(1990)号、1990年8月9日第662(1990)号、1990年8月18日第664(1990)号、1990年8月25日第665(1990)号、1990年9月13日第666(1990)号、1990年9月16日第667(1990)号、1990年9月25日第670(1990)号、1990年10月29日第674(1990)号和1990年11月28日第677(1990)号决议,

注意到伊拉克悍然蔑视安全理事会,虽然联合国做出种种努

力,仍拒不遵守其应当执行第660(1990)号决议及上述随后各有关决议的义务,

铭记其根据《联合国宪章》负有维持和维护国际和平与安全的职务与责任,

决心确保其各项决定获得完全遵守。

兹根据《宪章》第七章,

1. 要求伊拉克完全遵守第660(1990)号决议及随后的所有有关决议,并决定,在维持其所有各决定的同时,为表示诚意而暂缓一下,给予伊拉克最后一次遵守决议的机会;

2. 授权同科威特政府合作的会员国,除非伊拉克在1991年1月15日或之前按上面第1段的规定完全执行上述各决议,否则可以使用一切必要手段,维护并执行第660(1990)号决议及随后的所有有关决议,并恢复该地区的国际和平与安全;

3. 请所有国家对根据上面第2段采取的行动,提供适当支援;

4. 请有关国家将根据上面第2段和第3段所采取行动的进展情况,随时通报安全理事会;

5. 决定继续处理本案。

华盛顿邮报,1991年1月10日,A23版

贝克,阿齐兹描述过去的六个小时两人的会谈

作者:威廉姆·德罗兹迪亚克

华盛顿邮报驻外事务处

日内瓦,1月9日——塔里克·阿齐兹慢慢地仔细研读了布

什总统的信,有官员称,布什总统的信中非常清晰而又直截了当地阐述了为什么萨达姆·侯赛因总统的军队应该离开科威特,否则他可能要面临28个国家的集体军事力量摧毁他的政权。

据参加今天会谈的人士说,伊拉克外交部长放下眼镜,把信还给了国务卿詹姆斯·贝克。"我不能接受这封信,"他自己向新闻媒体叙述时说,"这封信的行文逾越了国家元首之间的应有的交流言语。"

阿齐兹在洲际酒店(Hotel Intercontinental)一间简陋的宴会厅的外交摊牌中从一开始就断然拒绝,这一态度象征着美国和伊拉克在五个月前波斯湾危机爆发以来的首次高层会晤中,无法找到共同语言来弥合分歧。在这五个月的大部分时间里,美国试图通过压力战术迫使萨达姆撤退,包括自越南战争以来美国最大规模的军事集结,以及对巴格达实施全球经济禁运。在联合国授权使用武力之前,布什政府避免与其巴格达对手进行任何会谈。

然而,当约定对话时间最终到来时,双方却无法在讨论中达成任何共识。在试图解释阿齐兹为何拒绝总统信函时,连贝克都显得十分震惊,然而他拒绝透露该信函的内容。

"你得问问部长,他为什么不接受这封信,"贝克冷冷地说,"我个人的意见是——不管怎样,只是我的意见——他来这里只是被授权接受一封背离联合国决议的信,这是我们不能——当然也不会做的事情。"

随着股票和石油价格的波动,全世界的观众都渴望一个突破,以平息两个拥有100多万军队的敌人之间的冲突。贝克和阿齐兹进行了三轮毫无结果的讨论,主要还是重复原来的立场。

第一章 伊拉克入侵科威特和美国入侵巴拿马

为了解释伊拉克入侵和占领科威特的理由,阿齐兹告诉记者,伊拉克的行动是防御性的,因为感到受到科威特"经济战争"政策的威胁,这些政策压低了油价会导致伊拉克破产。贝克直言不讳地回答道:"我觉得很难想象世界上有哪个国家会相信这一点。"

当贝克要求伊拉克立即撤军时,阿齐兹回答说,他的国家只愿意将其作为包括巴以冲突在内的一部分或更大的地区解决方案来讨论。当贝克指责伊拉克利用巴勒斯坦问题"掩饰其对科威特的侵略"时,阿齐兹坚持认为,美国不能在处理外国占领中东领土问题上使用双重标准。

据《华尔街日报》报道,当贝克宣称纵容侵略"将向新的世界秩序发出可怕的信号"时,阿齐兹说伊拉克"希望成为后冷战世界的合作伙伴",但新的全球结构中的任何规则"都必须公正地执行,而不是仅仅强加给某个案例"。

最后,这两个人精疲力竭地离开了。

"经过六个多小时的讨论,我们都很好地阐明了我们要表达的观点,我认为该说的我们都说了。他说了我预期他来这里想说的话,我也说了我来这里想说的一切。"贝克说。

国务卿看上去忧郁而失望,他说"没有拍桌子,也没有互相吼叫。我认为这是我们二人理性而负责任的讨论,我们都希望找到一个和平的政治解决方案来解决这个问题"。

阿齐兹颇有遗憾地隐晦表示错失了机会,他认为两人的对话非常文明,并对美国和伊拉克等了这么久才面对面表达不满表示遗憾。"我们都非常认真地倾听对方的意见,但在这个问题上我们有着严重的分歧,"阿齐兹说,"我告诉他,如果我们几个月前见过面,我们也许本能够达成谅解。"

贝克在会谈间歇两次给布什总统打电话,告诉他伊拉克方面没有任何变通的迹象。在得知第二轮也毫无进展后,布什在自己的电话会议中向法国总统弗朗索瓦·密特朗转达了自己的失望情绪,密特朗随后在巴黎举行了新闻发布会,描述日内瓦对谈判前景的悲观情绪,并宣布法国"非常愿意在战争中尽到自己的义务"。

尽管双方没有积怨,但在会谈结束时,双方都没有煞费苦心去掩饰不祥的预感,战争的阴霾似乎比以往任何时候都更加真实。

"我从来没想过你们美国人会这么傲慢,"一位参加会谈的伊拉克人后来在电梯里说,他的声音颤抖着,"你们是这样一个自由开放的国家,却拒绝正视我们的观点,即使结果可能意味着战争。"

然而贝克拒绝承认今天的失望使战争迫在眉睫,他强调"和平的道路依然畅通"。他说,在与阿齐兹的讨论中,美国要求并得到保证,我们剩下的五名外交人员将在1月12日,也就是联合国授权使用武力从科威特逐出伊拉克部队的最后期限的三天前撤离。

"我们认为1月15日的最后期限是真的。"贝克说,"无论伊拉克相信与否,但我们和我们的联盟伙伴都是这么认为的。我们希望他们能够相信我们说的是真的。"

第一章 伊拉克入侵科威特和美国入侵巴拿马

纽约时报 1991 年 1 月 17 日 A1 版

**美国及其盟国开始对伊拉克进行空袭，
轰炸巴格达和科威特境内目标；
布什政府宣布除了武力"别无选择"
目前还没有地面战争，
总统通报全国人民**

作者：安德鲁·罗森塔尔
纽约时报特别报道

华盛顿，1 月 16 日——美国及其盟军今天对伊拉克发动了袭击，对巴格达及伊拉克和科威特的其他目标进行了一轮又一轮的空袭，旨在迫使总统萨达姆·侯赛因的军队撤离科威特。

"科威特的解放开始了。"布什总统在确认袭击开始时说。突袭开始后不久，布什总统的发言人马林·菲茨沃特宣读了一份三句话的声明，证实了袭击的开始。

随后，布什在向全国发表的电视讲话中说："我们别无选择，只能用武力迫使萨达姆离开科威特。我们不会失败。"

以化学武器为目标

但他同时表示："我们决心摧毁萨达姆·侯赛因制造核弹的潜力。我们还将摧毁他的化学武器设施。"

布什向美国人民保证，地面部队尚未投入战斗，他补充说："五个月前，萨达姆·侯赛因对科威特发动了这场残酷的战争。今晚，战斗已经打响。"

他说,初步报告显示,"我们的行动正在按计划进行"。

"我们的目标很明确,"他说,"萨达姆·侯赛因的军队将离开科威特,科威特合法政府将恢复其合法地位,科威特将再次获得自由。"

在早些时候发布的书面声明中,菲茨沃特说:"美国与盟国的部队一起,以代号'沙漠风暴行动'(Operation Desert Storm)执行联合国安理会的任务。"到下午 7 时为止,沙漠风暴行动部队正在对伊拉克和科威特的目标进行空袭。

这次夜间袭击大约在华盛顿时间下午 6 点半开始(伊拉克时间星期四凌晨 2:30),驻巴格达的美国记者最先在电视报道中披露,伊拉克首都上空被防空炮火和曳光弹点燃。最初的报道中说,多波战机轰炸了巴格达市中心,袭击了机场和炼油厂。

英国和沙特发动袭击

白宫官员表示,英国战机和 150 架沙特飞机参与了最初的袭击,但没有透露具体人数。

布什总统在下午 6—7 点之间,致电众议院议长托马斯·福莱(Thomas S. Foley)和参议院临时议员罗伯特·W. 伯德(Robert W. Byrd),将袭击计划通知了国会领导人。根据上周参众两院通过的战争决议的要求,他还发出通知说,所有的外交努力都失败了。

福莱说:"我们现在必须祈祷冲突迅速、果断地结束,并将生命损失降到最低。""我们现在必须团结起来,支持我们在海湾的武装部队,他们承担了指挥海湾战争的重任。"

在纽约,联合国秘书长哈维尔·佩雷斯·德·库德拉尔说:

"我想我应该表达深切的悲痛。"

给法赫德国王的暗号

今天上午 8 点,美国正式下达了作战命令,当时沙特官员说,国务卿詹姆斯·贝克召见了沙特大使班达尔·本·苏丹亲王,告诉他美军将在今晚进攻伊拉克。

知情人士透露,大使立即给沙特阿拉伯国王法赫德打了电话,使用了贝克先生和国王在上周访问沙特阿拉伯期间安排的一个暗号。国王随后又重复了一个暗号,这是他正式授权美国战机起飞的密码。

布什总统在白宫椭圆形办公室指挥进攻,他在那里观看晚间新闻,与副总统丹·奎尔、国家安全顾问布伦特·斯考克罗夫特和白宫国防部长约翰·苏努努一起等待袭击的初步战果。

按时完成

菲茨沃特说,总统预计爆炸将在下午 7 点开始,他对巴格达早前报道的防空炮火感到困惑。

就在 7 点钟,巴格达的一名电视记者打开窗户,可以听到巨大的爆炸声。引用总统的话说,"按时完成"。

菲茨沃特说,然后布什告诉他"继续"发表事先准备好的声明,宣布战争开始。

侯赛因无视 12 项联合国决议和海上封锁,布什总统兑现了对他的一再警告,在联合国规定的伊拉克和平离开科威特的最后期限到期后的 19 小时,开启了美国自越南以来最大规模的一次军事行动。

四份演讲稿

菲茨沃特说,袭击的决定是"在数天内逐步做出的",布什总统已经为今晚的演讲准备了两三个星期,至少起草了四份草稿。

他说,菲茨沃特先生的声明是在星期二晚上准备的。如果萨达姆·侯赛因大规模撤军,布什本可以不下达最后的攻击命令。

他说:"这本来是可以改变的。"

菲茨沃特说,椭圆形办公室的人并没有感到轻松。"我们的冲突才刚刚开始,"他说,"我认为没有人会认为这是一件容易的事。"

曾投票反对授权使用武力的俄克拉荷马州民主党参议员、参议院情报委员会(Senate Intelligence Committee)主席博伦(David L. Boren)说,这是国会为数不多的快速反应之一,"现在战争已经开始,所有美国人都应该团结起来支持我们的军队。我们希望并祈祷胜利会很快到来,以最小的生命损失为代价。国会必须准备投票,为我们的军队提供他们需要的一切"。

众议院多数党领袖理查德·盖普哈特说,美国国家安全委员会工作人员向主要议员通报了情况,他说:"我的祈祷和想法与士兵和他们的家人一样,我希望这场战争能够快速、成功地结束。"

在美国指挥下作战

美国花时间建立了一个指挥系统,在这个系统下,国际部队将以联合国的名义,但实际是在美国的领导下作战。

布什今日致电英国首相约翰·梅杰和反伊拉克联盟的其他领导人。

白宫还试图安抚美国民众,所有寻求和平解决的方案都已穷尽,布什政府别无选择,只能开始一场势不可挡的海陆空火力展示,迅速而果断地结束伊拉克对科威特的占领。

尽管来自沙特阿拉伯和伊拉克的最初战报非常粗略,但还是能够看出,第一波袭击正如预期的那样,集盟军压倒性的空中力量优势,试图轰炸巴格达的战略指挥目标。

驻沙特美军通讯社成员的报道说,当地时间 12 时 50 分(东部标准时间下午 4 时 50 分),两个装载炸弹和空对空导弹的 F-15E 战斗轰炸机中队从位于沙特阿拉伯中部的美国最大军事基地起飞。

巴格达的 600 英里航程

他们两两一组飞向晴朗的夜空,花了大约 90 分钟飞行了 600 多英里到达巴格达。"我们已经在这里等了五个月了,"基地的首席维护官雷·戴维斯上校说,"现在我们终于要做我们被派到这里来做的事情了。"

F-15E 战机源源不断地从沙特阿拉伯中部和东部起飞,这些是国际空军的一部分,包括世界上最致命、最快和技术最先进的战机。

仅美国在波斯湾地区就拥有约 1 800 架战机,以沙特阿拉伯的军事设施为基础,并有六艘巡航于海湾、红海和阿拉伯海的航空母舰。

五角大楼今天说,在美国军事史上最迅速和最大规模的军事动员之后,现在有 425 000 名美国士兵驻扎在该地区。另外还有来自其他 28 个国家的 265 000 名士兵,他们面对的是在伊拉克南部和科威特的,五角大楼预估约有545 000人的伊拉克军队。

巴格达的报道

巴格达的电视报道说,轰炸断断续续持续了一夜。黑暗的夜幕被聚集在城市周围的大量防空高射武器的弹道轨迹刺穿,整个城市在爆炸声中震动。在巴格达的记者说,一瞬间连串的防空火力和密集的爆炸火光点燃了整个城市的夜空。

有线新闻电视网的一名记者说,他看到一座清真寺附近发生火灾,另一名记者则报道说,总统府附近的一家炼油厂正遭受袭击。当记者们与他们在美国的机构通电话时,背景声中可以听到巨大的爆炸声和枪声。

在沙特阿拉伯,新闻报道称,空军基地已经拉响了空袭警报,记者被命令进入室内,并被建议戴上防毒面具,但没有敌人袭击的报道。

经过长时间的激烈辩论后,国会最终在星期六授权布什总统对伊拉克使用武力。总统也得到了联合国授权采取其行动。伊拉克被要求在星期二之前撤离科威特,巴格达于8月2日闪电袭击并占领了科威特,粉碎了美国和欧洲对冷战结束后迎来和平时期的希望。

美国的回应是在接下来的五个月里精心策划,布什几乎把美国非核的全部力量都转移到了海湾地区,而联合国则试图通过不断收紧的经济制裁,把伊拉克从科威特驱逐出去。

对制裁不耐烦

然而,美国已经对制裁越来越不耐烦,11月29日,联合国批准了一项决议,授权如果伊拉克在明年1月15日前没有撤军,就可以使用武力,这使得战争计划进一步升级。

在这次突袭之前,美国的盟友们一个接一个地正式将开战的决定和最终的指挥权交给了布什总统。

法国是今天第一个将海湾地区军队的指挥权移交给布什的国家,因为总统密特朗警告他的国家,战争似乎不可避免,并说一旦战争开始,法国军队将由美国将军控制。

密特朗承诺,法国将加入对伊拉克军事目标的攻击。为了平息国内日益增长的反战情绪,总理米歇尔·罗卡尔表示,这些部队将承诺"特定时间执行特定任务"。

在法国议会压倒性地支持参加海湾行动之后,密特朗先生在全国面前发表电视讲话,他告诉他的同胞,"开始使用武力",并要求他们团结在海湾的士兵后面。

意大利议会投票

意大利议会定于星期四投票,决定是否允许驻扎在海湾地区的意大利小部队采取行动。新西兰派出一支医疗队,加入了其在沙特阿拉伯的26人空军部队。

比利时宣布,它不会加入进攻,但将继续支持联军的船只和飞机。加拿大在该地区有一个战斗机中队和1 700名士兵,还有两艘驱逐舰正在赶来的途中,加拿大在星期二表示,准备加入从科威特驱赶伊拉克的行动。

这些声明是在国务卿贝克出访联盟国家之后宣布的,这是美国与其盟友私下安排的对外表现,即实际上海湾地区军队要在美国领导下与伊拉克作战。

出于对恐怖主义威胁的担忧,并试图将日益高涨的抗议浪潮挡在门外,白宫和国务院收紧了自己的安保网,取消了公众参观,加强了对游客的安检,并采取了其他安全措施。

全国的抗议活动

全国各地的抗议者继续示威抗议对伊拉克的战争,其中数百人在波士顿市政厅附近阻止交通并高呼口号。白宫外聚集的人群已达数千人,因今天的冷雨有所减少。

1000多名联合国雇员聚集在一个会议厅,为海湾地区的和平歌唱和祈祷。联合国工作人员委员会副主席洛厄尔·弗兰德斯用低沉的语调发表了简短讲话。他说:"我们必须团结我们的心、希望和愿望,一起祈祷和平,不再战争。"

53　纽约时报,1991年2月22日,A1版

苏联称伊拉克接受
在美国停火和国际社会终止制裁的前提下从科威特撤军,
布什政府表达了关切并暂不回应;
盟国进行协商;
美国告诉戈尔巴乔夫他的尝试是"有意义的",
计划已在研究

作者:莫林·多德
纽约时报特别报道

华盛顿,2月21日——布什总统今晚对戈尔巴乔夫总统说,他在波斯湾寻求和平是有意义的,但他还说,他对苏联提出的伊

拉克从科威特撤军的建议表示"严重关切"。

白宫发言人马林·菲茨沃特措辞谨慎,表示美国将研究这项提议,与盟友磋商,并制定应对措施。他还表示,多国部队将"继续进行战争"。

他表示,尽管苏联的调解努力"步调紧凑",但地面战争的计划仍在继续。但菲茨沃特谨慎地没有排除布什与戈尔巴乔夫的33分钟的会谈在一定程度上有解决海湾危机的可能性。

更积极的语气

白宫回应的预期明显比回复苏联的之前提议更为积极,然而布什总统说,苏联的提议"远远达不到结束战争的要求"。

菲茨沃特说,布什总统将就这一提议与反伊拉克联盟成员国进行磋商,并将于今晚与他的顾问们进一步讨论。

菲茨沃特说,美国仍然坚持全面遵守联合国关于科威特问题的所有12项决议,苏联的提议遗漏了一项。被忽略的联合国要求是伊拉克取消其对科威特的吞并。

他说,美国和苏联之间没有就"后续程序"达成具体协议,但他明确表示,莫斯科和华盛顿将继续保持密切联系。

苏联的计划
关于伊拉克撤军

米哈伊尔·戈尔巴乔夫的发言人昨天说,伊拉克已同意依下列条件从科威特撤军:

* 伊拉克同意从科威特"完全和无条件撤出"。

* 撤军将在战斗停止后的第二天开始。

＊撤军将在一个固定的时期内完成。未指定此时间的长度。

＊联合国对伊拉克的经济制裁将于伊拉克撤出目前在科威特境内的三分之二部队时不再生效。禁运涵盖所有贸易,但医疗用品和人道主义所需食物除外。

＊当所有伊拉克部队全部离开科威特时,联合国针对伊拉克的其他决议失效。这些决议包括要求恢复入侵前的科威特政府。

＊停火后将立即释放全部战俘。

＊联合国安理会将指定没有卷入冲突的国家监督伊拉克的撤军。

54 纽约时报1991年2月23日A5版

七点建议
莫斯科提案没有
提及中东
和平会议

作者:谢尔盖·舒梅曼

纽约时报特别报道

莫斯科,星期五,2月22日——在与伊拉克外交部长的一次午夜会议之后,莫斯科今天宣布,萨达姆·侯赛因总统对苏联的和平计划做出了"积极的"回应,并同意从科威特撤军。

凌晨2点40分,苏联总统米哈伊尔·戈尔巴乔夫的发言人气喘吁吁地冲进新闻发布会,宣布,"反响是积极的"。

这位发言人说,苏联总统和阿齐兹已经得出结论,"有可能通过以下途径找到解决波斯湾冲突的办法"。[苏联声明文本,第A4.1页]

星期四晚上,在华盛顿,白宫发言人马林·菲茨沃特称苏联的努力是"有意义的",但表示布什总统在与戈尔巴乔夫先生谈过此事后"严重关切"。他说,美国将与盟国就该计划进行磋商,但同时"战争将继续进行"。

经济制裁将结束

发言人维塔利·伊格纳坚科(Vitaly Ignatenko)首次阐述了苏联的七点计划,要求伊拉克在敌对行动结束后开始撤军,但未指明完成撤军的时间。

计划还呼吁一旦伊拉克三分之二的部队离开科威特,就取消对伊拉克的经济制裁,并呼吁一旦所有部队撤离,就取消所有其他联合国决议。如果接受,这一规定似乎可以免除伊拉克向科威特支付赔偿的责任;规定中也没有具体提到按照联合国的要求恢复科威特统治者的权力。

同样显而易见的是,该计划没有提及任何和平会议或包括阿以冲突在内的更广泛的中东问题解决方案。早期伊拉克在试探中曾将这样的要求作为条件提出,极可能会遭到至少美国和以色列的强烈反对。

55 纽约时报,1991年2月28日,A1版

布什叫停盟国的攻势;
宣布科威特解放,伊拉克被打败;
为完全停火设置了苛刻的条款
军事目标已完成
地面战争暂停
以结束伊拉克袭击为条件

作者:安德鲁·陆森纳尔

纽约时报特别报道

华盛顿,2月27日——布什总统宣布"科威特获得解放"和"伊拉克军队被打败",今晚下令暂停对萨达姆·侯赛因的溃军采取军事进攻行动。

布什总统表示,只要伊拉克不攻击盟军或向任何其他国家发射导弹,暂停将从东部时间的午夜开始。

他说,为了实现永久停火,伊拉克必须遵守一系列严格的要求,即伊拉克须遵守联合国关于科威特的12项决议,释放所有战俘和被拘留的科威特公民,并向盟国提供伊拉克在该地区埋设的所有地雷和水雷的位置。

100小时的进攻

"东部标准时间今晚午夜,距离地面行动开始整整100小时,距离沙漠风暴行动开始已经六个星期了,所有美国和联军部队将暂停进攻性作战行动。"布什在自8月2日伊拉克入侵科威特以

来的第三次政府办公室面向全国电视讲话中说［出自文本A12页］。

总统对伊拉克为以有利条件达成停火协议的最后的努力不屑一顾,他说:"伊拉克的军队已被击败。我们的军事目标已经实现。科威特回到了科威特人手中,他们掌握着自己的命运。"

今晚,他说"一面曾被禁止悬挂的科威特国旗飘扬在这个自由的主权国家的首都上空,美国国旗飘扬在我们的大使馆上空"。

贝克将出访中东

布什总统宣布,赌上他总统职位的为期七个月的危机终于结束了,这场危机挑战了他的外交技能,迫使其维系一个完全不同的国际联盟。布什总统说,他将派遣国务卿詹姆斯·贝克三世前往中东,处理"获得可能的历史性和平的艰巨任务"。

布什总统的讲话结束了为期六周的盟军对伊拉克的进攻,根据五角大楼今天的最新报告,此次军事行动中不到100个美国人丧生。就连总统的战争委员会也对此次行动的迅速感到震惊。

就在他发表讲话的几个小时前,美国驻波斯湾司令施瓦茨科普夫将军(Gen. H. Norman Schwarzkopf)也发表了讲话,描述了这最后一场主要战役,在伊拉克南部城市巴士拉附近盟军装甲师和萨达姆庞大军事机器的最后残余部队伊拉克共和国卫队之间的战斗。

布什先生的演讲于东部时间晚上9点发表不到三个小时前才被确定,这似乎代表了美国在其不轻易放过伊拉克的立场和受到国际社会要求停止对一支败军继续攻击的不断施压之间寻求平衡。

总统邀请侯赛因先生派遣高级军官们在战区开会,与盟军指挥官讨论永久停火的军事条款。

但在侯赛因先生仍在巴格达主政的情况下,宣布胜利会导致很多重大政治和外交问题,包括伊拉克在该地区的战后角色问题,侯赛因政权的执政前景和美国想要在解决现在倍受政府关注的包括巴以争端在内的棘手的中东问题中发挥主导作用所面临的不可避免的压力。

在布什总统发表讲话之前,这是乐观预测胜利的一天,是针对伊拉克的强硬言论的一天,也是华盛顿和巴格达在外交和语义上来回拉锯战的一天。

国防部长迪克·切尼今天下午早些时候对美国退伍军人协会说:"现在的情况似乎是,所有战斗的原因变成了撤退的原因。"

布什会见道格拉斯·赫德

布什先生和英国外交大臣道格拉斯·赫德开始就如何管理海湾地区的和平进行磋商,包括盟国将对巴格达实施多长时间的制裁,如果侯赛因先生在战后仍然当政,该如何制衡他,以及需要什么样的维和部队。

美国政府官员说,赫德先生还会见了贝克国务卿,并带来了一项英国的建议,建议将所有盟国对结束战争的要求写入联合国安理会决议,届时伊拉克将不得不接受。

当天伊始,联合国收到来自巴格达的消息,伊拉克外交部长塔里克·阿齐兹在巴格达发表声明,伊拉克已经承诺遵守联合国要求其撤出科威特的决议,现在"同意遵守另外两项决议"。一项是宣布伊拉克对被其占领酋长国的吞并无效,另一项是要求巴格达支付战争赔偿。多国联盟坚持要求伊拉克无条件接受12项联合国决议,战后继续实施制裁,以及交出伊拉克所有坦克和其他武器。同时,要求其立即释放所有囚犯,包括约4万名科威特人,据悉这些人是上周被伊拉克军队从该国转移走的。

官方声明清楚地表明,联军除了把伊拉克人赶出科威特之外,还有其他政治和军事目的。

切尼先生说:"即使在我们实现了我们的军事目标之后,即使我们摧毁了他的军事进攻能力,并把伊拉克军队从科威特驱逐出去,解放了科威特,全世界未来仍将对巴格达政府所推行的政策和各种活动保持关切。"

在利雅得,联军司令诺曼·施瓦茨科普夫将军说:"这场战争有很多目的,远不仅仅是'让伊拉克人离开科威特'。"

总统发言人马林·菲茨沃特表示,联合国呼吁海湾地区"和平与稳定"的决议授权盟国削减伊拉克的军事力量。他补充道:"如果联合国决议得到落实,那就需要我们继续努力削减他的军事设施。"

盟国也在继续施加压力,根据美国官员的说法,联盟希望从伊拉克内部推翻侯赛因政权。

贝克先生说:"我们的立场是,只要该政府继续掌权,我们就要确保,至少在武器方面,对重整军备和向这个国家运送武器,尤其是大规模杀伤性武器方面,要有某种限制。"

纽约时报,1991年3月1日,A1版

盟军摧毁伊拉克主力部队七个月后
科威特被收复

作者:R.W.小艾泼尔
纽约时报特别报道

达拉,沙特阿拉伯,星期四,2月28日——美国官员说,就在布什总统宣布有条件地暂停对伊拉克的进攻军事行动的数小时前,波斯湾盟军的装甲部队在一场激烈的坦克大战中将伊拉克自诩的共和国卫队包围,并将其撕成碎片。这场激战从星期三开始,一直持续到今日凌晨。

星期三上午,美国海军陆战队在经过了两天的规模虽小但异常激烈的战斗后,占领了科威特国际机场。后来,海军陆战队、科威特和其他阿拉伯部队凯歌而行,沿着科威特城宽阔的林荫大道行进,沿途满目疮痍,一片荒凉的景象。这基本上完成了将在去年8月2日突然袭击并占领了科威特的萨达姆·侯赛因总统的军队驱逐出科威特的任务。

盟军司令部说,联军伤亡轻微,伊拉克损失严重。

但盟军占领首都时的喇叭声、飘扬的旗帜和欢庆场面,几乎掩盖不了在占领的最后几天里发生的拷打、抢劫、强奸和掠夺所带来的痛苦。据说有多达4万余名科威特人在星期二北逃时被伊拉克人扣为人质。

以美国为首的联军司令诺曼·施瓦茨科普夫将军在一场闪电般的地面战争中击败了伊拉克,这让人想起了第二次世界大战中的闪电战。据说伊拉克领导人已经被剥夺了进攻性武器,正是仰仗这些武器,他的军队成为中东最可怕的军事力量之一。

"他所残余的武力不足以让他再成为一个地区性的威胁,"这位将军在星期三晚上的一次详细简报中说,并尖锐地补充道,"除非将来有人选择重新武装他们。"

在一次新闻发布会上,施瓦茨科普夫将军被问及对他的对手有何看法。

"如果说萨达姆·侯赛因是一个伟大的军事家,"将军回复大笑的人们,"他既不是军事家,也没有受过作战艺术教育,也不是战术家,更不是将军,更不是士兵。但是除此之外,他是个伟大的军人,我想让你知道。"

关于这场自二战以来规模最大的坦克大战的细节尚不完整,但五角大楼官员说,在这场战斗中,800多辆美军坦克和装甲车与一个由伊拉克最优秀的士兵组成的警卫师的250~300辆坦克展开了较量。官员们说,总的来说,来自第七兵团和施瓦茨科普夫将军曾经指挥过的第24步兵师(机械化)的美军,在巴士拉以西50英里处与三个警卫步兵师和装甲师交战。

据官方称,伊拉克损失了200多辆坦克。

典型的坦克战

一位高级官员形容这是一场经典的装甲战斗,坦克在雨中闪避,然后在沙漠的黑暗中机动,阿帕奇武装直升机发射反坦克导弹,盟军装甲最终包围了共和国卫队,然后从后方发起进攻。

一名军官说,伊拉克人"坚决抵抗",试图反击,并向巴士拉迂回撤退,尽管他强调"战争还没有结束",现场指挥官说,战争的高潮可能会持续到星期六,施瓦茨科普夫将军无疑让伊拉克人陷入了自己设计的巨大陷阱。

"大门关闭了,"他宣布,"没有出路了。"

56岁的施瓦茨科普夫将军是一名身材魁梧的西点军校毕业生,他讲述了英军、法军和美军如何向西大规模行进,到达北部的幼发拉底河,并建立了一个由两支完整的部队组成的75英里长的盟军屏障,该屏障位于伊拉克东南部的巴士拉西部。随着幼发拉底河的桥梁被炸毁,从巴士拉向北的道路受到持续的空袭,共和国卫队带着他们的大炮、坦克和其他装甲车已无路可逃。

将军说,在侯赛因投入战争的4 230辆坦克中,有3 008辆在星期二被击毁,另有700辆在星期三的战斗中被毁。他说,29个伊拉克师,共计30余万人,已经失去了作战能力。

"这场战争的目的远不止把伊拉克赶出科威特,"施瓦茨科普夫将军对一位美国官员坦诚说,"布什总统和他的联军伙伴一直试图摧毁伊拉克的进攻作战能力,以阻止侯赛因先生再次试图征服,如果他仍然掌权的话。"

但将军对过去36小时内广泛流传的盟军可能向巴格达挺进的说法嗤之以鼻。他说,当美军101空降师和第24机械化步兵师星期一抵达幼发拉底河时,他们距离伊拉克首都只有150英里,如果他们真的想进攻巴格达的话,没有任何伊拉克军队可以阻止他们。

伤亡报告

施瓦茨科普夫将军首次提及美军的伤亡人数,他说,在星期日黎明前开始的地面战争中,有2名美国军人丧生,89人受伤,5

人失踪。从六周前的首次空袭开始,包括本周附近一个营房的遭受导弹袭击的损失,在整个战役中美军总共有79人死亡,213人受伤,44人失踪。

这一总数预计稍后还会上升,但已经包括了来自第82空降师的2名军官和5名士兵,他们在前线最左翼的法国轻骑兵师服役时阵亡。他们在伊拉克沙漠中搜查萨尔曼的一个要塞和机场时因踩中地雷或饵雷被炸身亡,另有25人受伤。

共有13名英军阵亡,其中9人死于美国A-10"疣猪"攻击机的"友军火力",这架反坦克飞机无意中袭击了两辆英国装甲侦察车。此外,国家发言人说,到目前为止,已有两名法国人和13名来自阿拉伯国家的人在战争中丧生。

施瓦茨科普夫将军说,除此之外还有5万多名战俘。伊拉克大量士兵战死,他没有给出具体数字,但据他的几名下属表示,总数将达到数万人。他说,考虑到有50多万美国军人参与了这场战役,美国的伤亡人数如此之低"几乎是奇迹"。

谋骗伊拉克人

他在解释盟军的大战略时说,最初他将所有陆战部队直接部署在科威特南部侯赛因总统的复杂的防御线对面,并积极宣传海湾地区海军陆战队的两栖部队的部署,诱使人们形成这样的判断:联军主力要么来自海上,要么就是直接从陆地进入科威特南部。

当伊拉克空军被歼灭,侯赛因先生从情报的角度看基本上失去了双眼。施瓦茨科普夫将军说,他把几乎所有的美军部队以及英法装甲部队都转移到了西部。这是一项史无前例的后勤成就,所有这些都是沿着一条主要的公路——塔普林公路完成的,在沙漠中建立庞大的后勤基地,足够60天的物资供应。

他把这个动作比作美式橄榄球比赛中的"万福玛丽"(Hail Mary)战术,在这种战术中,四分卫把球扔得尽可能远,所有接球手都跑到前场,希望能在混乱中抓住球。

他说,需要采取大胆的打击行动,因为伊拉克部队的总人数和盟军人数的比例是3比2,战斗力量是2比1,而通常情况下,进攻方对比防守方需要有3比1的优势。

关于暴行的报道

将军说,当科威特发生暴行的大量报道被披露时,我们加快了前进的步伐。他说道:"做了这种事情,他们不是人,我们和他们不一样。"

地面战争开始时,并没有两栖攻击,但两栖作战的威胁牵制住了伊拉克的好几个师,就像乔治·巴顿将军(George S. Patton Jr.)的影子军(一种盟军反情报的发明)在诺曼底登陆(D-day landing)时一样。一支由沙特领导的阿拉伯部队沿海岸线挺进,海军陆战队的两个师突破了他们旁边的防线,向北突进,同埃及和叙利亚部队从北长驱直入,进入科威特西部。将军说,各支部队都竭尽全力,最终攻进了科威特城,但他们并非进攻的主角。

这发生在西部,施瓦茨科普夫将军说,这在很大程度上证实了过去两天里(尽管官方对新闻进行了封锁)记者们拼凑起来的报道。

他说,法国装甲师和部分第82空降师从左翼,英国第一装甲师从右翼,首先攻击伊拉克部队,识别伊军主力,第24机械化步兵师向位于纳西里亚的幼发拉底河发起冲锋。第101空降师实施蛙跳作战进抵幼发拉底河,沿途建立了火力和补给基地。

今天一份伊拉克军事公报中报道,盟军伞兵降落在纳西里亚附近的一个空军基地,该基地位于巴格达以南175英里处幼发拉底河上。美国消息人士称,该市附近的一个机场被101空降师的搭乘直升机的攻击部队占领。

沙特首都利雅得的官员说,该卫队的一个师塔沃卡纳(Tawalkana)星期二被负责摧毁该卫队的第七军团成员击败。他们说,该师被第三装甲师和第一(机械化)步兵师重挫,这是这支传奇部队自越南战争以来迎来的首次战斗。

然后,由四个师(两个装甲师、一个机械化步兵师和一个装甲骑兵师)组成的第七军团转向东方,包括法军师和伞兵在内的第17空降集团军也向东挺进。

在星期三晚上的简报中,施瓦茨科普夫将军说,盟军将打击任何负隅顽抗的伊拉克部队,他还特别指出,轰炸也将继续,包括对巴格达和其他北部城市的打击。

"战争还没有结束,"指挥官说,"你必须记住,那里每天都有人死亡。那些赴死的人是我的军队。我会尽我所能保护他们,保护他们的安全。"

在科威特城,海军陆战队军官说,所有有组织的抵抗已经被消灭,最多只剩下零星的落单的狙击手。美军部队发现美国国旗仍在美国大使馆上空飘扬,使馆大院锁着,没有受到干扰。

纽约时报，1991年3月26日，A1版

美国预见侯赛因即将取得对什叶派敌人的胜利
库尔德人也可能会输
正在讨论是否
采取更有力的行动
保护叛军

作者：派翠克·泰勒

纽约时报特别报道

华盛顿，3月25日——政府官员今天说，总统萨达姆·侯赛因可能即将粉碎伊拉克南部反对他权威的叛乱。监控该地区情报报告的官员们还预测，到那时，他将战胜威胁着巴格达对伊拉克北部的控制的库尔德人的起义。

当布什政府还在讨论是否要更深入地参与保护反叛武装，采取行动阻止伊拉克武装直升机的一切飞行的时候，伊拉克领导人已强化了他的统治。官员们表示，武装直升机是摧毁反叛武装最后据点的重要工具。伊拉克安全部队继续用武装直升机对反政府武装发动袭击。美国政府官员说，美国驻波斯湾的军事指挥官上周警告伊拉克，这样的飞行将被视为对联军的威胁，试图阻止袭击。

库尔德人求助

在叙利亚的库尔德叛军发言人呼吁美国对伊拉克飞机进行干预，声称这些飞机的飞行直接违反了美国和伊拉克指挥官3月3日在伊拉克萨夫万帐篷会议上达成的临时停火协议。

尽管上周美国战机击落了两架伊拉克战机,但五角大楼并没有执行其暗示过的威胁,击落武装直升机。五角大楼官员说,美国战机夜以继日地在伊拉克上空巡逻,并用预警机监视所有空中活动。

官员们说,追踪直升机有些困难,因为它们的飞行高度较低,但他们表示,如果接到命令,他们有信心击落这些武装直升机。

关于美国战略的辩论

一位官员称,美国政府对其在伊拉克使用武装直升机政策的解释是"模糊不清"的,这反映了布什总统高级顾问中尚未解决的政策问题,即美国空军应在多大程度上参与保护起义不受巴格达镇压。

联合国

联合国安理会
1991年4月3日第687(1991)号决议
联合国安理会第2981次会议通过

安全理事会

回顾其1990年8月2日第660(1990)号、1990年8月6日第661(1990)号、1990年8月9日第662(1990)号、1990年8月18日第664(1990)号、1990年8月25日第665(1990)号、1990年9月13日第666(1990)号、1990年9月16日第667(1990)号、1990年9月24日第669(1990)号、1990年9月25日第670(1990)号、1990年10月29日第674(1990)号、1990年11月28

日第677(1990)号、1990年11月29日第678(1990)号和1991年3月2日第686(1991)号决议,

欣见科威特恢复其主权、独立和领土完整,及其合法政府返国,

申明所有会员国承诺维护科威特和伊拉克的主权、领土完整和政治独立,并注意到根据第678(1990)号决议第2段同科威特合作的各会员国已表示打算按照第686(1991)号决议第8段尽快结束其在伊拉克的军事派驻,

重申鉴于伊拉克对科威特的非法入侵和占领,有必要取得伊拉克的和平意向的保证,

注意到伊拉克外交部长1991年2月27日给安全理事会的信和同日按照第686(1991)号决议给安全理事会的信,

注意到伊拉克和科威特,作为独立的主权国家,于1963年10月4日在巴格达签署了《科威特国和伊拉克共和国关于恢复友好关系、承认和有关事项的协议记录》,从而正式承认伊拉克和科威特之间的疆界以及岛屿划分,该《协议记录》按照《宪章》第102条在联合国登记,其中伊拉克承认科威特国在1932年7月21日伊拉克首相的信中所明确说明并接受且经科威特国王1932年8月10日的信所接受的疆界内的独立和完全主权,

意识到有必要标定上述疆界,

还意识到伊拉克曾发表声明,扬言将违反它根据1925年6月17日在日内瓦签订的《禁止在战争中使用窒息性、毒性或其他气体和细菌作战方法的议定书》所承担的义务,使用这类武器,还注意到它以前曾用过化学武器,并断言伊拉克如再使用这种武器终将造成严重后果,

回顾伊拉克曾签署1989年1月7日至11日出席在巴黎举行的1925年《日内瓦议定书》缔约国和其他有关国家会议的所有国家通过的《最后宣言》,其中确定全面消除化学武器和生物武器的目标,

还回顾伊拉克曾签署1972年4月10日《关于禁止发展、生产和储存细菌(生物)及毒素武器和销毁此种武器的公约》,

注意到伊拉克切须批准这项《公约》,

还注意到所有国家切须加入这项《公约》并促使即将举行的《公约》审查会议加强这项公约的权威、效率,扩大普适范围,

强调裁军谈判会议切须及早完成其关于《全面禁止化学武器公约》的工作,而且世界各国切须加入这项公约,

注意到伊拉克使用弹道导弹进行无端攻击,因此需要对伊拉克境内的这种导弹采取具体措施,

关切到会员国所获报告指出,伊拉克违反其根据1968年7月1日《不扩散核武器条约》所承担的义务,曾试图取得材料进行一项核武器方案,

回顾在中东建立无核武器区的目标,

意识到各种大规模毁灭性武器对这一地区的和平与安全所构成的威胁,需要努力在中东建立无核武器区,

又意识到在该区域实现均衡和全面管制军备的目标,

还意识到切须利用一切可用办法,包括该区域各国之间的对话,以实现上述各项目标,

注意到第686(1991)号决议标志着解除第661(1990)号决议所施行的措施对科威特的适用性,

注意到尽管在履行第686(1991)号决议规定的义务方面有

所进展，许多科威特国民和第三国国民仍然下落不明，财产仍未归还，

回顾1979年12月18日在纽约开放签署的《反对劫持人质国际公约》，其中将所有劫持人质行为列为国际恐怖主义的表现，

痛惜伊拉克在最近冲突中曾扬言将对伊拉克境外的目标使用恐怖主义手段，并痛惜伊拉克的劫持人质行为，

严重关切地注意到秘书长1991年3月20日的报告和3月28日转递的报告，意识到有必要紧急满足科威特和伊拉克境内的人道主义需求，

铭记安全理事会最近各项决议所规定的恢复该地区国际和平与安全的目标，

意识到必须根据《宪章》第七章采取下列措施，

1. 确认上文所指的所有13项决议，但为实现本决议内、包括正式停火在内的各项目标而在下文明文更改之点除外；

A

2. 要求伊拉克和科威特尊重1963年10月4日两国各自行使主权在巴格达签署并在联合国登记的《科威特国与伊拉克共和国关于恢复友好关系、承认和有关事项的协议记录》所规定的国际疆界和岛屿划分办法的不可侵犯性；

3. 请秘书长给予协助，同伊拉克和科威特做出安排，依赖适当资料，包括1991年3月28日联合王国常驻代表给他的信中所附地图，标定伊拉克和科威特之间的疆界，并于一个月内向安理会提出报告；

4. 决定保证上述国际疆界的不可侵犯性，并根据《联合国宪

章》酌情采取一切必要措施,以达到此目的;

B

5. 请秘书长同伊拉克和科威特磋商后,在三日内提出一项计划,供安理会批准,以便立即部署一个联合国观察组,监测阿卜杜拉湾和本决议划定的一个非军事区的情况,此一非军事区从《科威特国与伊拉克共和国关于恢复友好关系、承认和有关事项的协议记录》中所指疆界向伊拉克境内延伸十公里,向科威特境内延伸五公里;由该组进驻并监视非军事区,以防止侵犯边界的情事;观察从一国境内对另一国发动的任何敌对行动或可能发动的敌对行动;并请秘书长定期向安理会汇报观察组的执勤情况,如非军事区受到严重侵犯或和平可能受到威胁,应立即汇报;

6. 指出一俟秘书长通知安理会称联合国观察组部署完成,则条件成熟,可使根据第678(1990)号决议同科威特合作的各会员国按照第686(1991)号决议的规定结束它们在伊拉克的军事派驻;

C

7. 请伊拉克无条件重申它根据1925年6月17日在日内瓦签订的《禁止在战争中使用窒息性、毒性或其他气体和细菌作战方法的议定书》所承担的义务,并批准1972年4月10日《关于禁止发展、生产和储存细菌(生物)及毒素武器和销毁此种武器的公约》;

8. 决定伊拉克应无条件同意,在国际监督下,销毁、拆除下列武器和设施或使其变成无害:

(a) 一切化学武器和生物武器以及一切储存药剂和一切有关的次系统及部件,以及与此有关的一切研究、发展、支助和制造设施;

(b) 一切射程在一百五十公里以上的弹道导弹和有关的主要部件,以及修理和生产设施;

9. 为了执行第 8 段,又决定如下:

(a) 伊拉克应在本决议通过后十五天内向秘书长提出一项报表,说明第 8 段所述一切项目的地点、数量和类型,并同意按照下文规定,接受紧急的现场视察;

(b) 秘书长应同有关国家政府并酌情同世界卫生组织总干事协商,在本决议通过后四十五天内拟订一项计划并提交安理会核可,其中要求在计划核可后四十五天内完成以下行动:

(1) 成立一个特别委员会,负责根据伊拉克的报表及特别委员会本身指定的任何其他地点,对伊拉克的生物、化学和导弹能力进行即时的现场视察;

(2) 伊拉克向特别委员会移交第 8(a) 段明确规定的一切项目,包括在上一段经特别委员会指定的其他地点内的项目,考虑到公共安全的需要而将之销毁、拆除或使其变成无害,并由伊拉克在特别委员会监督下销毁第 8(b) 段明确规定的伊拉克一切导弹能力,包括发射器;

(3) 特别委员会向国际原子能机构总干事提供第 12、13 段所要求的协助和合作;

10. 还决定伊拉克应无条件地保证不使用、发展、建造或取得上文第 8、9 段所述任何项目并请秘书长同特别委员会协商,拟订一项关于将来不断监测和核查伊拉克遵守本段规定情况的计

划,在本决议通过后一百二十天内提交安理会核可;

11. 请伊拉克无条件重申它根据1968年7月1日《不扩散核武器条约》所承担的义务;

12. 决定伊拉克应无条件地同意不取得或发展核武器或核武器可用材料,或任何分系统或部件,或与上述有关的任何研究、发展、资助或制造设施;在本决议通过后十五天内向秘书长和国际原子能机构总干事提出一份报表,说明上述一切项目的地点、数量和类型;按照第9(b)段所讨论的秘书长计划,在特别委员会的协助和合作下,将其一切核武器可用材料交由国际原子能机构全权控制,予以保管和拆除;按照第13段规定的安排,接受对上述一切项目的紧急现场视察,并酌情予以销毁、移走或使其变成无害,并接受第13段所讨论的关于将来不断监测和核查其遵守这些承诺情况的计划;

13. 请国际原子能机构总干事通过秘书长,依照第9(b)段中所指秘书长计划,在特别委员会的协助和合作下,根据伊拉克的报表和特别委员会指定的任何其他地点,对伊拉克的核能力进行即时的现场视察;在四十五天内拟订一项计划提交安理会,其中要求将第12段所列一切项目酌情销毁、拆除或使其变成无害;在安理会核可后四十五天内执行该计划;考虑到伊拉克根据《不扩散核武器条约》所享权利和所负义务,拟订一项关于将来不断监测和核查伊拉克遵守第12段规定情况的计划,包括伊拉克境内需由原子能机构核查和视察的一切核材料,以便证实原子能机构的保障措施涵盖伊拉克境内一切有关的核活动,在本决议通过后一百二十天内将计划提交安理会核可;

14. 注意到本决议第8至13段中所述伊拉克应采取的行动是

为实现以下目标和目的的步骤:实现在中东建立无大规模毁灭性武器和任何运载此种武器的导弹的地区,并全面禁止化学武器;

D

15. 请秘书长向安理会报告已采取何种步骤协助归还伊拉克劫掠的一切科威特财产,包括科威特声称还没有归还或没有完整归还的任何财产;

E

16. 重申 1990 年 8 月 2 日以前伊拉克所负债务和义务将通过正常办法解决,在不影响这种债务和义务的情况下,伊拉克按照国际法,应负责赔偿因其非法入侵和占领科威特而对外国政府、国民和公司造成的任何直接损失、损害(包括环境的损害和自然资源的损耗)和伤害;

17. 决定 1990 年 8 月 2 日以后伊拉克所做抵赖外债的声明完全无效,并要求伊拉克严格遵守它对其外债还本付息的一切义务;

18. 并决定设立一个基金,以支付按照上文第 16 段范围所要求的赔偿,并成立一个委员会负责管理该基金;

19. 指示秘书长至迟在本决议通过后三十天内,拟订建议提交安理会决定,说明如何根据第 18 段设立该基金并设立一项方案,以便执行第 16 至 18 段内各项决定,包括:基金的管理;伊拉克应向基金缴纳款数的确定办法,即按伊拉克出口石油和石油产品价值的一个比率计算,但不应超过秘书长向安理会建议的数额,并应考虑到伊拉克人民的需要,会同国际金融机构斟酌必须偿付的外债而评定的伊拉克支付能力以及伊拉克经济的需要;关于确保向该基金缴款的安排;分配款项和付给赔偿要求的程序;根据第16段明确规定的伊拉克赔偿责任而评定损失,开列赔偿要求,核查各项要求的正当理由,解决有争议的赔偿要求的适当程序;以及上文所指派的委员会的组成;

F

20. 决定:第661(1990)号决议内禁止向伊拉克出售或供给非医药和卫生用品的商品或产品,以及禁止与此有关的金融交易的禁令,不适用于已向安全理事会关于伊拉克与科威特问局势的第661(1990)号决议所设委员会提出通知的食物,也不适用于该委员会根据简化加速的"无异议"程序所批准的、在秘书长1991年3月20日报告中以及该委员会关于人道主义需求的任何其他调查结果中所指定的民用必需物资与用品,这项决定立即生效;

21. 决定应参照伊拉克政府的政策与做法,包括安理会所有有关决议的执行情况,每隔六十天审查第20段的规定,以便决定是否减轻或解除该段中所指禁令;

22. 决定一俟安理会批准第19段要求制订的方案并经安理会一致认为伊拉克已完成第8至13段所设想的一切行动,第661(1990)号决议内关于禁止进口原产于伊拉克的商品和产品的禁令以及禁止与上述进口有关的金融交易的禁令即不再有效;

23. 又决定在安理会根据第22段采取行动前,应授权安全理事会第661(1990)号决议所设委员会,在需要保证伊拉克有足够金融资源进行第20段所述活动时,可批准关于禁止进口原产于伊拉克的商品和产品的禁令的例外情况;

24. 还决定按照第 661（1990）号决议和后来的各项有关决议，在安理会做出进一步决定之前，所有国家应继续阻止其国民或从其境内，或使用悬挂其国旗的船只或飞机向伊拉克出售或供应，或促进或便利出售或供应以下项目：

（a）各类武器及有关军用物资，尤其包括出售或以其他方式转让一切类型的常规军事装备，包括供准军事部队使用的装备，以及此类装备的零件、部件及其生产资料；

（b）上面虽未开列，但在第 8、12 段已具体说明和界定的项目；

（c）根据特许证或其他转让安排用于（a）和（b）段所列项目的生产、使用或储存的技术；

（d）与（a）和（b）段所列项目的设计、发展、制造、使用、维修或支助有关的培训或技术支助服务的人员或物资；

25. 敦促所有国家和国际组织无论现有何种合同、协定、特许证或任何其他安排，均应严格按照第 24 段的规定行事；

26. 请秘书长同有关国家政府协商，在六十天内制定协助国际充分执行第 24、25 段和第 27 段的准则，供安理会核可，并将准则提供给所有国家，同时制定定期更新这些准则的程序；

27. 敦促所有国家遵照安理会根据第 26 段所将制定的准则，维持必要的国家控制和程序，并采取其他必要的行动，以确保遵行第 24 段的各项规定，并且敦促各国际组织采取一切适当措施，协助确保对这些规定的充分遵行；

28. 同意除第 8、12 段具体说明和界定的项目外，定期地并且无论如何在本决议通过后一百二十天，审查第 22 至 25 段内的各项决定，要注意到伊拉克遵守本决议的情况和该区域军备管制的一般进展情况；

29. 决定所有国家,包括伊拉克在内,应采取必要的措施,确保不得由于伊拉克政府的请求,或伊拉克境内任何人或任何团体的请求,或任何人通过任何这类个人或团体或为其利益所提的请求,就任何合同或其他交易的执行因为安理会依第661(1990)号决议和有关各项决议采取措施受到影响而提出任何要求；

G

30. 决定为了进一步承诺协助所有科威特国民和第三国国民的遣返,伊拉克应向红十字会给予一切必要的合作,提供这些人的名单,便利红十字会与所有这些人接触,无论他们身在何处或被拘留何处,同时协助红十字会寻找那些仍然下落不明的科威特国民和第三国国民；

31. 请红十字会,协助1990年8月2日或其后在伊拉克境内的所有科威特国民和第三国国民遣返或送回其遗体的所有活动情况,酌情随时通知秘书长；

H

32. 要求伊拉克通知安理会,表明其不进行或支持任何国际恐怖主义行动或容许任何旨在进行这类行动的组织在其境内活动,并要求伊拉克明确谴责和放弃一切恐怖主义行为、方法和做法；

I

33. 宣布:在伊拉克正式通知秘书长和安理会表明其接受上文各项规定时,伊拉克与科威特及根据第678(1990)号决议同科

威特合作的会员国之间的正式停火协议生效;

34. 决定继续处理本案,必要时采取进一步步骤,以执行本决议并确保该地区的和平与安全。

附件

1991年3月28日安全理事会关于伊拉克和科威特之间局势的第661(1990)号决议所设委员会就希望向伊拉克平民提供人道主义援助的非政府组织应遵循的程序所做的决定。

如非政府组织希望将联合国安全理事会1991年3月22日通过的关于伊拉克和科威特局势的第661(1990)号决议(S/22400)第3段所列任何项目运至伊拉克,该决定在第4、5段中提到的通知或授权请求应由有关非政府组织总部所在国家的政府向委员会提出。发起这一程序以及确保特定货物的内容符合安理会第661(1990)决议和第666(1990)决议和委员会于1991年3月22日通过的决议,是这些非政府组织总部所在领土国家的政府的责任。

联合国

联合国安理会

第688(1991)号决议

1991年4月5日

安全理事会

铭记着根据《联合国宪章》负有维持世界和平与安全的义务和责任,

回顾《宪章》第 2 条第 7 款规定，

严重关切对伊拉克境内许多地方平民的镇压，包括最近对库尔德人地区的镇压，导致大量难民流向并越过国际疆界，而且因为越界事件，导致该区域的国际和平与安全受到威胁，对人们的深重苦难深感不安，

注意到土耳其和法国常驻联合国代表分别于 1991 年 4 月 2 日和 4 月 4 日给安全理事会主席的信，

还注意到伊朗伊斯兰共和国常驻联合国代表于 1991 年 4 月 3 日和 4 日给秘书长的信，

重申所有会员国承诺尊重伊拉克及该地区所有国家的主权、领土完整和政治独立，

铭记秘书长 1991 年 3 月 20 日转交的报告，

1. 谴责对伊拉克境内许多地区伊拉克平民的镇压，包括最近对库尔德人地区的镇压，其后果威胁到该区域国际和平与安全；

2. 要求伊拉克，为助力消除对该区域国际和平与安全的威胁，立即停止此种镇压，并希望为同样目的举行公开对话，以确保伊拉克所有公民的人权和政治权利受到尊重；

3. 坚持伊拉克立即允许国际人道主义组织与伊拉克境内所有地区一切需要援助的人接触，并为这些人道主义组织的活动提供一切必要便利；

4. 请秘书长在伊拉克尽其人道主义努力，并斟酌情况根据派去该区域其他特派团的报告，立即就伊拉克平民，特别是库尔德人，在伊拉克当局所施加的一切形式镇压下的苦难情况提出报告；

5. 又请秘书长运用他所掌握的一切资源,包括联合国各有关机构的资源,紧急处理难民以及流离失所的伊拉克人民的迫切需要;

6. 呼吁所有会员国及一切人道主义组织为此人道主义救济工作做出贡献;

7. 要求伊拉克为这些目的与秘书长合作;

8. 决定继续处理此案。

73 纽约时报 1991 年 4 月 30 日 A1 版

联合国寻求就伊拉克北部的警察部队达成协议
以取代美军
安理会将避免新的辩论
为库尔德人提供保护

作者:帕特里克·泰勒

纽约时报特别报道

华盛顿,4 月 29 日——联合国安理会 5 个常任理事国的代表正试图就在伊拉克北部建立联合国警察部队达成协议。这支部队将接管美国及其盟军的安全部署,美国及其盟军曾在该国库尔德地区建立了一个大规模的难民区。

向伊拉克北部派遣联合国警察,而不是一支完整的维和部队的想法,是为了避免安理会就是否可以在没有巴格达政府请求的情况下,授权对伊拉克事务进行这样一种干预而进行辩论。

派遣联合国警察部队来接管目前由美国及其盟友承担的军事安全角色,将使华盛顿摆脱大批美军在伊拉克北部无限期驻扎的困境。

恢复库尔德人的信心

这些士兵暂时驻扎在那里,提供安全保障来对抗伊拉克军队,以便为躲避萨达姆·侯赛因总统的军队而搬到山区的库尔德家庭有足够的信心从山上下来。

英国今天在联合国详细阐述了建立一支警察部队的最初想法,这是对联合国秘书长难民问题特使萨德鲁丁·阿加汗亲王(Prince Sadruddin Aga Khan)4月18日与伊拉克签署的协议的合理延伸。该协定授权联合国部队接管在伊拉克的难民援助行动。

由于授权在该地区部署一支警察部队是联合国行动的结果,因此主张国认为该授权不需要任何特别决议。从西方盟国的角度来看,这一点至关重要,因为中国或苏联都不太可能允许通过任何决议,批准未经邀请的外国军队驻扎在伊拉克。

第二次联合国会议召开

在下午晚些时候的审议破裂后,第二次会议于今晚在秘书长哈维尔·普雷兹·德库德拉的办公室召开。仅有美国、英国和法国的代表出席,这些国家现在均在伊拉克驻扎有军队。

联合国维和部队由来自成员国军事部队的军人抽调组成。他们配备有自动化武器,装甲车和大炮。而联合国警察是从各国国内执法力量中抽调的,他们携带随身武器,佩戴臂章。他们的部署速度更快,但不使用重型武器。

任何令华盛顿及其盟国满意的新的安全部署都将带来希

望——下一步——美国和盟国从北部难民区撤军,那里的指挥官担心他们为保护库尔德人免受巴格达的进一步报复,正被卷入没完没了的地区占领行动。

但是,假设联合国部队来担任维护安全的角色,就会引起空中支援问题以及那些来到该地区准备与在北部的大约3万余人的伊拉克军队和数千名为自治而战的库尔德游击队兵戎相见的军队退出同盟。

今天,白宫新闻秘书马林·菲茨沃特表示,必须对伊拉克北部的危险程度进行新的评估。

在五角大楼,一位高级官员说库尔德人的长期安全很可能在军事撤离前得到政治上的保障。这一政治步骤可能涉及伊拉克政府、联合国的一些机构或库尔德民族主义运动的代表。库尔德民族主义者预计将与侯赛因总统就扩大自治权问题恢复谈判。

美国不会立刻加入

这位官员还说,他相信,如果在伊拉克建立一支联合国警察部队,美国军队就不会参与其中。

"但我们是否会有后备部队,我不知道,"他说,"我不知道我们是否会继续部署快速反应部队或战斗空中巡逻队。"

佩兹·德库拉尔今天在纽约就部署联合国警察部队的提议发表评论说:"或许并不需要安理会;这是一种可能性。"

美国驻联合国代表皮克林·托马斯今天表示,华盛顿对这一想法持"非常积极的态度",并补充说,这样一支部队可能是一种为库尔德难民"提供安全和保护的非常有效的方式"。

菲茨沃特说,首批联合国救援卡车车队按计划于星期二抵达扎科,在库尔德救援行动中"开始接管过程"。他说,如果安全问题得到解决,难民营的管理可能在几周内进行移交。

美国官员今天宣布,他们已经将难民安全区扩展到扎科以东的阿马迪亚,它是伊拉克北部的另一个库尔德城市。第二个可以容纳2.5万人的难民中心,将会建在阿马迪亚附近。

菲茨沃特先生谈及美军在理解库尔德人和他们的游击队之间的种族差异方面所遇到的困难,他说:"他们的游击队也是他们人民的一部分,所以这是个很难解决的问题,但是我们正在尽最大努力——让游击队停止任何阻碍人道主义救援工作的活动。"

最近几天,数百名库尔德难民进入扎科地区,第一批家庭今天住进了难民区。美国官员说,几天后将开始一项主要的运输工作,把2.5万名库尔德人从山区带下来,运至扎科地区。通过空投和卡车,盟军总共已经运送了1万吨救援物资。

二、美国入侵巴拿马

按语

在伊拉克入侵科威特爆发前八个月,美国入侵了巴拿马。下面的材料描述了这次入侵,美国入侵的原因,以及国际社会的反应。再次回顾入侵巴拿马的事实,请将其与入侵科威特进行比较,并考虑其对国际法律制度的影响。

77 纽约时报 1989 年 12 月 21 日 A1 版

美国军队控制了巴拿马大部分地区：
指定了新的领导人，但是诺列加逃脱
16 名美国人死亡
将军在逃，但其支持者扣押了至少 11 名人质

作者：安德鲁·罗森塔尔

纽约时报特别报道

华盛顿，12 月 20 日——今天，大约 1 万名美军在武装直升机和压倒性火力的支援下，控制了巴拿马大部分地区。但在建立了一个支持华盛顿的新政府之后，他们并没有实现主要目标：抓捕曼努埃尔·安东尼奥·诺列加将军。

美国官员说，这是越战以来规模最大的一次军事行动，至少 15 名美国军人和一名美国平民妇女丧生，另有 59 名美国人受伤。巴拿马人的伤亡人数没有确切统计，但据新闻报道称，有几十人死亡，数百人受伤。另有四架直升机被击落。

尽管美国官员在发言中试图对诺列加将军躲避数千名追捕的美国士兵的能力打折扣，但当今晚白宫宣布悬赏 100 万美元提拿这位巴拿马领导人时，他们的焦虑是显而易见的。

诺列加的广播讲话

随后，美联社报道说，国家电台播放了诺列加将军的简短讲话。他呼吁巴拿马人"在抵抗美国军队的斗争中，要么赢，要么死"。将军讲话的地点并没有被披露。不久之后，由于美军袭击

了广播大楼,电台停播了。

从凌晨1点开始,巴拿马城内外进行了一天一夜的战斗,伞兵、步兵和海军陆战队在三条战线上展开了协同攻击,白宫未能宣布布什总统的第一次重大军事行动取得圆满成功,仍有巴拿马军队和平民武装团伙在进行零星抵抗。

还有报道称,包括一些记者在内的美国人在市中心的一家酒店被持枪者带走。在巴拿马进行研究的华盛顿史密森学会(Smithsonian Institution)报告称,有11人(包括5名美国人)被巴拿马武装人员从巴拿马加勒比海岸附近圣布拉斯群岛(San Blas islands)的一个研究中心带走。

增派援军

今天拉丁美洲各国政府谴责了这次行动。苏联呼吁全世界谴责这一举动,同时强调这不会构成东西方对抗的理由。

五角大楼的官员今晚说,他们正从陆军第七步兵师派遣一个新的士兵旅,以支援疲惫不堪的部队,并开始进入首都市中心街道的危险任务,据报道,那里发生了大规模的抢劫事件。总计,美国在巴拿马拥有大约2.4万人的部队,其中包括此次行动前驻扎在那里的1.2万人。

五角大楼认为这次行动是正当的。布什总统陈述此次军事行动的正当性理由,他说,在诺列加政权于星期五宣布与美国处于战争状态后,美国人处于严重的危险之中。他还列举了美国设施在巴拿马受到的威胁以及根据《巴拿马运河条约》华盛顿享有的权利。

上周六,一名手无寸铁的美国士兵在巴拿马市中心被巴拿马士兵枪杀后,布什总统采取了行动。

美国国务卿詹姆斯·贝克称,美国收到一份情报,诺列加将军正在考虑一项袭击在巴拿马的美国平民的计划。但他说,这份情报无法得到可靠的证实,而且无论如何都是在布什星期日决定授权采取军事行动后收到的。

宣布重大收获

布什总统和他的高级助手们在办公室和指挥中心密谈了一整天,宣布他们已经实现了一些重要的目标,包括在巴拿马暴力不断升级之际,把诺列加将军赶下台,保护美国公民和设施的安全。

"诺列加将军出逃了。"布什总统在今天早上的全国电视讲话中忧郁地说,这引起了两党议员迅速的积极反应。"昨天,一个独裁者统治了巴拿马,而今天,由宪法选举产生的领导人统治着巴拿马。"总统如是说。

布什说:"我是在得知其他所有道路都关闭,美国公民的生命处于严重危险的结论之后才采取这一行动的。"

在为军事行动提供理由时,政府官员多次引用星期五的巴拿马国民议会上提出的一项决议。决议称:"我们宣布,巴拿马共和国处于战争状态,美利坚合众国对巴拿马人民发动了侵略。"

参谋长联席会议主席克林·鲍威尔将军说,美国不知道诺列加将军在哪里。但他发誓要继续追捕这位将军,并说:"实际上,我们已经将他从其对这个国家的独裁统治中撤职,他现在是一名逃犯,就会受到这样的待遇。"

第一章　伊拉克入侵科威特和美国入侵巴拿马

共计 2.4 万人的军队

参谋长联席会议行动主管托马斯·凯利中将称这位诺列加将军为"众所周知的狡猾的人",星期二晚上从美军的追捕下逃脱,他说诺列加将军在星期二的袭击行动之前就已数次被发现。

凯利将军在五角大楼的新闻发布会上说:"我们已经开通了所有可以用来抓捕逃犯诺列加的渠道。"

凯利将军说,美军已经实现了第一天的目标,即粉碎了作为战斗机构的巴拿马国防军。他说,虽仍有零星的战斗以及有一定可信度但未经证实的美国人被扣为人质的报道存在,但巴拿马城周边大部分地区的"有组织抵抗"已被平息。

有报道称,抢劫活动十分猖獗。诺列加将军组织的"尊严营"武装平民组织在巴拿马城游荡,"必须是我们接下来优先考虑的事",凯利将军说。

尽管华盛顿宣称巴拿马已经有了一个新政府,但在袭击开始前,在美国军事基地宣誓就职的官员们似乎并没有控制住局面,华盛顿立即承认了这一点。在白宫努力解释派遣美军到外国首都街头的原因时,政府官员试图将注意力从诺列加将军的命运转移到其他军事行动的目标上。

新宣誓就职的总统吉利埃莫·恩达拉和他的两位副总统里卡多·阿里亚斯·卡尔德隆和吉利埃姆·福特,在5月份的选举中获胜,随后诺列加将军宣布选举结果无效,他们基于生命安全考虑躲藏了起来。在巴拿马的一位美国高级外交官说,他预计只要诺列加将军仍逃脱在外,"就会有很大的担忧和恐惧"。

电话之夜

国会议员支持布什总统,自从去年10月政变失败以来,布什总统一直面临着对这位挑衅的将军采取军事行动的巨大压力。"在这种情况下,这个决定是合理的。"白宫发言人托马斯·福利说。

但也有人质疑布什总统使用武力的决定。纽约民主党众议员查尔斯·兰格尔说:"我看不出什么出动军队的法律依据。"

布什总统和他的高级助手们花了一个晚上的时间给拉美领导人和全世界的美国盟友打电话,并给苏联领导人发了一份电报,告知他们巴拿马行动。布什总统亲自致电英国首相撒切尔夫人,她强烈支持美国的行动。

政府官员称布什总统在星期日初步决定派遣美国军队进入巴拿马抓捕诺列加将军。在布什总统、丹·奎尔副总统和国防部长切尼和他们的妻子出席的圣诞早午餐会上,"基本木已成舟"。

美国官员称,总统在星期一晚间召见了恩达拉先生、福特先生和卡尔德龙先生,并向他们通报了军事行动计划。

星期二,布什总统会见了他的高级顾问,共同考虑这项计划,但这次会议被白宫伪装成一次旨在讨论"如何使军队在禁毒战争中发挥更广泛作用"的会议。

布什总统和他的高级助手们在白宫椭圆形办公室和邻近的一个书房里通宵工作。

小睡之后,布什总统出现在国家电视台上,然后在办公室里花了一天时间监视行动的进展情况。布什显然是为了避免看起来过度紧张地关注此事,他还在傍晚离开办公室参加了一个圣诞晚会,就像他在袭击开始前的周二所做的那样。

在巴拿马,在一名法官的带领下,三名新的政府官员在美军基地宣誓就职。巴拿马人权协会的两名官员见证了这一宣誓过程,因为没能征召到巴拿马政府官员参加。

对将军的恐惧

美国官员急于展示新政府的合法性,公布了宣誓仪式的录像带。美国驻巴拿马最高官员约翰·布什内夫,今天在接受记者采访时表示,他担心在诺列加将军被拘捕之前,"巴拿马人仍会有很大的担忧和恐惧"。

战斗的第一天并没有抓捕到诺列加将军,政府官员似乎急于抓捕这位难以捉摸的将军并将他带到美国以毒品罪起诉受审。

一位高级官员说,在政府关于巴拿马行动的早期声明中,"可能过于强调抓捕诺列加"。"我们应该坚持保护美国人和恢复民主,即使诺列加躲在地下室两个月,我们也有能力做到这一点。"

鲍威尔将军在五角大楼的新闻发布会上说,军事行动是在凌晨 1 点开始的,美国用两天多的时间悄然集结军队,在海、陆、空三军的协助下,迅速占领一系列关键目标,包括电站、国际机场和诺列加将军的巴拿马国防军总部。

10 月 3 日,一群中层军官试图推翻诺列加将军,但并没有成功,巨大的烟柱和火焰从发生激烈战斗的军事总部喷涌而出。那次失败引发了布什总统的强烈批评,他决定只采取最低限度的军事行动来支持政变,后来却不得不站在一旁看着诺列加将军召集增援部队镇压起义。

今天,美国人包围了一些忠于诺列加将军的巴拿马军队,并在夜幕下清除了总部,保住了位于巴拿马城的另一个主要巴拿马基地——阿马多尔堡(Fort Amador)。凯利将军说,到晚上,美国已经俘虏了250名巴拿马士兵,并在一个仓促搭建的营地为1 000名难民提供了避难所。

现场的电视画面显示,临时医务室里尸体推挤成山,还有数十人被抬进救护车,在医院接受治疗,其中大多数人穿着便服。

反对派发言人路易斯·马丁内斯表示,他今天在电话中说,他知道袭击已经开始,因为他的房子在凌晨1点受爆炸影响而震动。他说:"我的反应是'感谢上帝,终于发生了'。我知道这听起来很不爱国,但当时的情况确实如此。"

马丁内斯说,军事情况已经稳定下来,但他说,市中心的一些地区正在发生大规模的抢劫,平民被"尊严营"的暴徒和流氓团伙殴打和抢劫。

80 纽约时报1989年12月21日A19版

布什总统关于决定在巴拿马使用武力的声明(记录文本)

纽约时报特别报道

华盛顿,12月20日——以下是今天早上7点布什总统在白宫发表讲话的录音记录,由联邦新闻社录音公司提供。

同胞们,昨晚我派遣美国军队去往巴拿马。没有一位总统会轻易采取这种行动。今天早上我想告诉你们我做了什么,为什么这么做。

近两年来,美国、拉丁美洲和加勒比地区的国家共同努力解决巴拿马危机。美国的目标是保护美国人的生命,捍卫巴拿马的民主,打击贩毒,保护《巴拿马运河条约》的完整性。为了通过外交和谈判解决这场危机,我们已经做出了许多努力,但一切都被一个被起诉的毒贩、巴拿马的独裁者曼努埃尔·诺列加将军推翻了。

上周五,诺列加宣布他的军事独裁政权与美国处于战争状态,并公开威胁在巴拿马的美国人的生命。就在第二天,他手下的军队枪杀了一名手无寸铁的美国军人,打伤了一名士兵,逮捕并残忍地殴打了第三名美国士兵,然后残忍地拷问了他的妻子,并以性侵威胁她。这已经足够了。

诺列加将军鲁莽地威胁和攻击在巴拿马的美国人,给在巴的3.5万名美国公民造成了极大的危险。作为总统,保护美国公民的生命安全是我最大的责任。这就是为什么我指挥我们的武装部队保护驻巴拿马的美国公民的生命,并将诺列加将军绳之以法。昨晚我联系了国会两党的领导人,通知了他们这一决定,在采取这一行动后,我还与拉丁美洲、加勒比地区以及其他美国盟国的领导人进行了交谈。

美国解除制裁

此时此刻,包括昨晚从美国部署的部队在内的美军正在巴拿马展开行动。美国打算尽快撤出刚部署到巴拿马的部队。各军都英勇无私,作为总司令,我向他们致敬,并代表国家向他们表示表示感谢。

不幸的是,一些美国人为了保卫同胞,捍卫民主,牺牲了自己的生命,我的心同他们的家人在一起,我们也为无辜罹难的巴拿马人感到遗憾和哀悼。

巴拿马人民在去年5月的选举中选出了勇敢的巴拿马总统

吉利尔莫·恩达拉、副总统卡尔德隆、福特,担任他们国家的合法领导。你们还记得新当选的福特副总统满身鲜血,被所谓的尊严营无情地殴打的恐怖照片吧。美国今天承认恩达拉总统的民选政府。我会立即把我们的大使送回巴拿马。目前主要的军事目标已经实现,大多数有组织的抵抗均已被消除,但行动还远没有结束。诺列加将军正在出逃。昨天,一个独裁者统治着巴拿马,今天,宪法选举出的领导——民选的领导人统治了巴拿马。

我今天已指示财政部长采取措施,有序地解除巴拿马政府在美国资产的封锁。

军事行动的理由

我完全致力于执行《巴拿马运河条约》,并于 2000 年将运河移交巴拿马。我们所采取的行动以及与巴拿马新一届民主政府的合作将使我们能够履行这些承诺。只要新政府按照条约的要求推荐一位合格的候选人——巴拿马人,担任运河管理人,我将把这位候选人提交参议院加速审议。

我致力于加强我们与本半球民主国家的关系。我将继续通过对话和多边外交寻求解决该地区问题的办法。

我是在确定其他所有的道路都被关闭,美国公民的生命安全处于严重危险中之后,才采取的此次行动。

我希望巴拿马人民将这一独裁的黑暗篇章抛在身后,作为民主巴拿马的公民,与他们自己选出的这个政府一起迈步向前。美国渴望与巴拿马人民建立伙伴关系和友谊,共同重建巴拿马经济。巴拿马人民渴望民主、和平,希望获得在尊严和自由中过上更好的生活的机会。美国人民寻求的只是支持他们实现这些崇高目标。

非常感谢。

纽约时报1989年12月24日A1版

驻巴美军报告恢复秩序的成果

作者:林赛·格鲁森

纽约时报特别报道

巴拿马,12月23日——美国军事指挥官今天在这里说,他的部队已经开始在恢复巴拿马城市和乡村的秩序方面取得重大进展。但是没有迹象表明美国军队的主要目标之一——抓获四天前美国入侵这个国家时逃走的独裁者曼努埃尔·安东尼奥·诺列加将军——已取得任何进展。在该市,社区组织设立了检查站和其他屏障,试图阻止最近几天的暴乱和枪击,其中大部分是被称作尊严营的准军事部队成员所为。

美国南方司令部(United States Southern Command)司令麦克斯韦尔·瑟曼(Maxwell R. Thurman)上将表示,军方已经拘留了2 250名亲诺列加的士兵和武装平民,三天前由美国支持建立的政府"现在已经安置好了"。

新政府今天宣布解散巴拿马军队,取而代之的是建立一支更为温和的警察部队。

瑟曼将军还说,平民已经开始给予美国军队"重大合作",以确认将被逮捕的支持诺列加的武装人员,并清理该市到处是抢劫和打斗的地区。

布什总统下令空运到这里的2 000名新兵已抵达,增援已经在这里的 2.4 万人。

据报道美军有 25 人死亡

军方说,25 名美国士兵丧生,238 人受伤,一人失踪。巴拿马的伤亡人数据为 139 人死亡,95 人受伤。

据信有数百名平民在战斗中伤亡,但很难得到确切的数字。

支持诺列加的武装部队今天释放了哥伦比亚广播公司新闻制片人乔恩·迈耶松,他于星期三在万豪酒店被捕。美国通用电话电子公司的一位高管道格·马伦也被释放,他曾与迈耶松一起被带走。军方说,另外 10 名人质都是商人,也已经获释,但包括一些美国人在内,仍有未确定具体数量的人质被扣押。

成立治安维持会

治安维持会几乎在一夜之间就成立了,目的是要收回这座城市的街道,免受横冲直撞的暴徒的蹂躏。

为了阻止抢劫的浪潮,无论穷人区还是富人区的居民,纷纷行动起来,几乎在每一条街道上都筑起了路障,用玻璃和钢筋隔出来的道路打造没有出口的迷宫。

一位组织社区自卫队的作家说:"我从一开始就说过,当抢劫者抢完了商业区后,他们会来到社区。"

"我们必须战斗,"作家补充道,他用一把霰弹枪武装自己,"这是我们的城镇,我们的国家,这是我们制止这种野蛮行径的唯一办法。"

自卫组织的行动给处于困境中的恩达拉总统政府注入了新的信心。据说其在重建法律和秩序方面已取得进展,过去两天的无政府状态已经成为过去式了。

"看到巴拿马人为自己的家园而战真是太棒了,"星期四就职的恩达拉亲美政府的高级助理路易斯·马丁说,"看到到处都是路障真是太好了。它们给了我新的希望。"

政府因未能更迅速、更有力地控制混乱局面而受到严厉批评,但也因建立了第一支美国-巴拿马警察巡逻队和数百名前巴拿马国防军(又称P.D.F.)成员投降而感到振奋。

在有影响力的罗马天主教会的斡旋下,来自全国主要城市的军营指挥官同意投降,并向政府联盟的代表交出武器。作为回报,政府保证了他们及其家人的安全。

"数百名巴拿马国防军成员看到了曙光。"南部司令部的一名发言人说,该司令部位于城市的郊区,是所有驻拉丁美洲美军的总部。"巴拿马国防军终于和人民联手了,这是一个更温和、更友善的巴拿马国防军的开端。"

但据今天的报道,忠于诺列加将军的部队仍驻守在靠近哥斯达黎加边境的东北部地区。诺列加将军曾以下级军官的身份驻扎在该地区,并派了一些最忠实的追随者驻扎在那里。

其他接受过美国训练的巴拿马7 000人部队的前成员,以及将军建立的强硬的准军事组织的成员,会继续伏击美国军队,这很可能成为一场游击战争。

誓死抵抗

今天活跃在该市的一个准军事组织的一名成员说,"尊严营"将继续对参加这次入侵的2.4万名美军进行突袭,这是自越战结束以来美国最大的一次战斗行动。

"我们不会投降的，"那人说，"他们要杀了所有人。我们必须战斗。女人失去了她们的丈夫，孩子们失去了母亲，所以我们必须战斗。"

一名工人说，他所在团体的士气仍然很高。他说，在这里增派的2000名美军将不足以镇压抵抗军，他预计战斗将持续数年。

他说："今天来的军队是远远不够的。白天我是美国士兵的朋友，晚上，我们是敌人。将军不会投降，他会战斗到死。然后我们会继续战斗。"

夜间，该市许多地区发生了激烈但短暂的火拼。老城狭窄的街道上响起了枪声和几阵爆炸声，显然是来自90毫米口径大炮。浓烟随之而来，但战斗似乎比前几天少了。

城市人行道上仍然覆盖着一层齐踝深的玻璃碎片，密集得像地毯一样。街上堆满了狂暴的劫掠者扔的腐烂垃圾。一些社区仍然断水断电。但自从星期二的入侵以来，居民第一次开始大批冒险出门。

急需药物

所有商店的外面都有逃离暴徒的人排起的长队。药品供不应求，只要有药店开门，就会立刻挤满成千上万的病人亲属。

美国官员说，他们正准备向巴拿马空运数千吨紧急救援物资。

医院报告说，他们急需药品来照顾数百名在战斗中受伤的平民。

虽然没有准确的平民伤亡数字。但报告说市太平间已经满员，一家边远医院的医生今天说，他在头两天至少治疗了60名伤员。

数百名平民被认定为死亡，更多的人受伤。但准确的数字要花上好几天,甚至好几周才能统计出来。

美国支持的政府所做的第一个重大决策,即恩达拉总统今天宣布,他将废除已经存在20多年的国防部。

官员们说,国防部将被一个新机构取代,这个机构被称为巴拿马公共部队。但他们避免讨论新部队在该国的作用,因为似乎这个问题仍在讨论之中。

当政府努力建立新的力量和权威时,城市居民控制了街道。他们准备了从猎枪到粗链,霰弹枪到杠铃的各种武器,设置了路障,防止任何看起来可疑的人经过。

一组居民说,他们抓获了30名抢劫犯,其中一些属于"尊严营",并在黄金大道找到了10辆被盗汽车,黄金大道是被破坏得最严重的高档商场之一。在一辆汽车的后备箱里,居民们说他们找到了火箭筒。

四名抢劫犯被抓

平民安全小组今天早上在派蒂亚(Paitilla)专属区抓获了"4名他们认为是抢劫者的人",这里是巴拿马湾附近的高层公寓大楼。他们在30分钟内被抓获并受审。

"杀了他们!杀了他们!"

当4名男子在枪口的威胁下走过一家露天超市外聚集的人群时,数百名居民大喊道。

但当一名平民安全官员开始踢一名抢劫嫌疑人(一名穿着百慕大短裤和铁锈色T恤,大腹便便的男子)时,人群又涌上前去保护他。警卫用手枪向空中开了一枪,使他们无法接近。

随后,这4名抢劫嫌疑人被用皮带和鞋带绑在一起,被迫面朝下躺在闷热的街道上。当人群聚集在这些人周围时,引起了激烈的争论。

"我们是穷人,我们是最受迫害的。"其中一名嫌犯的邻居说,"他们说的是政府想要和解,那这是什么类型的和解呢?"

"他们是小偷,但是那些白领小偷呢?"另一名男子指着停在附近的一辆银灰色宝马 745i 说。保安队长告诉群众,他的人在老人费利克斯·苏亚雷斯身上发现了一把 32 口径的手枪。

"这完全是一个错误,一个巨大的错误。"一位私人巴士车主兼司机苏德雷斯先生说。

一名群众走向保安队长,让他释放 4 名嫌疑人。

"你们想杀了我们,但我们不会杀了你们。"人群中的另一个声音对 4 名嫌疑人说。保安队长拒绝释放这些人。他指出,苏亚雷斯先生有枪,很可能是尊严营的成员。

"他可能会回来杀了我。"保安队长说。

联合国

安全理事会

S/21048
1989 年 12 月 22 日
原件:英文

[安全理事会辩论摘录]

阿尔及利亚、哥伦比亚、埃塞俄比亚、马来西亚、尼泊尔、塞内加尔

和

南斯拉夫：决议草案

安全理事会

注意到关于入侵巴拿马的声明，

重申巴拿马在不受任何形式的外国干涉、颠覆、胁迫或威胁的情况下，自由决定其社会、经济和政治制度并发展其国际关系的主权和不可剥夺的权利。

回顾根据《联合国宪章》第2条第4款，所有会员国均有义务在其国际关系中不对任何国家的领土完整或政治独立进行武力威胁或使用武力，或以与联合国宗旨不符的任何其他方式进行武力威胁或使用武力，

1. 强烈谴责美利坚合众国武装部队对巴拿马的干预，公然违反国际法和各国的独立、主权和领土完整；

2. 要求美国立即停止干预并要求武装部队撤出巴拿马；

3. 呼吁所有国家维护和尊重巴拿马的主权、独立和领土完整；

4. 请联合国秘书长关注巴拿马的事态发展，并在本决议通过后24小时内向安理会提交报告。

联合国安理会正式记录
第2902次会议（S/PV.2902）
1989年12月23日
第6页—

会议在下午5点35分举行

通过议程

议程获得通过

巴拿马局势

(主席)

安理会成员面前放有 S/21048 号文件,其中包括阿尔及利亚、哥伦比亚、埃塞俄比亚、马来西亚、尼泊尔、塞内加尔和南斯拉夫等国提交的一项决议草案的文本。

……

巴(BA)先生(塞内加尔)(法语口译):

我国政府非常密切地关注着巴拿马在美国武装部队干预下过去三天的盛行局势。我国严重关切在巴拿马发生的事件,这些事件造成了巨大的人员帐惘和财产损坏。

作为一个不结盟国家,我们深信法律的首要地位,不仅尊重《联合国宪章》的基本原则,而且还尊重国际法的一般原则,所以塞内加尔不能赞成危害当今国际关系基础的行动。

因此,我要指出,联合国所有会员国都有义不容辞的义务,通过和平手段解决争端,避免诉诸武力,否则只会加剧紧张局势,挫败爱好和平、热爱自由和公正的人民的信心。

《联合国宪章》《区域组织章程》和《国家间双边合作关系指导原则》明确规定了通过谈判和平解决争端的途径和方法。在任何地方、任何时候和任何情况下,联合国各成员国,无论是集体还是个体,都必须为联合国宪章中所包含的崇高理想和原则的胜利做出贡献。

塞内加尔相信,无论涉及何种困难、敏感性和利益,安全理事会都能够使公正、正义和自由获得胜利。……

皮克林先生(美利坚合众国): 在整个人类和国家的漫长生命

中,历史似乎主宰了一切事件,并从它所选择的道路上扫除了一切障碍。今天,我们又一次处在历史性的时代,一个伟大的原则正在像野火一样蔓延到整个世界。我们都知道,这一原则即是人民而非政府享有主权的革命性思想。这一原则是民主政体的本质。它绝不是一个新的思想,但它在这十年里——特别是在这具有历史意义的1989年——获得了历史必然性的力量。

不久前,许多政府和政权以包罗万象的意识形态为名,篡夺其人民的主权权利。这些幌子现在已经被揭穿了其骗局的真面目。今天,民主是全世界合法性的同义词。简而言之,它是我们时代的普遍价值。不民主的政权可能会使用暴力或恐怖手段,在一段时间内颠覆其公民的主权意志。他们可能会援引——而且在这样做的时候,也可能会歪曲——国家主权的原则,以阻止本国人民真正的主权判断。但在其人民的眼中,它们是不合法的,它们会失败。

不久前,在某些地方流行这样一种说法,即民主是少数几个国家的特权,而不是全人类与生俱来的权利。今天就试着这样告诉东欧人民。

今天,我在这里不是要代表美国宣称有权通过在我们不受欢迎的地方进行有利于民主的干预来执行历史的意志。我们是民主的支持者,但不是民主的宪兵,在本半球和全世界任何地方都不是。

正如我稍后将解释的那样,我们在巴拿马的行动是出于正当的防卫和保护《巴拿马运河条约》的完整性,我们的行动符合《联合国宪章》第51条、《美洲国家组织宪章》第21条和《巴拿马运河条约》的规定。看在会议礼仪的份上,在你们对我们的行动品头论足之前,请你们停下来好好想一下,请记住,我们的行动受到巴拿马民选政府的欢迎,也受到巴拿马人民自己的热烈欢迎。

我使用了激烈的语言,我相信我这样做反映了我国人民——我相信也反映了本半球许多人——长期以来的愤怒,他们厌倦了破坏选举,厌倦了军事独裁,厌倦了贩毒头子,厌倦了像曼努埃尔·安东尼奥·诺列加这样的人。

现在,毫无疑问我只想表达美国人民的感情。美国在巴拿马采取的行动是为了自卫和捍卫《巴拿马运河条约》。我今天不必在这里详细谈论导致我们采取行动的直接事件和挑衅——无端杀害一名手无寸铁的美国军人,恐吓一对美国军人夫妇,以及由诺列加策划的普遍的恐吓和不稳定气氛,到上周末,这种气氛已成为对我们履行《巴拿马运河条约》所规定的承诺的能力的明显和现实的威胁。

关于诺列加几天前向美国宣战的事实,有很多人提到过。但事实是,他很久以前就向我国宣战,从他与毒贩达成第一笔交易的那一刻起,这些毒贩就在我们的城市街道上肆无忌惮地破坏,他们贪婪无度,企图摧毁我们国家最宝贵的资源——青年。

诺列加及其同伙,无论他们是谁,无论他们在哪里,都是对我国有预谋的干预和侵略。在过去八个月和更长时间里,布什政府的高级官员曾多次表示,我们愿意通过联合国努力重振美洲国家组织,并与各组织合作,试图创造性地处理以曼努埃尔·安东尼奥·诺列加为代表的对民主的挑战。我们已经明确表示,我们希望避免采取单方面行动来捍卫我们的合法和受到威胁的利益,我们愿意给美洲国家组织一切机会来集体处理本半球的头号问题和非法分子。

第一章　伊拉克入侵科威特和美国入侵巴拿马

回首往事,很明显,关键时刻到了,美洲国家组织成员国对1989年5月7日诺列加可耻地宣布巴拿马选举无效一事而无能为力。此后数月,许多人试图同诺列加讲理,并通过对话和协商在巴拿马实现向民主的和平过渡,但你不能和独裁者讲道理,你也不能要求他和平地放弃他通过血腥和无法言说的手段获得的东西。当这一现实变得显而易见时,就不可能达成一致,采取集体行动,迫使这个独裁者脱离文明人的行列。

总之,当诺列加开始使用武力推动这一问题时,美国被迫走上了一条不是我们自己选择的道路,而是一条由我们国家权利和责任决定的道路。

我要大声说出我所知道的,在座的几乎每个人骨子里的感受,我所知道的是在我国、美国的数百万家庭中都说的话:诺列加走了;暴徒们失去了权力;巴拿马最终将由5月7日根据巴拿马人民的主权意志选出的代表统治。

我们现在能做的就是去做正确的事情:我们应该欢迎巴拿马恢复民主。现在是本组织欢迎诺列加下台的时候了,正如世界过去欢迎索摩查、杜瓦利埃、马科斯以及最近的昂纳克、日夫科夫、胡萨克和齐奥塞斯库离开一样。是时候让本组织站在历史的正确一边了。

出于所有这些原因,我们当然将对现在摆在安理会面前的决议草案投反对票。

总而言之,我们在巴拿马的目标是明确和一贯的。我们努力保护美国人民的生命安全;我们努力全面执行《巴拿马运河条约》,保护《条约》的完整性,包括美国依照该《条约》所具有的权利和义务;我们努力帮巴拿马人民建立真正的民主制度,我们努力打击毒品贩运,就像我们在拉丁美洲和其他地方所做的那样。

美国为通过外交和政治手段实现这些目标做出了艰苦的努力。我们已向安理会成员分发了一份情况说明,其中详细介绍了美国政府通过美洲国家组织并与拉丁美洲和加勒比领导人以及其他各方协商,为解决巴拿马危机而做出的前所未有的努力。美国和本半球其他国家为寻求和平解决冲突分别做出了几十次单独的尝试或举措。遗憾的是,这些尝试或步骤毫无结果,因为在每一次尝试或举措中,诺列加都拒绝接受合乎逻辑和合理的安排,拒绝下台,不允许在巴拿马重建民主。

诺列加反而嘲弄了所有这些为解决局势所做的外交努力,因为他嘲弄了去年5月在巴拿马举行的民主选举,当时他公然蔑视巴拿马人民的意愿。他在选举中失败,因此失去了代表巴拿马人民的权利。诺列加宣布这次选举无效,他失去了被视为真正代表巴拿马人民的权利不说,还以独裁者的身份把自己强加给巴拿马人民。

当诺列加宣布对美国开战时,他的战争可能看起来像个笑话——直到他开始实施行动。当他开始一步一步地实施战争行为时——包括杀害一名手无寸铁的美国军人、虐待另一名军人和威胁骚扰他的妻子——我们除了直接对付诺列加本人,别无他途。

根据第51条使用武力进行自卫是《宪章》赋予所有国家的权利,不能被分离出去。违反《宪章》使用武力是不允许的,也是违反国际法的。这一点是毫无疑问的。但是,《宪章》明确规定,在所有其他手段都不起作用的情况下,当一国或者一国公民遭受武力侵害时,该国有权进行自卫。

有人质疑我们对诺列加对我们的武装行为的反应是否相称。

然而,运河和《运河条约》的保护,3.5万名美国人的存在,以及我们基于《运河条约》的特殊责任,使我们在判断相称性时必须考虑到一系列特殊而困难的问题。

我国许多公民在巴拿马,根据我们的条约义务,他们有特殊任务要完成,以帮助运营和保护运河。在这种情况下,美国不能仅仅建议其所有公民离开巴拿马来保护其国民的生命或利益。美国也不能坐视诺列加一步步地执行他的宣战宣言,威胁、伤害并杀害专门为此目的而在巴的美国公民或其家属。此外,诺列加保有一定数量的军队,其武力规模足以确保其计划得以实施,因此将他驱逐到一个他无法再继续"战争"的地方,既是明智的,也是必要的。而且这样做,还有一个额外的理由,即保护分散在巴拿马中部广大地区的大量美国人免遭人身伤害和劫持。

美国在巴拿马的行动得到了巴拿马民选政府和巴拿马绝大多数人民的允许、赞扬和欢迎。

恩达拉总统政府在巴拿马首都成立,在巴拿马国民议会大厦运作。这个民主政府宣布了一些内阁和其他高级官员的任命,包括外交部长朱利奥·利纳雷斯和常驻联合国代表爱德华多·瓦尔拉里诺。政府运作正常,控制着国内警察和外交职能。政府正在组建一支新的警察部队,并向旧的巴拿马警察提供了加入这支新部队的机会。政府已宣布运河重新开放。此外,罗马教廷驻巴拿马大使也正式呼吁支持新政府。

我国与巴拿马或巴拿马人民没有任何分歧。我们欢迎该国恢复民主,我们将尽一切努力促进民主,包括在我们的部队完成任务后撤出。我们的问题都只围绕着一个人,一个腐败的独裁者。针对他的证据是压倒性的,而且与日俱增。

我们相信,他将继续受到所有人的审判,因为他正是一个非法分子和在逃犯。巴拿马人民知道这一点,美国人民知道这一点。事实上,全世界的人民都知道这一点,我确信,在座的所有人心里都知道这一点。你们没有一个人说过支持诺列加的话。然而,当时机成熟时,我们希望你们不要试图重新将其强加在巴拿马人民身上,巴拿马人民已在国际社会的全面监督下,于1989年5月7日投票决定将其罢黜。

主席(西班牙语口译):我现在以哥伦比亚代表的身份发言。

巴拿马共和国的命运和哥伦比亚的命运永远同气连枝,我们有着同样的根。一百年来我们有着相同的历史。许多巴拿马人是哥伦比亚人的子孙后代。我们有成千上万的同胞生活在巴拿马。巴拿马不仅是我们的邻国,也是拉丁美洲地区的重要成员,和不结盟国家运动的伙伴。

安全理事会召开这次会议的原因不是为了讨论曼努埃尔·安东尼奥·诺列加将军的个人或政治素质。诺列加将军的事实政府无视其人民的自决权和基本自由的有效性,导致民主价值观念被无视,巴拿马机构被削弱。它的另一个特点是拒绝听从国际社会的呼吁,拒绝为解决影响巴拿马人民的危机提供一个国际集中的气氛,并在美洲大陆造成紧张局势,对区域安全与和平造成不可预见的后果。这种情况的持续存在迫使协商和政治合作常设机制暂停巴拿马参加其审议工作。

哥伦比亚始终尊重不干涉国家内政和人民自决的原则,始终支持旨在将决定自己未来的能力还给巴拿马人的倡议,防止建立新的紧张局势来源,并在美洲大陆营造一种协议与合作的气氛。遗憾的是,不止一次地,外部因素阻碍了这些倡议的成功。

哥伦比亚历来主张在国际关系中不干预和不使用武力的原则。为此,我们对美国武装部队在巴拿马进行干预表示遗憾,因为这公然违反了国际法,侵犯了各国的独立、主权和领土完整。我们认为,一个国家不能出于任何动机,即使是暂时的动机,对另一个国家进行军事占领或使用其他形式的武力。因此,我们敦促立即停止对巴拿马的干预。巴拿马人民决定自己命运的权利不可剥夺,不受内部或外部的强加或干涉。任何解决巴拿马危机的办法都必须尊重巴拿马人民的自决权。

哥伦比亚一直在促进并将继续促进各种倡议,以便在巴拿马各部门合作和谅解的基础上恢复该国的代议制民主。因此,我们敦促他们今天进行对话,以保障所有巴拿马人的生命和人身安全。我们认为最令人遗憾的是,巴拿马共和政体的特点是事实上的政府,使巴拿马人民无法行使其表达主权意愿的不可剥夺的权利。今天,巴拿马人民一定会感觉到,国际社会和巴拿马人民在一起,以期建立不受当前军事领导人心血来潮或外部压力影响的民主体制。

哥伦比亚希望停止因军事干预造成的武装冲突,导致生命和财产损失。

今天,哥伦比亚是供安理会审议的决议草案的提案国,我们希望该草案获得通过。

哥伦比亚为巴拿马感到痛苦。

我现在恢复行使安理会主席的职能。

我的理解是,安理会准备对其面前的决议草案进行表决。如果没有人反对,我现在将决议草案付诸表决。

由于没有人反对,决定对决议草案 S/21048 付诸表决。

举手表决。

赞成：阿尔及利亚、巴西、中国、哥伦比亚、埃塞俄比亚、马来西亚、尼泊尔、塞内加尔、苏维埃社会主义共和国联盟、南斯拉夫

反对：加拿大、法国、大不列颠及北爱尔兰联合王国、美利坚合众国

弃权：芬兰

主席（西班牙语口译）：表决结果如下：10票赞成，4票反对，1票弃权。由于安理会3个常任理事国投反对票，决议草案未获通过。

我现在请希望在表决后发言的安理会成员发言。

托努德（TORNUDD）先生（芬兰）：芬兰在对决议草案的表决中投了弃权票，因为它的措辞与我们在星期四的发言中就安理会辩论的结果不够接近。当然，我们同意草案的大部分内容，特别考虑到我们应该呼吁撤军，但我不会详细分析所有内容。我只注意到，我们本希望在序言部分更具体地提到巴拿马人民建立民主、合法政权和尊重人权的权利，并在执行部分第二段明确区分用于干预的部队和其他部队。

布兰科先生（法国）：法国代表团对12月22日分发的关于巴拿马局势的决议草案（S/21048）投了反对票。12月20日，我国代表团在这里对巴拿马的局势表示严重关切。注意到发生了外国干预，我们说，我们认为诉诸武力令人遗憾，因此无法得到批准。我们还认为，安理会采取主动行动是可取的。

然而，在完全坚持这一立场的同时，法国只能反对该决议草案。该决议草案太不平衡，按目前的措辞，可能被解释为意味着支持一个已被法国当局宣布为非法的政权。事实上，该文本基本

上是在明确谴责美国对巴拿马的干预。它既没有提到那次干预的情况,也没有提到干预之前发生的严重事件,而这些事件在很大程度上解释了目前的局势。

最后,一项平衡的决议草案本应在其执行部分——我们认为这是至关重要的——加入一个段落,对允许巴拿马人民自由表达意见和民主选择其领导人的进程被中断表示遗憾,并呼吁建立一个合法的、民主选举的政权。

这些就是我国代表团无法赞同该决议草案的原因。

然而,法国当局非常希望巴拿马尽快恢复和平与民主,我们仍然准备为这方面的任何倡议做出贡献。

理查德森先生(英国): 我国代表团对关于巴拿马局势的决议草案投了反对票,因为该草案严重的不平衡性。

我们认为,安全理事会应欢迎在巴拿马建立一个期待已久的合法和民选政府。该决议草案没有做到这一点。它也未能解决诺列加将军政权的非法和专横性质,该政权数月来公然无视巴拿马人民的自决权和该国的合法选举进程,将自己强加给巴拿马人民。

该草案没有注意到诺列加政权对美国驻巴拿马人员以及实际上对其本国人民进行暴力和恐吓的长期历史。最后,该决议草案没有承认这样一个事实,即美国在经过漫长的外交努力之后,使用武力只是作为最后的手段。

我要补充的是,我国政府对巴拿马境内的重大人命损失深感关切。我们强烈希望早日恢复和平与安全,使平民能够过上正常生活,使民主机构能够充分恢复其应有的地位。

贝洛诺戈夫先生(苏维埃社会主义共和国联盟)(俄文口译): 苏联代表团对安理会不结盟成员提交的决议草案投了赞成

票。第一,我们这样做是因为决议草案重申巴拿马有主权和不可剥夺的权利,可以自由决定其社会、经济和政治制度,发展其国际关系,而不受任何形式的外国干涉、颠覆、胁迫或威胁。我们认为,这是今天应当建立国际关系的关键原则。

第二,我们对决议草案投了赞成票,因为我们同意决议草案将美国武装部队对巴拿马的干预描述为公然违反国际法和国家独立、主权和领土完整。苏联政府12月21日发表的声明强调"美国对巴拿马采取的军事行动是对国际社会的一个挑战,国际社会正在努力在尊重其他国家主权和尊严的原则基础上发展关系。这显然不符合目前世界政治正在巩固的积极趋势,也不符合通过对话和政治外交手段寻求解决复杂问题的政策"。(S/21041,附件,第三段。)

美国的行动与实现中美洲政治解决的许多努力背道而驰。讽刺的是,这表面上是为了捍卫巴拿马的民主,但民主不能在刺刀的刀尖上实现,不能通过空中轰炸来完成;它不能由机枪来确定;它不能像美国对巴拿马那样通过弹药来建立。

美国代表早些时候在本次会议上说,美国对诺列加感到厌倦,但这难道不清楚吗?无论谁是巴拿马政府首脑,我们讨论的主题都是一个主权国家,对它使用武力违反国际法的问题。

第三,苏联代表团对该决议草案投赞成票,因为该草案要求立即停止军事干涉,撤回巴拿马的美国武装部队。

我们发现美国在继续增加对巴拿马的武装部队人数,对此我们深表遗憾和关切。美国军队通过坦克和飞机入侵巴拿马,是对平民的严重侵犯。我们坚信,只要美国撤军,巴拿马就可以恢复和平与稳定。

苏联代表团对3个否决票深表遗憾,因为这让安全理事会为制止美国军事干预行为的努力功亏一篑。尽管不结盟国家的提议遭到阻挠,但我们希望安全理事会不要无所作为。鉴于美国的持续干预行为,安全理事会必须密切监测巴拿马的事态发展,以便最后能迅速制止这种干预,并实现美国从巴拿马撤军。

主席(西班牙语口译):本次会议没有其他发言者。

安全理事会就此结束现阶段对议程上项目的审议。

未经主要委员会通过的决议
44/240. 美国对巴拿马的军事干预对中美洲局势的影响
日期:1989年12月29日
投票:75-20-40(记录在案)
联合国大会
会议:89
草案:A/44/L.63 and Add.1

注意到联合国大会和安全理事会关于入侵巴拿马的声明;

重申巴拿马享有自由决定其社会、经济和政治制度并发展其国际关系的主权的权利,不可剥夺,不受任何形式的外国干涉、破坏、胁迫或威胁;

重申《联合国宪章》第2条第4款,各会员国在其国际关系上不得使用威胁或武力,或以与联合国宗旨不符之任何其他方法,侵害任何会员国或国家之领土完整或政治独立;

重申需要恢复确保巴拿马人民充分行使人权和基本自由的条件;

表示深度关切,美利坚合众国对巴拿马的武装干预可能对中美洲区域的和平与安全造成严重后果；

1. 强烈谴责美利坚合众国武装部队对巴拿马的干预行为，公然违反国际法，侵犯国家独立、主权和领土完整；

2. 要求美国武装入侵部队立即停止干预、撤离巴拿马；

3. 要求充分尊重、严格遵守《托里霍斯-卡特条约》的文字和精神；

4. 呼吁所有国家维护和尊重巴拿马的主权、独立和领土完整；

5. 再次请秘书长监测巴拿马的事态发展，并在本决议通过后24小时内向大会提出报告。

对第44/240号决议的记录表决：

赞成：阿富汗、阿尔巴尼亚、阿尔及利亚、安哥拉、阿根廷、奥地利、巴巴多斯、伯利兹、不丹、玻利维亚、博茨瓦纳、巴西、保加利亚、布基纳法索、布隆迪、白俄罗斯、智利、中国、哥伦比亚、刚果、古巴、塞浦路斯、捷克斯洛伐克、民主也门、厄瓜多尔、赤道几内亚、埃塞俄比亚、芬兰、德意志民主共和国、加纳、危地马拉、几内亚、圭亚那、海地、匈牙利、印度、印度尼西亚、伊朗、伊拉克、牙买加、约旦、科威特、老挝人民民主共和国、利比亚、马来西亚、马里、毛里求斯、墨西哥、蒙古、缅甸、尼泊尔、尼加拉瓜、巴基斯坦、巴拉圭、秘鲁、罗马尼亚、所罗门群岛、西班牙、斯里兰卡、苏丹、苏里南、瑞典、叙利亚、特立尼达和多巴哥、乌干达、乌克兰、苏联、联合共和国坦桑尼亚、乌拉圭、瓦努阿图、委内瑞拉、越南、南斯拉夫、赞比亚、津巴布韦。

反对：澳大利亚、比利时、加拿大、丹麦、多米尼克、萨尔瓦多、法国、德意志联邦共和国、以色列、意大利、日本、卢森堡、荷兰、新西兰、巴拿马、葡萄牙、土耳其、英国、美国。

弃权:安提瓜和布尔布达、巴林、文莱达鲁萨兰国、佛得角、中非共和国、乍得、哥斯达黎加、埃及、斐济、希腊、格林纳达、洪都拉斯、冰岛、爱尔兰、肯尼亚、黎巴嫩、利比里亚、马达加斯加、迈塔维、马耳他、摩洛哥、尼日尔、阿曼、新几内亚、菲律宾、波兰、卡塔尔、卢旺达、圣卢西亚、圣文森特和格林纳丁斯、萨摩亚、沙特阿拉伯、新加坡、索马里、泰国、多哥、突尼斯、阿拉伯联合酋长国、也门、扎伊尔。

缺席:巴哈马、孟加拉国、贝宁、喀麦隆、科摩罗、科特德菲维尔、民主柬埔寨、吉布提、多米尼加共和国、加蓬、冈比亚、几内亚比绍、莱索托、马尔代夫、毛里塔尼亚、莫桑比克、尼日利亚、圣基茨和尼维斯、圣多美和普林西比、塞内加尔、塞舌尔、塞拉利昂、斯威士兰。

秘书处无意参加表决。

美国国际法学会第 84 届会议关于入侵巴拿马的讨论(1990 年 4 月)①
巴拿马革命:巴拿马的外交、战争与自决
亚伯拉罕·索法尔的评论②:

美国国务院法律顾问亚伯拉罕·索法尔法官的发言:

……

美国使用武力总能引起公众的激烈辩论,美国对巴拿马的行

---

① 第 84 届年会会议记录,第 182—189 页(美国国际法协会,1990 年)。
② 索法尔先生以个人身份发言。

动也不例外。公开辩论这一形式不仅恰当,而且非常健康和有益。但是,正如我之前在其他场合所说的,公开表达对使用武力的合法性的分歧如此极端和激烈,以至于公众会觉得——正如学者和评论员所总结的——国际法纯粹是主观和政治化的,对寻求一个和平和自由的世界没有任何有益的贡献。

美国认为,在包括武力使用在内的相关问题上,国际法在世界上发挥着不可或缺的作用。我们认为,《联合国宪章》明确指出,各国或其代理人以武力相威胁或使用武力,影响深远,所以只有在必要时且出于强有力的正当理由,才可以使用。与此同时,我们也相信,以武力相威胁或使用武力本质上并没有错。世界各国有权通过民主制度处理本国事务,而各国有效地对各种形式的侵略使用武力的意愿和能力也是稳定世界不可或缺的组成部分。适用法律应避免破坏以武力相威胁和使用武力的合法范围。

布什政府在巴拿马使用武力有几个令人信服的合法理由:诺列加政权对美国士兵和平民的攻击不断升级;《运河条约》赋予美国在巴拿马的独特地位;曼努埃尔·诺列加的统治是非法的;以及巴拿马合法选举产生的正式总统吉列尔莫·恩达拉对美国行动的支持与合作。

对美国的敌对行为

几个月来,诺列加政权对美国武装部队和美国国民实施了有计划的暴力和骚扰行动。1989年12月15日,计划急剧升级。诺列加的国民议会宣布"在美国政府对巴拿马人民发动侵略期间,巴拿马共和国处于战争状态"。这一声明看起来只是对经济和外

第一章　伊拉克入侵科威特和美国入侵巴拿马

交制裁的毫无根据的描述,实际是在蓄意威胁。通过该声明的决议明确指出,国民议会的宪法权力包括"宣战"和"面对战争状态"。国民议会赋予诺列加"争取民族解放斗争的最高领袖的地位"。

诺列加对这项任务做出回应,承诺不只是抵抗,还要朝着"创造性进攻"迈进。他还表示:"我们巴拿马人将坐在运河岸边,看着敌人的尸体经过。"

诺列加的煽动性讲话无疑达到了他想要的效果。第二天就发生了针对美国人员和家属的残暴行为。12月16日,一名美国海军中尉帕兹,被巴拿马国防军无故杀害。同一天,巴拿马国防军其他人员也恶毒殴打美国海军中尉柯蒂斯,并非法拘禁、虐待和威胁强奸他的妻子。值得注意的是,诺列加政权并没有就这些事件致歉或表示遗憾。尽管诺列加在先前的事件后曾试图满足美国的关切,但在这次事件中,这起谋杀被错误地描述为对醉酒的"外国佬"的射击和"恐怖主义"的回应。警察局否认了这起袭击和强奸威胁,声称这对夫妇受到了"礼貌"的对待。这些明目张胆的谎言,使驻巴拿马的美国外交官和军事官员相信,接下来肯定会发生更多的袭击事件。

鉴于这些事件的模式和日益严重的程度,布什总统认为,12月16日的袭击"已经够了",这是蓄意和不断升级的模式中的最后一根稻草,其目的是恐吓美国接受诺列加,否则就会失去其权利。诺列加政权的这些敌对行为——事实上在12月18日又有进一步的敌对行为——构成了对美国的一种侵略,其严重程度足以证明有理由采取适当的反击行动。如果总统不采取行动,他将对其产生的后果负责。

现在,有国际法律人士认为,只有国家领土遭受"攻击"时,才可以行使自卫权。但美国拒绝接受这一观点,且自《联合国宪章》制定以来一直持反对意见。美国认为,美国有权保护其国民,使他们在任何地方不受攻击,只因为他们是美国人。

《巴拿马运河条约》下美国的权利

诺列加对美国的敌对攻击有着特殊的法律意义,因为根据《巴拿马运河条约》,美国享有独特且广泛的权利。美国在1977年的条约中承认巴拿马对巴拿马运河享有主权,作为交换,美国不仅在运河受到外部威胁方面,而且在内部威胁方面,都保留了确保运河继续运作的权利和义务。条约禁止美国干涉巴拿马内政。但这一限制并不是为了阻止美国行使运河条约赋予的权利。参议院审议条约期间,法律顾问办公室向参议院外交关系委员会解释说:"符合拟议条约的行动不会干涉巴拿马的事务,因为作为条约义务的主体,中立条约所涉及的事项不属于该条约缔约国的内部事务。"

诺列加政权的行为和政策对美国的权利构成严重威胁。诺列加一直未能履行对运河运营至关重要的条约义务,未能维护道路和其他重要设施,也未能提供运河委员会及其雇员所需的基础服务。在美国采取行动之前的几个月里,美国部队和运河工作队的成员遭受非法拘留、威胁或以其他方式剥夺条约的保护。1989年12月15日,诺列加在讲话中明确称,美国无权保卫运河,因为美国无法有效地保卫运河,他还威胁并呼吁终止美国在巴拿马的所有权利。正如他所说:"巴拿马只有一块领土,一面旗帜。"

布什总统应该考虑这些情况，然后决定是否使用武力以确保运河的持续安全和高效的运行。他无须等到运河遭到实际攻击，就可以行使保护美国的权利。

巴拿马合法政府的支持

布什总统在授权美国对巴拿马采取行动时，也是以诺列加的非法性和恩达拉总统的批准与合作为依据的。美国不支持一个国家有权使用武力推翻另一个国家的独裁者的说法，无论该独裁者有多么疯狂或残忍。然而，对人道主义干预理论的实质性尊重反映了一个事实，即促进人权和民主自决是我们国际体系的合法目标。巴拿马为人道主义干预提供了一个强有力的理由。1989年，诺列加同意举行选举，但在所有国际观察员看来，他毫无疑问输掉了选举。然而，他宣布选举无效，并继续通过巴拿马国防军和他的"尊严营"统治巴拿马，这些部队对恩达拉和其他反对派候选人进行人身袭击，并镇压所有异议。

美国方面一直拒绝承认诺列加政权是巴拿马的合法政府。此外，对美国来说，诺列加是一个被起诉的毒贩，他利用自己的权力阻止巴拿马遵守要求起诉或引渡他的麻醉品公约。随着巴拿马局势的恶化，美国政府决定，在最终采取的任何军事行动中，都应寻求当选总统恩达拉的合作，并应支持他获得他在道义上和法律上有权获得的职位。

1989年12月19日，当得知美国军队即将抵达巴拿马时，恩达拉决定宣誓就任总统。他对美国的行动表示欢迎，他表达了他认为美国努力的目标是正确的，并立即开始全面合作执行。他呼吁巴拿马军队"不要抵制"美国的行动，他说："美国的行动是不可避免的,是我们为结束诺列加独裁统治,重建民主、正义和自由而采取的行动。"

恩达拉总统的合作和支持,使美国在巴拿马的行动具有实质性的合法性。如果恩达拉在12月19日之前控制了巴拿马领土,能够行使政府权力,那么仅凭这一点,美国的行动就是合法的。虽然他缺乏这种明确的控制权,但这并不能剥夺他支持美国行动的法律意义。他不是美国的傀儡,而是巴拿马的民选总统。美国采取行动后,他得到巴拿马人民的广泛接受,反映了他行动的持续合法性。如果在美国做出继续进行的坚定决定之前,就获得恩达拉总统对美国行动的正式批准,将使他面临不合理的政治和人身危险。

美国的行动是必要且适当的

布什总统合理地得出结论,根据国际法,"正义事业"行动是必要和适当的。到1989年12月20日,诺列加宣布他的目标是"巴拿马只有一块领土和一面旗帜",并拒绝承认美国有保护运河的权利。他认为巴拿马与美国处于战争状态,敌对行动性质越界,从骚扰发展到杀人。美国曾试图通过谈判让诺列加自愿交出权力,抗议诺列加违反《运河条约》和对美军的暴力行为,并动用了一切可用的外交和经济制裁形式。不过最后全是无用之功。

鉴于这种情况,驱逐诺列加变成了巴拿马军事行动合法和必要的目标;只有这样,才能结束对美国人的袭击,维护美国(和巴拿马)基于《运河条约》的权利,恢复巴拿马人民选出的合法民主政府,并结束诺列加涉嫌参与国际毒品的违法行为。

第一章　伊拉克入侵科威特和美国入侵巴拿马

在正确地决定解除诺列加在巴拿马的权力之后,完全有理由采取实质性的军事行动实现这一结果。参谋长联席会议建议并由总统采纳了一项计划,该计划的目的是使用迅速、强大的武力,因为他们认为,与任何其他不那么强力的方式相比,所造成的伤亡会少得多。在现场的美国外交官和军事官员以及民主选举产生的巴拿马领导层都强烈赞同这一计划。如果没有取得完全的胜利,巴拿马国防军和诺列加就会利用他们大量的武器储备,使民主政府不复存在。旷日持久的行动将是一场战术上的灾难,并将使美国平民面临持续的危险。

国际法和国际法律工作者应避免利用"相称性"理论作为猜测战术判断的工具,猜测军事行动应采取何种形式来实现合法目标。布什总统采纳的军事判断是合理的,因为如果不这样做,美军、美国有关运河的权利以及恩达拉总统的执政能力就会继续面临危险。

结论

美国在巴拿马的行动既没有违反《联合国宪章》第 2 条第 4 款,也没有违反《美洲国家组织宪章》的条款。美国是在诺列加政权开始谋杀美国人并宣布打算剥夺美国的权利和破坏运河之后才采取行动的;所有未使用武力的措施都没有成功;巴拿马正式当选的总统和美国有共同的目标,并且对美国的行动表示欢迎。

基于此,不能直接认为对巴拿马的行动是为了损害巴拿马的领土完整或政治独立。相反,它保护了美国军队和公民的生命,维护了承认巴拿马人对运河的主权的条约关系,并建立了由巴拿马人民民主选举出的政府。

使用武力的规则不应该像朱利叶斯·斯通(Julius Stone)所说的"法律上的按钮装置"那样机械地应用,而是要针对每个特殊案例的所有相关情况加以理解。这里的有关情况表明,美国在巴拿马采取行动,并不是出于愿意或者声称有权使用武力,而仅仅是为了替换掉它在本半球基于政策理由反对的政权。巴拿马的行动并不是"炮舰外交"的回归。它是基于一些合理考虑的有效的国际目标。它有正当且合法的事由。

约翰·奎利①:美国代表在美洲国家组织和联合国的发言中,以两个理由为入侵巴拿马辩护,即你提到的前两个理由,即自卫和《巴拿马运河条约》。你还提到了另外两个问题,布什总统和贝克国务卿当时说这是入侵的目标,并不是作为向美洲国家组织或联合国提出的法律理由。第一个事项是诺列加政府的非法性,第二个事项是恩达拉先生欢迎入侵。你是说,这些情况提供了独立的法律依据?

索法尔先生:我并不是说任何事情都可以提供独立的法律理由。我不需要像法律顾问一样来宣讲独立的理由。我需要观察给定情况下的所有情况,描述这些情况,然后判断所有这些情况的影响。根据《联合国宪章》和《美洲国家组织宪章》考虑到当时的情况,这一行动应该被认为是合理使用武力。

其中一个情况是恩达拉先生正式表示欢迎美国。这确实非常接近于干预,但这并不是出乎意料的事。我们很清楚他的态度,也很清楚,在我们承诺采取行动之前,就他的立场正式表态,

---

① 俄亥俄州立大学。

在政治上是不可想象的。这将使他暴露在美国政治的变幻莫测之中,让他处于这种境地是不负责任的。但一旦我们决定准备采取行动,我们确实与他进行了磋商,他也确实正式欢迎这一行动。事实上,他更进一步,就这一行动与我们共同努力。通过指示与他沟通的美国官员,告诉他们该行动的适当目标。我没有美洲国家组织和联合国的声明,我也不知道这一具体因素的依据是什么。我可以告诉你,早在行动之前,这就被确定为一个相关因素,并被列入提交给所有相关行政人员的法律备忘录中,还与国会领导人进行了讨论。在飞机抵达巴拿马之前,当选总统恩达拉被征求了意见,这对我们来说并不奇怪。行政部门的法律顾问要求这样做,而且现场的外交官也妥善执行了……

圆桌讨论

汤姆·法勒①:听了法律顾问的话,我想不出还有什么历史职位能比在那位著名皇帝的宫殿里担任谄媚的近臣更适合他了,这位皇帝穿着隐形的衣服,走出他的衣橱。迎接他的第一位朝臣是法律顾问。当皇帝说:"我看起来怎么样?"法律顾问仔细地观察着他,回答道:"后现代服装,太棒了,简直太棒了。"

但是,我们能不能把话说得越简单越好。虽然《宪章》没有提到保护国民是合法的使用武力,但我认为,实践和期望已经达到了这样的程度,即人们充分期望大国能拯救其公民,我们也许应该把这看作是对《宪章》的一种曲解。因此,如果在巴拿马的美国公民受到合法的威胁,而且没有其他手段可以避免这

---

① 美利坚大学,华盛顿法学院。

种威胁，美国就有充分的理由。困难的是，美国公民受到的骚扰越来越多，这与我们试图推翻巴拿马事实政府，解除诺列加先生首脑职务并将其移送美国有直接关系。两者之间密切相关。换句话说，如果我们决定停止执行推翻诺列加的政策，停止将他赶出巴拿马并对他进行起诉，他就会停止对美国人员的蓄意骚扰。因此，为了满足必要条件，这显然是他与前雇主政府谈判的筹码。

我们必须从保护公民的必要性出发，考察一项隐含的权利主张，即推翻国家事实政府的权利。老实说，我对罢免诺列加任职感到矛盾。我见过那位先生。你不会想在黑暗的巷子里遇见他，除非你带着AK47，他拿着的是树枝。尽管如此，他仍然有效地控制着这个国家，而且在过去的一百年，或者说在过去的一千年，大部分的时候，一群人在有效地控制着一个国家，一直被认为是组建这个国家的合法政府。因此，有理由认为，一个国家可以侵略另一个国家，是为消除或改变另一个国家的政治安排，而不是出于保护本国公民的需要。

在我看来，这里的唯一论点是，根据《宪章》，参与美国毒品交易等于参与向美国派遣部队。这不是一个可以迅速提出的论点，但这是一个需要讨论检验的论点。是否有一些国家的行为（如贩运毒品或伪造货币）虽然不构成任何字面意义上的武装攻击，但足以威胁到目标国的利益，从而使目标国根据第51条行使自卫权？同样，你必须满足适用的必要性和相称性条件。这就构成了讨论的内容。

《巴拿马运河条约》文本[①]
巴拿马运河条约

美利坚合众国和巴拿马共和国,

本着1964年4月3日美利坚合众国和巴拿马共和国政府代表发表的《联合声明》和1974年2月7日美利坚合众国国务卿和巴拿马共和国外交部长草签的《联合原则声明》的精神行事,以及承认巴拿马共和国对其领土拥有主权,

决定终止先前与巴拿马运河的各项条约,并缔结一项新条约,作为建立新关系的基础,据此商定如下:

第一条
废除旧条约　建立新关系

1. 本条约一经生效,即终止并取代:

(a) 1903年11月18日在华盛顿签署的《美利坚合众国和巴拿马共和国间地峡运河公约》;

(b) 1936年3月2日在华盛顿签署的《友好合作条约》和1955年1月25日美利坚合众国与巴拿马共和国在巴拿马签署的《相互谅解与合作条约》及有关谅解备忘录;

(c) 美利坚合众国和巴拿马共和国之间在本条约生效之前关于巴拿马运河的所有其他条约、公约、协定和换文;以及

(d) 美利坚合众国与巴拿马共和国之间在本条约生效前生效的其他条约、公约、协定和换文中所载关于巴拿马运河的规定。

2. 根据本条约和有关协定的规定,巴拿马共和国作为领土

[①] 16 I. L. M. 1022 (1997).

主权，在本条约有效期内给予美利坚合众国必要的权利，以管制船只通过巴拿马运河的过境、管理、运营、维护、改善、保护和保卫运河。巴拿马共和国向美利坚合众国保证，根据本条约和有关协定授予用于此种目的的权利，和平利用它曾经拥有的土地和水域。

3. 巴拿马共和国应按照本条约的规定，越来越多地参与运河的管理、保护和防御。

4. 鉴于本条约所确立的特殊关系，美利坚合众国和巴拿马共和国应进行合作，确保巴拿马运河的不间断和有效运作……

第四条
保护与防卫

1. 美利坚合众国和巴拿马共和国承诺保护和防卫巴拿马运河。各方应根据其宪法程序采取行动，应对武装攻击或其他威胁巴拿马运河或巴拿马运河过境船只安全的行动所造成的危险。

2. 在本条约有效期内，美利坚合众国对保护和保卫运河负有首要责任。美利坚合众国在巴拿马共和国境内驻扎、训练和调动军队的权利载于本条的执行协定中，该协定于今天签署。美利坚合众国在巴拿马共和国境内的地区和设施的使用以及武装部队的法律地位，应受上述协定的管辖。

3. 为了便利双方武装部队参与和合作保护和防御运河，美利坚合众国和巴拿马共和国应设立一个由双方同等人数的高级军事代表组成的联合委员会。这些代表应由其各自政府负责就与运河保护和防御有关的所有事项进行协商和合作，并计划为此目的采取一致行动。这种综合保护和防御安排不应妨碍美利坚合众国或巴拿马共和国武装部队的身份或职权范围。联合委员会应就下列事项提供协调与合作：

（a）根据双方武装力量的合作，制定运河保护和防御的应急计划；

（b）联合军事演习的规划和进行；及

（c）美国和巴拿马在保护和防御运河方面的军事行动。

4. 联合委员会应在本条约有效期内每隔五年审查双方为保护和防御运河而提供的资源。此外，联合委员会应就预计的需求、双方现有资源的有效利用以及与运河保护和防御有关的其他共同利益事项，向两国政府提出适当建议。

5. 在符合其保护和防御巴拿马运河的主要责任的范围内，美利坚合众国将努力使其在巴拿马共和国境内的武装力量在正常情况下维持在不超过美利坚合众国在前巴拿马共和国境内武装力量的水平。

第五条
不干涉原则

巴拿马运河委员会的雇员、其家属和巴拿马运河委员会的指定承包商，如为美利坚合众国国民，应尊重巴拿马共和国法律，并应避免从事任何与本条约精神不符的活动。因此，他们应在巴拿马共和国不从事任何政治活动，也不干涉巴拿马共和国内政。美利坚合众国应在其权力范围内采取一切措施，确保履行本条的规定……

第十三条
巴拿马共和国的财产转让和经济参与

1. 本条约终止后，巴拿马共和国应对巴拿马运河的管理、运营和维护承担全部责任，巴拿马运河应在运营状态下移交，不存在留置权和债务,除非双方另有约定。

2. 本条约于巴拿马时间1999年12月31日中午终止。

第十四条
争端的解决

如果缔约国之间对本条约或有关协定的解释出现任何问题,应尽一切努力通过根据本条约和有关协定设立的适当委员会协商解决,或酌情通过外交渠道解决。如果双方无法通过这种方式解决某一特定事项,则在适当情况下,双方可同意将该事项提交调解、仲裁或双方认为适当的其他和平解决争端的程序。

1977年9月7日订于华盛顿,一式两份,用英文和西班牙文写成,两种文本具有同等效力。

问题

(1) 国际法是皮克林先生用来解释美国入侵巴拿马的第一道防线。他说:"我们在巴拿马采取行动是为了正当自卫和保护运河条约的完整性。我们的行动符合《联合国宪章》第51条、《美洲国家组织宪章》第21条和《巴拿马运河条约》的规定。"

假设你是布什总统的国家安全委员会的法律顾问,就拟议的入侵进行讨论。你将如何发展这一论点?你会支持将其作为第一道防线吗?你会担心哪些它的哪些不足?如果美国在联合国安理会的论证中省略或淡化国际法问题,是否会更有说服力?谁会关心我们使用武力是否合法?

假设你是安全理事会的伊拉克代表,你将如何为入侵科威特辩护?你能用皮克林先生论述的有关巴拿马的论据吗?如果你是皮克林先生,你如何区分巴拿马和科威特?

(2)作为国家安全委员会的法律顾问,你的客户是谁?如果你断定对巴拿马的入侵违反了国际法,你还会帮助皮克林大使写入侵的辩护声明吗?

如果你觉得伊拉克的行动至少和美国一样合理,你愿意帮助写一篇谴责伊拉克的文章吗?

(3)使用武力可能同时意味着国内法的崩溃或执行,如何区分两者?同样的两分法在国际舞台上有效吗?我们可以分辨警察和骗子,因为虽然他们都有枪,但警察戴着徽章。那国际法上的徽章又是什么?谁在巴拿马戴徽章?谁在中东戴徽章?

(4)法律并不能阻止国内暴力,但它可以控制这种暴力。法律的惩罚使人望而却步。持械抢劫是一种比诸如徒手抢劫这类行为严重得多的犯罪。法律如何能在控制国际暴力方面发挥类似的作用?谁应该是警察?检察官?法官?巴拿马局势真的是一个国际问题吗?或者,是不是恰是美国的入侵把国内冲突变成了国际危机?

入侵科威特是地区性事件吗?是伊斯兰世界事务吗?还是国际性事件?

(5)《联合国宪章》是国际法关于武装冲突的基本渊源。阅读《宪章》并确定它寻求实现的目标。这些目标在宪章起草 45 年后听起来是否合理?特别关注第 2 条第 4 款。从 1989 年以来的世界事件来看,它是否会有新的存在理由?

(6)索法尔法官认为,美国在巴拿马的行动是由于事件的累积而产生的。他的观点是否与皮克林大使的观点一致?与《宪章》一致吗？作为法律顾问办公室的律师顾问，你会如何建议法律顾问对使用武力促进人权是合理的论点做出回应？为什么法律顾问提出了不同的论点？

（7）自卫是公民面对犯罪分子武力攻击时的正当反应。这一观点在国际事务中是否同样有效？我们在巴拿马捍卫的"自己"是什么？你如何建议索法尔法官回应法勒教授的论点——美国公民处于危险之中如果说只是因为美国对诺列加的威胁，你建议索法尔法官如何回应？那在巴拿马使用武力是为了阻止毒品交易的自卫的说法呢？

萨达姆·侯赛因入侵了科威特，部分原因似乎是伊拉克的严重财政困难。他不是为了保卫伊拉克吗？自卫概念的范围是什么？

（8）你将如何阐述索法尔先生提出的论点，即《巴拿马运河条约》为入侵提供了支持，因为诺列加政权"对美国'根据条约'享有的权利构成了严重威胁"？需要什么证据来证实这一论点？国家是否应有权以武力捍卫条约？

（9）索法尔先生说，"美国不接受这样的观点，即一个国家有权使用武力推翻另一个国家的独裁者，无论其多么疯狂或残忍"。这应该是美国的立场吗？在这种情况下，在联合国或美洲国家组织的主持下进行的武力干预是否应该被视为更合法？

如果美国或其他国家在萨达姆·侯赛因入侵科威特之前就将其推翻，世界岂不是可以免除巨大的痛苦？如果联合国部队在安全理事会的指导下执行这样的任务，你的答案会不会改变？

科威特的解放是否可以说是一种人道主义行动？

（10）巴拿马和科威特的案件揭示了本门课程的核心问题：关于使用武力，国际法要规定什么，或者应该怎么规定？如何规定，又应该如何执行？当你阅读接下来的材料并思考时，请牢记这些重要问题。

第二章 国际法和使用武力概述

引言

第一章的材料表明了国际法在武装冲突中的作用。本章的材料将进一步阐述国际法的三种作用——限制、证成和组织各国政府和国际机构的行为。本章选取了四篇文章,从不同角度阐述这些作用。本章以美国国务院关于古巴导弹危机的法律备忘录和(每一章中都包含的)一系列旨在提出关键论点的问题作为结尾。最好先阅读这些问题,并在考虑后续材料时牢记这些问题。

谢弗的文章回顾了他称之为"20 世纪 80 年代的大辩论"的事件。该文章中考察了美国外交政策分析人士对 20 世纪 80 年代末国际法与使用武力的关系的四种截然不同的观点。但到了 1990 年,辩论的条件发生了急剧变化。冷战结束了。美国国内的保守派和自由派一致认为,共产主义已经灭亡,随着它的灭亡,一个新时代已经到来。

自第二次世界大战结束以来,各方首次看到了重申国际法在武装冲突中的重要性的机会。就我们的目的而言,国际法在《对外关系法重述》中的定义是:"处理国家和国际组织行为的普遍适用规则和原则……"但是,在赋予《联合国宪章》的广泛任务以意义时,这些规则和原则应该采取什么形式?

路易斯·亨金教授的一段摘录提供了一个考虑这个问题的框架和背景。托马斯·欧利希相隔几年后撰写的两篇文章中提出了分析相关问题的方法。

在本章末尾的问题的帮助下,结合伊拉克入侵科威特和美国入侵巴拿马的案例研究阅读这些材料。此外,我们还推荐亚伯兰·蔡斯(Abram Chayes)的一本短书《古巴导弹危机》(牛津大学,1974年)。蔡斯教授比较详细地阐述了我们所建议的方法:法律作为约束;法律作为理由;法律作为组织。

简而言之,古巴导弹危机始于1962年7月至10月,有百余船苏联武器运往古巴。美国情报机构对这些货物进行了严密监视,但直到9月底,他们都认为其只涉及防御性武器。肯尼迪总统9月4日警告说,若苏联向古巴运送的是进攻性武器,"将产生最严重的问题"。

10月份的侦察机照片显示,古巴正在建造苏联中程弹道导弹发射场。这些武器具有机动性,携带核弹头,射程可达2 000英里。

约翰·肯尼迪总统在10月16日听到这个消息后,立即召集了顾问小组。他们是四位训练有素的专业法律人士:司法部长罗伯特·肯尼迪(Robert F. Kennedy);总统特别法律顾问西奥多·索伦森(Theodore Sorenson);副国务卿乔治·鲍尔(George W. Ball)以及国防部副部长罗斯威尔·吉尔帕特里克(Roswell Gilpatrick)。很快,另外两名律师也加入了进来:分别是前国务卿迪安·艾奇逊(Dean Acheson)和美国驻联合国大使阿德莱·史蒂文森(Adlai Stevenson)。随后又有两名律师加入：国务院副法律顾问伦纳德·米克(Leonard Meeker)和司法部副部长尼古拉斯·卡岑巴赫(Nicholas Katzenbach)。除了迪安·艾奇逊之外，所有的律师顾问都要求在应对危机时保持克制。一些非律师也参加了会议，其中包括美国驻苏联大使卢埃林·汤普森和负责美洲事务的助理国务卿爱德华·马丁。但参会者中，律师占多数。

法律问题被正式提出并进行了长时间的讨论。汤普森大使(美国驻苏联大使卢埃林·汤普森)强调，一个好的法律案例将会给俄国人留下深刻的印象。在讨论这一案例时，卡岑巴赫先生表达了他的观点，即根据国际法中的自卫原则，美国的军事行动是有正当理由的。然而，米克先生则认为，古巴的此种情况并不属于《联合国宪章》第2条第4款所指的武装袭击。他承认，由于苏联的否决，安理会不能根据《联合国宪章》第七章采取行动，但他强烈要求根据《联合国宪章》第八章采取行动，寻求来自于美洲国家组织的批准。

在10月15日之后的几天里，总统的顾问们就五个主要选项进行了辩论。

——除了批评苏联和古巴，什么都不做。

——对这两个国家施加外交压力，并警告将采取进一步行动。

——达成秘密协议，以拆除美国在土耳其的导弹来换取拆除苏联在古巴的导弹。

——切断所有进出古巴的航运和空运，但经检查发现没有携带军事装备的除外，并威胁将采取进一步行动。

——对导弹发射场进行空袭。

最后,选择范围缩小到最后两个。所有人都同意,宣战既无必要,也不可取,在没有宣战的情况下,阻止向古巴运送武器的努力应称为"隔离",而不是封锁,因为在国际法中,封锁是一种战争行为。支持和反对空袭或隔离的理由当然不完全是或甚至不主要是基于法律考量。不过,最后的结论是,隔离可以具有一个更有说服力的理由,至少作为对导弹的最初反应,不是空袭。从这个意义上说,该案既遏制了美国和其他美洲国家的行动,又为其行动提供了理由。美洲国家组织也组织了这些行动。

本章包括国务院法律顾问们于 1962 年 10 月 22 日撰写的一份未发表的备忘录,其中阐述了法律上的基本情况。之后,这份备忘录被广泛用于解释和维护美国的立场。

尽管把国内的案例和古巴导弹危机用作类比是不准确的,但如果考虑到,涉及在国内使用武力的决定时,这样的国内案例就可能是有用的了。1962 年 9 月就有一个恰当的例子,当时距离古巴导弹危机开始还有不到一个月。1961 年,詹姆斯·梅雷迪思(James Meredith)向全是白人的密西西比大学提出申请,想要成为该校的首位黑人学生。上至最高法院在内的所有法院,都支持詹姆斯·梅雷迪思的申请。因限制该份申请,密西西比州州长罗斯·巴奈特(Ross Barnett)被第八巡回上诉法院(the Eighth Circuit Court of Appeals)认定为藐视法庭。肯尼迪总统面临的问题是,在他的做司法部长的兄弟和其他律师的建议下,如果要做什么的话,他该怎么做。正如西奥多·索伦森在他的著作《肯尼迪》(*Kennedy*, 1965)一书中提到的,当时至少考虑了五种选择:

——除了批评巴奈特州长什么都不要做。

——对州政府施加压力,并警告采取进一步行动。

——和巴奈特州长达成秘密协议,确保梅雷迪思能被录取。

——切断密西西比州的联邦资金。

——使用联邦军队执行法院命令。

除了涉及法院命令这一事实——法院裁决在国际事务中很少起到催化剂作用——本案例所涉及的问题和选择与一个月后总统在古巴导弹危机中面临的问题和选择非常相似。约翰·肯尼迪总统在密西西比州权衡了各种选择,认为这个问题主要是一个政治问题。他最终得出结论,他应该采取必要的措施,迫使巴奈特州长和密西西比大学录取詹姆斯·梅雷迪思。他确实试图达成一项秘密交易,但事与愿违。在将密西西比国民警卫队(Mississippi National Guard)联邦化后,他最终派遣了2万名士兵。

作为司法部的法律顾问,你将面临一系列法律问题,如:总统可以采取什么合法措施?他是否有权力切断资金?在什么情况下,他可以征召国民警卫队?应该发表什么声明来证明所采取的行动的合法性?应该与哪些群体进行讨论?等等。

当我们讨论古巴导弹危机时,想想这些问题和选择,以及在导弹危机中与其对应的相应各方提出类似关切的程度。

20世纪80年代的大辩论

戴维·J. 谢弗(David J. Scheffer)

在20世纪80年代的十年间,国家政策的两个工具——武装力量之矛和国际法之盾——在美国外交政策的战场上投射下了两道长期对立的阴影。在美国对于那些笃信军事干预可以影响国际事务的人来说是清晨,而对于《联合国宪章》禁止使用武力的设计者来说,则是黄昏。矗立的纪念碑提醒我们,在格林纳达、黎巴嫩、利比亚、阿富汗、柬埔寨、安哥拉和尼加拉瓜发生的冲突。每一场冲突都对传统规范提出了挑战,并引发了另一轮美国的大辩论——即如何在海外推广民主、打击恐怖主义和保持对法治的忠诚。

到1984年中期,在美国直接参与的三次军事干预之后,这种辩论更加激烈。第一次是1983年10月对加勒比海格林纳达岛的攻击,部分原因是在几乎无政府状态下营救美国医学生,但也导致亲苏联政权被推翻。第二次军事干预发生在黎巴嫩,1983年底,美国人对贝鲁特周围的目标投射了火力。美国海军陆战队在这个被叙利亚和以色列军队占领的国家里,试图扶持一个被穆斯林民兵组织围困的脆弱政府时,造成了数百人的死亡。

在第三次军事干预中,里根政府精心安排了对以推翻尼加拉瓜桑地诺政府为目的的游击队组织的暗中援助,包括支持在尼加拉瓜港口采矿和攻击该国境内的经济目标,导致尼加拉瓜在国际法院对美国提出了许多索赔。

1984年4月12日,美国常驻联合国代表珍·J. 柯克帕特里克(Jeane J. Kirkpatrick)在华盛顿的美国国际法学会的年度会议上致辞,她描述了一个后来被称为"里根主义"的经典愿景:

> 显然,单方面遵守《联合国宪章》关于不干涉和不使用武力的规则,对于在我们这个时代,在非洲和亚洲、在中东和中

美洲从事追求"民族解放"的一些人来说,没有任何意义。当然,这不是《宪章》对我们的要求。如果要建立法治——我们今天同我国历史上任何时候以及世界上任何其他国家一样致力于这一主张——法治必须得到普遍接受,我们都欢迎和期待这一天的到来。但是,我们不仅要捍卫我们的国家,而且要捍卫民主国家必须依赖的法律领域……我们不能接受我们感到必须单方面遵守《宪章》规定的义务,而其他国家却将之放弃。这不是所谓法治的全部内容。当我们面对当今世界的迫切的危机时,我们必须认识到,认为对《联合国宪章》的单独和集体自卫原则的需要不及对互惠原则的需要的观点是站不住脚的。

113 对一些人来说,这些话与二战后在限制使用武力的国际法律规则的共识上大相径庭。然而,在其他人看来,柯克帕特里克的观点反映了重新评估国际法基本原则的现实性和必要性。

美国外交关系协会(Council on Foreign Relations)的"国际法与使用武力"研究小组努力回答一些令人生畏的问题:使用武力的规则是什么?我们如何在制度上应用这些规则?遵守国际法在多大程度上增强了美国的国家安全?假设美国有意于一些相当严格的国际使用武力的法律规则,那么你是否认为这一意向主要是保守性的?还是说,尝试进行重要的改革,会对我们更有利?

研究组成员……发表了相当广泛的意见。显然,在1980年代,对国际法的解释变得越来越有争议。对国际公约和习惯法的不同解释层出不穷,清楚地反映在小组的审议中,这意味着传统意义上的立法者对解释法律的指导被削弱了。

第二章 国际法和使用武力概述

尽管如此,还是可以将某些关于国际法和使用武力之间的关系的观点归纳为几类,分别为传统学派、新现实主义学派、联合学派和行为学派。这些观点未必均与其他观点截然对立,但它们为美国未来外交政策的实施提供了不同的方法。

传统学派保留了《联合国宪章》的关键规范性条款——第2条第4款——作为当代国际法的基石。第2条第4款要求联合国所有会员国"在其国际关系上不得使用武力或以武力相威胁,或以与联合国宗旨不符之任何其他方法,侵害任何国家之领土完整或政治独立"。传统主义者认为这一条款十分符合他们所理解的《宪章》制定者的立法原意。在这一立法原意中,他们找到了现代重述国际法中关于使用武力规则的根据。

1945年,"使用武力"一词唤起了人们对人类历史上最具破坏力的军队跨越主权边界进行国家对国家的武装袭击的深刻记忆。宪章第2条第4款显然是为了禁止侵略性的武装攻击。第51条基于该立法目的,规定了规则的例外:

> 在安全理事会采取必要的措施以维持国际和平与安全之前,如果联合国的一个会员国受到武装攻击,本宪章不得损害单独或集体自卫的固有权利。

将第2条第4款和第51条一并解读,会发现《联合国宪章》并不禁止所有可被论证的使用武力行为,特别是出于自卫这种可信的理由。例如,1976年7月3日,以色列对乌干达恩德培机场的军事袭击只有一个目的:营救在希腊上空被劫持的法国客机上的以色列乘客。以色列的这次行动经常被引用为支持一国有权采取军事行动营救其在另一国境内面临致命危险的国民,但这种行动只能出于人道主义目的。

大多数传统主义者认为,《联合国宪章》不应被解读为,禁止对不属于典型的跨越主权边界的武装攻击的侵略行为采取一切可以想象的自卫措施。尽管苏联军队在出兵阿富汗期间从未进入巴基斯坦,但苏联在阿富汗境内的军事行动对该地区安全的威胁以及苏联偶尔对巴基斯坦的军事行动,使巴基斯坦(在美国的支持下)有理由向阿富汗抵抗战士提供庇护和军事援助。

传统主义者认为,第2条第4款和第51条所述规则具有足够的灵活性,能够对不断发展的技术、军事和政治做出回应,而且这些既有规则比世界各国试图重新谈判的任何规则都更可取。

他们的推理是基于历史和当代的现实。关于使用武力的规则不是可以谈判的法律。它们来自于国家制度的固有特点。一项基本规则是,不得使用武力将一国的意志强加给另一国。如果这一规则成为可选择的或可重新谈判的规则,现有的国家结构就会受到威胁。

现代民族国家制度是在19世纪成熟起来的,它有利于国际现状。它允许一个国家援助受到外部武装攻击或内部叛乱威胁的另一个国家。但它没有明确界定干预支持革命的权利。传统国际法也承认,冲突可能会达到这样的程度,在不断加剧的内战中,哪一方是合法政府已不再清楚,援助政府的权利可能会转变成无权干预。双方可能势均力敌,以至于称一方为政府,而称另一方为叛乱者,显然不能反映事实情况。传统的规则是,任何人都不得援助内战中的任何一方。

一些传统主义者认为,这一规则经过一定的调整后,对美国仍然有效。他们认为,值得帮助抵御叛乱的好政府总比值得推翻的坏政府要多。美国不应该在一种法律概念的演变中发挥作用,这会不可避免地使其他政府,特别是苏东集团的政府,有权支持那些试图推翻值得美国支持的政府的叛乱。

这些传统主义者普遍认为,如果一场国内革命对美国利益不利,但并不直接威胁到美国的安全关切,也不会从外部支持中获益,那么就不应该进行单方面的武力干预。然而,在其他四种情况下,一些传统主义者认为,对经典规则进行明确的调整是有必要的。

首先,传统规则禁止任何单方面使用武力推翻一个政权的行为,理由仅仅是该政权具有专制性。但是,对于是否有理由使用武力进行干预,以防止一个专制政权犯下严重侵犯人权的行为,如种族灭绝或大规模政治处决,或解救因专制政权而陷入生命危险的国民,传统主义者有不同的意见。在实践中,为防止他国发生种族灭绝或大规模政治处决而进行的武装干预,比为营救被困国民而进行的人道主义干预更难以自圆其说(尽管前者罪行十分严重)。从理论上讲,传统的规则已经被调整以适应后者,但还没有适应前者。

第二,一些传统主义者认为,当外部势力违反禁止干预的基本规则,强行将某一体制强加给一国时,第三国可能有权进行反干预,以保护"被侵略"国家的独立和领土完整,但前提是以遵守《联合国宪章》第 51 条程序框架的方式,以集体自卫的方式行使这一权利。当然,这种观点承认第 51 条所述的安全理事会的权力。当最初的干预剥夺了人民决定哪个政府继续执政的权利时,就可能会出现反干预的权利。对传统规则的这一修正,关键在于建立傀儡政权的外国干预是否具有说服性。外国势力的干预越是明确和军事化,而且在国内越是不可逆转,反干预的权利就越正当。

更符合美国的关切的第三种情景是在外国建立一个对美国国家安全构成直接威胁的军事基地(通常是由苏联或其代理人)。一些传统主义者认为,这种威胁可能需要使用武力作为先发制人的合法自卫行为。在1962年古巴导弹危机期间,肯尼迪政府对驶往古巴的苏联船运实行海上检疫,部分原因是可以而且已经提出了合理的法律理由。如果要对苏联在古巴的导弹发射设施进行空军打击,法律上的理由就更加困难了。同样,如果苏联攻击机在军事上大量抵达尼加拉瓜的空军基地,在外交手段崩溃后,美国军机可能有理由进行外科手术式的打击,以瘫痪苏联空军力量。在法律上更难论证针对这种部署对尼加拉瓜进行大规模军事入侵是合理的。因此,对传统规则的这一调整是有条件的,主要依据相称性和必要性原则。

最后,一些传统主义者认为,用于胁迫一个国家的核讹诈可以合法地包含在第2条第4款中,从而可以使受威胁的国家有权采取先发制人的军事行动。由于自核时代开始以来,还没有出现过这种讹诈的明确例子,因此,这种调整仍然是严格的理论性的,而且幸运的是,没有经过现实检验。古巴导弹危机如果没有被化解,可能会演变成(莫斯科和华盛顿)的核讹诈。1981年以色列对伊拉克核设施的空袭,不是因为讹诈,而是因为害怕被讹诈或更糟。当时,很少有传统主义者站出来为以色列的行动辩护,认为这是正当的武力使用。另一种形式的讹诈,即威胁使用化学或生物武器或发射装有常规弹头的弹道导弹,是先发制人的军事行动的另一种可能的理由。

一些传统主义者认为,这四种情况是使用武力保护国家主权不受实际或预期的外部干预或允许某些类型的人道主义干预的正当理由,应当可以适用第2条第4款和第51条。

传统主义者和其他人,特别是新现实主义者的主要分歧在于两个关键问题:首先,他们否认美国有单方面使用武力的权利(在新现实主义者赞成的许多情况下),例如,他们指出,新现实主义者主张有权代表民主进行单方面干预或有权反对镇压,这引起了一系列的主观认定。传统主义者告诫说,在这个世界上,每个政府都可以根据自己对"镇压"和"民主"的定义来决定干预的权利。任何代表民主的干预规则要么不会被普遍接受,要么只会被每个政府以自己的方式界定的条件来接受,从而变得既毫无意义又十分危险。

第二,传统主义者否认新现实主义者所主张的以对等原则决定美国是否遵守使用武力的规则。苏联经常不遵守这些规则,并不一定证明放弃这些规则是正确的。如果美国效仿苏联不遵守规则的做法,那么就不再有解释国际法义务的任何现实需要。我们将进入一个霍布斯式的弱肉强食的世界。

传统主义者和新现实主义者之间的这一辩论实际上在"尼加拉瓜境内和针对尼加拉瓜的军事和准军事活动案(尼加拉瓜诉美利坚合众国)"的法院裁判中得到了检验。一些传统主义者认为,国际法院1986年在该案中的裁决强化了关于使用武力的传统规则,而另一些人则认为,法院裁判给关于《联合国宪章》第2条第4款的长期辩论带来了冲击,现在很难消除这种冲击。

世界法院对美国的裁决是以"武装攻击"和"使用武力"之间

的区别为前提的。它基本上认为,根据现行国际法,如果一个国家通过构成武装攻击的武力行为干预另一个国家的内部事务,被干预国就有单独或集体自卫的权利。美国政府援引《宪章》第51条规定的集体自卫,作为其协助游击队与桑地诺政府(尼加拉瓜反政府武装)作战的法律理由,缺乏必要的合法依据:尼加拉瓜军队对萨尔瓦多的武装攻击。法院裁定,如果武力行为不符合第51条规定的武装攻击,那么只有受害国(萨尔瓦多)才能采取反措施(包括强制反措施,但不是武装反击)。美国不仅违反了禁止第三国采取反措施的规则,而且美国对反政府武装的军事和后勤支持也超出了"强行反措施"的限度,构成了非法武装反击。

40多年来,有一场斗争一直在进行中,那就是第51条规定的自卫权限制为反对武装攻击的权利。其目的是防止第51条规定的武装反击成为非法使用任何类型武力的万能解药。但是显然,世界法院为了实现这一目标,在尼加拉瓜诉美利坚合众国一案的裁决中可能混淆了视听。法院在没有提供任何定义标准的情况下,引入了"强制反措施"这一含糊不清的概念,它不属于武装反击。法院还禁止第三国参与对侵略国采取强制反措施。

这就给《联合国宪章》的支持者带来了两个难题:在什么情况下"强制反措施"违反了第2条第4款关于"使用武力"的禁令?是否只有在发生典型的武装攻击时,第三国才可以对侵略盟国的行为做出反应?

一些传统主义者认为,我们有一个错误的假设,即在某一阈值以下,就无权用同样的方式对(任何性质的)武装攻击做出回应。他们认为,由于在使用武力方面没有明确的分界线,久负盛名的相称性原则和必要性原则足以使对武力侵略行为做出的武力化反应合法化。但令这些传统主义者感到困惑的是,国际法院似乎认为,集体自卫的原则并不适用于武力化的反措施。在他们看来,真正危险的是,《宪章》的第 2 条第 4 款和第 51 条可能会成为难以理解的高深莫测的法令。

尽管法院的裁决存在这些缺陷,但传统主义者承认,在法律禁止使用武力的规定饱受诟病的时候,法院还是重申了这些规定。一些传统主义者认为,接下来就是要进一步重申《联合国宪章》所体现的原则,以使"强制反措施"不违反《联合国宪章》第 2 条第 4 款的规定,以及集体自卫不只局限于对受害国的武装攻击进行武装反击。

新现实主义者对国际法现状则有截然不同的看法。对他们来说,这个世界已经改变了。第 2 条第 4 款原本是与《宪章》规定的较大规模的维和、决策和执行的计划相吻合,但《宪章》的机制,尤其是集体自卫权,已经衰退。新现实主义者认为,很明显,这个制度没有发挥作用。1945 年指导《宪章》起草者的假设已经发生了巨大变化。政治剧变从根本上改变了国际组织,科技进步已经颠覆性地改变了国际政治,超级大国之间不存在能使联合国真正发挥作用的共识。

新现实主义者还不至于走到提倡放弃第 2 条第 4 款的地步。他们认为,美国的目标应该是使该条款真正有效,从而赋予其法律规范的地位。联合国的问题是,美国对国际法和使用武力的看法与苏联和许多其他成员国的看法截然不同。认为美国严格遵守《宪章》的所有条款就会诱使其他国家也这样做的想法,在新现实主义者看来是错误的。他们说,这一战略的失败是一个经验性事实。

什么样的方法才能使美国抓住时机促使其他国家遵守新现实主义者所解释的《宪章》第2条第4款？他们认为，最好的方法是向对手表明，美国将根据对等原则做出回应，而且第51条为对等提供了理由。新现实主义者告诫道，如果美国不能以武力对抗武力，以反干预反制干预，整个国际法律秩序将处于危险之中。

新现实主义者主张的对等原则使某些国家行为标准合法化，而这些标准不一定会得到习惯法或成文法律规范的认可，或按照"尼加拉瓜诉美利坚合众国"案也不一定得到国际法院认可。首先，新现实主义者敦促美国进行（直接或间接的）单边军事干预，以回应苏东集团对其他国家的干预。他们很少建议美国依据《联合国宪章》或其他多边宪章的程序要求而抑制武力回应。用和平方式解决国际争端，特别是通过外交手段，与使用武力同样重要。虽然新现实主义者援引《宪章》第51条为几乎所有美国使用武力的行为辩护，但集体自卫权并不是美国干预那些对国家安全没有确切直接影响的冲突的先决条件。

其次，新现实主义者将使用武力视为推进其认为是《联合国宪章》不可或缺的其他原则的有效工具：民族自决，人权，尤其是民主。里根主义就是这种信念的体现。新现实主义者反对任何国际法准则，禁止为推翻依赖外部支持的极权政府的亲民主派叛乱提供军事援助（包括美国的直接干预）。他们的理论鼓励美国单方面决定哪些叛乱活动值得军事支持，以及如何提供和使用这种支持。

新现实主义者的观点形成了一个有趣的悖论。一方面，他们挑战了国际法长久以来的观点的合法性，例如禁止援助叛乱分子与已建立政府作战，以及禁止代表内战中任何一方对内战进行干

第二章 国际法和使用武力概述

预。另一方面,他们想让美国单方面执行国际法。

20世纪80年代,新现实主义对美国外交政策产生了重大影响。早在1985年,里根总统在他的国情咨文中,就通过一段富有意义的声明,描述了这个以他的名字命名的学说,他宣称:"支持为自由而战的战士是自卫,这完全符合《美洲国家组织宪章》的规定。"但直到1988年10月25日,在华盛顿麦克奈尔堡的一次演讲中,里根才承认了这一学说的通称。

新现实主义者面临的挑战是让世界其他国家相信,里根主义体现了国际法的规则。

将传统主义者和新现实主义者观点联合起来的学派叫作联合学派(the allied school)。这一学派的支持者质疑,美国能否在传统国际法原则的范围内捍卫其切身利益和西方世界的自由。如果不能,美国是否应该制定具有合法性的新的国际法规则?或者,它是否应该坦白地承认,它的重大利益已不再能用原则性的方法来捍卫,它将经常不得不在法律之外采取行动?

简而言之,联合学派主张在西方盟国之间创建一种新的多边法律秩序。这种秩序能够体现西方民主传统,并让使用武力保护这一秩序变得合法化。支持者们强调,一个国家的实力不仅来自军备,也来自它的声誉、它为其行为找到的合法性支持、它的同盟的力量,以及它在各个方面多大程度上与其主要对手上被区别看待。

联合学派从《联合国宪章》出发,单从文本本身来看,《宪章》的全部含义并非即刻间不证自明的。与美国宪法一样,《宪章》是一份必须为应对急速变化的世界而不断扩张的文本。当前的世界形势中,二战后的集体安全协议已经濒临崩溃。联合学派认

118

为,必须根据动荡世界中不断变化的情况,实用性地解读《宪章》中的一般性文字。这意味着应修订国际法,使之与美国及其盟国的外交政策目标保持一致。

这样的承诺可能需要一个更广泛、更灵活的使用武力标准,以捍卫西方的利益。例如,它还可以禁止任何可能使以色列国无法存在或无法自卫的国际法解释。最终产物是否还会是国际法,这是一个严重的问题。但是,联合学派相信法治和西方民主传统的合法性。将两者结合成一项为志同道合的人民所共享的超国家法律,对那些既支持《联合国宪章》,又支持为实现民主理想而使用武力的人来说是颇具吸引力的。

最后,许多专家,尤其是法律界以外的专家,从超级大国的实际行为中寻找关于使用武力的事实规则。在他们看来,因为你有规则所以你就有法律的论点是不合理的。"行为规则"实际上存在于国家之间,特别是在美国和苏联之间。这些规则是在正式立法程序之外演变而来的,但在指导各国行为方面往往更为重要。

行为规则包括超级大国相互扩大政治影响力等竞争规范;有效宣布某些国家不受超级大国竞争限制的双边协定;为避免某些形式的干预而商定行动的交战规则;以及不属于合同安排但促进谅解和克制模式的默契和口头规范。

特别是苏联和美国已经形成了某些克制模式,与以往历史时期的大国关系相比,这种克制模式是非常值得关注的。当然,这可能是二战后两个超级大国之间核对峙的必然结果。不管是出于什么原因,双方都没有主动对对方的领土资产使用武力。作为一个必然结果,两个超级大国都尽可能地避免直接对抗,谁也没有将对方置于或者开启战端或者蒙受重大羞辱的两难境地。即使在应对1948年斯大林封锁柏林,柏林空运,1962年古巴导弹危机,或许还有1988年阿富汗危机时,双方都给对方留有退路。总的来说,美苏之间形成的行为规则,已经将一个超级大国对另一个超级大国使用武力的可能性降到了最低。

按语

在以下节选中,亨金教授阐述了他对法律在国际关系中所起作用的设想,并概述了国际法的现状。在谢弗方案中,他可能是一个"传统主义者"。

法律与国际行为

路易斯·亨金①(Louis Henkin)

对于法律在外交事务中所扮演的角色,存在许多观点截然不同的明显分歧。律师们看到法律的存在和法律的作用;而批评家只能看到法律的缺失和法律没有实现的内容。律师谈论的可能是在社会中广泛接受的、普遍存在的、基本的、固有的法律,也包括国际社会中的。

他没有区分法律的各种形式和作用;他没有考虑任何特定法律的目的和效力;他没有关注法律的最终目的,也没有问法律在多大程度上成功地实现了这些目标。法律批评家则从更宏大的目标开始,主要关注哪些目标没有实现,并基于这些失败来指责法律。他所看到的法律只是"壮观的"、戏剧性的法则;他会把长

---

① 《国家行为》,第9—27页,1979年第2版。

期的混乱归咎于法律的无效。他特别反对试图用他认为不可靠,甚至不可取的特殊形式的法律来处理特殊的政治问题。不可避免的是,当律师和外交官不得不思索对方的利益所在时,他们各自的关注点不可避免地使他们产生了分歧。

律师的观点在法律的性质、内容和种类方面更有洞察力;在法律的用途、法律的目的以及法律是否、在何种程度上、如何和为何实现这些目的方面,律师的观点有时是有缺陷的。国家为什么要制定法律和缔结国际协定?它们所制定的法律的内容和实质是什么?法律带来多少秩序,留下多少自由(无政府状态)?各国在多大程度上遵守它们制定的法律和协议?法律还可能以什么方式影响政府的行为?当国家遵守法律时,它为什么要遵守?而在其他时候,它们又为什么会无视自己的义务?法律在一个国家的外交政策中究竟处于什么地位?

人们经常遇到这样的观点,即国际法是由少数强国制定的,以支持它们的特定利益。自相矛盾的是,还有一种普遍的看法是,国际法准则被广泛忽视,以至于很大程度上与国家行为基本无关。有人甚至把这种印象上升为一种学说,质疑人们讨论国际规范、谈论遵守或违反国际规范是否有意义。当国家的行为确实与法律一致时,通常被认为是偶然的:法律恰好与国家希望做的事情相吻合。但这种巧合太频繁了,不可能仅仅是巧合。各国制定法律和达成协议,以及制定特定法律是有原因的;就像许多国内社会的法律一样,国际法也是国际政治中各种力量复杂的相互作用的结果。各国根据这些承诺采取行动是有原因的。人们也可以解释为什么法律有时被忽视。与国内法律一样——出于同样的原因——国际法被各国视为与其他国家共享的国家政策加以遵守,以此来维持一个有序的社会。

法律的作用及其局限性

那些关心法律的人可能不明白别人怎么能质疑其对外交的重要性。他们的结论是,对国际法的普遍批评反映了对国际法和外交政策的有限看法,两者都被扭曲了——事实上,大多数法律和大多数政策都被忽视了。

这并不奇怪,当我们大多数人想到第二次世界大战以来的美国外交政策时,我们往往会想到"遏制共产主义""冷战秩序"、支持联合国、马歇尔计划、北约,对韩国、越南或多米尼加共和国的干预,以及对安哥拉的近乎干预、古巴导弹危机、基辛格国务卿在中东的穿梭外交,以及类似的不那么成功的对南部非洲和塞浦路斯的政策、门罗主义,"天定命运"和"没有外交纠葛"。但外交官知道,即使在我们这个局势紧张的时代,外交政策和外交关系也不全部或主要是戏剧和宏伟的计划。外交政策是一个国家与其他大大小小的国家在无数关系和接触中所反映出的所有态度的总和。对于像美国这样的国家来说,它是国务院(和其他部门)与100多个外国使团之间每天成千上万份电报中所显示的态度的总和,这些电报大多是关于小问题:一个公民要求在外国土地上继承遗产;希望在国外做生意的公司;谈判引渡条约;要求经济援助或研究核反应堆;国家元首将来访;公开声明被解释,或者被搪塞过去。外交政策还包括宪法、立法、行政命令和法规、司法裁决中所体现的态度,这些态度对与其他国家或其国民的关系具有重要意义。它甚至包括其国民和个人、国内公司、工会和机构的非官方态度,他们会影响到与其他国家的关系的行动和反应。

因此，外交政策在很大程度上是常规的、毫不戏剧化的、没有争议的、"无趣"的——甚至可以说是不重要的——旨在通过稳定、秩序和良好关系来实现国家目标。就像健康的身体或美满的婚姻一样，它往往不为人注意，被视为理所当然——除非常规被打破。

国际法的多样性

就国际法而言，许多误解是由于各方没有认识到法律的存在。这种失败可能是由于普遍存在的狭隘的法律观念。外行人往往认为国内法就是交通警察，或对小偷或杀人犯的司法审判。但是法律的内涵要比这多得多，并且大相径庭。当我说在国内社会中，法律包括政府的计划和结构，以及维持一个社会进行日常运转的政府机制、形式和程序时，我并没有援引任何深奥或古怪的法律定义；没有援引构成政府与个人之间以及个人与个人之间关系基础的概念；也没有援引个人、法人、非法人和其他团体的地位、权利、责任和义务，以及它们之间的关系和这些关系的后果。人们建立家庭，雇用他人，取得财产并进行交易，做出安排，参加或好或坏的团体，互相帮助或伤害时，几乎不会考虑法律，也几乎不会意识到有相关的法律存在。根据法律，社会使这些关系正常化，创造新的关系，使一些关系合法化，禁止另一些关系，决定关系的内容和后果。个人几乎没有或只是模糊地意识到自己被"法律"——财产法、侵权法、合同法、刑法、婚姻法、离婚法、家庭法、继承法、劳动法、商法、社团法——所羁绊并受其制约。有一些程序、制度和形式永远存在并维持着社会秩序，尽管它们只能在关系建立、改变或破裂的关键时刻才会发挥作用。

在国与国之间的关系中,人们也倾向于认为法律是由一些禁止性规定构成的(例如,一国政府不得逮捕另一个国家的外交官),或联想到《联合国宪章》禁止战争的法律规定。读者可能会认为法律包括一些主要的条约,如《乌得勒支条约》《维也纳条约》《巴黎条约》或《凡尔赛条约》。但是,国际法也非常不同。虽然没有国际"政府",但有一个国际"社会";法律包括这个社会的结构,它的机构、形式和日常活动的程序。社会建立的假设和渗透其中的概念,构成社会的国家的地位、权利、责任和义务,它们之间的各种关系,以及这些关系的影响。通过我们所谓的外交政策,国家建立、维持、改变或终止各种各样的关系;法律——或多或少是简单的,或多或少是复杂的——已经发展成使这些关系正规化、规范化,并决定它们的后果。大多数国家在大多数时候的外交政策的一个主要目的是维护国际秩序,以便它们能够追求本国的对内对外利益。这种秩序取决于一种"基础结构"——包括经协商通过的假设、实践、承诺、期望和信任。这些也是国际法,它们反映在各国政府的一切行为中。

从抽象的角度出发,考虑一下国际关系的一些"给定要件"。第一,国家之间的关系。国家是主要的单位。所有的交往形式,所有的制度,甚至所有的术语,都依赖于"国家"的存在。(人们可以设想一个不同的社会:政府处在一个中央集权的世界里,没有国家,没有国际关系,没有"跨国法律"。)政治社会是以国家为基础的,这通常被视为不涉及政策或法律;一般来说,国家身份是政治生活中不言而喻的假定。但国家不仅仅是一个政治概念;它也是一种具有重要后果的基本法律概念。国家地位,即作为一个国家或应该作为一个国家,一直是我们这个时代的主要政治问题之一。当然,当一个实体作为国家的性质本身存在争议时,国家主体地位的法律概念是至关重要的。在苏联坚持要求外蒙古加入联合国,以及美国继续承认被苏联合并的波罗的海各共和国的流亡政府时,就提出了这个问题。同样,在巴勒斯坦被分割和以色列建立时,这个问题也被提出来了,它是巴勒斯坦人最近要求建立自己国家的基础。"国家"在分裂后的承认以及其在国际组织中的成员资格方面,一直存在分歧(例如曾经的朝鲜、越南、德国)。国家地位的法律概念和后果成为"自决"爆发的基础。"自决"的爆发结束了西方的殖民统治,改变了世界版图,甚至困扰着新兴国家,例如比夫拉、孟加拉。它仍然深深困扰着塞浦路斯,还有克什米尔。它给"微型国家"和"迷你国家"的问题赋予了新的意义。

国与国之间的关系通常始于"内务管理",包括承认和建立外交关系。一般情况下,大家都知道这些所涉及的法律(例如,关于承认主权和外交豁免),但这一法律对外交政策的重要性却经常被低估。事实上,该法律是基本的、不可缺少的、理所当然的,因为它几乎不会失效,很少被破坏。新兴国家迅速采用它,最激进的国家严格遵守它。偶尔的例外证实了一个显而易见的事实,即不会由国家与一个经常侵犯使馆和虐待外交官的国家建交。

一个国家与另一个国家的关系一开始就被基本的法律概念所渗透:国籍、国家领土、财产、侵权行为、合同、国家的权利和义务及责任。这些概念通常不会出现在主要的政策理论中,也不会引起外交官的注意。它们也被认为是理所当然的,因为它们很少成为问题。领土和领土主权的概念在外交政策中并不突出,但每一项外交政策都以国家领土的完整性和不可侵犯性为前提,任何有意的违反都可能导致重大危机。领土争端仍然存在,在拉丁美洲和非洲的边境上,在克什米尔,在直布罗陀,在撒哈拉,在以色列和其邻国之间。当代国际关系长期以来为其他涉及法律的领土问题所困扰。例如,领海、大陆架和沿海国家主张其他目的的范围;无害和非无害通过,以及国际海峡的自由过境;在国内进行广播的权利,挖掘石油和天然气的权利,在沿海水域捕捞食物或珍珠的权利。外交政策理所当然地认为各国应尊重其他国家的领空,但飞机被击落的事件导致了外交紧张局势、联合国辩论和司法程序。1960年与苏联发生的U-2事件以及连续的飞越古巴的事件对外交政策的影响至今尚未消除。

与领土权有关的是对内主权的概念。除受国际法或条约的限制外,国家是其领土的主人。这一原则是普遍遵守的基本原则。然而,每当有人声称国内行动违反了国际法时,这一原则就会出现问题,如在有关外国财产国有化和侵犯人权的争端中。在涉及南非种族隔离问题时,南非也宣告了这一原则,但也受到了许多国家的质疑。

财产的概念在国际关系中根深蒂固。在所有国际贸易和金融中,财产权被视为理所当然。当一艘船只在海上航行时,其他国家将遵守禁止干涉自由航行的国际法,承认财产所有权,禁止对人身和财产的侵权行为。美国在1917年参战,部分原因就是它认为这一法律被违反,损害了它的利益。

在当代国际关系中,经常出现关于国家责任的法律问题,特别是涉及外国人及其财产的待遇问题。但是,即使在国有化不是每天都发生的时候,即使没有人指责政府拒绝给外国人实现"正义",关于外国国民待遇的法律问题也在国家间关系中普遍存在。

124 因为有这样的法律(因为它很大程度上被遵守),才有旅游和外国投资;领事活动和"外交保护"是国际交往中常见的、友好的、持续的一部分。

到目前为止,尤其值得注意的是对源自基本概念的法律的特别禁止,例如那些旨在保护国家独立不受各种形式干预的法律。谴责干预是常见的做法,避免"干涉"是许多国家外交政策的原则。

法律对于外交政策和外交也是至关重要的,因为它提供了各国之间维持关系、进行贸易和其他形式的交往、解决分歧和争端的机制、形式和程序。在使团的建立和运作、政府间的沟通、合同和其他商业文件的书写、石油特许权、关税和海关惯例、船舶登记、货物运输、支付形式、国际贸易和金融的所有复杂问题上都离不开国际法。各种各样的国际会议都离不开法律。国际组织——从联合国到万国邮政联盟——都涉及法律概念,不同的组织都贡献了大量的法律。为了解决争端,法律为外交官提供了索赔委员会、仲裁机构、调停员和调解员,甚至法院。

对外交政策而言,也许最重要的法律机制是国际协定,而国际法最重要的原则是"条约必须信守"(pacta sunt servanda),即协定应得到遵守。一个国家对外关系的主体是无数个不同形式程度的协议。外交官为各种目的促进、发展、谈判、实施各种谅解,从建立外交关系到贸易、援助、资源分配、文化交流、共同的度量衡标准,再到影响国家安全的正式联盟、停火和脱离接触、军备控制和外层空间制度。外交官几乎不认为这些安排和谅解涉及法律。他确实认为,如果达成协议,就很可能会得到遵守;如果不遵守,他就不会费心去寻求达成协议。毫无疑问,他认为各国一般都会遵守自己的承诺,因为这是在国际社会中"完成"的,也因为这样做一般符合各国的利益。律师会说,这就是法律。

有些国际协定具有特殊的政治意义,因为它们塑造了国际社会的特征;早期的协定——以乌得勒支、威斯特伐利亚、维也纳、凡尔赛等名字命名——决定了今天的国家和领土。这些安排涉及国际和平与稳定,或国家的身份、安全、完整和独立。例如,确认实现独立的条约(如美国脱离英国,或印度尼西亚脱离荷兰);《维也纳会议》《凡尔赛条约》《雅尔塔协定》和《波茨坦协定》所做的协定;确立法国对摩洛哥保护的协定和终止这种关系的协定;《联合国宪章》和《北大西洋公约》;确立苏伊士运河制度的《君士坦丁堡条约》;《欧洲共同体协定》。正如我们将看到的,这些协定的法律性质可能不同于其他条约,而且在各国的外交政策中肯定会有不同的处理方式,但各国通常都坚持以严肃的法律形式进行确认;在维持这些协定时,它们援引了协定必须遵守的国际法原则。即使是希望摆脱这些决议的国家,通常也不得不援引摆脱协定的法律原则——无论是通过重新解释协定,攻击其原来的有效性,还是通过援引某种法律原则,声称该协议允许脱离或不再有效或不再具有约束力。

在我们这个时代,有一种国际协定蓬勃发展,为外交政策和国际法增添了新的内容。当代国际法的大部分内容是新的安排,往往是在众多国家之间,以促进一些共同目标的合作。在这一类别中,人们可以将各种全球性或区域性的政府间组织和机构——联合国、世界银行和货币基金组织、粮农组织、万国邮联、国际电联和原子能机构、经合组织、关贸总协定、《国际咖啡协定》和贸发会议、北约和欧洲经济共同体、美洲国家组织和非统组织或预期的国际海底管理局以及双边援助协定——归入其中。还可以包括一些非政府间的协议，如国际通信卫星组织或石油特许协议。

这些合作方案在许多国家的外交政策中占有重要地位。制订和维持这些政策的政治官员可能不认为这些政策是在创造或涉及法律，除非出现涉嫌违反协议或对协议的解释有分歧的问题。但法律支持这些安排，甚至——特别是——当没有问题时，即当它们按预期运行时。这些协议所涉及的外交政策取决于各种假设、习惯、实践和机制，这些假设、习惯、实践和机制的生命力源于它们作为法律和国际法律义务的性质。

反映在国际社会的假设、概念、机制和程序中的法律，并不是人们通常所认为的国际法，因为从表面上看，它并不指导政府如何行事。但事实上，所有的法律都与国家行为密切相关。即使是那种"潜在的"法律，也在塑造着政府的政策。国家的概念决定了美国与加拿大有外交关系，而不是与魁北克。领土主权概念意味着美国可以在美国境内随心所欲地行事，但在美国境外的行为却受到严格限制。在基本的法律概念中，在它们所暗示的权利和义务中有明确的禁止：领土、财产、侵权意味着美国不能随意入侵或侵犯另一个国家的领土或夺取其财产；海洋自由意味着一个国家不能阻止其他国家的船航行；合同和协议不可破坏。即使是合作福利组织，虽然通常有别于传统的"弃权"法，但也对成员规定了他们必须"弃权"的义务：不得干涉国际邮件；必须向粮农组织支付预算摊款。这些组织还促进了国家行为的共同程序和最低标准，例如，在劳工、难民待遇甚至是本国公民的基本人权方面。

还有直接以控制行为为目的的法律。各国政府不得逮捕派驻的外交官，也不得剥夺外国国民的基本权利。我已经提到并将讨论禁止干涉他国内政的法律,并将进一步探讨《联合国宪章》中关于禁止战争和使用武力的条款。

因此,国际关系和外交政策依赖于法律秩序,在法律框架内运作,承担着一系列法律原则和概念,这些原则和概念塑造了国家政策,限制着国家行为。如果有人怀疑这条法律的意义,我们只需要想象一个没有这条法律的世界——几乎所有国家都永远处于战争状态。国家没有安全,政府没有稳定;领土和领空不受尊重;船只只能在危险中航行;财产——无论是否在任何特定领土内——都会被任意扣押;人们将得不到法律或外交的保护;协议将无法达成或遵守;外交关系将终止;国际贸易将停止;国际组织和协议将消失。

该律师最后的结论是,那些将国际法排除在外交政策之外的人,往往对法律和外交政策都有误解。那些看不到法律在外交政策中的作用的人,也不知道该往哪里看。那些没有感觉到法律的重要性的人,只是把它视为理所当然。与资产阶级绅士知道自己一生都在使用散文的语言的情况没什么不同,律师说,外交官可能会惊讶地发现,国际法渗透在他的世界里,他每天都在使用它,他的生活依赖于它,用霍姆斯大法官的话来说,对法律的关注可能不是一种责任,而只是一种需要。

国际法的局限性

如果律师坚持,外交事务专业的学生可能会同意这一点,即国际社会中隐含的法律为国家政策提供了一些方向,并对国家的行为施加了一些限制。但是他仍然会对法律的影响持怀疑态度,因为法律通常被狭义地认为,它试图在国际社会的框架内控制国家的行为。特别是,他怀疑各国是否真的遵守国际法的重要禁止性规范,或者真的遵守其重要协议。各国政府有时可能会按照规范或义务行事,但他坚持认为,只有当这样做符合其利益时,它们才会这样做;而且支配它们行为的是它们的利益,而不是法律。外交官和决策者的这种怀疑态度有时反映在他们颁布和执行的外交政策中。

否定国际法的倾向反映了人们的一种印象,这种印象有时可以总结为这样一种结论——国际法并不是真正的法律,因为国际社会并不是一个真正的社会。国际社会是主权国家的集合,而不是一个能够支持有效法律的有效政治机构。当然这个判断包含了一些所谓的劣势和不足。

国家社会没有有效的立法机构或程序。一般法律依赖于共识:原则上,至少不能将新的法律强加给任何国家;如果有足够多的国家或少数强大和有影响力的国家对旧法进行抵制,那么旧的法律也无法生存。因此,只有通过长期、渐进、不确定的实践和默许,或者通过难以谈判、更难以接受的多边条约,才能产生新的普遍法则。法律的澄清、修正或废除也是非常缓慢、困难的。因此,法律是偶然的、静态的,尤其是习惯法,往往存在不确定性,而且对其内容缺乏信心。法律也是不健全的,因为许多重要的行为和关系仍然没有得到规范。还有些重要的事务——例如军备竞赛或石油禁运——是混乱的,不受法律约束。在没有特别承诺的情况下,各国可能会进行经济战,可能会互相抵制,甚至扼杀对方。法律也没有实现一个福利社会:没有法律要求非常富有的人向极其贫穷的人提供社会和经济援助,或者甚至向饥饿的人提供社区救济。同样缺乏的是一个有效的司法机构,以澄清和发展法律,公正地解决争端,并推动各国遵守法律。国际法院不能满足这些需要。它的管辖权和规程明显不足:管辖权需要当事人的同意,而同意的人很少;只有少数国家接受了国际法院的强制管辖权,其中一些国家有重要的保留意见,臭名昭著的"康纳利保留"使美国的接受本质上是一种幻觉。国际法院的司法是缓慢的、高代价的、不确定的:即使那些接受援引国际刑事法院强制管辖权的国家也不愿意这样做。与第三方判决的风险相比,各国还是更喜欢外交的灵活性。其结果是,对国际秩序具有实质性意义的问题很少被提交国际法院审理。没有人会认为国际法院对国际事务有重大影响。

在许多人看来,最大的缺陷是国际社会缺乏一个有权执法的行政当局。没有普遍存在的警察系统可以阻止违法行为。国际社会普遍不认为违法(国际法)行为是犯罪行为,也不认为违法者是罪犯,也不认为违法行为本身应被否定评价。由于不能强迫各国遵守规则和履行承诺,因此,当他们认为不这样做符合他们的利益时,他们就不会这样做。

事实上,对一些人来说,国际社会的现实对国际法而言,意味着更具毁灭性的限制。在一个由各个主权国家构成的国际社会里,由于没有一个有效的立法机构能代表所有相互竞争的利益并且协调这些利益,各国就会自由地追求自己的利益,与其他国家发展出合理的包容关系。我们需要的是外交的灵活性,而不是法律的塑身衣。特别是,在重要的国家政治利益受到威胁时,法律将没有立足之地。各国不会——也不应该被期望——根据既定法律将重大争端提交第三方裁决。在这些批评者看来,不可能有禁止战争或其他武力使用的有效法律,而当一个国家强烈地渴望改变并愿意为之战斗时,就不应该指望它遵守任何此类法律。而其他国家将有效地执行这种"违规行为"。

总而言之,在许多观察者看来,各国政府似乎在很大程度上可以自由决定是否同意新的法律,是否接受另一国对现有法律的看法,是否遵守商定的法律。那么,国际法就是自愿性的,而且只是劝告性的,它必须始终屈从于国家利益。当然,没有一个国家会将任何涉及其安全或独立的问题,甚至是其权力、声望、影响力的问题交付给法律。外交官认为制定不会被遵守的法律,建立不会被使用的机构,把他的政府政策建立在期望其他国家政府遵守法律或协议的基础上,是不现实的,也是危险的。由于其他国家只有在符合本国利益的情况下才会关注到法律,外交官看不出为什么他的政府要以牺牲重要利益为代价来遵守法律。当律师告诉他政府可能不会做他希望看到的事情时,他可能会不耐烦。

这些对国际法的轻视对国际律师的工作提出了挑战。事实上,一些律师似乎对国际法感到绝望,直到出现世界政府或至少是有效的国际组织。但大多数国际律师并不感到沮丧。他们不否认国际法的局限性,他们坚持认为这些局限性不是关键,而且他们否认这些局限性所造成的许多所谓影响。如果他们必须承认法律之杯是半空的,那他们就强调它是半满的。他们指出许多国内法律体系中也有类似缺陷。他们拒绝接受这种法的定义(通常与法律哲学家约翰·奥斯丁[John Austin]联系在一起),这些定义认为,法律的本质就是主权者的命令,具有强制性和可执行性。他们坚持认为,尽管在立法方法上有不足之处,但国际法已经在成长、发展和改变了。如果说国际法难以制定,但它还是制定了;如果说国际法的发展缓慢,但它还是发展了。即使并非像一些发达国家体制中那样存在一个有效的司法机构,(联合国)也有一个国际法院,它的判决和意见虽然数量不多却受到尊重。司法制度的不足之处在某种程度上是由其他机构来弥补的:国际争端得到解决,法律通过常设法庭或特设法庭的仲裁网络得到发展。各国国内法院在确定、澄清、发展国际法方面提供了重要帮助。安理会和联合国大会等政治机构也同样适用法律,它们的行动和决议解释和发展了法律,它们的判决在某种程度上有助于制止违规行为。如果没有强制执行国际法的国际执行机构,那么联合国就会有一些强制执行权,在其他国家的反应中就形成了"执行的水平"。实体法上的缺口是真实的、众多的,而且需要持续不断地努力去填补。但实体法上的缺失并不会损害国际社会上现有法律的效力和效果。

最重要的是,律师会坚持认为,批评国际法的人提出和回答了错误的问题。重要的不是国际制度是否有与我们已经习惯于在国内社会中寻求的立法、司法或行政部门相对应的部门,重要的是国际法是否反映在国家政策和国家间的关系中。问题不在于是否有一个有效的立法机构,而在于是否响应和对应不断变化的社会中不断变化的需求的法律。问题不在于是否有一个有效的司法机构,而在于争端是否按照国际法有序地解决。最重要的是,问题不在于法律是否可执行或是否有效执行,而在于法律是否得到遵守,法律是否支配或影响行为,国际行为是否反映稳定和秩序。律师们坚持认为,事实上各国已经接受了对其主权的重要限制,它们遵守了这些规范和承诺,其结果是国际关系中已然建立了实质性秩序。

归根结底,这些问题并不取决于对理论问题的理论回答,也不取决于未经检验的各国大使馆的关于法律命运和影响的印象或断言。我们必须尽可能地审查法律在日常外交中发挥的实际作用,研究法律事实上对国家行为的影响程度,以及法律事实上对秩序和福利的贡献。

按语

考虑到国际法的局限性,托马斯·欧利希在下面的文章中建议修改传统主义者的立场,从而使法律更切合实际,并可能更为有效。在接下来的两篇文章中,他强调了通过法定程序来限制政府使用武力,而非试图仅仅依靠白纸黑字的硬性规定。

理由的准绳

托马斯·欧利希[①]

为使用武力的行为,划下清醒的界限,捍卫信仰者亦不可逾越,伸张正义者亦不可践踏;为神的公义,束以理由的准绳。

——《死海古卷》

(一)

我写这篇短文的目的是提出一些国际法可以为外国干涉内乱划定"理由的准绳"的方法。

《联合国宪章》将主要重点放在排除武力行动上,反映了人类在第一次世界大战结束时的主要恐惧。可以理解的是,这会导致

[①] 《越南战争与国际法》,第 1050—1060 页,R. Falk 编辑,第二卷,1969 年。(脚注省略)

人们减少对法律在构建如何使用武力的决定方面的作用以及对律师在为使用武力制定法律依据方面的作用的关注。我的论点是,这些作用比以前更重要,而不是更不重要,应该投入更多的时间和精力,而不是减少。

然而,这一发展必须在一个与产生《巴黎宣言》和《伦敦宣言》的国际法律秩序截然不同的框架内进行。在那个时代,法律文献普遍认为战争是国家政策的合法工具,即使不一定是有益的。这两份宣言旨在为交战双方在外交关系中建立行为准则——不是对对方,而是对中立国。然而今天,"战争状态"的存在不再使用武力合法化。与此同时,宣战需要对所有各方可能无法接受的武装冲突做出全面承诺;由于这个原因,越南没有宣战。然而,可以预见的是,在国际事务中,武力将继续被使用。更具体地说,各国将继续对发生在其境外的冲突进行军事干预。

如果这些预测是正确的,那么就需要有一些程序——有利于对武力干预做出有节制的决定,又不至于过于乌托邦式而被忽视。这些程序应提供防止无限制武力的保障——这些保障构成使用武力合法化的进程本身。与强调详细的行为规则的高度规范的方法相反,按照这些标准进行的分析将强调在《联合国宪章》第2条第4款广泛但不明确的规范内进行决策的结构。它将"适当考虑法律作为社会秩序工具的局限性……(并)避免在处理非常棘手的政治和道德问题时产生这样的诱惑,就好像这些问题可以通过相当简单和非常普遍的法律要求来解决一样"。

我并不是说寻求可接受的规范不重要。如果没有某种规范性的结构,进程是不可能的。但规范不再是从西奈山(Mount Sinai)得到的上帝旨意。(西奈山是《圣经》中上帝发出启示的主要地点。——译者注）在国际事务中，《联合国宪章》至少提供了一个规范性框架，但《宪章》规则在具体情况下的含义往往并不明确。冲突各方可能会同意"自决"和"基本人权"等一般概念的重要性，但对这些概念在引起他们争议的特定情况下的使用有不同意见。在这种情况下，就需要制定程序，以促成既不宽泛到毫无用处，也不具体到让各方无法接受的戒律。更重要的是，在继续寻找原则的同时，必须解决或至少遏制实际冲突。必须做出相应的安排，使各方走到一起，共同解决他们的分歧，同时限制他们的军事行动。在这一过程中，可能会出现规范其未来行为的准则——如果在此期间这些国家没有相互炸毁对方的话。

  这种方法无疑显示出那些熟悉美国宪法的人所持有的偏见，宪法的广泛标准是通过具体的争议被给予实质性内容。（将《联合国宪章》）与宪法进行类比的方法存在一定不足，即国际环境既没有提供数量相当的案例，也没有提供类似的司法论坛。每一次新的危机都带来新的问题，特别是在维和领域，存在着区别将被模糊的危险。考虑到这些危险，我认为，在此方法中，我所提议的针对外国干涉内乱的国际法的相关性的分析是很有价值的。

  当然，这种做法的前提是，国际法及其执行者可以对一个国家使用武力的基本政治决定以及其他国家接受该决定为合法的意愿产生实质性重大影响。在此，我们不可能为这一假定前提提供充分的实证基础。与此同时，本文的主旨可以通过对两个近期的外国干涉内乱的例子进行简短的比较分析来阐明：1964年土耳其干涉塞浦路斯和1965年美国干涉多米尼加共和国。在第一个例子中，律师从一开始就以其专业身份参与其中。在法律与行动之间，以及在法律与呼吁世界支持之间，存在着持续的相互作用。在第二个例子中,律师在很大程度上处于旁观状态。法律只是在事后才参与,而且是作为一种相当微不足道的空洞的修辞的形式。

反过来,通过与美国在古巴导弹危机期间的法律案件进行比较,塞浦路斯和多米尼加事务中涉及的法律问题可能更加尖锐。这种审查可能有助于发展这样一种观念,即法律可以而且应该划定"理由的准绳"。

(二)

1963年圣诞节前夕,塞浦路斯全境爆发了暴力性事件。16个月后,同样的事情发生在多米尼加共和国。土耳其总理对塞浦路斯危机的反应是,宣布土耳其将根据塞浦路斯、希腊、土耳其和英国之间的《保证条约》(即《英希土塞保证条约》。——译者注)第4条进行单方面干涉。根据该条约——塞浦路斯在1960年独立时缔结的一揽子协定之一——塞浦路斯承诺确保"尊重其宪法";希腊、土耳其和英国"承认和保证"的不仅是"塞浦路斯共和国的独立、领土完整和安全",而且包括"《塞浦路斯宪法》基本条款所确立的形势"。在土耳其总理宣布这一消息后,随之而来的干预仅限于一次喷气式战斗机的警告飞行。1964年3月12日,土耳其根据《保证条约》第4条再次威胁将入侵塞浦路斯,除非"对塞浦路斯土族社区的所有攻击立即……[被]停止……[和]停火"。土耳其在安理会的强大压力下放弃了这一威胁。但5个月后,当塞浦路斯政府军队袭击了塞浦路斯西北角的几个土族塞浦路斯人村庄时,土耳其遂拒绝接受安理会的这一限制。1964年8月7日和8日,土耳其空军轰炸了袭击者,造成许多手无寸铁的平民以及希族塞人部队的重大伤亡。

视线转移到大约 6 500 英里外的多米尼加，1965 年多米尼加叛乱似乎一度在没有外国势力参与进来的情况下被平息了。然而，1965 年 4 月 28 日下午，形势迅速逆转，多米尼加军政府要求美国"立即提供无限制的军事援助"，以镇压叛乱。起初，班尼特大使建议派军登陆以保护美国公民。然而，几个小时后，他又提出了另一项建议："要武装干预，不仅仅是为了保护美国人"，还是为了防止"另一个古巴"的出现。美国海军陆战队即刻开始登陆。

约翰逊总统最初表示，美国武力干预的目的是"向仍在多米尼加共和国的数百名美国人提供保护"。他还补充说道："其他国家的国民也将得到同样的援助，其中一些国家已经要求我们提供帮助。"然而，在 5 月 2 日，总统又增加了一个新的因素："共产党领导人，他们中的许多人在古巴受训……越来越多地控制了这场叛乱。"没有任何有说服力的证据被公布来证实这一指控，但到 5 月 2 日，已有大约 1.4 万名海军陆战队员进驻多米尼加共和国。

与此同时，4 月 30 日，美洲国家组织理事会根据该组织的章程召开了一次协商会议。这次会议很快就促成了停火，并设立国际避难所，呼吁向现场派遣调查委员会。然而，经过几天的激烈辩论和美国的大力游说，直到 5 月 6 日，会议才达成一致：在多米尼加共和国建立一支美洲和平部队。美国军队随后成为该部队的一部分。

（三）

从一开始，土耳其干预塞浦路斯问题的法律依据就是《保证条约》第 4 条的一句关键的话。"仅当目标为重建本条约所确立的形势之时，当采取共同或协调一致的行动被证明并不可能之时,三个保证国中的任一方将均保留采取行动的权利。"

第一,土耳其政府认为,根据《保证条约》第4条的规定,由于"违反了本条约的规定"以及"共同或协调一致的行动"的失败而采取行动的先决条件已经具备。

第二,"行动"必须被解读为包括武力使用。多米尼加的血腥历史使1960年的任何人都不可能相信,可以通过和平劝说的方式永远履行保证国的责任。

第三,根据《保证条约》第4条,使用武力符合《联合国宪章》的规定。这种使用并不违反《保证条约》第2条第1款的对塞浦路斯"主权平等"的保障,因为这一条既没有赋予权利,也没有规定除了其他《联合国宪章》条款以外的义务。此外,使用武力也符合《联合国宪章》第2条第4款的规定。它并不"损害塞浦路斯的领土完整或政治独立",因为这正是《保证条约》旨在保护的内容。最后,它也符合联合国的宗旨,因为《保证条约》的目的就是为了促进塞浦路斯岛的和平。这份保证协议正是为了防止宪法机制的内部崩溃而成为对国际和平的威胁而起草的。如果真的发生了这种威胁,那么《联合国宪章》将授权安理会采取行动。直到那时,根据事先的协议,多国集团将会决定解决或遏制暴力的方法。

国务院法律顾问关于美国干预多米尼加危机的正式意见指出了采取这一行动的三个理由。首先,干预"对保护外国国民——包括美国和许多其他国家的国民——的生命至关重要"。"延迟海军陆战队登陆会造成更多不必要的牺牲……对本半球的和平与安全造成严重威胁。"其次,法律顾问认为,在对外国国民的威胁过去之后,美国部队应留下来,"以便美洲条约机构能够协助多米尼加共和国人民在公共秩序的条件下重建民主政府"。最后,意见提到"进一步考虑"。

(四)

当然,土耳其的案例并不是决定其武力行动的唯一因素。据报道,美国曾两次劝阻土耳其不要入侵该岛,外交压力无疑对整个危机产生了影响。到1973年圣诞节,土耳其案件的所有要素也没有得到充分发展。然而,人们认为需要进行法律分析,以说服联合国其他会员国,这既是影响土耳其使用武力的主要因素,也是缩小其先例影响的主要因素。土耳其之所以能够顶住马卡里奥斯大主教要求自决的压力,然后将国际劝说的负担转嫁给希腊和塞浦路斯,在很大程度上是由于这一案例。

土耳其法律顾问在为其国家使用武力辩护时的基本选择是根据《保证条约》第4条或《联合国宪章》第51条。在安理会关于这场危机的辩论中,土耳其代表一度声称,1964年8月的轰炸事件是正当防卫限度内的警察行动,但是,这是在安理会在该岛建立一支维和部队并以此充分处理危机几个月之后发生的。在此前后,除了这一个例外,土耳其完全依赖第4条的规定。在我看来,对使用武力而言,该条是更为狭窄的条件,相比第51条,这条更不容易作为今后的先例。

与古巴导弹危机的类比是惊人的。美国政府认为,检疫的法律基础是植根于区域安排——美洲国家组织(O.A.S.)——根据里约条约采取行动的集体行动。这一分析的一个主要障碍是,《宪章》第53条关于安全理事会"授权"的要求是否意味着事先和明确的授权。而美国认为,事后的默示批准就足够了。

我并不是说,如果没有根据第八章的法律案例,就不会使用武力——这恰恰相反。如果没有安全理事会事先明确批准,区域安排就不能采取"强制行动",那么苏联的否决权将使美洲国家组织在古巴危机中无能为力,安理会也不可能采取其他措施。但这一切都无法阻止美国。同样数量的,也许更多的武力将被用于回应苏联在古巴的导弹。在这种情况下,美国几乎肯定会用第51条和自卫权来阐述其论点。事实上,一大批政府内外的支持者称,第51条为隔离提供了唯一的"健全的法律基础"。但自卫行动是建立在一个国家单方面判断其受到"武装攻击"的基础上的。如果美国采取了这一立场,世界上许多国家就不可能不要求类似的权利。当然,被欧洲、希腊和土耳其的导弹基地包围的苏联也可能会采取同样的行为。

是否因为美国声称第53条允许安全理事会进行事后和默示的"授权",后果就不那么严重?可以说,根据这一观点,任何安理会常任理事国都可以通过其否决权确保安理会授权区域安排的执行行动,尽管这一立场不必走到这一步。但至少区域安排经过深思熟虑的判断对这个问题产生了影响。这种做法对单方面使用武力形成了某种程度的制约。基于区域安排授权的国家行动必须服从该安排的集体决策进程。此外,由于采用了第53条作为依据,隔离可作为先例的影响被大大缩小。不太可能出现许多既发生在区域安排领土内又是来自该安排成员的威胁的情况。

在塞浦路斯危机中,当问题是外国干预他国内乱时,这一情形难道不是与古巴导弹危机的情况一样吗?出于大致相同的原因,土耳其以《保证条约》第4条为依据所做出的判断难道不是合理的吗?这一决定意味着土耳其武装行动仅限于"重建条约所确立的形势",并确保与其他保证国进行提前协商。因此,证实武力使用的过程既限制了武力使用,也降低了为未来军事行动提供正当理由的风险。产生《保证条约》的一系列情况今后可能在其他地方重演,但这似乎不太可能。如果说有任何例外的话,那就是,根据《保证协议》第 4 条的规定,它似乎涉及一个有关《联合国宪章》禁止使用武力的额外规定。与古巴导弹危机所援引的第八章相比,这是一个较为狭义的额外规定。此外,比起区域安排的强制行动,这是对允许的武装行动的一种较不危险的扩展。

因此,土耳其决定以《保证条约》第 4 条而非《宪章》第 51 条作为其法律依据,就限制在联合国之外使用武力和限制单方面行动的范围而言是正确的。《保证条约》第 4 条提供了一个法律基础,既更具有说服力,又更不易被用作未来的先例。

当然,土耳其在塞浦路斯危机中提出的法律依据与美国在古巴危机中提出的法律依据之间存在着重大差异。也许最明显的是,美国认为,隔离的法律依据取决于美洲国家组织成员对该组织权力和程序的事先同意,以及该组织政治进程中固有的制衡机制。人们可能会质疑,在古巴政府被排除在该组织之外后,古巴是否真的"同意"采取任何美洲国家组织的行动,以及苏联是否至少不是执行行动的相应的对象。然而,在塞浦路斯局势之下,既无事先同意的组织决定,又无清晰可辨的集体决策,这些问题却通通被解决了。塞浦路斯没有代表参加 1960 年《协定》的谈判。实质上塞浦路斯人的选择是接受解决方案或放弃该方案。此外,根据《保证条约》第 4 条做出的单方面决定显然没有集体判断的基础。相反,除非保证国无法就联合行动达成一致,否则不得做出这些决定。

另一方面,条约关于事先协商的规定至少还提供了一个冷却期,并提供了一个在单方面行动之前考虑所有保证国意见的机会。也许更重要的是,条约本身是多边谈判的产物——尽管不能公平地说塞浦路斯是多边谈判的一方。第4条并没有确保集体决策,但其程序难道不比仅仅依靠一个国家的判断更可取吗?

美国和土耳其的案例在第51条作为使用武力的替代法律依据的说服力方面也不尽相同。在古巴导弹危机一案中,问题是是否发生了"武装攻击";如果是的话,显然是针对美国的。然而,在塞浦路斯危机中,希族塞人部队的"武装攻击"无疑是在8月爆炸事件之前发生的。问题是,受到"攻击"的土族塞人是否是第51条所指的土耳其"自我"的一部分。

最后,这些危机在安全理事会做出限制使用武力的裁定的可能性方面有所不同。甚至第51条也将这种使用限制在一个过渡时期内,直至安理会采取有效措施为止。在古巴的情况下,安理会不可能采取行动。而这在塞浦路斯危机中更有可能发生。

但是,鉴于这些差异,关键的一点是,美国和土耳其都还在寻求制定旨在适用于特定和有限的使用武力的情况的法律案例。这些案例对能从世界各地的论坛上听到上述案例的国家具有说服力,而这些案例的说服力在很大程度上归功于对法律分析的依赖,这种法律分析不能轻易地被用来为任一或所有武装行动辩护。法律和律师充当了"理由的准绳"。他们不仅为本国的军事行动提供合理的支持,还对这些行动的扩大和作为先例的影响设置了障碍。

与塞浦路斯和古巴的案例相比,我们从最具说服力和最低限度先例的角度,考虑美国干涉多米尼加共和国的法律基础。在我看来,美国在多米尼加危机期间做出了一系列错误的决定。这些决定大大改变了美国在全世界特别是在拉丁美洲的地位和威望。但是,我选择多米尼加的案例,恰恰是因为要确定,即使在极端情况下,律师是否可以做出更多的贡献,除了简单地宣布"任何武力使用都是非法的"。在做出向多米尼加共和国派遣登陆部队的基本决定之后,还能做些什么呢?

至少在一开始,美国的法律论据可能仅仅是出于保护美国公民,也许是外国国民,就像在刚果救援行动中所做的那样。人们可能会质疑,美国是否应该进行军事干预,以拯救外国海岸上的本国公民,但在传统国际法中,这种行动得到了大力支持。同等重要的是,在接下来的几天里,这样的一个公开宣布的有争议的观点是否可能会给日后的美国的干预造成阻碍?

然而,1965年5月7日,当美国国务院法律顾问就多米尼加案件发表意见时,这一选择就此终止。如果美国公民和其他非多米尼加人曾经处于危险之中,那么他们这时已然安全。除美国的军事干预的明智性以外,该意见书是否尽其所能提出了最强有力的理由,以及为未来的干预创造了一个危险最低的先例呢?

首先,任何看过这份意见书的人都会记得,它无论看起来还是读起来都不像一份法律意见书。它似乎是直接从美国的多米尼加部门官员的办公桌那里得来的,它不仅没有一句权威的引证,甚至都没有提到联合国,也没有说明美洲国家组织的结构及其体制问题。思考下面这个摘句:"美国拒绝仅仅遵守法律程序的形式,根据《美洲国家组织宪章》,这损害了一个国家的基本权利。"这可能是最糟糕的措辞了。比糟糕的措辞更严重的是它糟糕的内容——它暗示"仅仅遵守法律程序的形式",无论这意味着什么,都是一种开放性的选择。尤其是,特别在一场带有操纵法律意味的论辩中,还有什么比这更糟糕的呢?

把美国的行动完全建立在维护美洲国家组织的管辖权的基础上不是更好吗?根据美洲国家组织过去的历史,难道没有一个更有说服力的论点可以证明,该组织的成员可能会寻求从多米尼加的混乱中恢复一些秩序吗?在这种情况下,所谓的共产主义威胁是相关的,不是作为美国干预的独立法律基础——"要使这一论点具有说服力,其需要的证据程度肯定比当时或现在的证据所显示的要多"——而是支持美洲国家组织可能会对这个问题采取管辖权的判断。

这样一个支持美国"拦截行动",直到美洲国家组织有时间用自己的和平部队采取行动的论点,难道不是比实际发表的意见更有说服力——这并没有说明多少——而且创造了一个范围狭窄的先例吗?法律顾问的意见似乎表明,当出现这三种情况中的任何一种时——即只要有任何国民处于危险之中,只要有可能由美国政府采取行动,只要有共产党人参与,单方面干预就是一种适当的解决办法。

整个多米尼加悲剧的最后一个讽刺是,尽管美国的虚张声势、失误和相当令人难以置信的口无遮拦,但为了美洲国家组织合法性的光环,多米尼加还是被迫换取对局势的很大程度的控制,以及将一支美国部队转变为了一支美洲国家间的部队。诚然,美国试图把美洲国家组织放在适当的位置上,但是,最后因为美洲国家组织机构的介入,美国还是对多米尼加共和国的事务和整个事件失去了完全的控制权。

一方面塞浦路斯和古巴危机中的法律案件之间的区别,另一方面多米尼加局势中的法律案件之间的区别,是程度上的而不是种类上的区别,不亚于所涉及的相关的单边主义之间的区别。正如一位白宫顾问在1962年10月22日所说的那样:"我们想要的不仅仅是美国和13个单边武装的香蕉共和国(香蕉共和国通常被美国用以指那些经济、政治等受到控制的中美洲国家。——译者注)。"但是,导弹危机中从完全的规范分析——是"合法"还是"非法"——转向更加注重程序的转变,这在法律顾问的多米尼加意见书中却基本没有。在多米尼加危机期间,如果美国律师能够在使美洲国家组织参与决策过程,以及将必须维护美洲国家组织的管辖权作为他们的法律依据方面更成功的话,他们可能会发挥更有用的作用。

(五)

据《纽约时报》报道,在多米尼加事件最严重的时候,约翰逊总统引用了他八九岁时为参加朗诵比赛而学会的一句话:"身处异国他乡,眼中所及最美风景即是祖国的旗帜。"面对这样的哲学思维,律师的任务并不容易。然而,恕我直言,哥伦比亚大学的弗里德曼(Friedmann)教授,我觉得他1966年在哈马舍尔德论坛上关于多米尼加危机的发言也颇为让人苦恼:"我们都知道,许多法律的情况是开放性的,可以有不同的解释,但法律最终还是一个非黑即白的问题,否则我们就没资格坐在这里自称律师……我认为我们必须判断对错。"

在这次研讨会上,没有人会认为律师在分析此次会议议题时的适当的视角是"我的国家是对是错"。但我希望有人能同意,相关国际法对干涉内战的意义并不只限于这样的问题:"我的国家,它做得对还是错?"相反,正如我曾试图表明的那样,法律和律师能够而且确实在划定"理由的准绳"方面发挥作用,从而在使用武力时限制使用的扩大及其先例性影响。

外交事务中的法律程序：军事干涉
——一个测试案例
托马斯·欧利希

在 1970 年 4 月美国对柬埔寨进行干预之后，国务卿罗杰斯向他的部门顾问发出一份备忘录，敦促"当世界任何地区发生危机时，该部最直接参与危机的人应小心确保不会忽视其法律影响"。罗杰斯强调在涉及可能动用美国武装部队的情况下要特别小心。备忘录是用以回应国会和其他地方的批评言论的，这些批评认为，美国在柬埔寨采取地面行动之前没有征求法律意见。五角大楼文件中公布的部分没有提到法律问题，这表明此次失败并不限于柬埔寨事件。

本文提出了在不进行全面战争的情况下，在决定是否和如何使用美国军事力量的过程中，法律可以发挥作用的一些规程。本文特别关注外国的内乱，因为在过去——而且可以预见的是，在将来——我国政府关于是否使用武力的大多数决定都涉及这种冲突。

外交政策的这一领域也许是法律程序中最困难的。造成困难的原因与其说是干预决定的重要性，不如说是决定中所涉因素的特性。美国政府在 1968 年决定支持对发展中国家的贸易优惠，相比 1965 年决定在多米尼加共和国登陆部队，这一决定对我们的国家利益影响要更大——无论如何界定。但是，与干预问题相关的因素相比，制定贸易政策所涉及的因素，既不那么可衡量，也不那么理性。在是否派遣海军陆战队的问题上，可以衡量贸易效益和成本，只不过是以一些被认为是不太可能的方式罢了。

正是由于这一现实，可能导致使用武力的危机能为美国外交政策决策中的法律程序提供一个试验案例。如果法律和律师能在这一领域产生重大影响，那么在其他领域的案件就更不用说了。

（一）

尽管我们对越南的干预事件记忆犹新，但事实上，美国对其他地区的军事干预主要发生在中美洲和加勒比地区。西奥多·罗斯福总统在1904年发表了著名的门罗主义推论：

> 也许在美国，以及其他地方，长期的不当行为或无能为力会导致文明社会的联系普遍松动，最终可能需要一些文明国家的干涉，在西半球，无论各国多么不情愿，只要美国坚持门罗主义，就有（在上述不法行为或无能为力的显著情况下）行使国际警察权力的可能性。

在接下来的几十年里，美国海军陆战队先后在古巴、多米尼加共和国、海地和尼加拉瓜登陆。每一次，美国的这种行为都从一种临时措施演变为一种长期占领。每一次，美国的武装参与都会引起极大的不满。但在一些拉丁美洲人眼里，美国使整个西半球免于欧洲的干涉，从而保护了该地区的主权。

美国的军事行动模式一直持续到富兰克林·罗斯福总统的睦邻政策出台，这一政策大体上符合传统的国际法的规定。确实，这一模式——以及其他西方国家的干涉模式——确立了制定法律的传统。

标准的认知是,一个国家可以选择任何形式援助一个打击"叛乱"的政权,但援助叛乱分子是不允许的,因为这侵犯了国家主权。只有当叛乱发展成"交战"时,一个国家才能承认叛乱分子的身份并向其提供援助。但是,确定交战的事实前提和规范标准从来就不是能说得清的,承认的特殊性质也进一步使问题复杂化。更麻烦的是,干预国家的单边决定已经形成了规则。没有选择参加冲突的国家可以保持中立。此外,在航运方面制定了详细的守则——在这方面,中立者需要特别保护。

在内乱发生之前,美国通常站在当权者的一边进行干预。当美国站在叛军一边时,叛军单方面宣布交战就可以避免任何问题。即使如此,也出现了一些麻烦的情况。1903年我们在巴拿马的行动就是一个不愉快的例子。

传统上用来辩论特定干预的合法性的法律规范在今天已经没有什么用处了。"主权""承认""叛乱"和"交战"都是关键的标准。由于三个相互关联的原因,这些标准都没什么用处。

首先,这些标准非常容易受到操纵;在任何特定情况下,这些标准事实上是否受到操纵,可能不如表面上那么重要。如果一项法律规范被视为争端中任何一方的打嘴仗的工具,那么它就不会产生太大的影响。这些概念的含义在一些政治家和学者看来是明确的,但在另一些人看来,却是混乱的。

第二,这些问题很少出现,而且背景也不一样,因此不可能进行合理的阐述。"正当程序"这个词的可塑性不亚于"主权"。但是,随着时间的推移,数百家法院审理的数千起案件已经给这个词赋予了实质内容。幸运的是,内战的情况比想象中少,而且文化、政治和社会环境通常都有很大的不同。

最后,这些概念对现状的偏见如此强烈,以至于国际法没有提供一个现代框架来改变这一区域合法国际行动的规模。这样一个框架是必不可少的。

通过几乎全部试验案例,我们可以看出,国际法的标准信条——现任政权是援助的唯一合法接受者——已经不再适合当今世界。反对这些传统规则的案例已然形成,并以其说服力重新制定了新的规则。然而,我怀疑人们往往低估了这些规则的力量。它们深深植根于领导阶层的心理与历史的长河之中。对于一个国家元首来说,解释他的政府对一个已经存在的、因而"合法的"外国政权的援助,要比为向外国叛乱分子提供援助而辩护容易得多。

联合国友好关系委员会看起来无休无止的激烈辩论的尖利程度,使得即使最乐观的新规则的请愿人也必须要停下来。无论提议的规范是一致认可的,如"自决",还是一致谴责的,如"干预",寻求对这些术语的含义达成一致的过程都是曲折的。联合国大会通过了一项冗长的决议,其中包括一系列关于不容许外国干预他国内乱的劝诫性声明。但是,关于该决议的意义,在联合国大会内外引起了激烈的争论。这些争论使人们怀疑大会或者联合国其他机构是否能够制定出一致的标准。这些标准既要具有普遍性,让各国能够广泛接受,又要足够具体,使其能够产生可操作性结果。

如果在这一领域出现一致的标准,我预计它们将在《联合国宪章》第2条第4款的大框架内通过具体情况具体分析发展而来。该条规定:"各会员国在其国际关系上不得使用威胁或武力,或以与联合国宗旨不符之任何其他方法,侵害任何国家之领土完整或政治独立。"

如果这一预测是准确的,那么,各国就必须制定程序,在具体分析的基础上,逐步赋予第2条第4款的广泛禁止规定以具体内容。许多人评论说,无论在什么问题上,该禁令都有被忽视的危险。当然,在外国干预领域也是如此,但在这一领域可以发展新的规范性内容。它也必须发展。我们政府内部的哪些程序可能有助于发展这些内容呢?

当就美国可能进行的军事干预做出决定时,集中的外交决策程序所固有的问题就会凸显出来。政策制定者一般不难察觉到,一个外部事件或事态发展将损害美国的利益。这些利益的代价和风险通常比采取预防性行动的代价和风险更明显。因此,赞成采取行动的共识可能会过早出现。对保密和速度的需求通常意味着只有少数顾问参与其中。在国内政策的重大决策(如医疗保险、空气污染等政策)中惯用的制衡机制基本不存在。也许更关键的是,没有任何对抗性的程序在工作,以确保不同利益和观点的充分表达。

如果其他一切都不清楚的话,那就是在政府中增加更多的律师并不是解决问题的办法。一些作者(包括基辛格博士本人在任国务卿前)认为,律师往往是问题的一部分——杜勒斯、罗斯克和罗杰斯等国务卿的法律背景使他们过分关注"义务"和"承诺"的问题,或者至少过分愿意将有时限的政策声明变成充满法律含义的永久承诺。但这里的问题不是律师的问题,而是法律安排。

法律因素当然不能也不应成为任何具有政治重要性的领域

决策的唯一决定因素，正如军事、经济或其他因素不是唯一决定因素一样。然而，法律问题应该是决策过程的一部分，我感到关切的是，这些问题似乎没有得到足够的重视，特别是在涉及军事干预的情况下。这种关切的理由不难证明。在19世纪末和20世纪初美国政府对拉丁美洲的外交政策决策中就是如此；在1965年多米尼加共和国危机中是如此；在1970年美国决定向柬埔寨派遣军队时也是如此。在这些和其他事件中之所以如此，是因为现有的国际规范在是非曲直的实质性和适用程序的自定性上都是不充分的。任何国家都可以自己决定何时以及是否将某外国领土上的某特定内乱从反叛认定为暴动再到交战。而且，美国政府内部也没有机制来制定适应新时代的新标准。

我没有机械地提出建议应对这个挑战。但我认为，关注促进政府和私人律师倡导不同法律观点的方法，会产生重要的好处。这些好处并不完全与军事干预有关，但它们在相关情况下具有"试验、案例"的相关性。这三种方法看起来似乎最有希望——在行政部门内部；在国会内部；在法律界内部。

近年来，陆续发表了一些关于美国在国外是否使用武力（以及如果使用的话，使用多少武力）的决策的案例研究。我认为，这些研究迫使我们做出这样的判断，即行政部门需要做出更多、更好的安排，以确保向总统和国务卿进行亚历山大·乔治教授所说的"多重辩护"。乔治教授提出了一个有说服力的案例，即在为总统决策做准备的烦琐程序中，如果不同的观点不被模糊化，那么有可能产生更有效和理性的决策。罗斯福总统培养了一批顾问，他可以依靠他们提出反对的立场，并将这些立场维持到问题摆到他的办公桌上。哈罗德·艾克斯和哈里·霍普金斯之间的冲突就是一个典型的例子。同样,前国务卿迪安·艾奇逊强调,杜鲁门总统鼓励不同官员向他提出不同意见,以便解决问题。

行政部门现有的正式安排都不是为了促进这种关于美国军事干预的法律影响的多重辩护。国务院的法律顾问负责审议这些影响。但是,他也是,而且主要职责是作为国务院的辩护者——从法律上捍卫国务院的最终判断,无论这种判断是什么。

有人建议设立一名直接向总统报告的国际事务法律顾问。这样的官员将从发展健全的国际法体系的角度,来权衡如何选择干预决定的法律问题。与第一种模式相比,这种选择模式的不同之处更多的是在理论上,而不是在实践中。这种模式要求故意唱反调,授权其按照供选择的提案的法律影响设立一个对手。这种安排将确保就拟议行动所涉及的法律进行一些辩论。这样会减少一种风险,即随着提案在复杂的官僚体系中不断推进,其具有争议的棱角将会被逐渐磨平。

这种安排有很大优势,但危险也显而易见。最重要的是,故意持反对意见的人太容易变成魔鬼的拥护者,而不是立场坚定的支持者。其他参与特定决策的人可能会心安理得地听取他的观点,因为大家都认为他"只是在做自己的工作",因此不会认真对待。

另一种方法可能不那么机械化,但也许更有效。它提倡在国务院内部建立一项鼓励辩论的政策,以非形式化机制促进不同观点之间的辩论。公开宣布政策时,法律顾问有义务确保在职能范围内,或必要时在职能范围外,为相互冲突的立场提供最有力的法律论据。某些情况下,这种对抗过程可能只涉及两方。但更多时候,应该多制定一些选择。我确信,在相当短的时间内,准备好观点相互对立的法规摘要,这一做法可能会是我们非常熟悉的。这种做法的价值是巨大的。它将促进对法律立场的理性分析,这在没有对手压力的情况下,是不可能实现的。

当然,多重辩护安排的优势并不限于律师或法律事务。例如,国际贸易问题,外汇问题,可以通过持不同观点的经济学家的碰撞而变得更加尖锐和清晰,其他学科的专家也是如此。此外,将不同领域的从业人员聚集在一起,往往会有很多收获。确保冲突能被阐明而不是掩盖一个问题,就需要进行协调。这往往是困难的,但收益可能是巨大的。

在不贬低其他实质性观点重要性的前提下,我在这里重点讨论法律,一方面是因为在我看来,相对而言,法律在外交政策中更易被忽视,另一方面是因为确保多重倡导的程序本身就是国家外交决策中法律程序的一部分。

乔治教授认识到,设计多重辩护安排可能会引起严重的官僚问题,特别是在总统府工作人员以下的行政级别中。在程序方面,法律顾问需要一名助理来协调辩护工作——一名有足够的手段的助理来确保平衡的分析。就实质内容而言,有关人员必须抵制将辩论限制在两种立场上的诱惑,但我相信,这些问题和其他问题都是可以克服的,其结果是值得付出努力的。

法律顾问为支持 1965 年对多米尼加共和国的干预行动而提出的论点说明了权威论方法的危险。1965 年 4 月,一场军事政变推翻了里德·卡布拉尔总统的政权。美国军队几乎在同一时间登陆。美国国务院最初辩称说,军队是保护美国和其他外国国民的生命所必需的。然而很快,这个理由就变成了另一种说法:美

第二章 国际法和使用武力概述

国采取行动是防止共产主义接管政权。法律顾问办公室在干预前后都没有过多参与或提供咨询。直到 1965 年 5 月 5 日——美国海军陆战队登陆的一个多星期之后——法律顾问才发布了一份名为《美国在多米尼加共和国行动的法律依据》的简报。这是由于行政部门以外,特别是国会内部施加了巨大压力,要求就这一问题发表法律声明,法律顾问才编写了这份简报。

在我看来,对多米尼加共和国的干预是一个悲剧性的错误。但是,即使在美国决定使用武力之后,律师也可以做很多事情。如果法律顾问办公室在危机之前或危机期间有机会准备对立的法律论点,以利用各种意见的冲突,那么毫无疑问,支持干预的最有说服力的理由将完全是以保护美国公民,也许还有外国国民的角度来提出的,就像在刚果救援行动中所做的那样。人们可以质疑美国是否应该进行军事干预,在外国海岸拯救自己的公民,但传统国际法已经对这种行动给予了大力支持。在随后的日子里,当美国公民和其他非多米尼加人显然是安全的时候,一直沿着这一路线向公众宣布的法律立场可能会对美国的干预起到一定的抑制作用。一项能够确保对立法律立场相互碰撞的政策几乎肯定会产生这种结果。

法律顾问的实际意见似乎认为,只要任何外国国民处于危险之中,只要区域组织有可能采取行动,就应该进行单方面军事干预。我曾在其他地方提出过一种法律分析,我认为,这种分析本来会更有说服力,并会创造一个适用范围限制更狭窄的先例。我在这里要说的是,如果在事件发生之前,为维护这一行动而提出的法律论据已经经过对抗性辩论,那么干预可能就不会发生;或者——如果发生了——先例可能会被大幅缩小。这种糟糕的律

142

师行为不仅削弱了美国在世界事务中的地位,也削弱了国际法的地位。

同一观点的另一个不愉快的例子是1973年5月1日国务卿发表的一份备忘录,为美国继续轰炸柬埔寨辩护,尽管三个月前与北越谈判已达成了停火协议。该协议第20条要求所有外国军队从柬埔寨撤出。备忘录称,对柬埔寨的空袭是"为遵守越南协定中的这一关键条款而采取的有意义的临时行动"。

这一意见是在国会施加巨大压力,要求行政部门对空袭进行一些法律分析之后,才发表的。在前几周,美国国务院曾要求他们给出理由,但遭到了拒绝。最后,还是发表了这一意见。在这种情况下,我不知道有什么合理的方法可以在法律上为美国的行动辩护。一个国家用被他国指控其违反承诺,来为自己的轰炸行为提供法律支持的论点是经不起国际法的分析的。法律学者和国会议员普遍认为这一意见没有说服力。

无法为美国的行动提出可信的法律依据这一事实可能有助于说服一些国会议员停止轰炸——尽管停止轰炸需要国会采取以前从未采取过的措施。如果要求法律顾问办公室更早地公开说明美国行动的法律依据——如准备法律说明书——这一行动可能会被避免或更早地终止。至少与实际情况相比,会有更多更透彻的法律分析。

与此相反,古巴导弹危机表明了为探索解决特定法律问题的各种办法而做出的积极努力的好处。它表明,如果鼓励多重辩论程序,法律和律师甚至可以在最不稳定的紧急情况下发挥重大作用。在13天的时间里,总统的危机问题咨询小组(包括多名律师)对各种相互矛盾的战略进行了分析辩论,相互冲突的法律立场在讨论中被作为竞争性"方案"设计的一部分,得到评估和审查。这些立场包括迪安·艾奇逊所说的"此种危机中,国际法本来就无关紧要";副检察长卡岑巴赫认为的"根据国际法,空袭或封锁都可能会作为自卫行为得到支持";代理法律顾问米克尔认为的"法律上,隔离是唯一正当使用武力的方式,而且隔离行为只在美洲国家组织的支持下才有效"。

这里强调了对立观点的多重辩护所具有的价值。为促进这种辩护而做出的各种安排的细节并不重要,重要的是存在一些安排。事实上,如果采用多种不同的安排,就可以最大限度地发挥其优势。

(二)

我认为,更重要的是鼓励在行政部门之外做出新的政府安排。作为一个实际问题,这意味着立法安排,因为几乎不可能有实质性的司法参与。法院曾被要求通过有关美国参与越南战争的法律问题,但他们一直拒绝。由于缺乏立场或"政治问题"原则,在国会没有明确宣战的情况下,法院不会考虑战争的宪法合法性。有一些迹象表明,法院的这种坚持可能已经减弱。例如1973年8月一联邦地区法院下令停止美国对柬埔寨的轰炸就是一个重要的例子,尽管这一命令在上诉中被推翻。

尽管如此,仍有一些重要因素妨碍司法部门对国际事务中的决策过程产生重大影响。关于可能使用武力的决定,也许最重要的因素是理由。即使假定法院愿意审查军事干预的合法性,这种审查也几乎肯定只会在事实之后而不是在事实之前进行。宣告式判决是不可能的。此外,在"政治问题"的标题下,对司法参与这一领域的限制,使得法院不太可能(很多人认为不合适)考虑这些案件引发的宪法问题。因此,除了行政部门外,国会是唯一可能在有关军事干预问题上为政府提供指导的机构。

在美国介入东南亚事务之后,关于只有国会可以"宣战"这一宪法条款的意义和影响,一直存在大量争议。我不想重新审视这一争议,而是选择讨论在我看来是一个迫切的要求:国会扩大和加强关于国际法是什么以及国际法与可能涉及美国军事干预的任何特定情况之间的关系的辩论。无论做出何种安排以鼓励在行政部门内进行多重辩论,大多数关于干预的决定在论坛上都很可能得不到充分的对抗性辩论。但是,如果国会了解形势的真相,并有时间加以考虑,这样的多重辩论便更有可能发生。

1973年11月,国会不顾总统的否决,通过了一项"关于总统和国会的战争权力"的联合决议,旨在限制总统在未经立法批准的情况下在外国敌对行动中部署美国武装部队。这是20世纪60年代开始的一系列努力中的最新一轮,目的是对总统在没有国会授权的情况下部署美国武装部队进行法律限制。该决议是国会内外许多人不同意见的折中结果。尼克松总统在他的否决通知书中说,决议中的两个关键条款"显然是违宪的"。国会中三分之二以上的人不同意。因此,这些条款的现状尚不清楚。关于这些条款的合宪性和明智性,已经进行了一轮又一轮的争论。但是,决议中的另一项规定——第4节——在这里具有特别的意义,尽管它在公开辩论中很少受到关注,但没有人质疑其合宪性:在部署美国武装部队参加外国敌对行动后的48小时内,总统必须提交一份关于干预的情况和理由的报告,包括一份法律分析报告。

没有人期望在决定使用军事力量后的两天内,准备好一份经过深思熟虑的法律分析报告。但正是由于这种想法，这项要求可以产生若干有益的效果。

首先，要求提供报告，迫使政府律师在危机发生前，研究可能采取的可供选择的行动带来的法律后果。在国际冲突中，偶尔会发生美国无法预见军事行动的可能性的情况。但这种情况相对少见。在大多数涉及美国实际或可能使用军事力量的情况下，政策规划者都有一定的预警；如果咨询了律师，就有可能事先进行法律分析，正如军方和国务院主管官员在这些情况下都有应急计划一样。

其次，也是密切相关的一点是，随着危机的发展，报告要求鼓励总统及其政治和军事顾问在决定是否、何时使用武力以及使用多少武力的过程中，让律师也参与其中。对支持该决定的法律理由的需要是将法律考虑因素作为总体决策过程一部分来进行分析的强大动力。

例如，古巴导弹危机是突然爆发的，但国务院和国防部的律师此前已经通过了基本的法律考虑。行政部门认为苏联导弹的存在是不可能的，但已经预见到某些情况可能需要美国进行干预。因此，编写了涉及一些关键问题的初步法律分析。国务院法律顾问办公室在宣布隔离后12小时内公布了基本的法律依据。总的来说，这个理由在随后的时期经受住了审查。但如果没有认真地准备工作，法律报告不可能在半天内写完。

即使是在1973年中东战争意外爆发的情况下——事先没有警告——律师也可以而且应该在战争期间参与审查其他维和安排的过程。然而，从各种说法来看，国务院的律师都没能参与这个问题的决策。

145　　当然,如果总统的律师只是机灵而无智慧,那他们可以口头陈述一些没有实质性法律内容的法律理由。其实,最好把"战争权力"决议中的报告规定看作是一个机会,而不是一项要求。但它至少应该向总统及其顾问施压,让他们为美国的干预行动阐明法律基础,并提前考虑这个基础。

　　有时人们认为事后的辩护(法律理由的阐释)是毫无价值的。但这种观点忽略了政策制定的一个基本现实。

> 辩护的要求贯穿选择的基本过程。政府需要说明其行为的理由和可选择的行为类型,二者之间需要持续性的意见反馈。这种联系倾向于在基于个人、官员和政治因素相互影响相互作用下的实际团体决策过程,和基于客观一致标准的理性选择的理想化图景之间产生可容忍的适应。我们可以给他们相当大的回旋余地来回避和操作。但是,在一个民主国家,如果长时间忽视辩护的要求,或者过分地违反其准则,就会造成我们所说的"信誉缺口"。最终的结果就是削弱政府的治理能力。

　　即使有人得出结论——我认为是错误的——认为"战争权力"决议所要求的法律分析对行政部门的决策影响不大,但他们也应该把干预问题放在一个促进公众辩论的框架内。人们可以预测这些论点会遭到反驳,而行政部门的律师也会对这些反驳做出回应。这一过程能够对政策问题的法律层面进行比现在更为深入的分析。

　　根据决议的规定,它并不要求国会在美国军队参与外国敌对行动之前——而不是之后——参与分析干预问题。但是，考虑到我之前提的原因，决议中提出的报告要求应该使这种参与更有可能。当然，没有人能确定特定情况下，参与能产生多大的立法影响。然而，20年前印支战争（指越南战争中的美越战争）的教训表明，其影响可能是巨大的。

在1954年之前，整个中南半岛（法语：Indochina）都是法国的殖民地。但在这一年的春天，越南国内发生了一场血腥的内战。3月20日，一名法国参谋长抵达华盛顿。他带来的消息是，如果美国不干涉，印支殖民地将会垮台。法国寻求美国采取军事行动扭转局势。参谋长联席会议主席雷德福上将强烈支持美国的干预行动。他认为越南殖民地的潜在衰落是印支殖民地乃至整个东南亚殖民地走向灭亡的第一步。此外，他还认为，重要的是不能让越南殖民地倒下，越南殖民地后来被称为第一张多米诺骨牌。因此越南的法国军队必须得到美国的支持。

海军上将雷德福准备了一份援助法国的详细军事行动计划。艾森豪威尔总统召集国务卿约翰·福斯特·杜勒斯和雷德福会见8名国会领袖——5名参议员和3名众议员——审查干预行动计划。会议于1954年4月3日举行。雷德福提出具体计划安排，杜勒斯表示赞同。

但是国会领袖们一致反对美国进行干预。所有人一致认为美国单方面使用武力的行为将是一场灾难。他们坚持如果必须要做出什么的话，那就做多边努力。尽管其论点可能主要出于政治考虑，但却很可能是用法律条款来表述的。显然，美国在朝鲜战争的干预行动中获得了联合国多边支持，这使国会议员们受到了影响。

整个事件中存在一些讽刺之处，尤其是参议员林登·B. 约翰逊（Lyndon B. Johnson）是该计划最直言不讳的反对者之一。1954年4月3日被查尔默斯·M. 罗伯茨称为"我们不参战的日子"。其他人则认为罗伯茨过分渲染了与国会领导人的对抗。但没有人质疑，行政部门的关键人物准备干预时，少数国会议员提出了一系列总统认为有说服力的反驳意见。在我看来，不干预中南半岛的决定是正确的，至少把这个决定与十年后发生的事件（1964年"东京湾事件"。——译者注）分开来看的话是这样的。即使有人对这一裁决提出异议，我认为也很难对国会的裁决给决策过程带来了有价值的维度这一主张提出异议。

把1954年4月的决策过程与1969年3月美国开始轰炸柬埔寨的决策过程对比一下。在长达13个月的时间里，对公众和大多数国会议员来说，政府的干预一直是一个秘密。总统显然知道大规模的轰炸事件，但在1970年4月，他声称美国当时的入侵是美国军队第一次介入柬埔寨。据推测，国务院的许多人完全不知道美国在这13个月期间的行动。1970年5月，国务院法律顾问在律师协会的一次会议上说，美国直到上个月才进行干预。如果轰炸柬埔寨的消息在1969年春天公开宣布的话，大多数国会议员可能就会批准。这是可以想象的，一个关于轰炸的完整的法律依据被提出，该案件将被国会接受，就像被总统接受那样。但是这个机会始终没有出现。因此，1954年的那种与国会相抗衡进而获胜的压力从未有机会得到表达。

古巴导弹危机期间，美国为其隔离行为找到了具有说服力的法律依据，这些法律依据很大程度上是以多边而非单边的决策进程的运作为前提的。隔离行为来自区域安排的授权，这项授权是由美洲国家组织根据一份多边协议《里约热内卢条约》授予的。大约在1954年,国会领袖们主张如果要采取什么行动,就最好用类似的多边主义方法来决定。我并不建议他们主要就法律问题进行辩论。无论国会议员们是否在法律、道德或者实际政治方面坚持自己的观点,都不如总统看重他们的建议重要。

在刚过去的一段时间里,提供咨询建议的机会并不多。"战争权力"决议迈出了重要的一步。它强调了国会参与决策的决心。该决议可能是催化剂,充分推动国会在干涉决定做出前后进行磋商。只有经验才能告诉我们答案。

(三)

最后,我认为法律界人士在这个领域既有机会、也有义务去发挥作用。然而不幸的是,国际法领域一般有组织的律师协会,特别是美国律师协会,以反对美国参与国际安排而闻名——《种族灭绝公约》就是一个最好的例子。美国的律师事务所很少把注意力集中在国际法问题上。美国领导人一般只满足于通过世界法律维护世界和平的陈词滥调。

我们有机会做更多的事情——组织和促进针对特定军事干涉的法律问题的重点辩论。一些法律机构——地方律师协会和法学院——承担着这一责任。纽约市律师协会通过哈马舍尔德论坛来发挥作用就是个最好的例子。但遗憾的是,这样的机构并不多见。人们不会指望根据干预问题的是非曲直辩论来获得决议。但有理由期待这些机构会寻找相对立场的合格的辩护者,并敦促他们表达观点。见解和理解会在观点的碰撞中产生。

"我们决不能把法律当作稻草人,"莎士比亚在《一报还一报》(*Measure for Measure*)中写道,"不是为了立起来吓走觅食的鸟类，而是要让它成为一种形式，直到鸟类习惯把它当作栖所并不再惧怕。"长久以来，关于外国干预的国际法一直保持着一种形态；现在只剩下了一些花言巧语。我们所有从事法律职业的人都要投入设计国际法新形态的创造性过程中。与其他领域相比，法律行业中的程序具有实质性意义。需要采取创造性的程序，确保合理审议任何实际或建议的新干预措施。律师可以而且应该为这些程序和审议做出贡献。

按语

下面的备忘录写于1962年10月22日夜晚到23日凌晨。之后的几天里，该备忘录进行了一些修订。但在整个古巴导弹危机的10天时间里，该备忘录内的基本法律论点没有改变。这些论点基于预计美洲国家组织将批准隔离，事实证明这种预期是正确的。这项审批（在古巴代表没有出席的情况下）获得一致赞同并通过，确实令美国代表感到惊讶。随后的几周，该备忘录在联合国和所有美国大使馆间传转，并被广泛报道。然而与此同时，它却从未正式出版。至少一定程度上是因为国务院的内部争论。一些人，包括一位从大学离职到国务院工作的著名国际法教授，强烈主张隔离应该只需根据《宪章》第51条的规定。最终，国务卿支持了备忘录所述的法律顾问的判断。尽管国务卿本人曾就读于法学院，但他并非律师。当你阅读以下备忘录时，考虑一下你会如何论证这个问题。你同意这名法律顾问（他是一名离职的法律教授）的观点，还是另一名法律教授的意见？如果像备忘录中所做的那样，遵循第八章的方法，你还能提出更有说服力的论点吗？

1962 年 10 月 23 日

国务院备忘录
古巴隔离的法律依据

美国根据《美洲国家间互助条约》(《里约条约》)设立的协商机构的一项建议性决议,对运往古巴的进攻性武器实施隔离检疫。这一行动的国际法效力取决于对以下两个问题的肯定答复:

(1) 协商机构的行动是否得到《里约条约》的授权;

(2) 按照《里约条约》本身条款和《联合国宪章》条款规定,该行动是否符合《里约条约》所从属的《联合国宪章》相关规定的内容?

1.《里约热内卢条约》的授权

《里约热内卢条约》和有关协定构成了美洲体系。如《条约》所述,这一体系的最高目标是:

"通过适当的方式以及提供有效的互助,应对任何针对美洲国家的武装袭击……应对针对任何美洲国家的侵略威胁,以确保条约各国的和平。"

《条约》第 3 条不仅规定了在武装袭击情况下,可以采取集体行动,还规定了:

"美洲国家的领土完整、主权完整、政治独立神圣不可侵犯,如果被非武装袭击方式侵略,或者以其他可能危及美洲和平的情况的方法侵略。"(第 6 条)

由成员国各外长和代表组成的协商机构便是为这种情况而设。

"如果受到侵略,为帮助侵略中的受害者,或者任何时候为了共同防御和维持美洲和平和安全,需要立即召开会议采取措施,且就所采取的措施需要达成一致意见。"(第6条)

协商机构在"批准条约的签署国中获得三分之二成员国投票通过"后才能采取行动。(第17条)

《条约》明确了对于协商机构在第6条所涵盖的任何情况下可能采取的措施。这些措施被列入第8条,明确包括"使用武力"。第20条进一步规定第8条中列举的措施应予以约束,但"未经其许可,任何国家不得使用武力"除外。

……

在这次会议上,该组织采取了旨在应对这一威胁的第一批集体措施。它禁止与古巴的一切武器贸易,并禁止该国现政府参加美洲体系的机构。

最近,今年10月2日和3日,美洲国家外长在华盛顿举行非正式会议,重申"苏联对古巴的干涉威胁到美洲的团结及其民主体制",这就要求"采取单独和集体的特别措施"。

在此背景下,美洲国家组织理事会于10月23日举行会议,并根据《里约条约》第12条成立了协商机构。该机构审议了它所收到的证据,即苏联和古巴不顾苏联和古巴的保证,将苏联战略导弹秘密引进古巴。结论是,它面临的局势可能危及第6条所指的美国和平。这份深思熟虑后的裁决采取第8条所列一项或多项措施的权力。该机构通过决议去行使这项权力。

因此,决议中建议必要时使用武装部队,得到了《里约热内卢条约》条款的全权授权,并按照程序通过。隔离的具体目的是"确保古巴政府不能继续从苏联那里得到"威胁美洲大陆和平与安全的进攻性武器。为实现所述目标,需要最小限度地使用武力。因此,美国的行动符合《美洲国家组织决议》的规定。

2.《联合国宪章》

(a) 区域组织

协商机构的决议和美国根据该决议实施的隔离完全符合《联合国宪章》规定。

《宪章》特别承认各区域组织,并赋予其执行联合国宗旨的重要地位。其中第 52 条指出:本宪章不排除区域办法或区域机关中用以应付维持国际和平及安全而宜于区域行动之事件者,但以此项办法或机关及其工作与联合国之宗旨及原则符合者为限。

第 52 条第 2 款规定,达成"此项办法"或组成"此项机关"的联合国会员国必须在"将地方争端提交安全理事会以前,应依该项区域办法,或由该项区域机关,力求和平解决"。同一条第 3 款要求安全理事会"对于依区域办法或由区域机关而求地方争端之和平解决,不论其系由关系国主动,或由安全理事会提交者,应鼓励其发展"。第 54 条规定:"关于为维持国际和平及安全起见,依区域办法或由区域机关所已采取或正在考虑之行动,不论何时应向安全理事会充分报告之。"根据这项规定,协商机构规定将 10 月 23 日决议的内容通知安全理事会。

《宪章》只在第 52 条第 1 款中限制各区域组织的活动,规定活动必须"与联合国之宗旨及原则符合者为限"。《里约热内卢条约》显然满足要求。颁布《条约》"改进和平解决争端的程序",

151　完全符合第52条第2款的规定。缔约国明确重申"它们愿意在符合联合国宗旨和原则的美洲国家体系中团结一致"。隔离的决议和执行完全符合上述宗旨和原则。用《宪章》开篇语来说,这些措施是用以"维护国际和平"的。它们代表着"为防止和消除对和平的威胁而采取的有效集体措施"——第一章(Ⅰ)。

区域机构在维护和平与安全方面的重要性在联合国最早的概念中就已得到承认。在敦巴顿橡树园最初会议上拟订的提案草案实际上与《宪章》第八章相同。

1945年,在最重要的区域安排美洲国家组织的基本轮廓确定之后,《宪章》的制定者们在旧金山举行了会议。这次会议是在美洲各共和国会议之后举行的,会上批准了《查普尔特佩克宣言》。该法案建议执行一项条约,以建立一个区域安排,并具体规定"使用武力防止或击退侵略"构成"区域安排可适当采取的区域行动"。旧金山会议关于区域组织的辩论就是在这一背景下进行的,美洲国家组织为此讨论提供了主要背景。

在旧金山会议对第52条进行辩论时,负责审议区域安排的委员会主席以哥伦比亚代表身份发言,就美洲体系与《宪章》第七章之间的关系发表了以下声明:《查普尔特佩克宣言》规定了本半球的集体防卫,并规定,如果一个美洲国家受到攻击,等同于所有美洲国家都受到了攻击。因此,根据昨天在小组委员会讨论的条款授权,为抵御侵略而采取的行动,对所有人来说都是合法的。通过批准该条款,这种行动将符合《宪章》,区域安排可以采取行动,只要它没有不正当的目的,例如联合侵略另一个国家。由此可以推断,批准该条意味着《查普尔特佩克宣言》没有违反《宪章》。

没有代表对这一说法提出异议,则视为都接受。《里约热内卢条约》采用了《查普尔特佩克宣言》的语言及其宗旨。显然,该条约创造了《宪章》中设想的安排。

会议记录显示,根据《宪章》规定,区域安排可发挥重大作用。委内瑞拉外交部长佩雷斯说:"应尽快采取令人满意的方式解决任何可能出现的冲突,这也符合所有人的利益,毫无疑问,区域制度最适合这方面。"墨西哥代表纳赫拉大使指出:"在我提到的章节中,美洲各国代表团首要考虑的是捍卫其最大的成就,即以和平方式维护安全的最珍贵的合作之花。"美国代表、参议员阿瑟·范登伯格(Arthur Vandenburg)强调说:"我认为,通过全面监督,我们极大地强化了世界组织,并增强了地区关系的活力。"

自旧金山会议以来的事件表明,《宪章》的制定者将处理区域争端的责任委托给区域组织是明智的。这些组织和其区域内的问题有密切的联系,因此能够对这些问题做出深思熟虑和知情的判断。美洲国家组织就是这方面的典型例子。它必须执行的政治进程是,确保只有在仔细分析之后才会采取行动。保护和平与安全的措施必须由三分之二的缔约国投票决定或建议。该条约第20条明确规定,任何国家未经其同意,不得使用武力。协商机构只能建议而不能强迫使用武力。由于这些保障措施的存在,该区域组织能够采取有效行动,并保证这种行动符合《联合国宪章》规定的限制。正如10月23日的决议中美国对古巴采取的隔离行动。

(b) 第53条

《联合国宪章》第53条第1款规定:

> 安全理事会对于职权内之执行行动,在适当情形下,应利用此项区域办法或区域机关。如无安全理事会之授权,不得依区域办法或由区域机关采取任何执行行动……

协商机构批准的正在审议当中的隔离措施不构成"执行行动",所以不需要安理会授权。

安全理事会曾两次驳回关于一个区域组织的活动构成《宪章》第53条意义上的"执行行动"的论点。1960年9月,安理会开会审议了苏联的一项指控,即协商机构对多米尼加共和国政府采取某些外交和禁运措施的决定构成"执行行动"。安全理事会没有同意这一指控。今年早些时候,古巴要求安全理事会审议美洲共和国在埃斯特角城(乌拉圭)做出的决定,声称这些决定需要安全理事会授权。安理会再次否决了。

因此,从安全理事会的做法来看,区域组织为处理对和平的威胁而采取的措施不一定是"执行行动",尽管这些措施具有强制性。如果像这里一样,这些措施是建议性的,显然不能涉及"执行行动"。

《宪章》的其他地方也使用"执行行动"。除第53条外,这个表述还出现在《宪章》的几个地方。例如,第2条第5款责成联合国会员国"联合国对于任何国家正在采取防止或执行行动时,各会员国对该国不得给予协助"。第5条规定:

> 联合国会员国,业经安全理事会对其采取防止或执行行动者,大会经安全理事会之建议,得停止其会员权利及特权

之行使。

本条款所述的"防止"和"执行"行动是指安理会根据第 40、41 和 42 条授权采取的行动。第 40 条规定以临时措施采取"防止行动"。这些措施是安理会的命令,各会员国必须遵守。第 41 条和第 42 条授权安理会执行其决定,要求联合国会员国采取某些措施,或通过安全理事会所掌握的空中、海上或陆上部队直接采取行动。同样,安全理事会根据第 41 条和第 42 条采取行动,不只是向会员国建议可能的步骤以应付对和平与安全的威胁,还可以决定措施并根据《宪章》决定哪些会员国有义务去执行命令。

安理会根据第 40、41 和 42 条采取的行动应区别于安理会根据第 39 条或联合国大会在履行《宪章》第四章规定的职责时所提出的建议。大会行使第 10 条和第 11 条规定的权力时,曾在若干场合建议使用武装部队,比如联合国为击退朝鲜发生的侵略和维护刚果秩序所采取的行动。尽管很久以前就有人争辩,这些措施构成"行动",只能由安全理事会负责,但大会还是采取了这些行动。大会的权力只是在和平与安全领域提出建议,因此不能认为大会行使权力是"防止性"或"强制性"的行动。

想区分安理会的措施是义务还是"行动",一方面要看措施是由安理会还是由联合国大会建议的;另一方面要看其是否能得到国际法院咨询意见的支持,例如"联合国的某些开支"(1962 年 7 月 20 日)。国际法院认为,联合国大会和安理会在苏伊士和刚果采取的措施并非是强制性的,部分原因是这些措施只是对参与国的建议。国际法院特别指出:

"行动"一词是指完全属于安全理事会职权范围内的行动。例如根据第38条,它不能指安全理事会可能提出的建议。因为根据第2条,联合国大会具有同等的权力。完全属于安全理事会职权范围内的"行动"是指《宪章》第七章标题所列明的行动,即"对于和平之威胁、和平之破坏及侵略行为之应付方法"。如果第2条第2款中的"行动"一词被解释为联合国大会只能就抽象地影响和平与安全的一般性问题提出建议,而不能就具体案件提出建议,那么该款就不会规定大会可就各国或安全理事会提交的问题提出建议。因此,如果必要的行动不是强制执行行动,第2条第2款最后一句就不适用。

因此,就联合国机构而言,"执行行动不包括联合国机构采取的并非对所有成员具有强制性的行动"。在第53条第1款中,"执行行动"指的是一个区域组织的行动,而不是联合国的机构的行动,但在此情况下,必须赋予这两个词相同的含义。因此,第53条第1款中的"执行行动"并不包括区域组织采取的行动,因为该行动只是对联合国会员国的建议。

正如上文所讨论的,授权实施隔离的决议是根据《里约热内卢条约》第6条商定的。作为"使用武力"的建议,该条约第8条有特别授权。依照第20条的明确规定,这项措施经协商机构商定后,各会员国无义务执行。《里约热内卢条约》的签署国没有义务执行该项建议隔离的决议,因此不构成第53条第1款规定的"执行行动",所以该行动无须安理会授权。

问题

（1）回顾本章导言中概述的肯尼迪总统在密西西比州面临的国内危机和他在古巴面临的国际危机的类比。这个类比在哪些方面出现了问题（如果有的话）？相对于政治考虑而言，法律方面的考虑因素在此情况下和在彼情况下所具有的意义是否不尽相同？是否应该如此？如果不是，那么亨金教授的观点：如果没有国际法，各国将"永远处于相互战争的状态"。是这样吗？

（2）《重述》将国际法定义为规范国家间关系的法律。鉴于欧洲一体化、苏联解体，你如何预见我们国家的未来？国家体系可能会出现什么代替形式？国际法将发挥什么样的作用？

（3）回顾伊拉克入侵科威特的事实情况和联合国的反应。如果美国部队在科威特政府的邀请下单独行动，按照谢弗所描述的四种学派：传统学派、新现实主义学派、联合学派和行为学派的观点，美国采取武装响应是否是正当的？

（4）欧利希是否有充分理由证明美国对古巴隔离的法律辩护比对入侵多米尼加的辩护更有说服力？即使多米尼加的入侵本可以具有更有说服力的辩护？这个分析又将美国1989年入侵巴拿马的防御行为置于何处？按照欧利希的建议，这种防御会得到加强吗？需要采取哪些步骤？为什么要试图提出一个更好的法律论点？根据欧利希的分析，你如何评价美国保护沙特阿拉伯不受伊拉克侵害的决定？

（5）在古巴导弹危机中，美国是否会像美国政府内外的许多国际法专家力劝的那样，按照《宪章》第51条，为自己的行为提出更有力的法律依据辩护？如何能够加强论证根据《联合国宪章》第八章的规定而提出的论点？

（6）思考迪安·艾奇逊（Dean Acheson）的以下评论（57 A. S. I. L. Proc. 14［1963］，美国国际法学会第 14 次会议，会议论文集，1963 年，第 57 页）：

> 我必须得出这样一个结论：古巴隔离的适当性并不属于法律问题。美国的权力、地位和声望遭到了来自另一个国家的挑战；法律根本不涉及这种终极权力——无限接近主权的来源——的问题。我不相信有法律原则说我们必须接受现有生活方式的毁灭。如果学习过法律史和法律思想的实干家们制定一个原则，谴责对维持这种至上权力至关重要的行动，比如美国在去年 10 月采取的行动，并使其原则得到普遍接受，人们一定会感到惊讶。这样的原则对限制程序的发展百害而无一利。任何法律都不能摧毁创造法律的国家。国家的存续不是一个法律问题。
>
> 然而，从古巴隔离采取的行动中可以发现被动接受原则造成的影响。这些原则是程序性的，旨在减少可能发生的冲突的严重程度。在采取激烈行动之前，设置预留了理智的延迟期，创造一个"冷却期"来考虑他人的观点。美洲国家组织的重要性也是程序性的，强调集体行动的可取性，从而创造了行动的共同标准。在国内工业领域内，我们十分熟悉这些令人满意的成果。
>
> 在 10 月份，面对与其自身和外部利益有关的严重的政策和程序问题，美国采取了正确的行动。"正确"的意义远不

止是合法的,还是成功的。美国以符合道德约束的方式解决了非常严重的政策问题。

艾奇逊所说的"古巴隔离的正当性不是一个法律问题"是对的吗?他是什么意思?是在说在这种情况下,美国可以不顾国际法为所欲为吗?还是在说国际法不适用于这些情况?国内事务有没有类似的情况?

(7)欧利希建议,《联合国宪章》第2条第4款应同《美国宪法》第14条修正案规定的"正当程序"条款采取同样的分析。显然在过去近十年中没有这样的进展,当前国际社会是否应该考虑这一建议?你怎么看?

第三章　使用武力的国际法渊源

在第二章中,我们讨论了法律在规范使用武力方面的作用。在本章中,我们将首先讨论规则如何获得法律的血统。为什么各国认为一些规定具有法律约束力,而另一些规定只是建议性的?就我们的目的而言,最重要的是,禁止使用武力是否是《宪章》之外的一项具有约束力的法律规则?答案取决于我们是否能将其追溯到国际法律规则的来源之一。

自 1920 年以来,《常设国际法院规约》和现在的《国际法院规约》都将条约、习惯和一般法律原则列为国际法的来源。本章对这些来源进行了描述和讨论,特别是詹尼斯的摘录。我们还讨论了为什么各国政府接受条约、习惯和一般原则作为具有约束力的法律规则的来源。在这个问题上,我们少有共识。

亨金教授和新的《美国对外关系法重述》(第三版)的其他报告人采取的立场是,一个来源必须得到国家的同意,我们才会认为它是法律规则的权威性渊源。然而,泰森认为,无论国家是否同意,有些规则是道德强制性的。这两种观点都有吸引人的特点:如果没有正义或道德的基本概念作为该体系的一部分,一个公正的法律体系怎么可能存在?然而,如果法律体系的成员不接受一项戒律,那么这项戒律又怎么能作为一项规则而有效呢?

也许是因为这两种方法都有吸引人的特点,现在国际法中一组被称为"强行法"的强制性规范的存在和性质是混乱的。在关于条约法的一项重要国际协定的谈判中,各国政府代表接受了国家不得违反国际法强制性规范或强行法规则制定条约的观点。然而,丹尼连科指出,我们还不知道强制法规则是来自于同意还是某种不必同意的国际法规范性来源。

这场关于国际法渊源的基础辩论对我们研究使用武力的法律是重要的。国际法院在"尼加拉瓜案"中认定,禁止使用武力是国际条约和国际习惯法的一项具有约束力的规则,也是一项强行法规范。请注意法院是如何得出这些结论的。它采用了哪些证据?比较法院的裁决和克拉克的摘录,后者的结论是,我们没有足够的证据来证明禁止使用武力是一项具有约束力的规则,更不用说是一项强行法规则。你认为哪一个结论更有说服力?你对国际法的渊源持何种观点,该观点如何能支持你的结论?

国际法的渊源

在国内法律体系中,法律是由立法机关、法院或行政人员制定的。但个人可以在小城镇、企业、教会或俱乐部中通过正式投票或实践的方式制定规则。比起第一组例子,国际法律的制定更像第二组例子。所有国家成员以及在一定程度上的国际组织都可以参与。然而,如果没有正式的立法机构,可达成一致的国际规则比国内规则更难确立。《国际法院规约》第38条第1款是对国际法渊源的经典描述。《美国对外关系法重述》(第三版)的报告人最近试图修改来源清单,使之更符合国际法中以同意为基础的义务理论。请注意《重述》(第三版)与《国际法院规约》第38条的不同之处。这些修改是否适当？是否具有实用性？

《国际法院规约》，第38条

1. 法院的职责是根据国际法决定对向其提交的争端做出裁决,应适用：

（a）制定为竞争国明确承认的规则的一般性或特殊性国际公约；

（b）国际惯例,作为公认为法律的一般惯例的证据；

（c）文明国家公认的一般法律原则；

（d）在不违反第59条规定的情况下,司法判例及各国权威最高之公法学家学说作为确定法治的辅助手段。

2. 如果当事各方同意,本规定不影响法院依法裁决案件的权力。

《美国对外关系法重述》(第三版)，第102条,国际法的渊源

1. 国际法的规则是已经被国际社会所接受的规则,且：

（a）以习惯法的形式；

（b）在国际条约中；

（c）衍生于世界主要法律体系中常见的一般法律原则。

2. 国际习惯法来源于一般的、持续的国家实践且国家对实践的遵守形成了法律确信。

3. 国际条约为条约缔约国之间创设法律,当条约以国家的普遍遵循为目的并且在事实上已经被广泛地接受时,则可能引起国际习惯法的产生。

4. 主要法律体系中常见的一般法律原则,即使没有包含在或没有反映在习惯法或国际条约中,合适的情形下也可以被援引为国际法的补充规则。

《美国对外关系法重述》(第三版),第103条,国际法证据

1. 一项规则是否已成为国际法,取决于与该规则据称来源的特定来源相适应的证据(第102条)。

2. 一项规定是否已成为国家法,很大程度上取决于它是否是:

（a）国际司法、仲裁机构的判决和意见;

（b）国内司法机关的判决和意见;

（c）学者的著作;

（d）承诺一项国际法规则的国家发表的声明,而其他国家并没有对这些声明提出严重挑战。

条约

引言

条约并不是简单的合同,而是政府行为,因此也具有法规、法典和宪法的特点。条约法的基本原则一般用拉丁文格言"有约必守"(pacta sunt servanda)或"条约必须信守"(《维也纳条约法公约》第23条)来阐述。这句格言不仅仅是一个不言而喻的道理,它的意思还是,一旦条约得到正式签署和批准,就必须真诚地遵守其规定,而不论条约是以何种方式缔结的。但正如在国内合同法中一样,很难证明或维持如此绝对的原则。

正如大多数谚语都有一个与之相反的谚语一样,条约基本规则的例外情况往往体现在另一句格言中,即"情势变更原则"或"事物并非一成不变"。从最简单的字面表述来看,这一原则差不多是不言而喻的道理。它的意思是,如果缔约国之间的关系或与条约有关的情况发生重大变化,一方可以宣布条约结束。(参见《维也纳条约法公约》第59条。)

《维也纳条约法公约》节选

第2条 用语

就适用本公约而言,称"条约"者,谓国家间所缔结而以国际法为准之国际书面协定,不论其载于一项单独文书或两项以上相互有关之文书内,亦不论其特定名称如何;

第27条 解释之通则

1. 条约应依其用语按其上下文并参照条约之目的及宗旨所具有之通常意义,善意解释之。

2. 就解释条约而言,上下文除指连同弁言及附件在内之约文外,并应包括:

(a) 全体当事国间因缔结条约所订与条约有关之任何协定;

(b) 一个以上当事国因缔结条约所订并经其他当事国接受为条约有关文书之任何文书。

3. 应与上下文一并考虑者尚有:

(a) 当事国嗣后所订关于条约之解释或其规定之适用之任何协定;

(b) 嗣后在条约适用方面确定各当事国对条约解释之协定之任何惯例;

(c) 适用于当事国间关系之任何有关国际法规则。

4. 倘经确定当事国有此原意，条约用语应使其具有特殊意义。

第59条 情况之基本改变：

1. 条约缔结时存在之情况发生基本改变而非当事国所预料者，不得援引为终止或退出条约之理由，除非：

（a）此等情况之存在构成当事国同意承受条约拘束之必要根据；及

（b）该项改变之影响将根本变动依条约尚待履行之义务之范围。

2. 情况之基本改变不得援引为终止或退出条约之理由：

（a）倘该条约确定一边界；或

（b）倘情况之基本改变系援引此项理由之当事国违反条约义务或违反对条约任何其他当事国所负任何其他国际义务之结果。

对第59条的说明：

1. 无论现代法学家们有多么不情愿，他们中的几乎所有人都得承认本条所涉及的原则在国际法中的存在，这一原则通常被称为"情势变更"说，正如许多国内法体系所认为的那样，除了实际不可能履行之外，合同可能由于情况发生根本变化而变得不适用，因此，条约也可能因为同样的原因而变得不适用。但是，同时，大多数法学家发出了强烈的警告，他们认为需要限制这一学说的范围，使之范围更窄，并且要严格规定该学说的援引条件。因为这一学说在没有任何强制性管辖的一般制度的情况下对条约的安全所造成的危险是显而易见的。国际生活环境总是在不断变化，声称这些变化导致条约不再适用是很容易的。

……

6. 委员会的结论是，如果对这项原则的适用加以仔细界定和管制，该原则就应当在现代条约法中占有一席之地。一项条约可能长期有效，其规定由于情况发生根本变化而给其中一方造成不应有的负担。然后，如果另一方顽固地反对任何修改，加之国际法除了通过同一缔约国之间的进一步协定之外不承认任何终止或修改条约的法律手段，这一事实就可能使有关国家之间的关系严重紧张；不满的国家最终可能被迫在法律之外采取行动。要求应用这一规则的案例数量可能相对较少。有针对第51条的评论指出，大多数现代条约会持续较短的时间，或者是加入以年为单位的周期性条款，并附加在每个周期结束时废除条约的权力。在所有这些情况下，要么条约自动失效，要么有权终止条约的每一方也有权对另一方施加压力，使其修改其条款。但是，在某些情况下，如果没有任何协议，根据条约，一方可能无权从过时和烦琐的规定中获得任何法律补救。正是在这些情况下，情势变更原则可以作为一种杠杆，诱发另一方妥协。此外，尽管对它经常表示强烈的保留意见，但有相当多的证据表明国际法接受这一理论，似乎暗示了承认条约法需要这一安全阀门。

7. 在过去，这项原则几乎总是以一种默示条件的形式提出，这种默认条件隐含在每一项"永久"条约中，一旦情况发生根本变化，该条约就会解除这项原则。但是，委员会注意到，如今的趋势是把所暗示的术语仅仅看作是一种虚构的说法，企图以此调和因情况发生根本变化而解散条约的原则与条约必须信守的规则之间的矛盾。在大多数情况下，当事各方没有考虑到改变情况的可能性,如果他们考虑到了,本该以不同的方式做出规定。此外,委员会认为这种虚构是不可取的,因为它增加了主观解释和滥用的危险。出于这个原因,委员会同意默示条件的理论必须被拒绝,原则必须被制定为一种客观法律规则,通过该规则,在公平和正义的基础上,可将一方终止协议确立为特定情况下的根本情势变更。它还决定,为了强调这一规则的客观性质,最好也不在文本或标题中使用"情势变更"一词,从而避免该词的隐含性理论含义。

8. 委员会也认识到,过去法学家们常常在所谓的永久性条约中限制此原则的应用,即对条约的终止没有做出任何规定。但是,委员会认为,当局支持的限制这一原则的理由并不能令人信服。当一项条约的期限被规定为 10 年、20 年或者 99 年时,它并不能排除那些可能发生的、从根本上影响条约基础的情况根本变化。本世纪发生的灾难性事件表明,在短短 10 年或 20 年内,情况可能发生根本性变化。如果该学说被认为是建立在公平和正义基础上的客观法律规则,似乎就没有任何理由在"永久"条约和"长期"条约之间进行区分。此外,实践并不能完全支持这一原则仅限于"永久"条约这一观点。

国际习惯

按语

《维也纳公约》是一项界定和管理国际条约的条约。但是,该类条约一般不界定和管理习惯。这可能是因为,正如詹尼斯所指出的那样,通过习惯创造法律与其说是科学,不如说是艺术。当你阅读詹尼斯的摘录时,考虑一下我们是否可以制定令人满意的规则来规范国家政策的最基本问题:何时使用武力。还有其他更好的方法吗?条约、习惯和一般原则的优缺点又分别是什么?

习惯和其他国际法渊源

马克·W. 詹尼斯①(Mark W. Janis)

除了国家在条约中表示的明确同意外,还有大量种类繁多的国际法律规则是通过其他手段产生的。有时,这些其他种类的国际法被归入"一般国际法"或"国际普通法"等描述性词汇下,但它们通常以其更具体的称谓而更为人所知:国际习惯法、一般法律原则、自然法和衡平法。尽管来源不同,但不以条约为基础的国际法规都有某些共性特点。暂且不论其他方面,有时这些叙述性规则可能比其他从国际协定中产生的规则要更普遍适用于世界各国。不过,这种规则的提法一般较不明确,因而在实践中往往更容易受到怀疑。

A. 国际习惯法

1. 作为国际法的习惯

习惯是法律规则的来源,这种观念由来已久。罗马法认为"由习惯认可的规则构成了不成文法;长期持续的习惯经其使用

---

① 詹尼斯,《国际法概述》,1988年,第35—50页,第53—54页。(脚注和文献省略)

者同意认可后就发挥了成文法的效力"。深受古典传统的影响的现代国际法的奠基人,格劳秀斯(Grotius)认为"对国际法的证明类似于对不成文法的证明;它存在于完整的习惯中,也是其熟习者的行事依据"。在18世纪末和19世纪初的主要国际法文本中,瓦特尔(Vattel)将"国际习惯法"定义为"某些经过长期使用而被奉为神圣,并被各民族在相互交往中作为一种法律加以遵守的准则和习俗"。最近,布赖尔利(Brierly)解释说,国际习惯法"被遵循它的人认为是具有强制性的惯例"。

对大多数现代国际律师来说,国际习惯法和条约法一样,是国际法的两种主要形式之一。事实上,直到20世纪,习惯才经常被看作是国际法的主要渊源。然而,目前公认的国际法渊源的清单,即《国际法院规约》第38条,使"国际习惯,作为通例之证明而经接受为法律者"仅居第二位,排在国际协定之后。然而,尽管条约大量增加,许多国际议题却未被触及,而且大多数国家并非大多数条约的缔约国。因此,习惯仍然是国际法的一个非常有用的第二来源,它补充了条约规则,并有可能在更广泛的范围内对国际关系中的各方进行规范。

习惯作为国际法渊源这一概念背后的基本思想是,国家在其国际实践中或通过其国际实践可以默示同意制定和适用国际法律规则。从这个意义上说,国际习惯法理论只是解释为何条约是国际法的契约理论的一个隐含方面。对于那些像俄罗斯法学家图恩金一样,坚持以某种最终的积极的国家行为来制定任何国际法律规范的国际律师来说,条约和习惯构成了国际法的唯二确定来源。然而,大多数国际律师都愿意超越条约和习惯,通过探索一般的法律原则、自然法和衡平法来寻找国际法,尽管几乎所有人仍然同意条约和习惯是国际法的主要来源。

国际习惯法的一个可能的优点是,它有时比根据条约制定的国际法更具有普遍适用性。正如1820年美国最高法院所认定的那样,国际习惯法的规则通常被认为是"社会的普遍法则"。然而,有些国际习惯法可能被确定为仅是区域性的,有些国家甚至可能不受一般国际习惯法的约束。例如,在1950年的庇护权案中,国际法院认为,即使哥伦比亚能够证明美洲的区域性习惯规定,即"在法律上,一国有资格给予其大使馆内的避难者以庇护,无论这些避难者是普通刑事犯还是政治犯",也不能对秘鲁援引"这种习惯",因为秘鲁远没有遵守这种习惯的态度,相反,它拒绝批准1933年和1939年的《蒙得维的亚公约》,该公约首次涉及了一项有关外交庇护的罪行资格问题的规定。

> 违反国际习惯法的国家实践、反对国际习惯法的国家实践和以新国际习惯法取代旧国际习惯法的国家实践之间的界限往往难以区分。从那些将国际法视为国家和国际公共政策研究的人的角度来看,关于国际习惯法的主张和反诉构成了其主题的核心。

人们可以设想,国际习惯法与条约一起构成了一套或多或少完整的法律体系——用可适用和可识别的规则处理可能出现的大量问题。在现实中,由判例和国际习惯法所构成的一套法律规则是不完整的。国际法经常出现的一个问题是,有些行为领域可以由惯例或习惯规则所涵盖,但却找不到以明示或暗示的国家同意为基础的规则。在这一阶段,国际律师往往求助于非协商一致形式的国际法和衡平法来填补空白。

2. 国际习惯法的艺术

国际习惯法的确定与其说是一种科学方法,不如说是一种艺术。这种艺术的一个很好的例子是对美国最著名的一宗依赖国际习惯法的案例的司法推理,美国著名的帕克特哈瓦那号案(the Paquete Habana)。1898年4月,美西战争开始时,两艘古巴渔船——帕克特哈瓦那号和洛拉号(the Lola)——定期在公海上捕鱼,完全不知道美国和当时的古巴殖民统治者西班牙之间爆发了敌对行动。帕克特哈瓦那号和洛拉号被美国军舰俘获,运到佛罗里达州的基韦斯特。当地的美国地方法院将这两艘军舰宣布为战利品并进行拍卖,收益纳入美国国库。古巴船主则投诉说,美国俘获和出售这两艘船违反了国际习惯法。

联邦最高法院从下列议题开始分析习惯:

> 根据从几个世纪前开始并逐渐成熟为一项国际法规则的文明国家的古老惯例,从事捕捞鲜鱼的沿海渔船,连同其货物和船员,被认为能从战争捕获中豁免,免于被俘。

然后,法院裁决的大部分内容用于证明这一论点。法院对习惯规则的论证始于按时间顺序对国家实践的调查,从"最早可获得的资料来源,到(该规则)得到越来越多的承认,虽偶有挫折,到我们现在可以理直气壮地认为:它在我们国家和整个文明世界均得到最终确立"。我们最先要研究的资料是英国国王亨利四世根据他和法国国王之间于1403年和1406年签订的条约所颁布的命令。这些15世纪的英国法令规定,法国渔民在英格兰附近捕鱼时,以及在往返渔场时,不得受到干扰。据了解,英国渔民将得到法国国王的对等特权。法院随后援引了1521年法国和德意志皇帝之间的条约以及1536年法国和荷兰的互惠法令详述的类似保护措施。

令人怀疑的是,法院期望这些早期国家实践的例子表明早在15或16世纪就有一项保护渔民不受战时扣押的国际法律。然而,证据往往显示出完全相反的结果。如果在战争时期也不得骚扰渔民是早已被认可的国际习惯法,那么这种惯例的保护也许就没必要了。当然,最高法院不需要去证明在15和16世纪存在着这样一项国际法律规则;它只需要在20世纪之交找到一个规则,按其说法就是"一种古老的惯例……逐渐形成国际法规则"。可能习惯法的概念应该这样表述:最初只是惯例,经过一段时间后,就变成了法律。问题是如何知道这种惯例是何时形成的以及是否形成了(习惯法)。

形成的一个要求是,实践行为必须或多或少是统一的。在帕克特哈瓦那号案中提到了1403、1406、1521、1536、1543、1561、1675、1681、1692、1779、1780、1785、1793、1796、1798、1799、1806、1828、1846、1859、1870和1894年的国家保护行为。虽然也有一些例子表明:渔民在战时被宣布是准予捕获的对象,但法院发现,这些例子的数量很少,也不那么有说服力。实践(惯例)应该是一致的,但不一定是完全一致的,也不一定非要是古老的。国际法院在北海大陆架一案中,提出"只要该实践行为适用的数量广泛、标准又几近一致,那么(习惯)形成时间的短暂,或其本身,并不必然构成形成一项新的国际习惯法规定的障碍"。

确定国际习惯法不仅仅是记录合理一致的国家实践的问题。即使我们已经证实大部分国家惯例的证据都以某种方式显示出来,问题仍然是这样一种统一的国家惯例如何或为什么能成为法律规则。正是在分析的这一点上,国际律师开始谈到国际习惯法的一种心理和历史因素,即所谓的必要法律意见,或如《重述》(第三版)所说的"法律义务感"。

就其功能而言,法律意见可被认为是一种解决方法,它将国家实践实例的历史解释的实质转变为一种更灵活的形式:可适用于当前问题的国际习惯法规则。

没有法律意见,可能只存在或多或少缺乏法律意义的历史教训。正如国际法院所裁定的那样:"因此,有关国家必须感到它们正在遵守相当于法律义务的东西。行为的频繁性,甚至习惯性本身是不够的。"

那么,人们如何知道这种"法律义务感"是否发挥了作用呢?一种方法是询问以一贯方式行事的国家这样做是否只是出于方便,还是承认这样做是因为它们受到国际法的强迫。然而,这可能是一个难以回答的事实问题。例如,在帕克特哈瓦那案中,我们只能找到被承认的强迫的痕迹。在上文提到的1521年的法德条约中,据说渔民的产业是"上天赐予的,减轻穷人的饥饿的恩赐"。这是否意味着,在某种程度上,法德两国的君主,在同意保护渔民时,是在遵循某种宗教的命令?1779年,路易十六的一项法令,以一种更为理性的心态,提到"能够激励国王的人性情怀"。这种人道主义情绪是否足以构成法律强制的充分理由呢?对此问题更有帮助的是,拿破仑针对1801年英国扣押法国渔船一事发表的控诉。他认为,该行为"违反了文明国家的一切惯例,也违反了即使在战时也适用于它们(这些渔船)的普通法"。

然而,这种法律确信的正式的国家表达的例子说服力很弱,在哈瓦那号案中也很少见,而且实际上,在实践中也不普遍。往往人们发现的只是没有任何承认遵守国际法规则的前提的国家实践。这应该不足为奇。各国可能经常以习惯的方式行事,但却没有必要宣布这是因为它们在某种程度上感到有法律义务这样做。事实上,比起规则被接受之时,关于国际习惯法规则的官方表达,更可能发生在这些规则产生冲突和对其产生怀疑的时候。

法学家和法官,而不是国家,往往是表达国际惯例在某一阶段已成为国际习惯法的意见的更有用的来源。此处有必要记住,《国际法院规约》第38条第1节第4部分提到,"各国之司法裁判及最有资历之国际法学家之教诲,为确定法律规则之辅助方法"。正如我们在下文中所探讨的那样,法官和国际法学家对国际法做出贡献的重要方式之一是解释国家惯例,并在这种惯例达到真正可被视为国际习惯法的程度时发表意见。比起国家,法学家和法官更经常是法律意见这一神奇药水的有效酿造者。

3. 国际法证据

用来确定国际法的证据是多种多样的。美国国务院列出的"国际法制定的来源"包括"条约、行政协议、立法、联邦法规、联邦法院判决、国会和国际机构的证词和声明、外交照会、信函、演讲、新闻发布会声明,甚至内部备忘录"。仅仅收集有关资料来衡量和评价关于国际法规则的法律论点有时是一项令人生畏的任务,比寻找国内法规则的证据要复杂得多。

首先,我们上面提到的许多条约不仅在《国际条约汇编》中,而且在许多《国家条约汇编》中,例如为美国拟订的或由美国拟订的条约中都可以找到。此外,还有许多关于国际法院和地方法院就国际法问题所做决定的报告。当然,在书籍和期刊中也有大量关于国际法的学术材料。

作为国际法证据的汇编,最具特色的是对各国国际法实践的摘要。美国一直是这一领域的先驱,长期以来,出版了关于其国际法实践的官方百科全书式摘要:1877年由卡德瓦利德出版,1886年由沃顿出版,1906年由摩尔出版,1940年开始由哈克沃斯出版,1963年开始由怀特曼出版。从1973年开始,国务院法律顾问办公室编写了《国际法年度摘要增补》。作为确定国际习惯法的一种手段,这种汇编的价值已得到广泛承认。例如,欧洲委员会建议其成员国"出版关于国际公法领域中国家实践的摘要",并为这些摘要的组织和内容提供了指南。

4. 国际组织的决议和建议

虽然很少有人怀疑国家的实践是国际习惯法的良好证据,但其他可被视为可接受的材料更有争议。特别引起争论的是国际组织的实践的法律效力。毫无疑问,可以通过条约授予国际组织制定规则的权力,从而削弱会员国的主权特权。例如,在《罗马条约》(Treaty of Rome)中,成员国将大量经济职能委托给欧洲共同市场就是这种情况。在没有这种明确授权立法权的情况下,国际组织的决议和建议的价值就不那么确定了。

大部分的争论围绕着联合国大会,由《联合国宪章》赋权"发起的研究,并为促进国际合作的目的提出建议在政治领域的逐步发展,并鼓励国际法及其编纂"。这些研究报告和建议本身并不是一种国际立法形式。然而,大会决议经常被用作国际习惯法的证据。例如,国际法院关于西撒哈拉的咨询意见,很大程度上是依赖大会决议来确定有关人民自决权利的基本法律原则的。联合国大会本身已建议"国际法院考虑其声明和决议",作为"反映国际法发展"的一种方式。

说明国际组织各项决议和建议的法律效力的最合理方法,是注意到这些决议和建议是对一些国家就某一具体法律问题或主题所同时采取的态度的特别有用的证据。一个国家就某一国际组织的事项进行投票表决,这本身就是该国的一种行为。在某些情况下,许多国家就一具体问题的投票可能表明对一项惯例规则达成了协商一致意见(或缺乏协商一致意见)。因此,正如在德士古与利比亚的仲裁案中担任独任仲裁员的迪皮伊(Dupuy)教授认为的那样,各国就联合国决议进行投票,此项决议有助于国际习惯法在外国财产国有化方面的适用。因为西方国家的反对,最终没有采用三个1974年的联合国决议,而选择采用1963年的联合国决议,在这项决议中,发达国家和发展中国家达成一致,"属于各代表集团的大多数国家的合意毫无疑问地表明,他们普遍承认其中所包括的规则"。国际组织的决议有时被视为"软"国际法的一种形式,"既没有严格的约束力,又不是完全没有任何法律意义的规则,……但随着时间的推移,它可能会成为国际习惯法"。

正如我们下文所探讨的,辨别和发展国际习惯法的大部分工作是由法官在准备和做出司法判决的过程中完成的,也由研究和撰写法律学说的学者参与。国际法委员会也发挥了相当类似的作用。国际法委员会于1947年由联合国大会创立,由来自许多国家的34名法学家组成。它的任务是帮助发展和编纂国际法，优先考虑大会的要求，它也可以把它自己、其他国际组织和各国建议的议程项目列入其议程。国际法委员会已经编写了若干重要的国际公约的早期草案。同国际组织的决议和建议一样，国际法委员会的报告和草案的证据价值有时可能也是不确定的。《国际法委员会章程》第15条确认了"逐渐发展国际法"和"国际法编纂"之间的区别，前者即"就国际尚未订立规章或各国惯例尚未充分发展成法律的各项主题，拟订公约草案"。国际法委员会的报告或草案越是不代表一种"进步的发展"，越是被视为一种"编纂"，它就越能证明国际习惯法。然而，做出这样的描述可能并不容易。回顾国际法委员会为起草条约法公约草案所花费的漫长岁月，伊恩·辛克莱（Ian Sinclair）指出，在实践中想将逐渐发展和编纂区别开来，"对委员会而言，证明是极其困难的"。

5. 粗糙的国际习惯法

没有贬低国际习惯法的巨大效用的意思，但有时，必须承认这种国际法形式受到了一些严重错误的影响。首要的事实是，国家的实践做法往往是多样化的，以致可能很难甚至不可能找到足够一致的实践，并从中抽象出一项国际习惯法规定。哈兰（Harlan）法官在萨巴蒂诺（Sabbatino）一案中强调了这一问题，他沮丧地指出："在当今的国际法中，几乎没有什么意见，能像限制一个国家征用外国人财产的权力这样，引起如此之大的分歧。"如果找不到任何条约来对这一事项进行权威性的规制，那么也无法确定，国际习惯法可以提供一个明确的规则来填补这一空白。

其次,即使有一个国家、法官或其他观察员认为现有证据确立了国际习惯法的规范,也不能保证另一个决策者会得出同样的结论。国际习惯法的发现,或多或少是出于主观衡量证据和主观性尺度,正所谓见仁见智,因人而异。因此,例如,美国认为尽管它没有批准《海洋法条约》,但它的某些公海自由也是受到国际习惯法保护的,这一结论遭到其他国家的反对。

最后,制定国际习惯法的过程本身往往会激化冲突而不是减少冲突。当各国对国际法应该是什么有不同的看法,当它们无法通过条约制定共同规则时,它们完全可以在国际关系中以有意制订国际习惯法的方式来行动和反应,至少要阻止另一个国家喜欢的那个规则的版本成为国际习惯法,或为该规则确立一个例外。因此,在渔业管辖权案件中,国际法院认为挪威没有义务遵守关于划定海洋基线的一般习惯规则,因为挪威长期以来执行的是一项相反的原则。如今,海洋国家和沿海国家经常陷入严重的立法和违法的对抗,例如,一方面保护公海自由,另一方面扩大国家海洋区域,如在锡德拉湾。

B. 非共识性国际法渊源

条约和习惯所编织的国际法结构中的空白有时可能需要我们寻找其他的国际法来源。然而,这种来源是否存在以及它们可能是什么是相当有争议的问题。由于许多人,特别是法律实证主义者认为,制定任何国际法律规则的关键步骤是国家同意,所以既然其他种类的国际法律规则大多是基于非协商一致的基础,那么这种其他规则是存疑的。当然,从自然法的角度来看,非共识性规则更容易被接受。无论理论上的障碍是什么,在实践中,非共识性的来源在国际法中发挥着重要作用。

1. 法律的一般原则

国际法最常依赖的非条约、非习惯渊源是所谓的"国际法通则"。这一渊源的典型陈述出现在《国际法院规约》第38条第1款(c)项的内容里,位于条约和习惯之后。法院被指示,对于"陈诉各项争端,应依国际法裁判之",裁判时应适用"一般法律原则为文明各国所承认者"。虽然"文明国家"一词,曾一度是为了将条款的范围,限制在欧洲国家或被承认为欧洲国际政治体系参与者的国家,例如美国,以及其他的后来者。现今,日本已认识到,对一般的法律原则的寻求者应包括来自世界各地的主体。

尽管有些人自由地建议,作为国际法的渊源的一般原则的实用性允许国际律师适用自然法,但是另一些人则严格地主张:法律的一般原则只有从国际惯例中抽象出来时,才可以成为一项国际法。使一般法律原则成为国际法渊源的最常用方法是比较法。这一方法的基本概念是,一般法律原则是一些基本的法律主张,几乎在每一个法律体系中都能找到。当条约和国际习惯法不能提供一项必要的国际法规定时,可以通过比较法展开研究,以查明各国法律制度是否都在使用一项共同的原则。如果找到这样的一项共同原则,那么就可以假定,可将这一类似的原则用于填补国际法上存在的空白。《重述》(第三版)规定:"主要法律体系所共有的一般原则,即使没有被纳入习惯法或国际协议,也可酌情援引作为国际法的补充规则。"

作为比较法的一种实践,寻找一般法律原则是普通法传统中律师们所熟悉的方法,在普通法传统中,法院经常调查其他州的司法判决。虽然这些其他司法管辖区案例不具有先例的约束力,但其他司法管辖区的裁决确实具有一定的说服力。事实上,如果一个法院没有先例指导,但如果大多数其他法院倾向于一个方向,法官可能会倾向于跟随主流。当然,当外国法院对类似的问题有不同的判决时,法官可能会觉得比较自由,可以从相互冲突的判决中任意选择。

同样,大陆法系传统的律师和法官也熟悉"法律的空白"问题,这个概念的前提是只有正式的立法机构才有权制定法律规则。当没有成文法可以解决争议问题时,那么可能需要有一个明确的授权,允许法院填补立法真空。在这种情况下,《国际法院规约》第38条第1款(c)项可被理解为明确授权法院利用一般法律原则来填补习惯法和习惯法留下的空白。

无论国内法在多大程度上与第38条第1款(c)项形成类比,使用一般法律原则作为国际法渊源的理论基础或理由究竟是什么仍然是一个问题。可以认为,只有《国际法院规约》才可以规定,有权适用法律问题的一般原则。只有在这种情况下,法院才有权查找规则,参照法律一般原则。法院之所以有权这么做只是因为各国已经明确地对此行为表示了同意。虽然这对国际法院来说可能是一个令人满意的理论解释,但一般来说这一理由并不充分,因为其他法院和其他机构利用一般法律原则作为国际法渊源的案例也有很多。

有一种主张认为:在主权国家允许将一般法律原则作为国际法渊源使用的过程中,存在着某种隐含的协商一致的协议。或者说,由于各国的国内法律体系中有某种共同的规范,它们不反对在其国际关系中适用同样的规范。然而,这些解释只是表面上看起来不错,实质上却并不然。在《国际法院规约》之外,人们很少能发现其他明示或暗示地表明同意使用一般法律原则的证据。如果人们希望使用一套建立在国家同意基础之上的理论,最好的办法也许是指出:如果各国不允许一般法律原则成为一项国际法渊源,它们可以提出抗议,然而这些国家并没有这样做。

实践中,接受一般法律原则作为一项国际法渊源,这样的行为几乎不会受到什么质疑。部分原因是一般法律原则是一种准合意性解释,另一部分原因在《国际法院规约》第 38 条第 1 款 (c)项里已经明确提及了。但这在很大程度上,也可以归因于一般法律原则很少被用来颠覆或修改现有的国际法规定。与此相反,一般法律原则通常只用来填补空白,或偶尔用来对国际习惯法的决定进行验证。

作为填补空白的一般法律原则,与其说是一些国际法律程序的特色,还不如说是一种法院判例的特色。在 AM & S 一案中,欧洲法院必须决定,在经济竞争调查中所找到的某些公司的文件是否应受到保护,以防欧共体委员会的检查,理由是这些材料涉及律师与客户之间的通信特权。但是,无论是《共同市场条约》还是其规章都未确立这种保密特权。最后,欧洲法院决定"考虑这些国家的法律在有关遵守保密方面的原则和共同概念,特别是在律师与客户之间的某些通信方面"。在对此进行了多方面的比较调查后,法院认为,尽管欧共体成员国的规定各有不同,但是"在类似的情况下,由于这些法律都保护律师和客户之间的书面通信的保密性,所以这些法律之间存在共同的标准。这也证实了,一方面二者之间的通信是为了保护客户的辩护权的目的和利益而进行的,另一方面是因为,这些通信来自于独立的律师,也就是说,这些律师与客户之间没有雇佣关系"。

其他法院也在各种各样的情况下,使用一般法律原则来填补空白。例如,国际法院在科孚海峡案(是发生在1964年的一起有关无害通过权纠纷案件。——译者注)中就求助于一般法律原则,证明其间接证据的使用是正当的,并辩称这种证据"在所有法律体系中均得到认可"。1984年的AMCO(AMCO公司和其他几家公司在印尼投资被占一案。——译者注)一案中,国际仲裁庭对印尼、荷兰、比利时、意大利、德国、丹麦、英国以及美国的法律进行了比较分析,找到了适用于国际法的一般法律原则,将"合同"定义为"一项基于思想、意愿和义务的协议"。此外,在最近的一项研究中,国际法院的莫斯勒法官发现,国际仲裁庭采用了一种比较的方法,为有关损害赔偿责任、不当得利、领土通行权、行政法和一事不再理等原则的国际规定确立了一般法律原则。

尤其是在美国法院,一般法律原则也被作为一种证明国际习惯法的证据来使用。例如,在费拉提诉皮纳-瑞拉(Filartiga v. Pena-Irala)(该案确立了对美国境外的侵犯人权的案件的司法管辖。——译者注)一案中,考夫曼法官在审查了各项国际条约禁止酷刑的规定后指出:一项调查显示,超过55个国家的宪法禁止酷刑。这项比较研究是由条约、国家惯例以及法官和国际法学家的意见等共同累积起来的,目的是建立一项禁止官方酷刑的国际习惯法规则。

个人当事方与外国之间签订的合同,特别是在投资环境下签订的合同,往往会提及一般法律原则作为法律选择条款。在这些情况下,当事人选择依靠一般法律原则来替代或补充具体的国内法。在这种情况下,法庭对一般法律原则的确定通常是通过比较法分析来实现的,这种分析与为填补国际法中的空白或为证实国际习惯法的结论而寻找一般原则时进行的分析大致相同。

各国通过同意①或者协议的方式制定法律。国家间的法律是根据各国"意愿"来制定、认可和接受的。任何其他来源的法律都不会成为国际体系的法律。这并不能否认自然法对国际法的贡献。在基督教君主让位于世俗国家之后,自然法曾普遍受到公认……即使在今天,自然法仍然或再次得到承认或接受(第十章)。但是,除非得到各国及其国家制度的承认或接受,否则它就不能成为国际法的一部分。国际常设法院对自治原则和同意原则做了一项经典的表述:

> 国际法适用于独立国家之间的关系。因此,约束着各国的法律规则源自于各国的自由意志。这些自由意志既体现在条约的表达中,也体现在普遍接受的能够表达法律原则的惯例中。法律规则的制定是为了调整这些共存的独立群体

---

① 在许多方面,特别是对习惯法而言,谈论同意或"不同意"可能更为准确。人们可能会把国家同意称为国际法的"来源",但这是对一个含糊不清的术语的特殊使用。人们常说,《国际法院规约》第 38 条规定了国际法的渊源,尽管《规约》本身并没有使用这个词。事实上,第 38 条在列举国际法院在按照国际法裁决争端时应适用的内容时,包括了两个不同顺序的事项:条约、习惯和"一般原则"。条约、习惯和"文明国家承认的一般法律原则"是法律的渊源,因为它们构成了规则或原则成为国际法的方式;司法意见和"最有资格的国际法学家"的著作可能更适合被称为法律的证据,因为法官和法学家的目的只是为了找到已经从所述渊源之一产生的法律;法官和最有资格的法学家在发现和解释条约、确定习惯法和确定一般原则方面大概是最有资格的。比较《重述》(第三版)的第 102、103 条。

之间的关系,以及实现它们的共同目标,因此不能对限制国家独立性的问题进行假设。

按语

亨金教授阐述了以同意为基础的国际法渊源或义务理论的基本原理。他的观点与詹尼斯有何不同?

在国家体系中制定国际法:自治和同意
路易斯·亨金①

国际法是由各国自己制定的,而不是由代表它们的立法机关制定的。法律制定需要"一致通过"而非由多数票来决定。在传统原则下,一个国家只受本国同意的法律约束。

令人觉得讽刺的也许是,在国际体系中,没有一个具有代表性的立法机构,这一直被认为是国际法的一个根本弱点。在致力于人民主权的民主社会中,代议制政府曾一度被认为是"退而求其次",它的发展由于人口的增长和分散使直接自治成为不可能。(一些人还认为,由精英代表组成的政府会是更好的政府,而直接由"人民"主导的政府是不可靠的,因为他们容易被煽动者所左右。)

事实上,从古至今一直都有一些小的社会,在这些小社会中,公民是通过所有人都直接参加的"市镇会议(town meetings)"而非通过代表来管理自己。人们可以把国家制度看作是由 170 个

---

① 《国际法:政治、价值和功能》,第 45—46 页,马丁努斯·奈霍夫出版社,1990 年。

实体(国家)自行制定法律的市镇会议。

虽然代议制民主已经意味着少数服从多数,但在国际体系中几乎没有什么少数服从多数的活动。归根结底,经常有人对制度缺乏立法机构进行抨击,这可能主要是在请求某种少数服从多数的票决制度,以方便立法。各国能够以少数服从多数的方式同意立法,当然在其他事务上也可以采用这种方式,例如,同意联合国大会批准本组织的预算。各国可以同意由一个代表机构立法,正如它们在设立和授予安理会和国际货币基金组织执行委员会的权力时所做的那样。但是这些例子是极其有限且特殊的。原则上,国际法还是由各国根据自己的意愿制定。

按语

泰森的观点和亨金的观点明显不同。他认为,不管国家是否同意,道德都必须在规则的发展过程中发挥作用。

惯例与道德理论

费尔南多·R.泰森①(Fernando R. Teson)

法律与道德的统一在国际法领域发挥着特别强有力的作用。国际法学者面临的一个主要的方法论难题是,如何决定为什么国家实践的具体事例应当被视为形成一种新的习惯规则,而不是被视为违反旧的国际法。更具体地说,国际法院和学者必须决定,这些是不是能跟人道主义干预的先例一起,为《联合国宪章》第2条第4款创造一个例外,或者应被视为违反该原则。

---

① 《人道主义干涉:法律和道德的探究》,第11—15页,1988年。

我认为,"N是一种国际习惯法规则"这种形式的命题,需要依赖价值判断,而这种价值判断反过来只能在更广泛的道德——政治理论的框架内来理解。当法院或一位公正的观察员(例如学者)为了寻找国际行为的模式而考察历史时,这种调查并不是没有偏见的,因为它并没有完全摒弃预先存在的观念。相反,选择国家实践的实例,即那些过去被视为惯例的历史片断,是由一个理论框架决定的,在这个理论框架内,道德因素发挥着重要作用。从这个意义上说,习惯法的发现不是一个客观的或价值中立的过程,也不应该是一个这样的过程。如果我们掌握了一种道德理论,经过深思熟虑,根据这种理论,我们认为自己是正确的,那么我们选择那些形成惯例规定的先例的过程,自然应以这种理论为指导。我认为,在比较宽泛的意义上,道德哲学是我们所认为的"国际法"的一部分。因此,本书第八章所研究的人道主义干涉案例被视为惯例的一个主要原因是,这些案例的过程和结果都是由一种道德理论来证明其合法性的,我希望证明,这种道德理论优于当前的不干涉主义选择……

　　总而言之,我认为,至少在武力使用和人权方面,国际法中"习惯"的确定以价值判断为先决条件。从这个意义上说,习惯法规则或原则的认定是哈特(Hart)观念上的内部认定,而不是外在的或描述性的命题。的确,我们可以说,例如,"N是X社会的惯例"。这是一个纯描述性的主张,并不意味着一种价值判断。然而,我们并不是X社会的一部分,因此,我们的判断只是外在的。与此相反,国际法院或法律学者所认定的"N是一项国际习惯法规则"的论断,则是从内部角度出发的。国际法关系到我们所有人,无论我们是否喜欢,我们都是国际法律制度的所有"主体"。提出这一主张的人做出选择,选择了一些先例,这一事实揭示了论点性质的取向,旨在证明国际习惯法规范的存在。

然而,这种价值选择并不是凭空而来的。国际法律话语并不是与道德哲学共存的。相反,国际法命题是政治理论背景下制度史(外交史、条约文本)和政治哲学的产物。因此,国家实践(也就是,制度的历史)在确定国际法的过程中得到解释。

因此,国家惯例仍然是国际法法律论证的核心试金石。但国际律师——与国际法院——无法通过对国家惯例和条约文本进行所谓的价值中立分析,来解决人道主义干涉所造成的两难困境。国家惯例和条约文本必须得到解释。而要做到这一点,就必须正视人权与国家主权之间的不稳定关系所带来的道德问题。因此,有必要阐明和明确,构成我们国际法概念基础并为其辩护的道德政治理论,以及经过我们深思熟虑才做出的国际正义判断。

按语

国际律师和各国政府似乎同意,当前我们有一组国际法准则,被称为强制性规范或强行法。然而,正如詹尼斯在下一段摘录中解释的那样,我们无法清楚地确定这些规范的来源。下面的文章将告诉读者,我们对法律来源的认知状态是怎样的?什么是强行法?如果我们不能清楚地理解为什么这些规范具有约束力,我们是否应该将其排除?或者,也许我们应该怀疑它们是否真的具有约束力。继詹尼斯之后,丹尼连科也在其摘录里详细阐述了部分相关的问题。

强行法（JUS COGENS）

马克·W. 詹尼斯

强行法的概念与自然法相当接近。强行法被认为是一种非常基本的规范，以至于它可以使各国在条约或习惯中同意的规则失效。不用说，这样的一项基本法的可能性当然伴随着实证法学家的激烈争议，因为他们完全依靠国家同意来制定国际法。强行法主张存在一种国际公共秩序，其效力足以使某些特定的国家为自己建立的某些规范失效。

强行法最著名的亮相是在《维也纳条约法公约》中，该术语在英文中被译为"强制规范"：

> 条约在缔结时与一般国际法强制规范抵触者无效。就适用本公约而言，一般国际法强制规范指由国家组成的国际社会全体接受并公认的规范，不许减损，并且只能由以后具有相同性质的一般国际法规范来修改。

该公约规定，一项新的强制规范会使与其发生冲突的现有条约规定无效并终止。

虽然强行法有时被视为国际习惯法的一种，但它实际上具有不同的性质。强行法不仅能够使条约中的相互冲突的规则无效，而且还能使本来属于国际习惯法的规则无效。因此，这是一种国际法，一旦确立，就不能在其条约或实践中为各国所撤换。因此，强行法的功能更像自然法，其根本性使各国至少在目前无法避免其效力。

在一定程度上，由于人们认为强制规范具有效力，所以，它比通常更具争议的国际习惯法规则更难证明和确立。在北海大陆架一案中，国际法院明确表示，称其"不试图介入，更不会对强行法的任何问题发表意见"。在现代国际实践中，似乎没有任何条约因强制规范而失效的例子。

尽管如此，各国和其他机构还是经常宣称，某些法律原则是如此根本，以至于可以被认为是强行法。或许，争议最小的主张是提出"有约必守"的基本原则，即规定国际协议具有约束力。《联合国宪章》第一条和第二条中保障各国主权的原则，即使在实践中不是十分明确，但在理论上还是得到了广泛的认同。某些人权问题也受到强行法的保护。

国际强行法：立法问题

根纳季·M. 丹尼连科（Gennady M. Danilenko）

国际强行法，作为在国际社会中具有绝对压倒性重要地位的"高等法律"的理念正在稳步发展。它最初体现在1969年的《维也纳条约法公约》中，而且最近又得到了1986年《维也纳条约法公约》的确认。国际法院在对尼加拉瓜一案的判决中明确肯定了强行法是国际法中公认的学说。国际法院将禁止使用武力视为"具有强行法性质的国际法规则的一个显著例子"。将这一概念适用于条约法，特别是国家责任法领域的趋势进一步证实了这一概念对国际法律秩序的重要性。国际法委员会根据与强行法密切相关的概念，提出了国家违反"对保护国际社会根本利益至关重要"的国际义务而导致的国际罪行的概念。

强行法学说正在被越来越多的主体所接受,这反映在各国政府在官方辩论中越来越多地依赖具体的强制性规则上。从立法的角度来看,具有重大意义的是,各国在努力实现对现行法律的深刻变革时,形成了依赖强行法概念的趋势。各国迫切要求迅速改革现行国际法律秩序,并且已经形成了一种趋势,即把(强行法)这一概念视为一种强有力的革新工具。改革的支持者们发现,通过制定一些强制性原则,可能会给现有法律关系体系的整个体系带来根本性的变化。在国际法的不同部门,各国已经在认真努力,以引入新的一般国际法的强制性规则。

由于这些事态发展,国际社会面临着许多与强行法有关的具体问题,其中许多问题仍未解决。自相矛盾的是,其中一个仍未解决的问题涉及规范性程序的定义,通过这些程序可以制定对国际社会具有根本重要性的规则。从理论的角度来看,尚不清楚缺乏任何立法权的国际社会如何能够容纳这样压倒一切的原则约束其所有成员的想法。当在国内法律秩序中,引入约束所有法律主体的强制性规则毫无困难,但没有任何国际立法机构能将法律规则强加于国际社会成员时,这是一个重大障碍。至少在通常意义上,这一障碍突显了国际强行法存在的薄弱基础。作为一个实际问题,越来越危险的是,如果没有为强制性规范规定明确的制定程序,那么它们的产生和之后的确定可能会成为反映不同国家集团政治倾向相互矛盾的主张的问题。由于各国对产生强制性规则的法律制定过程的基本因素缺乏共识,将不可避免地为政治滥用打开一扇大门。

本文旨在从立法的角度分析一些与强行法概念有关的基本问题。文章表明:虽然一些相关的程序问题已经得到澄清,但是拟订一套连贯的强行法理论仍然是国际社会所要面临的主要挑战……

由于需要提供具有或多或少明确标准的新的"高等法律"概念,导致了逐步的"强行法实定化"。维也纳会议在国际法委员会关于强行法的草案条款中增加了一个新的内容,其中规定强制性规范应"被整个国际社会所接受和承认"。提倡通过国际社会的"接受"和"承认"来积极确认强制性规范,明确地把强行法的概念纳入到实证法的范围。然而,即使有了这样的措施,我们仍然不清楚究竟是怎样的规范过程才可以产生强制性规则……

强行法的概念与国际法的诺成性之间的明显矛盾,原则上可以通过两种方式加以解决。第一种:假设主要借鉴于国内法律制度的强行法的通常意义,不能转移到国际制度中。强行法的国际规则只对接受和承认这些规则的法律主体具有约束力。第二种方式可能涉及在国际制度中引入一种新的立法程序,这种程序不需要个别国家的同意就能产生强制性规则。显然,这一方式将导致立法相关的国际法律秩序的宪法原则发生根本变化……

看来,只有真正具有普遍性的条约才能确立一般国际法,才能产生强制性规则。然而,实际上,条约似乎只有在习惯程序的帮助下才能对制定强行法的一般规范产生作用。

当然,立法人员可以尝试提出有关的条约规定,以此反映在缔结条约之前就存在着强行法的规定。在这种情况下,他们还可以提出一种主张,即条约条款是已经具有普遍约束力的强制性规则的证据。但是,只有通过审查各国在条约背景下的态度,才能证实这种说法。此外,如果有关条约没有得到广泛支持,它将失去作为一般国际法强制性规则的证据的说服力。

这一看法使我们看到了，最近企图建立新的强制性规则所引起的主要政治法律问题。现有经验清楚地表明，国际社会中一个重要主体的反对，即使只占少数，也能有效地阻止新的强行法规范的产生。当这样的反对阻碍了将相关条款纳入《联合国海洋法公约》(United Nations Conference on the Law of the Sea)的条约文本的努力时，西方国家在1983年关于国家继承问题的维也纳会议上，所表达的明确异议无疑将会影响所通过的《联合国海洋法公约》作为建立或证明所谓强行法规范的工具的价值。

从政治—法律的角度来看，同样重要的是，在这些情况下，个别国家除了依靠"集体异议"的封锁机制外，还能继续主张其主权权利，使自己脱离正在出现的规则，尽管这些规则据称具有所谓的强制性。因此，在回应关于人类的共同遗产原则上禁止单方面开采海底这一提议时，美国声明：

> 美国不接受这样的建议："未经美国同意，其他国家根据国际法可以通过提议或声明来否认或改变美国的权利。"

法国明确表示："除非一国政府同意在一项条约中接受约束，否则任何政府都不可能受到国际法的约束，而且在任何情况下，政府都不可能受到其他国家试图强加给它的法律规则的约束。"同样，比利时强调："任何国家未经其同意不受国际法的约束。"这些明确的声明表明，尽管许多国家提出了意义深远的相反主张，但他们继续认真对待其异议权，即使涉及所谓的强制性规则的产生也是如此。

这些关于强行法的发展进程还表明，在强调了一些程序问题的重要性的同时,与强制性规则有关的现行立法实践并没有成功地调解强行法立法方法上的根本分歧。当这一概念在相互冲突的规范性声明中经过谈判再度出现之时,伴随而来的是各种不同法律立场的表述。那些规范性宣言来自于不同的国际团体,在这样仍极具争议的环境下,这些主体正在竭尽全力地确定,调和团体利益和单一国家利益的最佳可能性进程的发展。

结论

总的来说,国际强行法作为一套对整个国际社会具有至关重要意义的规则,这一理念要求国际社会建立能够约束所有国家的普遍性原则。在这方面,它反映出日益相互依存的国际社会对建立全人类公共秩序的深切感受。虽然反映国际社会根本利益的凌驾于法律规范之上的理念需要某种立法,但国际法律秩序对其的接受远未促成在多数规则制定的基础上实行这种立法。上述分析表明,为制定强制性法律而设想的规范模式和最近为立法目的而使用这一概念的企图仍然存在争议。就强行法文本内承认其由多数决规则制定的主张,似乎得到了一些支持。但是,在提出这一新概念的时候,不论是在原则上,还是在具体的问题上,例如涉及与建立特定性强制规范有关的断言和反断言的情况,都遭到了许多国家的坚决反对。

在没有公认的国际力量的情况下,有效的国际强制性规范的产生显然需要现代国际社会的所有基本组成成员达成真正的共识。从政策的角度来看,试图将强行法的概念当作规范性工具,将多数人的意见强加于持有不同意见的少数人,这一行为似乎是不明智的。这种政策没有考虑到国际关系中普遍存在的政治现实。显然,事实上,如果一项或其他旨在体现强制性规则的法律文书缺乏广泛的支持,就不可能生效。从这个角度来看,多数投票可能只是一种代价很大的胜利(Pyrrhic victories)。关于一个国家或者为数不多的孤立国家是否可以违背其意愿受强制性规则的约束的辩论仍在继续,但似乎已经确定的是,国际社会中至少有一个重要成员反对一项拟议的规范,无论其兵力如何,都会破坏任何关于这种规范是"整个国际社会"承认的一般强制性规则的主张。作为"高等法律",强行法明确要求适用更高的标准,在有关规则的内容和强制性方面来确定国际成员团体共识的存在。只有这样的方式,才能确保在规则的制定和随后的执行旨在反映和保护国际社会的基本利益的规则时具有必要的普遍性。

按语

20世纪70年代末,一群被称为桑地诺主义者的尼加拉瓜革命者成功推翻了当时尼加拉瓜的独裁政权。美国最初支持桑地诺主义,但到了1984年,美国开始采取措施反对它所认为的破坏中美洲稳定的桑地诺主义运动。作为对美国的回应,尼加拉瓜向国际法院提起诉讼,指控美国违反《联合国宪章》第2条第4款,在尼加拉瓜港口布雷,未经授权飞越其领土,以及援助尼加拉瓜反叛者推翻桑地诺主义者。

美国试图将该案件从法院的管辖范围内撤回,但它自己在接受管辖时表示,它将在撤回前六个月提前发出通知。法院命令双方在案件结果出来之前停止敌对活动,并行使管辖权。国际法院于1986年6月27日就这一案件做出了最终裁决。

在关于使用武力的最重要的司法裁决中,国际法院审议了尼加拉瓜提出的指控,即美国对尼加拉瓜领土和公民进行武装袭击,违反了《联合国宪章》和国际习惯法。尼加拉瓜要求法院判决其诉求有效,要求美国停止违法行为,并要求美国按义务赔偿损失。美国回应道,《联合国宪章》是关于这一问题的唯一相关的国际法来源。实质上,自1945年以来,关于使用武力的国际习惯法已被《联合国宪章》所取代。美国还争辩说,法院不能在尼加拉瓜一案中适用《联合国宪章》,因为美国在接受法院管辖权时附加了一项保留。1948年,美国根据条约同意,在其他缔约方同意接受约束的情况下,美国也将接受国际法院裁决的约束。然而,在参议员范登伯格的坚持下,美国保留了不参与涉及多边条约的案件的权利,除非可能受到影响的所有缔约方也在场。由于洪都拉斯、萨尔瓦多以及其他未出席会议的国家可能会受到该决定的影响,所以美国声称国际法院无法根据《联合国宪章》对此案做出裁决。

在关于管辖的初步决定中,国际法院同意美国的意见,不将《联合国宪章》作为多边条约来实施。然而,法院认为,如果它的裁决源于国际习惯法而非《联合国宪章》,那么国际法院就可以行使管辖权并做出裁决。此时,美国却拒绝进一步参与诉讼程序。但是一旦国际法院确定了它拥有管辖权,即使美国决定不参与,也不能将此案从法院撤诉。此案是通过关于案情实质的听证会进行的,美国没有提出论据或简报。

关于本案,国际法院的裁决长达150页,还另附了400页的赞成和反对意见。法院做出了16项单独的结论,其中只有一项是一致的,即提醒双方有义务根据国际法寻求和平方式解决争端。其中最重要的结论是:

*国际法院以11比4的投票结果裁定,"多边条约保留"排除了根据《联合国宪章》就案情实质做出的裁决的可能性。

　　*国际法院以12比3的投票结果驳回了美国的集体自卫理由。

　　*国际法院以12比3的投票结果裁定,美国训练、武装、装备、资助和供给"反政府武装"力量的行为,违反了国际习惯法所规定的不干涉他国内政的义务。

　　*国际法院以12比3的投票结果,得出结论:美国训练、武装、装备、供给"反政府武装",袭击尼加拉瓜领土,飞越尼加拉瓜领空以及在尼加拉瓜领水布雷等行为,均违反了国际习惯法。

　　国际法院还以12比3的投票结果对下列事项做出了裁决:美国有义务立即停止其进一步的侵犯行为,并有义务根据随后举行的诉讼程序,对尼加拉瓜的损失做出赔偿。在上述表决的大部分事项中,来自美国的施韦贝尔(Schwebel)法官属于少数派。然而,即便如此,他也同样认为:美国没有公布在尼加拉瓜水域布雷的存在和位置,违反了国际习惯法。

　　以下摘录的是国际法院对其如何找到国际习惯法的证据的解释,证明除了《联合国宪章》以外,还存在一项反对使用武力的规则。事实上,国际法院认为该规则是一项强行法。

　　詹宁斯法官,这位来自英国的国际法院法官,对法院的做法感到不甚满意。他在一份赞成意见中指出:法院发现的所有支持存在习惯法规则的证据都可以与《联合国宪章》规则相联系。詹宁斯指出：法院没有找到令人满意的办法来根据来源对证据进行分类。但是，是否需要一些额外的或不同的证据来确定第2条第4款是一项强制性规定呢？詹宁斯法官是否在其意见中对这一发现做出了解释？

查普林斯基（Czaplinski）的文章进一步阐述了詹宁斯法官的观点。克拉克的摘录是在尼加拉瓜一案五年后写成的，认为没有足够的证据可以支持法院的结论，即国际法禁止使用武力。仔细阅读法院的意见和批评者的意见。哪一方是正确的呢？

尼加拉瓜境内和针对尼加拉瓜的军事和准军事活动

（尼加拉瓜诉美国）①

……

183. 法院接下来要审议哪些是适用于目前争端的国际习惯法规则。为此，国际法院必须密切关注各国的实践和法律意见。正如最近法院观察到：

> 当然，不言而喻的是，国际习惯法的素材主要是从各国的实践和法律意见中寻找的，即使多边协定可能在记录和界定源自惯例的规则或实际上在发展这些规则方面发挥重要作用。（大陆架［阿拉伯利比亚民众国诉马耳他］，《1985年国际法院案例汇编》，第29—30页，第27段）

---

① 1986 I.C.J.14.

在这方面,尽管有多边条约发挥作用,法院也绝不能忽视《联合国宪章》和《美洲国家组织宪章》。虽然法院无权确定美国的行为是否构成对这些公约的违反,但在确定美国被指控违反了国际习惯法的内容时,国际法院可以而且必须考虑到这些公约。

184. 本院注意到,事实上有证据表明,当事各方对有关不使用武力和不干涉的国际习惯法的内容有相当程度的一致意见,将在下文加以审查。然而,他们这种同意意见并不免除法院自行确定哪些国际习惯法规则是适用的。仅仅是各国宣布承认某些规则,并不足以使国际法院认为这些规则是国际习惯法的一部分,并因此适用于这些国家。虽然《规约》第38条规定,除其他外,法院必须适用国际惯例,"作为被认定为法律的一般惯例的证据",但法院不得无视一般惯例所起的基本作用。当两国同意将某一特定规则列入条约时,其协议足以使该规则成为对两国具有约束力的法律规则;但在国际习惯法领域,各方对其所认为的规则内容的共同看法是不够的。本院必须确信,各国法律意见中的规则的存在得到了实践的证实。

185. 在目前的争端中,法院虽然只在不使用武力方式和不干涉内政的习惯规则的适用方面行使着管辖权,但我们不能忽视一个事实,即案件当事各方会受到作为条约法和国际习惯法的规则的约束。此外,在本案中,除了条约承诺约束当事各方遵守尚在讨论中的规则外,还有各种事例表明,当事各方已以其他方式承认国际习惯法的有效性。因此,根据这一"主观因素"——国际法院于1969年北海大陆架案件的判决中使用的措辞(《1969年国际法院判例汇编》,第44页)——来评估相关实践。

186. 我们不能期望,在各国的实践中,这些尚在讨论中的规则的适用是完美的,即各国应在避免使用武力或干涉彼此内政等方面达成完全一致。国际法院并不认为,为使一项惯例成为规则,相应的做法必须绝对严格符合该规则。为了推断出习惯规则的存在,国际法院认为,国家的行为一般应符合这些规则,而且国家行为不符合某一规则的情况一般应被视为违反该规则,而不是表明承认一项新规则,这就足够了。如果一个国家的行为方式,表面上看不符合公认的规则,但是,该国却通过呼吁该规则本身的免责条款和正当缘由来为其行为辩解,那么无论该国的行为事实上是否有理由,这种态度的意义都在于确认而不是削弱了该规则。

187. 因此,国际法院必须首先确定,在国际关系中涉及使用武力的习惯规则的实质,能适用于已提交给国际法院的争端。美国认为,在国际关系中使用武力的合法性这一关键问题上,一般国际法和国际习惯法的规定,以及《联合国宪章》的规定,实际上是相同的。在美国看来,这种同一性是如此完整,以致如上文(第173段)所述,它构成了阻止法院适用这项习惯法的一个论据,因为其与它可能不适用的多边条约法没有什么区别。美国在其关于管辖权和受理问题的辩护状中声称,"《联合国宪章》第2条第4款是习惯法和一般国际法"。美国认可并引用了国际法委员会的一项观察报告,大意是说:

> 今天,绝大多数国际律师毫不犹豫地认为,第2条第4款连同《联合国宪章》的其他规定,权威性地宣布了为针对威胁使用武力或直接使用武力而采取的现代习惯法规定。

(《国际法委员会年鉴》,1966年,第11卷,第247页)

美国指出,尼加拉瓜也赞同这一观点,因为尼加拉瓜政府的一名法律顾问声称:"事实上,国际法学家们普遍认为,《联合国宪章》第2条第4款在这方面是现行一般国际法原则的体现。"美国的结论是:

> 总之,第2条第4款关于使用武力合法性的规定是"现代习惯法"(国际法委员会,同上)和"一般国际法原则的体现"(尼加拉瓜法律顾问,1984年4月25日上午的听证会,同上)。尼加拉瓜没有其他"习惯法和一般国际法"能够作为其要求的依据。
> 简而言之,让人难以置信的是,国际法院可以在不提及相关国际法——《联合国宪章》第2条第4款——的主要来源的情况下,审议所谓使用武力的合法性。

至于尼加拉瓜,其观点中唯一值得注意的与众不同之处是尼加拉瓜认为:

> 在某些情况下,习惯法规则在内容和适用方式上不一定与传统规则完全相同。

188. 因此,国际法院发现:双方都认为,《联合国宪章》中关于使用武力的原则,在主要方面与国际习惯法所规定的原则相一致。因此,双方都认为,这一领域的基本原则已在《联合国宪章》

第 2 条第 4 款所采用的措辞中得到了表述。因此，双方都接受了条约法的义务，即在其国际关系中不以威胁或使用武力的方式，侵犯任何国家的领土完整或政治独立，或以任何其他方式违反联合国的宗旨。但是，法院必须感到满意的是，就这种弃权的约束性而言，国际习惯法中存在着法律确信。这种法律确信，出于谨慎原因，尤其是从各党派和各国对于某些大会决议的态度中可能会被推导出来。这些决议中，尤其值得一提的是第 2625 号题为"关于各国根据《联合国宪章》建立友好关系和合作的国际法原则宣言"的决议（第二十五章）。不能将同意此类决议文本的效果仅仅理解为对《宪章》中所做的条约承诺的"重申或阐明"。相反，它可以被理解为接受决议本身所宣布的规则或一套规则的有效性。例如，不使用武力的原则可被视为一项国际习惯法原则，而不受《联合国宪章》第 43 条所规定的有关集体安全或设施或武装特遣队的规定的制约。因此，显然，上文所提到的态度表达了对这一规则（或一套规则）的法律确信，从那时起，这一规则将与《联合国宪章》的条约法范围内的各项规定，特别是那些体制方面的规定，被区别对待。

189. 特别是在美国，其法律确信表达的重要性可以简单地依靠第六届美洲国家国际会议（1928 年 2 月 18 日）中谴责美国侵略的决议，以及美国所签订的《蒙得维的亚国家权利和义务公约》（1933 年 12 月 26 日）其中所载第 1 条规定的"缔结国有义务不承认以武力取得的领土或特殊利益"而得出。美国接受的禁止使用武力的原则也很重要。这一原则被写入了"欧洲安全与合作会议"（赫尔辛基，1975 年 8 月 1 日）中关于调整国家间相互关系的宣言，即与会国承诺"在其相互关系以及一般的国际关系中不威胁使用武力或者不使用武力"(额外强调)。对这些文本条款的接受,证实了各与会国禁止在国际关系中使用武力的法律确信的存在。

190.《联合国宪章》第2条第4款所述禁止使用武力原则作为国际习惯法的有效性得到进一步确认,这可以从以下事实中找到答案:各国代表在发言中经常提到,它不仅是国际习惯法的一项原则,而且是国际习惯法的一项基本或根本原则。国际法律委员会在其编纂条约法的过程中表示:"《联合国宪章》中关于禁止使用武力的法律本身就构成了具有强行法性质的国际法规则的经典案例。"(国际法律委员会对其条约法草案第50条规定所做注释,第1段,《国际法委员会年鉴》,1966年,第2卷,第247页。)尼加拉瓜在本案件所提交的衡量利弊的回忆录中说道,《联合国宪章》第2条第4款所载的禁止使用武力的原则"已被公认为是强行法原则"。美国在其关于管辖权和受理问题的答辩状中认为,有必要引述一些学者的观点,即这一原则是一项"普遍规范",是一项"普遍性国际法律规范",是一项"普遍性的、被公认的国际法原则规范"以及"强行法原则"。

191. 关于所涉原则的某些具体方面,必须将使用武力的最严重形式(构成武装攻击)同其他不太严重的形式加以区别。在决定适用于后一种形式的法律规定时,国际法院可以再次利用《关于各国依〈联合国宪章〉建立友好关系和合作的国际法原则宣言》中的表述。(见上文大会第2625[25]号决议)如上所述,各国通过条约文本表明了它们对国际习惯法在这一问题上的法律确信。除了某些可能涉及侵略的描述外,文本中还包含了对其他一些,只涉及使用武力的、较不严重形式的描述。特别是,根据这项决议：

> 每一国皆有义务避免使用威胁或武力以侵犯他国现有之国际疆界，或以此作为方法，解决国际争端，包括领土争端及国际疆界问题在内……
>
> 各国皆有义务避免涉及使用武力之报复行为……
>
> 各国皆有义务避免对阐释各民族享有平等权利与自决权原则时所指之民族采取剥夺其自决、自由及独立权利之任何强制行动。
>
> 各国皆有义务避免组织或鼓励组织非正规军或武装团队，包括佣兵在内，侵入他国领土。
>
> 各国皆有义务避免在他国发动、煽动、协助或参加内争或恐怖活动，或默许在其本国境内从事以犯此等行为目的之有组织活动，但本项所称之行为以涉及使用威胁或武力者为限。

188

192. 此外，同一决议中部分内容涉及不干涉各国国家司法权问题。决议中存在十分相似的规定：

> 又，任何国家均不得组织、协助、煽动、资助、鼓励或容许目的在于以暴力推翻另一国政权之颠覆、恐怖或武装活动，或干预另一国之内争。

以美洲体系为背景，这种做法至少可以追溯到1928年(《内战中各国权利及义务公约》，Art. Ⅰ［1］)；1972年4月21日美洲国家组织大会通过的第 78 号决议确认了这点。本决议生效部分内容如下：

大会决议：

1. 严肃重申大会要求：本组织会员国必须严格遵守不干涉原则以及人民自决原则，作为确保各国人民之间和平共处的手段，并避免采取任何可能构成违反原则的直接或间接行动。

2. 重申会员国有义务不得采取经济、政治以及其他类型的措施来胁迫他国并从中获得利益。

3. 同样，重申会员国有义务不得组织、支持、促进、资助、煽动以及容忍颠覆分子、恐怖分子以及针对另一国的武装活动，不得干涉他国内战或者内部斗争。

193. 禁止使用武力的一般规则允许某些例外。由于美国因为尼加拉瓜指控其行为提出了辩护论据，法院必须就自卫权的内容，特别是集体自卫权的内容发表意见。首先有关权利问题，安理会注意到，《联合国宪章》第 51 条的措辞显示，任何国家在采用武装攻击时所拥有的固有权利（或"自然权利"）既包括集体自卫权，也包括个体自卫权。因此，《宪章》本身证明了国际习惯法中存在集体自卫权。此外，各国的一些大会宣言的措辞表明，各国承认禁止使用武力的原则，很明显这个属于国际习惯法。同样地，宣言中的一些措辞在自卫权利方面（集体和个人）也有类似的作用。因此，根据《联合国宪章》，上面引用的国际法关于国家间友好关系与合作的国际原则的宣言中，在提及禁止使用武力之后有一段讲到：

> 前款规定不得被解释为，以任何方式扩大或缩小，《宪章》关于合法使用武力情况所作规定的范围。

这项决议表明，出席大会的各国认为，有关禁止通过个体自卫权和集体自卫权使用武力的例外情况，已经属于国际习惯法……

202. 不干涉原则指每个主权国家在不受外来干涉的情况下处理事务的权利。虽然违反这一原则的例子并不少见，但法院还是认为这是国际习惯法的一部分。正如法院所指出的，"独立国家之间，尊重领土主权是国际关系的基本要求"（《1949年国际法院判例汇编》，第35页），国际法也要求尊重政治完整。国际习惯法中，有关不干涉原则存在的法律确信有许多表述，并且不难找到。当然，各国公开宣布承认《联合国宪章》提出的国际法原则的声明，不能严格地解释为：一国在国内事务和涉及他国的国外事务中适用不干涉原则，因为就此原则本身而言，《联合国宪章》并没有清楚记录。但是，《宪章》从未打算将现行国际法的每一项基本原则都以书面形式确认下来。不干涉原则在各国法律确信中的存在，有着既定的大量实例作为支撑。此外，它还被认为是国家主权平等原则的必然结果。一个具体例子是联合国大会第2625(25)号决议，即《关于各国依〈联合国宪章〉建立友好关系和合作的国际法原则宣言》。在科孚海峡案中，一国声称为将证据提交给国际法院而故意在他国领土范围内获取证据的干涉行为是其权利所在（《1949年国际法院判例汇编》，第34页）。法院注意到：

> 所谓的干涉权是一种武力政策的表现。过去这种政策遭到了极严重的滥用。无论国际组织当前存在什么缺陷，都不能允许这种政策在国际法中占有一席之地。这里所说的特殊形式的干涉，可能更不容易为人们所接受。因为从事物的性质来看，干涉仍然是为最强大的国家而保留的，并且很容易干扰国际司法机构本身。（《1949年国际法院判例汇编》，第35页）

203. 众多的声明已经体现出国际法原则，而且美国和尼加拉瓜参加的国际组织和会议已经接受了这些声明，例如，联合国大会第2131号决议（20）——《关于不允许干涉各国内政和保护其独立和主权的宣言》。如此说来，美国投票支持联合国大会第2131号决议（20），并在第一委员会通过该决议时，同样公开宣称该决议中的宣言"只是政治意图的声明，而不是制订法律"，这件事确是事实。（第二十届会议，大会正式记录，第一委员会，A/C. I/SR.1423，第436页）然而第2131（20）号决议的要点，重复出现在第2625（25）号决议已批准的声明中，声明列举了联合国大会宣称为"基本原则"的原则，美国代表没有就接受这些原则发表类似声明。

204. 提到美洲各国间的国家关系，注意力可能有所转移，比如美国对《蒙得维的亚国家权利与义务公约》（1933年12月26日）的法律保留。该公约反对美国政府"干涉他国政府的自由、主权和其他内部事务以及其进程"，同时也宣布了美国批准有关不干涉原则的《附加议定书》(1936年12月23日)。最近的文本中提及美洲国家组织大会第78号(AG/RES.78)和第128号(AG/RES.128)决议。另一种情况下,美国明确接受了欧洲安全和合作会议(1975年8月1日,赫尔辛基)《最后决议》(1975年8月1日)中已经提到的《宣言》所列的各项原则。其中就包括一项关于不干涉原则的详细声明。虽然提出这些原则是用于调整各与会国的相互关系,但仍可以推断出,这些文本证明存在一项普遍适用的,且美国也接受的习惯法原则。

205. 尽管那些接受不干涉原则的国家发布了许多声明,但仍然还存在着两个问题:第一,原则的确切内容究竟是什么才可以被接受?第二,国家实践是否充分符合这一原则,以使之成为国际习惯法规则?关于第一个问题,即不干涉原则的内容,国际法院将只界定该原则中看起来有关解决争端的部分。在这部分,国际法院指出,考虑到普遍性原则,该原则禁止所有国家或国家集团直接或间接干涉他国的内外事务。因此,禁止某干涉行为一定是因为该行为涉及根据国家主权原则允许自由决定的事项。其中一种就是政治、经济、社会和文化制度的选择以及外交政策的制定,如果其他国家对这种选择使用胁迫手段,这样的干涉就是错误的,因为这些必须由本国自行决定。胁迫因素确定,并且实际上构成了禁止干涉行为的本质,特别是在使用武力进行干涉的情况下尤其明显。这种武装干涉要么采用军事行动的直接形式,要么采用支持颠覆性活动或恐怖主义武装活动的间接形式,都发生在他国领土范围之内。如上文(第191段)所述,大会第2625(15)号决议认为这种援助等同于援助国在他国"涉及威胁或使用武力"。因此根据不使用武力原则和不干涉原则,这些形式的行动都是错误的。考虑到尼加拉瓜对美国的控诉的性质,以及美国对尼加拉瓜针对萨尔瓦多的行为的控诉,法院在本案件中主要关注类似的干涉行为。

206. 但是,在就禁止干预的性质得出结论之前,法院必须确信国家的做法是合理的。近年来,为反对另一国政府的部队的利益,发生了许多外国干预的事例。在这里,国际法院并不关心殖民地自治化进程,在当前情况下,这一问题不存在争议。国际法院必须考虑是否存在着某种实践证明了这样一种观念,即各国有一项普遍的权利,可以直接或间接地,在无论是否有武装部队的情况下,支持另一个国家的内部反对势力,因其所具有的政治和道德价值看起来特别值得。这样一种普遍存在的权利,将会引起对习惯法不干涉原则的根本修改。

207. 法院在审议上述行为的实例时,必须强调,正如在"北海大陆架一案"中所观察到的那样,要形成一项新的习惯法规则,有关行为不仅一定要"成为一种固定的做法",还必须附有必要的法律意见。采取这种行动的国家,以及其他有能力对此做出反应的国家,其行为必须如下:

> 该国的这种行为证明,国家的这种做法是现存的法律规则所要求的。法律的必要性的观念中隐含着对类似主观因素看法的需求。(《1969年国际法院判例汇编》,第44页,第77段)

法院没有权利(管辖权)对非本争端当事方的任何行为或对与本争端无关的当事方的任何行为是否符合国际法做出裁决;也

无权将各国不能发展法律观念的原因归于各国本身。对国际法院而言,这些初看之下与不干涉原则相违的国家行为的例子,意义在于案例中提到的用于辩解的理由是何种性质。当一国依赖一项新的权利,或给予某一原则从未有过的例外,如果其他国家在这一原则上也有同样的做法,国际习惯法就需要修改。然而事实上,国际法院发现,各国并没有用干涉行为的新权利和禁止干涉原则的新例外来辩解行为。美国当局在某些场合曾明确表示,他们干涉外国事务的理由与该国的国内政策、意识形态、军备水平和外交政策的方向有关。但是,这些都是关于国际政策的声明,而非对现有国际法规则的认定。

208. 针对(当前案件的当事方)尼加拉瓜采取的行为,美国并未主张在政治层面为自己的干涉进行辩护。但在法律层面上,美国为其干涉行为辩护,宣称在这种情况下,行使了美国认为存在的新的干涉权利。正如上文提到的,美国在法律层面上,明确地为自己的干涉行为提供了理由,而且仅仅参照了"古典"规则,换言之,美国声称其针对武装袭击尼加拉瓜的行为行使了集体自卫权。就其自身而言,美国经常表示声援和同情各个国家的反对派,特别是萨尔瓦多的反对派。但是,尼加拉瓜也没有提出这是一项干预的法律基础,更不用说涉及使用武力的干预了。

209. 因此国际法院认为,当代国际法中不存在支持他国国内反对派的一般干涉权利。法院总结到:如果那些行为直接或间接涉及使用武力,并违反不干涉的习惯法原则,那么这些行为就违反了国际关系中的不使用武力原则。

尼加拉瓜诉美国一案中的反对意见
罗伯特·詹宁斯(Robert Jennings)法官①

……

首先,让我们看看国际习惯法和《联合国宪章》第 2 条第 4 款以及第 51 条之间的关系。毫无疑问,《联合国宪章》之前就有习惯法规定,限制使用武力的合法性,同时也相应地规定了使用武力进行自卫的权利。正如《联合国宪章》第 51 条"固有"一词表明的含义一样。然而,《宪章》之后的提案与《宪章》在武力和自卫方面的条款相当,可作为《宪章》第 2 条第 4 款和第 51 条规定的备选文本。这种方式得到的习惯法,同时引出了问题:这种联系是如何产生的?什么时候产生的?习惯法和《宪章》条款之间会存在什么区别(如果有的话)?

一方面,多边条约当然可以用于宣告先于该条约的规则而存在的国际习惯法的合并和承认。另一方面,作为一项国际法规定的本源而存在的,并为各国普遍同意的,当然会转变为国际习惯法。(参见巴克斯特《英国国际法年鉴》第 151 卷,1965—1966 年,第 277 页)

很难说《宪章》的这些规定仅仅是对现有习惯法的编纂。这些文献都是对《宪章》第 2 条第 4 款的表达。例如,谈到"武力"(而非战争),即使是"武力威胁"也可能是违法的。这体现了法律上

---

① 1986 I. C. J. 14.

的一项重要创新。已故的汉弗莱·瓦尔多克(Humphrey Waldock)爵士在文章中论述当前案件的一个非常有争议的问题时说道:

> 毫无疑问,联盟的法律、纽伦堡审判和东京审判都没有规定诉诸武装报复或其他形式的不构成战争的武装干预是非法的。这是由《宪章》所规定的。

虽然第51条提到"固有"的、因此理应预先存在的自卫权,但在谈及"集体自卫权"时也提出了新的概念。《宪章》在较晚阶段才加入第51条,其具体目的是为了澄清多边条约中对相互自卫行为的集体谅解,这也是当时情况的一部分。

因此,如果《宪章》没有编纂现有的关于武力和自卫的习惯,就会导致一个问题,即复制《宪章》条款的一般习惯法,是否是受《宪章》条款的影响而发展起来,并与后来各国的惯例相一致?因此,《宪章》的这些条款也可以说:

> 生成了一项规则,其源头是惯例或契约,随后逐渐演变成国际法的普遍文本。现在,这一规则为法律确信所接受,甚至对那些从未、也尚未成为《公约》缔约国的国家也具有约束力。(《1969年国际法院判例汇编》,第41页,第71段)

但是从少数几个非《宪章》缔约国的国家行为中提取哪怕是一丁点相关的"做法",显然都有困难。如果没有相应的法律确信作为证据,那么所有其他国家的行为和法律确信,都一定可以解释为是因为《宪章》本身的约束。

然而还有一个更深层次的问题,即《宪章》本身的特殊地位得到广泛承认这一问题。从第 2 条第 6 段可以明显看出:

> 本组织应确保,非联合国会员国的国家在维持国际和平与安全的必要范围内,按照这些原则行事。

这考虑到非会员国在《宪章》生效后立即产生的义务,而在当时,这些义务只能像会员国的义务一样,从《宪章》本身直接派生出来。即使是"即时"的习惯(如果有的话),也很难与它所发展出的法律文书同时产生。所以没有空间也没有必要对与《宪章》规定相一致的习惯法做人为的假设。《宪章》的某些规定本身就属于普遍国际法,这是像汉斯·凯尔森(Hans Kelsen)这样的一位权威给出的结论:

> 当然,第 2 条第 6 段的主要目的是为了扩大联合国最重要的作用:通过对会员国与非会员国之间的关系、非会员国互相之间的关系采取"有效的集体措施",使其承担第 2 条第 4 款所规定的义务,达到维护和平的目的。(《联合国法》,1950 年,第 108 页)

再者:

> 从现有国际法的观点来看,《宪章》尝试适用于非《宪章》缔约国的国家,这种尝试必然具有颠覆性。(同上,第 110 页)

第三章 使用武力的国际法渊源

如果凯尔森认为"颠覆"一词是根据习惯法发展而来,他就几乎不会使用这个词。

即使是随意审查判决书文本,也可以明显发现国际法院并没有完全成功地避免《宪章》和其他多边条约,实际上国际法院在本案中发现,它也不可能避开审议条约条款本身。国际法院指出,法院"在确定美国被指控违反的那些习惯法的内容时,应该且必须考虑到这些(多边条约)"。(第183段)

使用条约条款作为习惯的"证据"的做法,是对条约文本的一种解释。然而,国际法院本身承认,条约法和习惯法是可以因为解释的准则不同,而精确区分的(第178段)。为确定假定的习惯规则而不严格把控对条约的解释,这必然引起一种质疑:条约本身不过是换了个习惯规则的名头被适用于事实。当然,这种处理事情的方式可能合理,因为条约文本的设计从一开始就旨在编纂习惯,或者可以说条约本身就是习惯法规则的起源。但正如我们已经看到的那样,这种做法当然不能适用于《联合国宪章》第2条第4款,甚至第51条,也不能适用于其他多数国家的多边条约条款。

读者可能会问,如果多边条约保留条款的适用被否决,该判决的主要内容和论点是否会有明显的不同。

没有必要进一步探讨《联合国宪章》和习惯法之间的关系。因为即使对这一问题可以有不同的看法,对于如果没有《联合国宪章》或其他有关条约授权,也坚决反对决定使用武力和自卫等议题,仍然还是有独立存在且富有说服力的反对意见。虽然多边条约保留规定了本法院的管辖权,但并没有规定在重要时刻支配各方行为的实体法。法院自己的规约第 38 条要求首先适用于"国际公约""普通协约"和"特别协约","确立诉讼当事国明确承认之规条"。《宪章》的有关规定——实际上也包括《美洲国家组织宪章》和《里约热内卢条约》的相关规定——这些规定一直都作为适用法律约束缔约各方行为、权利和义务的主要依据。因此,在抽象适用于本案、对当事双方产生约束义务的法律主要因素之后,再试图确定本案的中心议题,这样的行为即使称不上反常,也算得上奇怪。

接下来的问题是,尼加拉瓜的请求书中是否有任何主张可以与多边条约下产生的争端分开,因此在不侵犯根据第 36 条第 2 款的美国声明的保留条款赋予的管辖权之外的领域的情况下,法院能否做出裁决?要回答这个问题,就需要对这一适用提出的各种问题进行定性,特别是需要对适用的法律进行一些审查;因为多边条约的保留条款是根据适用的法律种类对所排除的争端进行定性。因此,法院不能避免对适用法律进行一些审查,即使是对那些它最终没有管辖权去做出决定的事项也是如此;这表明,法院在 1984 年将多边条约保留条款的审议与案情实质结合起来是十分正确的。

多边条约保留条款,能够在多大程度上阻止法院决定有关不干涉原则的问题呢?毫无疑问,不干涉原则作为一项自治权,其历史比本案问题所涉任何多边条约制度都要悠久得多。此外,它也是法律原则,在美洲体系中有其独特的发展、说明和重要性。

然而,此时存在一个马上就要面临的困境,即集体自卫权这一托词显然可能成为干涉的正当理由,美国也确实这样做了。因此,这又是一个《联合国宪章》第 51 条引起的争议。如果将视线转向美洲法律制度,就会发现那里也出现了同样的问题。《美洲国家组织宪章》第18条以特别全面的措辞解释了干涉问题,其中规定禁止"以任何理由"进行干涉。在第21条中使用了特定的条约条款规定了武力和自卫问题。因此根据该条款,美洲各国"除非根据现有条约自卫或为履行条约,否则在其国际关系中,应该约束自己,不得诉诸武力"(重点强调)。

后一句话意味着美洲系统内的自卫必须明确诉诸多边条约。例如《关于相互援助的里约热内卢条约》以及《美洲国家组织宪章》(第3[f]条)的原则:"对一个美国州的侵略行为就是对其他所有州的侵略行为"等规定。简而言之,我完全不明白,干涉议题究竟是如何在即时的案例中提出的。干涉确实是由某一方所为,因为当事双方都在相互指责。前述案例中的争端,还可被进一步划分为根据多边条约产生的争端。这种争端属于多边条约保留条款的内容,所以至少在这一范围内,自卫权可以作为辩解理由。

解决司法管辖问题的一种可能方法是这样的。可以肯定的是,不能允许被告国仅仅通过提出一项毫无根据的指控,就把一个争端说成根据一项多边条约引起的争端。假设在目前的情况下,表面上显然没有任何武装攻击,集体自卫的借口可以作为可接受的答辩?在这种情况下,可以肯定地说,根据《宪章》第51条,确实不存在任何争端。

然而,这并不是立场问题,这是一个需要解决的案例。国际法院仔细审查了该案的法律和事实,并在第292段第(2)款中做出了正式裁决。简言之,这是根据《宪章》第51条引起的争端做出的决定,是无可回避的事实。

尼加拉瓜案的国际法渊源

瓦迪斯瓦夫·查普林斯基①(Wladyslaw Czaplinski)

国际法院于 1986 年 6 月 26 日,针对有关美国在尼加拉瓜境内和针对尼加拉瓜发动的军事和准军事活动一案做出判决,这是国际法院解释和国际法发展的重要一步。该判决涉及若干重要问题,包括国际法基本原则的内容等等。法院还就国际法的渊源提出了一些看法,特别是条约法与习惯法之间的关系。

……

三、作为习惯法规则的不使用武力原则

确定在国际关系中不使用武力原则,似乎是国际法院关于尼加拉瓜一案的判决中最重要的因素。

国际法院院长纳吉德拉·辛格(N. Singh),在他的独立意见中宣称在《宪章》生效之前,禁止使用武力作为习惯法具有约束力,因此《宪章》条款构成了其编纂。这种观点在学者中也很流行,尽管他们也意见不一。如不得使用武力原则源自《巴黎非战公约》(the Briand-Kellogg Pact),也可以从不同国际组织和国家集团的许多未经批准的条约和决议中得到解释,例如 1925 年和 1927 年的国际联盟理事会决议,以及 1928、1933、1938 年的泛美会议的决议。1946 年的纽伦堡军事法庭和 1948 年的东京军事法庭也确认了不得使用武力的习惯法原则的强制力。

国际法院承认不使用武力原则是 1945 年以前确立的一项习

---

① 《国际法和比较法季刊》,第 151 页,第 158—161 页,第 166 页,1989 年。

惯规则,但它决定参照《联合国宪章》和《美洲国家组织宪章》界定这项原则的内容。最高法院的立场受到了美国学者的尖锐批评。他们认为,不能不经质疑就明确界定这项原则的内容;许多涉及使用武力的行为正式违反了《宪章》,但实际上已为国际社会所接受;而且,制定习惯规则不需要一致和统一的做法。还有人认为,法院没有考虑到1945年以来习惯规则的演变。在这方面应当指出,国际法院认识到在实现不使用武力原则方面存在的实际困难,明确指出,作为习惯法产生和效力的组成部分的惯例并不需要"严格一致"。

在我看来,不使用武力的原则并没有得到明确界定,特别是在《联合国宪章》之后的实践中。某些情况下,虽然以严格违反《宪章》规定的方式使用了武力,但使用武力的国家并没有遭到国际社会的反对,因此1945年以后,这些使用武力的行为可能还会在实践中合法化;然而,人们还应该考虑希金斯(Higgins)的一个有趣观点:偏离这一原则既可以被视为缺乏一致做法的证据,也可以被视为"一再违反国际法,是国际法今天所处危机的征兆"。显然,某些涉及使用暴力的行为构成对国际法的违反,特别是违反第2625(25)号决议(《友好关系宣言》)、第3314(29)号决议中关于侵略行为的规定。法院在解释《联合国宪章》的同时,以上述两项决议作为法律确信的证据,界定了不使用武力原则的范围。如果国际法院能将这些决议作为《联合国宪章》所载法律的一种鉴定手段,那么它的论点将更有说服力。然而,国际法院并没有承认它们是《联合国宪章》所建体系的一部分。在这样的背景下,完全称得上是一种"循环论证"。

四、有关不使用武力和不干涉原则的友好关系宣言和法律确信

基于美国加入1933年《蒙特维多国家权利义务公约》以及美国对《友好关系宣言》的态度,国际法院承认了美国政府关于不使用武力原则和不干涉原则的法律确信的存在。

如上文所述,加入条约这一行为本身不能被视为法律确信的证据,它只是构成实践的一个要素。我支持布洛斯(Brose)的观点,即批准行为仅构成受条约约束意愿的证据;另一方面,不予批准并不意味着一国拒绝与各自条约规定相对应的习惯规则。

《友好关系宣言》在国际法院关于法律确信的推理中占有特殊地位。

国际律师们普遍认为,如果某一特定国际组织的规约明确规定了某种可能性,那么该国际组织的法案就会对会员国具有约束力。至于联合国大会的决议,根据《宪章》条款,它们并无约束力。这一观点普遍存在于相关作者的论述中。人们普遍认识到,这些决议在习惯法的形成方面发挥着重要的作用,其作用可与多边条约相媲美。因此,决议可以确认现有习惯法或宣布新规则(拉丁文:de lege ferenda),甚至解释《宪章》的某些具体条款。

为了肯定美国存在法律确信,国际法院指出,《友好关系宣言》不仅确认了《宪章》的各项规定,而且也构成接受《宪章》的存在或决议本身宣布的一系列规则的证据。这样的裁定与代表大多数作者观点的意见相反,这些作者往往将《宣言》归入联合国系统。国际法院似乎过度推理了。国际法院将多边条约称为鉴定习惯规则(包括《联合国宪章》)的一种手段,以极为普遍的方

式阐明了不使用武力的原则。必须规定详细的条款是《宣言》的任务之一。应该补充的是,该决议的原则符合《宪章》原则,且该决议是在《宪章》生效周年时通过的。

我认为,这一立场与第 3314(29) 号决议——侵略的定义——的立场是相同的。

上述意见并不排除《友好关系宣言》编纂习惯法的可能性。这种解释可能基于非会员国的态度;李(Lee)强调《宣言》经常使用"所有国家""每一国家"等词语,这表明大会有意扩大《宣言》的接受者范围。就会员国而言,《宣言》只是解释了《宪章》的原则,因此它的规定不能作为习惯规则,在独立层面上对会员国具有约束力。本案中参与协商并达成合意或接受某项意见,不能构成法律确信存在的证据。

这里我想强调在国际关系中不使用武力原则的习惯/传统特征的另一个方面。由于第 2625 号和第 3314 号决议的准则比较精确,比相应的条约规定(特别是《宪章》第 2 条第 4 款)更为详细,所以它提供了一个罕见的习惯规则实例。习惯法原则的内容并不完全符合条约规定,尤其是涉及《联合国宪章》第 51 条界定的自卫权有关规定。习惯规则的存在可以通过非会员国的实践和法律确信来确定,因为这些国家不受联合国安理会参与解决国际冲突时的程序规定的约束。

……

结论

国际法院关于美国在尼加拉瓜境内和针对尼加拉瓜发动的军事和准军事活动的判决(是非曲直)中包含了对不使用武力、

主权和不干涉原则的司法解释。毫无疑问,美国违反了国际法。然而,国际法院支持这些原则作为习惯规则的有效性的理由是有争议的,尤其是当人们注意到争端各方没有对《联合国宪章》的约束力提出质疑时(由于范登堡条款,《联合国宪章》的规定不能适用于此种情况)。我赞同詹宁斯法官权衡之后的反对意见:国际法院事实上适用了《联合国宪章》的规定。

在1974年的核试验案件中,国际法院先入为主地判断法国不太可能执行它的判决,因此实际上驳回了澳大利亚和新西兰的诉求。但1974年的判决仍然重要,因为它确认了国际法对单方行为的约束力。1986年国际法院对尼加拉瓜一案做出裁决时,它完全清楚该判决不会得到美国的承认。无论结果如何,尽管存在争议,这一裁决还是对国际法的渊源理论做出了重要贡献。

国际法和诉诸武力:范式的转变

安东尼·克拉克·阿伦德①(Anthony Clark Arend)

首先,虽然没有国家明确宣布《宪章》第2条第4款不是良法,但事实本身并不意味着该标准具有权威性。由于明显的政治原因,各国没有公开表示《宪章》的规范是无效的。但是如前所述,各国曾多次主张,其有权在明显违反第2条第4款所载原则的情况下使用武力。鉴于这些主张,认为各国仍然高度尊重第2条第4款规定的观点似乎就不正确了。诚然这一规定具有一定合法性的认知,但似乎远远低于健全法治所要求的。

---

① 《斯坦福国际法律评论》,第21—24页,1990年。(脚注省略)

第二,法学家们提出的关于第 2 条第 4 款的控制性质的主张,似乎也不符合国际制度的现实情况。当然,并非每个国家都违反了《宪章》这一条款,我们也很难判断某一特定国家的行为何时受到这一条款的影响。虽然如此,但是一些国际重大案件还是违反了这一规范,且违法行为国未受惩罚。即使对违反第 2 条第 4 款规定的违法行为的确切清单,法学家们可能存在异议,但是人们还是普遍认为,确实已经发生了众多的违法行为。这种违法行为的典型案例(以使用武力为主)包括:美国在危地马拉的行动(1954 年);以色列、法国和英国入侵埃及(1956 年);苏联出兵匈牙利(1956 年);美国发起的入侵猪湾(1961 年);印度入侵果阿(1961 年);美国入侵多米尼加共和国(1965 年);1973 年的中东战争中阿拉伯的行动(赎罪日战争);1979 年的乌坦战争(乌干达入侵坦桑尼亚);1982 年的马岛战争(阿根廷入侵福克兰群岛);美国入侵格林纳达(1983 年);美国入侵巴拿马(1989 年);当然还有伊拉克袭击科威特(1990 年)。

最后,法学家们的条约论也存在一些问题。第 2 条第 4 款不仅是一项习惯法,还是一项条约法,同样的基本检验也适用于它。如果一项条约的规定非常缺乏权威性和控制力,那么认为该规定不再是国际法的观点似乎是很合乎逻辑。当前存在的去中心化的体系中,国家实践确立国际法。1945 年,49 个国家选择通过修正《联合国宪章》来阐明一项与使用武力有关的特别规则。自那时以来,尽管没有任何正式法案对第 2 条第 4 款的书面文字提出挑战,但这些国家和另外 100 多个国家选择了通过行动来改变这一规则。

问题

（1）国际法院所谓的"国家实践"和"法律确信"是什么意思？国际法院总结道：国际习惯法禁止在自卫之外使用武力，尤其是考虑到实际上在国家实践中包含了许多武装冲突实例。在这一情况下，它如何回应阿伦德的评论？

（2）美国认为，如果在国际习惯法中存在某项反对使用武力的规定，那么这一规定和《宪章》第2条第4款的规定是相同的。而正因为这些规定是相同的，尼加拉瓜一案中适用规定时，习惯规则不能与条约规则相分离。多数派是否充分解答了美国的这一问题？

（3）美国承认《宪章》第2条第4款是一项惯性规则，那么国际法院为什么一定要找到这样一项习惯的证据？如果美国承认，存在一项习惯性规则，那么它为什么力求将国际法院置于证据之箱中？美国为何不辩称其并未违反该项规定，而是选择回避此项问题？在国际案例中，这种回避是否恰当？你会如何建议法律顾问继续追问此案？你是否也会建议在司法管辖阶段结束后拒绝参与？美国如果不这样做，会付出什么代价？

（4）国际法院说的"强行法"以及"国际法的强制性规范"是什么意思？这一概念是否与国家主权的概念相一致？当你思考美国援助反政府武装，并在尼加拉瓜港口布雷违反了强行法规定这一问题时，对你来说，这些证据问题存在区别吗？詹宁斯的异议是否考虑到了强行法？

（5）一些国际律师，特别是私人执业律师，认为习惯规则永远不可能取代条约规则。假设你是某个就职于大型律师事务所的合伙人的同事,该合伙人将帮助修改《重述》,你必须要为他/她想出支持这一立场的论据,你有什么建议?

(6)国际法院的法官没有书记员,但如果他们继续像最近那样收到那么多的案件的话,也许他们就会开始雇佣书记员了。如果你是一名书记员,该案的一名法官让你考虑给詹宁斯法官答复,你会怎么说?如果他支持多数派,这个案子是否会得到公正的裁决?

(7)虽然《国际法院规约》第59条规定,"法院之裁判除对于当事国及本案外,无拘束力"。但是,《规约》(参见第38条d)还是承认,司法裁决是国际法的渊源之一。正如我们在尼加拉瓜一案中所见,国际法院时常援引它之前的判例。什么样的判例才能被国际法院在裁决时当作国际法渊源呢?国际法院的做法使你感到担忧吗?你认为这个案件对未来涉及武装冲突的案件会有什么影响?除了对法院的影响,你认为这个案件会对决策者决定是否使用武力产生影响吗?尽管美国退出了此案的诉讼,但美国的政策制定者在敦促对反政府武装提供援助时,是否会感到受到这种意见的制约呢?

(8)如何改进国际法的立法,特别是在制定或改革使用武力的规则方面?

第四章 使用武力的国际法机制

本章的重点是有关事实上和可能使用武力问题的国际法的制度安排,以及第一章所讨论的作用——限制、证成和组织各国政府的行动。这些机构主要是联合国的机构,导言部分讨论了联合国的主要单位——安全理事会、联合国大会、秘书长和国际法院。本节选的最后一节涉及联合国和区域组织。

一、联合国概述[①]

回顾《宪章》序言中表述的联合国的目标和第 1 条中规定的本组织的宗旨。第一个目标是"欲免后世再遭战祸",第一个宗旨是"维护国际和平与安全"。在你们阅读这篇关于联合国过去和今后可能的限制和控制使用武力的方式和方法的简要概述时,请一并阅读《宪章》的有关章节。

联合国的发展直接得益于战时对抗轴心国的联盟。甚至在第一次世界大战开始时,盟军领导人就开始讨论建立有效的国际协议以维护世界和平的必要性,唯一确定的起点是国际联盟

---

① 查耶斯,欧利希,罗恩菲尔德,《国际法律程序》,1968 年。

("联盟")失败了。《国联盟约》是第一次全球性的努力,以法律限制各国发动战争的权利,并在国际范围内以集体安全取代单方面行动。虽然《盟约》在当时是革命性的,但它完全没有提供一个有效的替代单方面使用武力的办法。它对使用武力的严格限制(可能有限),尽管有如《非战公约》等更全面的宣言所支持,却没有发展出相应的能使其发挥效用的程序和方法。

1. 联合国的组织结构

《联合国宪章》的制定者按照联盟大会的方针设计了大会。除了对预算事项的权力和对专门机构的监督之外,大会的职能主要是审议,它可以讨论任何可能导致国际冲突的局势,并就解决争端提出具体建议。但即使是这种讨论和建议的权威也是有限的,如果安全理事会决议着手处理一个问题,或者爆发敌对行动时,安全理事会将对此事拥有唯一的处置权。另一方面,与联盟大会不同,大会的决定不必是一致通过的,它可以以多数票采取行动——对重要问题三分之二通过,对其他问题简单多数通过。

在财政问题上,联合国大会被赋予了比其对应联盟机构更大的权力。根据《宪章》第17条,大会"应审议并核定本组织之预算",并由成员国分摊"本组织之经费"。目前,美国分摊了这些费用的25%,而在另一端,一大批发展中国家共同分摊了最低0.04%的费用。

从一开始,大会的正式工作——讨论和通过决议——就在全体会议上完成。然而,该机构的大部分实际工作是在其7个全体委员会中进行的:两个负责政治事务,两个负责经济和社会事务,一个负责托管事务,一个负责行政和预算问题,一个负责法律事务。此外,大会还设立了许多附属机构,例如和平利用外层空间委员会。

自1945年以来,大会的正式结构基本上没有改变。但是,自那时以来,世界发生了根本的变化,大会的性质也发生了变化。联合国最初有51个成员,到1993年时有180多个成员。几乎所有的新成员都是前军事国家的一部分,其中大多数是小国。在大多数情况下,它们的经济营养不良,它们的政治制度正在努力适应重大的国内和国际问题。一些大国仍然掌握举足轻重的话语权,但俄罗斯共和国已经取代了前苏联,法国和英国都没有1945年其所预想的影响力。同时,战败的轴心国德国和日本都已成为全球舞台上的主要角色,而非洲和亚洲国家联合起来的声音——有时还有拉丁美洲国家的声音也经常被听到。

《宪章》起草者还认为,秘书长的作用基本上与联盟秘书长的作用相同。秘书长是联合国的首席行政官员,负责监督该组织的工作人员并协调他们的活动。此外,他可以提请安全理事会注意任何威胁国际和平的争端。

现今,秘书长管理着一个由数千名国际公务员组成的秘书处,这些国际公务员与国内公务员一样,效忠于自己的组织,理论上是非政治性的。同国家公务员制度一样,联合国的国际公务员制度并不总是履行其概念的中立性。但是,总的来说,将秘书处视作一个独立的国际公务员制度,致力于它所服务的组织,并准备以政治上不偏不倚的方式执行其任务,是没问题的。在设计安全理事会时,《宪章》的制定者明显地打破了国联的先例。安理会被赋予了比历史上任何其他国际实体都大的权力。它被赋予在和平遭到破坏后采取行动的专属权力,所有成员国都有义务执行其指示。拥有9个成员的安理会后来扩大到15个理事国,但《宪章》对其结构的其他修改受到抵制。

这一计划假定"那些构成大联盟核心的国家团结起来反对轴心国",其运作前提是大国继续合作维持世界治安。这些假设导致制定者将安理会视为该联盟的主要和平维持机构,赋予它在和平遭到破坏或威胁时做出具有约束力决定的权力,并且除了自卫的情况外,赋予它近乎垄断的合法使用武力的权力。中国、法国、苏联、英国和美国在安理会拥有常任理事国席位。根据罗斯福总统、丘吉尔首相和斯大林元帅在雅尔塔会议上商定的投票方式,每个常任理事国除了程序性问题外,对所有其他问题都有否决权。经过旧金山会议的广泛辩论,雅尔塔方案成为《宪章》第27条。因此,《宪章》的起草者们接受了这样的观点:"鉴于常任理事国肩负重要责任,在目前的世界形势下,如果没有经过一致同意,那它们也无法在维护国际和平与安全这样严肃的问题上承担采取行动的义务。"一些来自安全理事会和联合国其他各机关的建议可能会是有帮助的。

2. 安全理事会

苏联和其他四个大国之间的战时团结——在雅尔塔和波茨坦会议时已经很紧张——很快就成为历史。大国们一致的前提很快就出现了矛盾,否决权使安理会无法如预期发挥其功能。没有根据第43条缔结任何"特别协定",军事参谋团也没有按照第47条起草者的计划发挥作用。因此,几乎从一开始,会员国就面临着两个选择,一是坚持《宪章》起草者最初的希望,从而使本组织的潜力陷入瘫痪;二是寻找其他手段,以实现创建联合国的基本宗旨。

与其他现存的文书一样,《宪章》以其概念和语言的广泛性,包含了这种选择。对于这样一份文书,深刻的意见分歧不可避免地被丰富的一般性语言所掩盖,历史很快就会对其含义和原意做出同样的说明,或许更多。

不足为奇的是,这一政制发展的许多早期事例都涉及第27条的表决程序。该条规定,"9个成员的赞成票,包括常任理事国的同意票"是安理会就非程序性事项采取行动的必要条件。从字面上看,简单的语言表述和旧金山的谈判历史都支持这样的解释,即常任理事国投弃权票可以阻止安理会采取行动。然而,在安理会第一次会议上,人们普遍认为,弃权不是否决权,因此,常任理事国有可能在不推翻多数国家意愿的情况下,对某一问题表示反对,或至少表示疑虑。如果采用另一种解释,本组织早期做出的许多重要实质性决定将无法进行。

所采取的做法与《宪章》的语言并非不可调和。这一措辞并不排除这样一种观点,即如果一个成员弃权,就不应该强迫它把弃权算作反对票。重要的是,这种做法为《宪章》注入了活力,尽管常任理事国之间的分歧在不断扩大,但仍为开展手头的工作提供了一种方式。

还出现了关于第27条的第三组问题。确定一个问题是否是程序性的,是否需要所有常任理事国的同意票?如果是这样,那么该程序就存在内在的双重否决权:对初步问题投反对票就会自动使原来的事项成为实质性事项,而另一个反对票可以使之失败。对于旧金山代表提出的这一问题,常任理事国做出了答复:

未来不太可能出现任何必须就是否适用程序性表决做出决定的重大事项。然而,如果出现这样的问题,必须由安全理事会9个理事国,包括常任理事国的同意票,就有关该问题是否属于程序性的初步问题做出决定。

当安理会首次出现双重否决权问题时,就是以这种方式解决的。然而,不久之后,双重否决权的力量开始被削弱。首先,有一次时任安全理事会主席、来自法国的帕罗迪因为其对某一事项属于程序性问题的裁决受到质疑,他要求就推翻主席裁决的程序进行表决,因为程序性事项是先例。投票结果是6票赞成,2票反对,3票弃权。主席随后裁定维持他原来的决定,因为没有得到7票赞成。第二,联大通过了一项决议,即双重否决权不应适用于35类问题。

这些发展为1950年9月的进一步转变奠定了基础,当时安理会正在审议中华人民共和国的申诉。提出了邀请中华人民共和国参加讨论的决议:投票结果是7票赞成,3票反对,1票弃权。邀请参加安理会讨论属于大会决议所规定的35个"程序性"类别,安理会主席——来自英国的格拉德温·杰布爵士裁定该决议是程序性的,因此获得通过。国民党政权声称已经否决了该决议,并引用了旧金山声明(如上所述)来支持其主张。但没有其他国家支持这一立场,中华人民共和国也确实参加了安理会的讨论。

3. 联合国大会

也许《宪章》最著名的宪政发展是1950年11月由联合国大

会通过的联合国大会 377 号决议。

在 1950 年,该组织的大多数成员认为,"维护和平的作用……移交给了联合国大会",安全理事会会议的频率降低,所讨论问题的范围有所缩小。最近有迹象表明,这一进程已经逆转,安理会正在有限度地复苏,而大会则有所减弱。

因此,在该组织的宪法历史中,增长和变革已经成为惯例,而不是例外。这段历史扩大了大会、秘书长和各区域组织的权力范围。基本上,它拒绝了那些认为行使这一权力取决于理事会同意的建议。

4. 秘书长

《宪章》规定,秘书长应由大会根据安全理事会的推荐任命。根据该条规定,1946 年,安全理事会通过决议推荐、大会通过决议任命特里格夫·赖伊(Trygve Lie)为第一任秘书长。大会决议规定任期为五年。

赖伊秘书长支持联合国在朝鲜的行动,引起了苏联的强烈敌意。1950 年,当赖伊的五年任期即将结束时,苏联对安全理事会推荐赖伊连任连续投了 46 次否决票。由于各种情况,无法就另一个候选人达成一致。然而,如果没有首席行政官,该组织就难以运作。最后,大会自行决定,在安全理事会没有提出任何建议的情况下,投票决定"现任秘书长应继续任职三年"。

这一行为的文本理由是看似合理的。《宪章》没有规定秘书长的任期,仅仅是大会在 1946 年通过决议确定了秘书长的任期,它本可以很容易地在 1950 年延长任期。所有这一切都很好,但这并不能掩盖这样一个事实,即这并不是安全理事会和大会同时采取行动的选择,这一点在旧金山会议上有明确表述。而且它与国务卿斯特蒂纽斯(Stettinius)1945年对宪章制定者原意的陈述相冲突:

> 双方同意《宪章》中不就(秘书长的)任期做任何规定。委员会的理解是,在没有提及秘书长任期的情况下,这一事项将由安全理事会和大会商定。还有,关于这个问题的任何决定都必须得到安全理事会常任理事国的同意。

人们可以从需要(安理会和联大)一起才能决定任期的要求中得出同样的结论,尊敬的官方也是如此做的。归根结底,这些反对意见给大会留下的印象比较浅,不及延长赖伊的任期的决议中所述的"有必要确保《宪章》赋予秘书长办公室的职能不受干扰地得到行使"。

在随后的几年里,所有秘书长都利用他们的斡旋来促进维持和平。一些人进行了广泛的调解,另一些人则比较谨慎。冷战结束前,只要秘书长在一个大国的势力范围内参与严肃的谈判,都不可避免地可能引起那个大国的强烈不满。早些时候已经有迹象表明,这种限制可能会改变,当然,改变是与前苏联的势力范围相关的。

联合国秘书长哈马舍尔德(Hammarskjold)在联合国刚果维和行动中所扮演的角色是所有秘书长中最广泛的。他要求安全理事会就此事召开会议,并深入参与了安理会授权联合国向刚果政府提供援助的决议的起草工作。当苏联否决了哈马舍尔德秘书长准备的决议,并将此事根据"联合争取和平"决议转移到联合国大会时,联合国大会支持秘书长维护刚果政治独立的努力。随后,联合国的行动又交接给了安理会,但联合国秘书长仍然是安理会关键的决策者。

自达格·哈马舍尔德以来,没有哪位秘书长像他一样是一位强有力的领导人,但其他许多人——包括1980年代的秘书长哈维尔·佩雷斯·德奎利亚尔先生(Javier Perez De Cuella)——在若干联合国维持和平的努力中都发挥了关键作用,至少在所有这些努力中发挥了某种作用。

5. 国际法院

设立国际法院的《宪章》第十四章和《法院规约》都是在争议相对较少的情况下起草的。1945年的宪章制定者似乎都没有严肃地质疑应该有一个世界法院的观点。常设国际法院从1922年国际联盟成立到第二次世界大战爆发,一直在运作。在此期间受理了大约65起案件,法院对其中大约一半做出了判决。

《国际法院规约》是根据其前身的《规约》改编的。根据第34条,"只有国家才能成为法院审理案件的当事方"。第38条规定,"法院对于陈诉各项争端,应依国际法裁判之",裁判时应适用:

(a)不论普通或特别国际协约,确立诉讼当事国明白承认之规条者。

(b)国际习惯,作为通例之证明而经接受为法律者。

(c)一般法律原则为文明各国所承认者。

(d)在第59条规定之下,司法判例及各国权威最高之公法学家学说,作为确定法律原则之补充资料者。

然而,与联盟系统不同的是,国际法院是联合国的一个机关。

根据《宪章》第 93 条，所有联合国会员国都是法院《规约》的缔约国。

在旧金山提出的关于法院的几个主要问题之一是，法院的管辖权是否具有强制性以及在多大程度上应该是强制性的。出席会议的大多数小国都希望有某种强制性的管辖权，但美国和苏联都否决了这一想法。相反，法院对诉讼案件的管辖权与常设法院一样，仅限于当事方同意的案件。

各国可以通过几种方式接受法院的管辖权。首先，它们可以按照《规约》第 36 条第 2 款的规定提出单方面声明。不过，只有不到 50 个国家这样做了，其中许多国家效仿美国的做法，提交了限制性声明，即所谓的"康纳利保留"。根据该项保留，如果"经美国确定认为主要属于美国国内管辖范围内事情上的争端"，那么美国将不承认国际法院的管辖权，即只承认美国国内法院的管辖权。美国只援引过一次这种限制，但这项保留限制了美国向法院提出案件的努力，因为在这种情况下，对立方可以援引《康纳利保留》作为对等事项。其次，各国可以通过双边或多边条约的规定事先接受法院的管辖权，美国是许多此类协定的缔约国。最后，各国可就向法院提交特定案件达成具体的折中办法。

从 1945 年到 1966 年，大约有 36 个有争议的案件被提交给国际法院。其中一些案件已被一个或多个当事方从法院的管辖范围内撤销。到 1966 年 12 月为止，法院只对 22 个案件做出了最后判决。但是在过去的 5 年里，最高法院已经解决了越来越多的案件——每年有 10 到 12 个案件在它的诉讼日程上。

尽管提交法院裁决的争议案件仍然相对较少，但它已经解决了一些棘手的纠纷。洪都拉斯和尼加拉瓜之间的边界争端多年来扰乱了它们的关系,泰国和柬埔寨之间的领土争端涉及占有古老的柏威夏寺(Temple of Preah Vihear),这些都是例子。

除了决定当事人之间争议的纠纷,法院由《宪章》第 96 条授权可在联大发表由安理会或任何其他机关或联合国大会授权联合国专门机构请求的"任何法律问题"的咨询意见。这是法院对费用案件的管辖权的基础。

《国际法院规约》规定,参加法院选举的候选人必须在联合国大会和安全理事会中获得绝对多数票。根据第 2 条,法官必须"从各本国具有最高司法职位之任命资格或公认为国际法之法学家中选举之"。根据第 20 条,法官于就职前"应在公开法庭郑重宣言本人必当秉公竭诚行使职权"。

6. 联合国和区域组织

宪章的第一份草案——后来成为《联合国宪章》第七章——是 1944 年在华盛顿特区敦巴顿橡树园举行的会议上编写的,目的是为战后国际组织奠定基础。

敦巴顿橡树园草案,第七章 C 节内容如下:

1.《宪章》中的任何规定均不妨碍区域安排或机构的存在,以处理与维持国际和平与安全有关的适合于区域行动的事项,但这种安排或机构及其活动必须符合本组织的宗旨和原则。安全理事会应鼓励通过此种区域安排或此种区域机构,经有关国家倡议或经安全理事会委托,解决区域争端。

2. 安全理事会应酌情利用此种安排或机构在其权限内采取强制执行行动,但未经安全理事会授权,不得根据区域安排或由区域机构采取强制执行行动。

3. 安全理事会应随时充分了解根据区域安排或区域机构为维持国际和平与安全而进行或考虑进行的活动。

这一版本引起了两种关切。特别是拉丁美洲国家认为，敦巴顿橡树园草案没有充分承认区域安排；美国和拉丁美洲国家都担心，后来成为《宪章》第2条第4项内容的禁止使用武力，加上安全理事会对"强制行动"的严格控制，很可能被解读为禁止对侵略做出区域反应。一种观点，特别是国务卿赫尔和国务院联合国部门所持的观点是，战后世界需要一个强大的世界性组织，不受各种反映过时的力量平衡的区域安排所影响。另一种观点，特别是副国务卿萨姆纳·威尔斯（Sumner Welles）和后来的参议员范登伯格所支持的观点是，区域安排为维护和平和解决争端提供了有用的工具，因此应该得到鼓励。英国首相丘吉尔对整个世界组织持怀疑态度，希望鼓励地区主义，而罗斯福总统似乎对这两种观点都不认同。

只有四个主要盟国——美国、英国、苏联和中国——出席了敦巴顿橡树园会议。拉美国家希望在制定《联合国宪章》时能考虑到它们的意见，并为此于1945年2月至3月在墨西哥城召开了一次会议。该会议的最后文件包含了一项《查普尔特佩克宣言》（the Act of Chapultepec），明确要求各签署国承诺建立防卫组织和制定正式的美洲宪章，这一承诺随后在1947年的《里约条约》和1948年的《美洲国家组织宪章》中得到了落实。此外，墨西哥城会议通过了一项决议，所有签署国（包括美国）在决议中就以下问题达成共识：

最好按照美洲的方法和程序解决美洲性质的争议和问题，并与国际组织的方法和程序保持一致……

到1945年4月召开旧金山会议起草《联合国宪章》时,在敦巴顿橡树园会议上遗留下来的另一个问题已经得到了回答。根据美国在雅尔塔会议上商定的安全理事会投票方案,除程序问题外,每个主要大国都将拥有否决权。这不仅意味着一个常任理事国可以否决安全理事会就一个特定问题采取的行动,而且还提供了一种可能性,即一个常任理事国可以在安全理事会授权一区域组织进行必要行动时,阻止或停止该区域行动。

参议员范登伯格是美国在这个问题上的发言人,用他的话说:"不仅南美人热衷于保护《查普尔特佩克宣言》,而且澳大利亚人也同样渴望不被抛弃在遥远的地球角落,这一点得到了迅速的发展。"美国方面则明确表示,它不会放弃门罗主义,根据这一主义,美国认为自己有义务向西半球的任何面临来自西半球以外威胁的国家提供援助。另一方面,也有一些人,如新西兰代表,担心区域安排可能导致区域之间的冲突,并希望确保世界性组织的至高无上地位。正如范登伯格参议员所说:"有些人认为,会议陷入了一个无法逃脱的僵局。"

解决办法有两个方面:首先,旧金山会议增加了现在的《宪章》第51条。该条在敦巴顿橡树园的版本中没有对应的条款,它明确确认集体和单独自卫是所有国家的固有权利。因此,有人认为,应对武装攻击的区域行动将被排除在否决权的范围之外。在这种情况下,安全理事会可以制止区域集体行动,只有当理事会在所有常任理事国都投赞成票,自己掌握局势时,才会这样做。其次,会议决定突出区域安排在解决争端领域中的作用。会议在现在的第33条中增加了诉诸区域安排的内容,并增加了一项新规定,成为第52条第2款。

按语

联合国的许多机构都参与了维和行动,以下摘录涉及联合国在这方面的努力。第一部分概述了1945年以来联合国的主要维和行动。我们已经讨论了美洲国家组织这一区域组织卷入古巴导弹危机的问题,其他区域性组织也参与了维和行动,根据《联合国宪章》第五章采取行动。第二部分摘录自国际法院最重要的决定之一《联合国的特定费用》。这项1962年的咨询意见回应了大会的一项要求,即请大会提供咨询意见,说明联合国为支助大会授权的维和行动而支出的费用是否属于《联合国宪章》第17条第2款含义所指的"费用",因此须按照该条规定的程序进行强制性摊款。这项意见对大会的权力提出了更广泛的意见,而这正是美国当时寻求的解释。但在随后的几年里,美国对大会的权力范围采取了较窄的立场。第三段摘录来自怀特教授对联合国维和行动及其有效性的分析。大多数读者都会对联合国部队在过去几十年里开展的大规模维和行动感到惊讶。其中一个特别的联合国维和行动——在塞浦路斯——是第四个摘录的主题,摘自欧利希的一本书。随后,来自《纽约时报》的两篇文章都强调了联合国所致力于的工作范围以及这些工作造成的日益严重的财政压力。

二、联合国维和行动

1. 概述

自1945年以来的几十年里,联合国维和行动已经在全球18

个不同的动乱地区开展过,其中7次有联合国维和部队参与。此外,联合国军事观察团驻扎了11次。在前苏联解体之前,这些部队和小组仅限于中间地区——既不属于以美国为首的西方国家也不属于以前苏联为首的共产主义国家的主要影响范围。1991年苏联时代的结束至少带来了重大变革的可能性。不久之后,联合国维和部队驻扎在曾经被认为是苏联势力范围内的前南斯拉夫领土上,联合国军事观察团(联萨观察团)帮助在萨尔瓦多进行谈判,萨尔瓦多曾经被认为是美国势力范围内的国家。与此同时,联合国历史上规模最大的维和行动——往柬埔寨派驻多达2万人的维和部队——的准备工作正在进行。

两个最重要的维和行动是联合国驻加沙紧急部队(UNEF)和联合国刚果行动(ONUC)。这两个行动的情况说明了联合国维和安排的复杂性,并为国际法院随后在"特定费用"案中发表咨询意见奠定了基础。

1956年夏天,埃及将苏伊士运河收归国有,从而引发了中东危机,同年10月下旬,以色列入侵埃及,两天后,埃及总统纳赛尔拒绝了他们要求占领苏伊士和其他关键地区的最后通牒,于是英国和法国的飞机轰炸了开罗。美国要求安理会立即召开会议,并提出决议,要求停火和撤军。在该决议被英国和法国否决后,安全理事会援引了"联合争取和平"程序,只有这两个国家投了反对票。在随后的联大会议上,决议以57票赞成,0票反对,19票弃权被通过,决议呼吁结束战斗,并授权秘书长成立联合国紧急部队(UNEF)——一支国际维和部队,在有关国家同意下,监督并确保停火。到1957年3月,来自10个国家(不包括任何大国)的约有6000人的紧急部队在埃及领土上驻扎,在那里驻扎了十多年。

关于如何分配部队费用——费用不由派遣部队的成员国承担,也无法靠捐款支付——立即出现了分歧。美国赞成将这些费用定性为"本组织的开支",并按通常的分摊比额表供资。苏联坚持要求紧急部队的费用由英国、法国和以色列承担。大会最后规定,所有成员都应分摊费用,但应按比例分摊,低收入成员支付的费用低于其通常的份额,差额由自愿捐款补足。

四年后,刚果行动成立。1960 年 6 月 30 日,比属刚果成为一个独立的国家。几天之内,新政府就面临危机。全国各地爆发了暴力事件,比利时政府派出军队增援现有的刚果特遣队,刚果军队发生兵变,最富有的加丹加省宣布脱离刚果。应刚果政府的要求,联合国秘书长哈马舍尔德召开了安理会紧急会议。安理会以 8 比 0 的表决结果(中国、法国和英国弃权)通过了一项决议,要求比利时撤军,并授权秘书长组建一支以联合国紧急部队为模式的维和部队,尽管最初这是由安理会而不是大会批准的。

筹资再次成为一个难题。最后,大会对联合国布隆迪行动适用了紧急部队经费筹措的基本原则,并明确指出,摊款是用于该组织的开支。但是,大会的决议也指出,摊款会使一些成员的资源严重紧张,而且联刚行动的特别费用与通常的支出有本质的不同。因此,需要采取不同的程序来支付这些费用,常任理事国必须承担支付特别费用的责任。

1960 年秋天,刚果政府解体,安全理事会的共识也随之解体,卢蒙巴(Lumumba)总理和卡萨武布(Kasavubu)总统双方交火,美国和苏联在争端中站在了对立面。同时,负责联刚行动的秘书长代表采取了一些措施,试图阻止或至少遏制内战。苏联反对这些活动的决议被否决,赞扬这些活动的决议也被否决。随后，大会根据联合一致共策和平程序召开了紧急会议，尽管苏联认为这是一个实质性的问题，可能会因其反对票而受阻。（在召开大会成立紧急部队时，尽管有2个常任理事国投了反对票，但苏联并没有质疑这一立场。）大会通过了一项决议，批准秘书长在刚果行动的行为。

在这些事件之后，苏联对秘书长的行动越来越恼火，最后提议取消秘书长的职位，改由三人组成的"三驾马车"。这三个人，一个来自社会主义国家、一个来自中立国家、一个来自西方国家，将不得不采取一致行动。该提案将赋予苏联阻止该组织行政部门任何行动的权力，直到在绝大多数成员国认为这是对秘书长机构和对哈马舍尔德先生——因为他执行了一项这些成员国强烈支持的行动——的个人攻击之后，苏联才放弃了这一建议。

1961年2月，在宣布卢蒙巴总理被谋杀之后，危机又回到了安全理事会这边。安理会以9票赞成、0票反对（法国和苏联投了弃权票）授权联合国刚果维和特派团在必要时使用武力防止内战进一步蔓延。尽管有了这项决议，但联刚特派团的部队在几个月的时间里无法从近乎混乱的局面中恢复秩序，因为他们不仅要对付中央政府的两个派系，还要对付分离主义的加丹加人和白人雇佣军。最后，在1961年9月，联合国秘书长哈马舍尔德决定亲自飞往刚果，但由于飞机失事而丧生。此后不久，吴丹（U Thant）被选为代理秘书长，安理会（以9比0的投票结果，法国和英国投了弃权票）授权刚果维和行动使用一切必要的武力来逮捕不在联合国指挥下的外国军事人员。

2. 联合国的特定费用
(《宪章》第17条第2款)
1962年7月20日的咨询意见①

……

法院发表咨询意见的权力来自《国际法院规约》第65条。授予的权力具有自由裁量权的性质。在行使其自由裁量权时,国际法院与常设国际法院一样,始终遵循常设法院1923年7月23日在东卡类利阿地位案(the Status of Eastern Carelia)中所述原则。"法院作为一个法院,即使在发表咨询意见时,也不能偏离指导其作为法院活动的基本规则"(《常设国际法院》,B辑,第5号,第29页)。因此,根据《国际法院规约》第65条,本法院只能就法律问题发表咨询意见。如果一个问题不是法律问题,本法院在这个问题上就没有自由裁量权,必须拒绝发表咨询意见。正如本法院在1950年3月30日的意见中所说,第65条的允许性"使本法院有权审查案件的情况是否具有导致本法院拒绝答复请求的性质"(与保加利亚、匈牙利和罗马尼亚的和平条约的解释[第一阶段],《1950年国际法院案例汇编》,第72页)。但是,正如法院在同一意见中也说过的那样,"在这种情况下,法院的答复是应该导致它拒绝答复请求"(与保加利亚、匈牙利和罗马尼亚的和平条约的解释[第一阶段],《1950年国际法院案例汇编》,第72页)。本法院本身是"联合国的一个机关,代表它参与本组织的活动,原则上不应拒绝"(同上,第71页)。本法院在1956年10月23日的意见中更明确地指出,只有"令人信服的理由"才会导致它拒绝

---

① 1962 I. C. J. 151.

提供被请求的咨询意见(国际劳工组织行政法庭就针对教科文组织的申诉所做的判决,《1956年国际法院案例汇编》,第86页)。

本法院认为没有"令人信服的理由",不应提出大会第1731(16)号决议所要求的咨询意见。的确,对《联合国宪章》的大多数解释都具有或大或小的政治意义,从事物的性质来看,不可能有其他的意义。但是,法院不能把要它承担基本上是司法任务,即解释一项条约条款的要求归为政治性质。

在请求提供这一意见的决议的序言部分,大会表示认识到"需要权威性的法律指导";在寻求这种指导的过程中,大会向本法院提出了一个法律问题,即对《联合国宪章》第17条第2款的解释问题。本法院在1948年5月第38号意见中明确指出,作为"联合国的主要司法机关",本法院有权对《宪章》的一项条款行使"多边条约的解释职能,这属于正常行使其司法权力的范围"(接纳国家加入联合国的条件[宪章第四条],《1947—1948年国际法院案例汇编》,第61页)。

因此,法院被要求就一个具体的法律问题发表咨询意见,将着手发表意见。

请本法院发表意见的问题是,大会为支付联合国刚果行动(下称联刚行动)和联合国中东紧急部队(下称紧急部队)行动费用而授权的某些支出是否"构成《联合国宪章》第17条第2款意义上的本组织经费"。

……

第17条的根本宗旨是,对本组织的财政实行控制,并征收本组织的分摊经费,使本组织得以通过其主要机关及依第22条或第29条规定设立之附属机关,执行本组织的全体功能。

第 17 条是《宪章》中唯一提到预算权力或分摊费用或以其他方式增加收入的权力的条款,但《法院规约》第 33 条和第 35 条第 3 项除外,它们与这里讨论的问题没有关系。然而,有人向法院提出,有一类开支,即维持国际和平与安全的行动所产生的开支,不属于《宪章》第 17 条第 2 款意义上的"本组织的开支",因为它们完全由安全理事会处理,特别是通过根据《宪章》第 43 条谈判达成的协定处理。

有人进一步认为,由于大会的权力仅限于讨论、审议、研究和提出建议,因此大会不能规定支付因执行其建议而产生的费用的义务。这一论点导致审查《宪章》规定的大会和安全理事会各自的职能,特别是在维持国际和平与安全方面的职能。

《宪章》第 24 条规定:

"为保证联合国行动迅速有效起见,各会员国将维持国际和平及安全之主要责任,授予安全理事会……"

授予的责任是"主要"的,而不是排他的。如第 24 条所述,这一主要责任被授予安全理事会,"以保证行动迅速有效"。为此,安全理事会有权规定明确的遵守义务,例如,如果它向侵略者下达命令,就必须遵守。根据第七章,只有安全理事会才能要求对侵略者采取强制行动。

然而,《宪章》非常明确地指出,大会也应关注国际和平与安全。第 14 条授权大会"对于大会认为可能妨害国际普遍福利或友好关系之任何情势,不论其起因为何,包括因违反规定联合国宗旨及原则之本宪章规定而引起之情势,得建议和平调整办法"。

"措施"一词意味着某种行动,第14条对大会施加的唯一限制是第12条中的限制,即当安全理事会正在处理同一事项时,大会不应建议措施,除非安理会要求它这样做。因此,虽然只有安全理事会可以下令采取强制行动,但《宪章》赋予大会的职能和权力并不限于讨论、审议、发起研究和提出建议;它们不仅仅是劝告性的。这些"决定"确实包括某些建议,但其他决定则具有决定性的效力和效果。在这些决定中,第18条包括中止成员权利和特权、驱逐成员"和预算问题"。关于第5条和第6条规定的中止成员权利和特权以及驱逐成员的问题,安全理事会只有建议权,大会才有决定权,其决定确定地位,但这两个机关之间有密切的合作。此外,第5条和第6条规定的大会决定权具体涉及预防或执行措施。

第17条第1款规定,大会不仅有权"审议"本组织的预算,而且有权"核定预算"。"核定"预算的决定与第17条第2款密切相关,因为根据该款,大会还被赋予在各会员国之间分摊经费的权力,而第17条第2款明确规定,行使分摊权使每个会员国有义务承担大会分摊的那部分经费。如果这些费用包括维持和平与安全的支出,而这些支出又没有其他规定,则大会有权让各会员国分摊这部分费用。《宪章》中向安全理事会和大会分配职能和权力的规定,并不支持这样的观点,即这种分配不包括大会为维持和平与安全的措施提供经费的权力。

支持限制大会在维持国际和平与安全方面的预算权力的论点,特别依赖于第11条第2款最后一句提到的"行动"。本段内容如下:

> 大会得讨论联合国任何会员国或安全理事会或非联合

国会员国依第35条第2项之规定向大会所提关于维持国际和平及安全之任何问题；除第12条所规定外，并得向会员国或安全理事会或兼向两者提出对于各该项问题之建议。凡对于需要行动之各该项问题，应由大会于讨论前或讨论后提交安全理事会。

法院认为，第11条第2款中提到的行动属于强制行动或强制执行行动。本款不仅适用于有关和平与安全的一般性问题，而且也适用于一国根据第35条向大会提出的具体案件，其第一句授权大会通过向各国或安全理事会或两者提出建议的方式，应有关国家的请求或经其同意，组织维和行动。大会的这一权力是一项特别权力，绝不减损第10条或第14条规定的大会一般权力，但受第2条第1款最后一句限制的权力除外。最后一句话说，当"必须采取行动"时，大会应将问题提交安全理事会。"行动"一词必须指完全属于安全理事会职权范围内可能采取的行动，例如根据第38条采取的行动，因为根据第11条，大会具有类似的权力。"完全属于安全理事会职权范围内的行动"是《宪章》第四章标题所指的行动，即"对威胁和平、破坏和平及侵略行为采取的行动"。如果第11条第2款中的"行动"一词被解释为意味着大会只能抽象地提出影响和平与安全的一般性建议，而不能就具体情况提出建议，那么该款就不会规定大会可以就各国或安全理事会提出的问题提出建议。因此，第11条第2款最后一句不适用于必要行动不是强制执行行动的情况。

该组织在其历史上的实践证明了上述对第11条第2款最后一句中"行动"一词的阐述。无论大会是根据第11条还是根据第

14条开展工作,执行大会关于设立委员会或其他机构的建议涉及与维持国际和平与安全有关的组织活动——行动。这种执行是联合国运作的正常特征。这种委员会、其他机构或个人在某些情况下构成根据《宪章》第22条授权设立的附属机构。这种附属机构的职能包括调查、观察和监督,但这种附属机构的利用方式取决于有关国家的同意。

因此,法院认为,试图依据第11条第2款来限制大会在维持国际和平与安全方面的预算权力的论点是没有根据的。

还有人在法院提出,《宪章》第43条构成一项特别规则,即特别法,在涉及维持国际和平与安全的开支时,特别法减损了第17条的一般规则。第43条规定,会员国应主动与安全理事会谈判达成协议。会员国应按照安全理事会的要求来规定"为维护国际和平与安全所必需的武装部队、援助和设施,包括通行权"。根据该条第2款:

> 此项特别协定应规定军队之数目及种类,其准备程度及一般驻扎地点,以及所供便利及协助之性质。

其论点是,这种协定的目的是要包括关于可能由安全理事会指示采取的这种强制行动的费用分配的具体说明,而且只有安全理事会有权安排支付这种费用。

对于这一论点,法院首先将指出,出于本意见后面详细阐述的理由,称为紧急部队和联刚行动的行动不属于《宪章》第七章范围内的增援部队行动,因此第43条不能适用于法院在此处所关注的案件。但是,即使第43条适用,法院也不能接受对其文书

第四章　使用武力的国际法机制

的这种解释,理由如下。

第43条的案文中没有任何内容限制安理会在谈判这类协定时的酌处权,不能假定在每一项这类协定中,安理会都会坚持,或任何会员国都有义务同意,这些国家将承担它将提供的"援助"的全部费用,例如,将部队运送到作战地点,在战场上完成后勤维护,物资、武器和弹药供应等。如果在根据第43条条款进行的谈判中,一个会员国有权坚持,而安理会有权同意部分费用应由本组织承担,那么这些费用将成为本组织开支的一部分,由大会根据第17条分摊。很难想象如何能够考虑到所有潜在开支都可以在这些协定中得到设想,而且这些协定能提前很久缔结。事实上,第50条的规定表明,很难或不可能预测强制执行措施对会员国的全部财政影响,该条规定,一个国家,不论是否为联合国会员国,"因执行这些(预防性或强制性)措施而本身面临特殊经济问题时,应有权就解决这些问题与安全理事会协商"。在这种情况下,安理会可能会确定负担过重的国家有权获得某种财政援助;这种财政援助,如果由本组织提供,显然将构成"本组织开支"的一部分。经济问题不可能事先由谈判达成的协定加以处理,因为这些问题要到事件发生之后才能知道,对于也列入第50条的非会员国,则根本不可能根据第43条谈判达成任何协定。

此外,坚持所有为维护国际和平与安全而采取的措施必须通过根据第43条缔结的协定来筹集资金的论点,似乎排除了安理会根据《宪章》其他一些条款采取行动的可能性。法院不能接受对安理会根据《宪章》所拥有的权力如此有限的看法。不能说《宪章》使安理会在紧急情况下无能为力,因为根据第43条达成的协议尚未完成。

《宪章》第七章的条款提到了"情势"和争端，它必须在安理会的权力范围内来管理一个局势，即使它不对一个国家诉诸强制行动。安理会被授权采取的行动的费用构成"第17条第2款意义上的本组织开支"。

法院审议了解释第17条第2款的一般性问题，该款根据《宪章》的总体结构以及《宪章》赋予大会和安理会的各自职能，以期确定"本组织开支"一词的含义。最高法院认为没有必要对这种开支进行更详细的定义。因此，法院将着手审查咨询意见申请书中列举的开支。在确定核准的实际支出是否构成《宪章》第17条第2款意义上的"本组织开支"时，法院同意，这些支出必须根据其与联合国宗旨以外的目的的关系来检验，否则不能将其视为"本组织开支"。

《宪章》第1条规定了联合国的宗旨。第1款和第2款所述的两项宗旨可以概括为指向国际和平与安全和友好关系的目标。第三个宗旨是实现经济、社会、文化和人道主义目标以及尊重人权。第四个也是最后一个宗旨是："构成一协调各国行动之中心，以达成上述共同目的。"

赋予国际和平与安全以首要地位是理所当然的，因为其他宗旨的实现将取决于这一基本条件的实现。这些宗旨确实是广泛的，但这些宗旨和为实现这些宗旨而赋予的权力都不是无限的。除非会员国委托本组织实现这些共同目标，否则它们仍有行动的自由。但是，当本组织采取的行动证明它适合于实现联合国公开宣布的宗旨之一时，我们的推定是，这种行动不会越权。

如果一致认为有关行动属于本组织的职能范围，但据称该行动是以不符合《宪章》规定的几个机关之间的职能分工的方式发

第四章 使用武力的国际法机制

起或实施的,那么就会转到内部层面,即本组织的内部结构。如果该行动是由错误的机关采取的,就内部结构而言,它是不正常的,但这并不一定意味着所产生的费用不是本组织的费用。国内法和国际法都考虑到法人团体或政治团体可能因代理人的越权行为而受第三方约束的情况。

在各国的法律制度中,往往都有一些程序来确定哪怕是立法或政府行为的有效性,但在联合国的结构中却找不到类似的程序。在起草《宪章》期间,有人提议将解释《宪章》的最终权力交给国际法院,但未被接受;法院提出的意见是一种咨询意见。因此,正如1945年所预期的那样,每个机构首先必须至少确定自己的管辖权。例如,如果安全理事会通过了一项称是为了维护国际和平与安全的决议,如果秘书长根据该决议的任务规定或授权承担了财政义务,就必须推定这些款项构成"本组织的开支"。

224

……

义务是一回事;履行义务的方式——即从什么来源获得资金——是另一回事。大会可以采取以下几种办法中的任何一种:可以根据普通分摊比额表分摊该项目的费用;可以根据某种特殊的分摊比额表分摊费用;可以利用向本组织自愿捐助的资金;或者可以找到某种其他方法或各种方法的组合来提供必要的资金。在这种情况下,作为簿记或会计事项,大会是选择将有关项目列入"经常"预算的一个标准既定款次,还是将其单独列在某个特别账户或基金中,都没有法律意义。重要的事实是,该项目是本组织的一项开支,因此根据第17条第2款,大会有权分摊该项目。

……

法院在咨询意见一开始就指出,从《宪章》第17条第2款的案文可以得出一个简单的结论,即"本组织开支"是用于支付因执行本组织宗旨而产生的费用的款项。法院还分析了反对将有关支出视为《联合国宪章》第17条第2款意义上的本组织开支"这一结论的主要论点,认为这些论点毫无根据。因此,法院得出的结论是,对大会第1731(16)号决议中提出的问题必须给予肯定的答复。

出于这些原因,本法院以9票对5票认为,大会(有关)决议核准的支出构成《联合国宪章》第17条第2款意义上的"本组织开支"。

3. 联合国维和行动的效力

联合国维和行动清单列表(按时间顺序):

1. 联合国驻印度尼西亚军事观察团,1947—1950年。

2. 联合国巴尔干小组委员会(UNSCOB),1947—1954年。

3. 联合国巴勒斯坦停战监督组织(UNTSO),1949年至今。

4. 联合国驻印度和巴基斯坦军事观察团(UNMOGIP),1949年至今。

5. 联合国第一期紧急部队(UNEF I),1956—1967年。

6. 联合国驻黎巴嫩观察团(UNOGIL),1958年。

7. 联合国刚果行动(ONUC),1960—1964年。

8. 联合国驻西伊朗观察团和安全部队(UNSF),1962—1963年。

9. 联合国也门观察团(UNYOM),1963—1964年。

10. 联合国驻塞浦路斯维和部队(UNFICYP),1964年至今。

11. 联合国印巴观察团(UNIPOM),1965—1966年。

12. 联合国第二紧急部队(UNEF II),1973—1979年。

13. 联合国脱离接触观察员部队(UNDOF),1974年至今。

14. 联合国驻黎巴嫩临时部队(UNIFIL),1978年至今。

15. 联合国阿富汗和巴基斯坦斡旋特派团(UNGOMAP),1988年至今。

16. 联合国伊朗/伊拉克军事观察团(UNIIMOG),1988年至今。

17. 联合国安哥拉核查团(UNAVEM),1989年至今。

18. 联合国过渡时期援助团(UNTAG),1989年至今。

……

联合国维和部队效力[①]

联合国第一期紧急部队,1956—1967年

联合国第一期紧急部队的任务有四个:一、确保在冲突各方合作下迅速实现停火;二、监督外国军队的撤离,由于英国和法国的沉默,撤出的速度相对较慢;三、遵守停战协定;四、在停战线巡逻。关于最后一项,联合国部队接管了停战监督组织的大部分巡逻,也合理考虑到以色列1956年拒绝以色列-埃及停战协议和后来撤出混合停战委员会。

以色列退出(混合停战)委员会可能影响到联合国紧急部队任务的第三个方面,即遵守停战协定。尽管如此,以色列虽然不再在法律上承认该协定,但继续在事实上承认该协定,这有助于联合国紧急部队成功地减少从加沙地带发动的突袭,并在部队驻

---

① 怀特,《美国与维护国际和平与安全》,1990年,第9章。(脚注省略)

留期间将边界事件的数量保持在最低水平。

联合国第一期紧急部队"是联合国维和行动中最有效的行动之一",因为它不仅完成了任务,还帮助确保了中东十多年的相对和平。另一方面,可以说联合国紧急部队甚至没有为和平解决部分中东问题做出任何贡献。人们或许可以进一步指出,各方,特别是埃及,利用联合国紧急部队在当地的十年作为一个喘息的空间,躲在联合国紧急部队的缓冲区后面,重新武装起来,为下一次冲突做准备。毫无疑问,当纳赛尔总统撤回埃及对紧急部队驻留的同意,并导致其撤离时,紧急部队对和平的贡献受到了严重质疑;这一行动本身表明,埃及不再希望和平,因此不再需要紧急部队。这严重限制了整个维和职能的效力。

联合国刚果行动,1960—1964 年

可以通过审查秘书长关于安全理事会有关刚果问题的各项决议的执行情况报告来确定联刚行动履行任务的效力。他提到了安理会第 169 号决议中所列的(a)—(e)目的。

关于向联刚行动发出的维护刚果领土完整和政治独立的指示,秘书长指出,对这一问题最严重的威胁是来自加丹加省的分离主义分子。虽然 1960 年 8 月,随着冲伯(莫伊兹・卡奔达・冲伯,Moise Kapenda Tshombe)同意联刚行动进入加丹加,象征性地恢复了完整,但进一步的分离主义活动意味着,只有当冲伯宣布公开放弃分离,加上联刚行动在整个加丹加实现了完全的行动自由,加丹加宪兵解除武装和宣布中立,消灭加丹加空军,以及击溃雇佣军,才算是实现了该省的完全合并。

关于协助刚果政府恢复和维持法律和秩序的问题,秘书长指出,在1961年8月组成一个可承认的中央政府之前,联刚行动之于这部分任务是不成功的。组建一个各方都能接受的中央政府,包括最终的加丹加政府,也帮助联刚行动成功地执行了其任务的第三部分——停止刚果的内战。加丹加省政府分离的结束,必然会促进联刚行动有效地执行其第四部分任务——清除外国军事和准军事人员及雇佣军。

从以上可以看出,联刚行动的成功在很大程度上取决于它是否结束了加丹加的分裂,而且……联刚行动为实现这一目标所采取的行动几乎接近于强制行动。有人认为,联刚行动之所以成功,是因为它超越了维持和平的基本原则。它的任务规定范围很广,以至于其任务的完成需要超越维持现状这一维和部队的正常目的,而提供冲突的解决办法。在国家内部冲突的情况下,将维持和平与缔造和平结合起来是大有文章可做的,否则部队将面临难以解决的问题,就像联黎部队(联合国驻黎巴嫩临时部队)今天所面临的那样。

在曾经解体的刚果,出现了一个稳定的非洲国家——扎伊尔共和国,这一事实必须部分归功于联合国在刚果的行动,尽管行动上有困难,但就其对解决危机和维护国际和平的贡献而言,必须将联刚行动视为联合国最成功的维和行动之一。

联合国驻塞浦路斯维和部队,1964年至今

在1964—1974年期间,联塞部队经历了最初的困难之后,成功地确保了岛上战斗的基本结束,尽管它在为塞浦路斯恢复正常状况的努力中只取得了十分有限的成功。早在1967年,联合国秘书长就警告说,对联塞部队存在的过分信任,降低了双方通过谈判解决争端的意愿。

因此,在土耳其入侵之前的时期,联塞部队的主要任务是努力维持该岛的现状。在1974年土耳其入侵和占领该岛北部后,联塞部队对强加给该岛的新现状仍持原有的立场。联塞部队无力阻止入侵,相反它起到了缓冲区的作用,联塞部队成功地执行了修正过的任务,即帮助巩固了该岛1974年后的立场,停火线"逐渐成为国际边界"。

安全理事会通过秘书长的斡旋鼓励建立和平,并呼吁所有国家不承认塞浦路斯共和国以外的任何塞浦路斯国家。安理会关心刚果局势的同时,也关心保持该国的完整。然而,在这种情况下,安理会通过其维和部队采取了积极行动来维持刚果的完整,而联塞部队却被用来维持这个岛国的分裂,重新融合方面的任何进展必须通过秘书长单独的建立和平的努力来实现。

安理会继续每六个月延长一次联塞部队的任务期限。其原因不在于秘书长的乐观态度,而是安理会认为,撤走联塞部队不仅有可能导致塞浦路斯两族之间的战争,而且还可能导致土耳其和希腊的战争。秘书长在最近就联塞部队问题向安理会提交的判例汇编中指出,联塞部队继续驻留塞浦路斯岛是不可或缺的,既有助于维持该岛的平静,也有助于创造条件,是寻求和平解决的最佳办法。事实证明,联塞部队非但没有为缔造和平创造条件,反而有害。弗兰克解释了造成这种障碍的原因:

> 无论是土族还是希族塞人都不希望看到这支部队被撤走。对双方来说,尽管现状极不令人满意,但除了这种选择外,其他选项更糟糕。另一种选择就是彻底战胜对方,而代

价将极其高昂,且可能超出双方的军事能力。

我们必须记住这一点,尽管维持和平组织有时候很可能阻碍和平的建立,但它确实阻碍了战争的进行。

联合国第二紧急部队,1973—1979 年

联合国第二紧急部队在埃及驻扎的六年时间里,成功地完成了观察和监督埃及和以色列之间停战的任务。秘书长瓦尔德海姆(Waldheim)在向安理会提交的关于第二紧急部队的倒数第二份报告中,重申了他一贯的调查结果,即维和行动区的局势保持稳定。该部队继续有效地执行其任务,并在双方当事国的合作下,能够协助维持安理会第 338(1973)号决议所要求的停战。

作为一支完全成功的维和部队,联合国第二紧急部队有潜力加入联刚行动,这不仅是为了完成维和任务,还致力于促进最终解决争端。1979 年 3 月 26 日,埃及和以色列签订和平条约《戴维营协定》(*The Camp David Accords*)(埃及总统萨达特和以色列总理贝京于 1979 年在戴维营签订的和平条约。——译者注),规定联合国继续驻留监督条约的执行情况。有几个因素阻止了这一点,即该条约是在联合国之外谈判的,这使得大多数成员反对联合国继续存在,而且美国对谈判的主导代表着埃及彻底在国际政治阵营中从莫斯科转向华盛顿。因此,苏联不愿意改变联合国第二紧急部队的任务,使其能够继续监督两个对美国友好的国家之间的条约。这说明了阻碍维和行动效力的政治因素,特别是在决定是否改变一支部队的任务时,取而代之地,一支由美国支持的、由西方阵营组成的多国部队为此目的的组建了起来。

联合国脱离接触观察员部队，1974年至今

联合国脱离接触观察员部队至今非常有效地履行了监督以色列和叙利亚之间脱离接触协定的职能，尽管没有迹象表明以色列占领戈兰高地的争端得到了解决。虽然最终的和平解决方案尚未出现，但在一个冲突明显有可能升级的地区，观察员部队有效帮助防止双方开战的能力也许是一个更重要的因素。自从观察员部队成立以来，以色列已于1978年和1982年两次入侵黎巴嫩。叙利亚没有卷入一场可能引起超级大国介入的冲突，这在很大程度上是由于观察员部队的存在。

1978年以色列入侵（黎巴嫩）之后，秘书长报告说，"以色列-叙利亚地区的局势仍然平静，没有发生严重性质的事件"。观察员部队在叙利亚和以色列联络官的陪同下，每两周视察一次《脱离接触协定》指定的限制军备和部队的地区，防止任何一方积聚武器，可能有助于缓和局势。

1982年6月以色列入侵黎巴嫩后，观察员部队显然也产生了类似的影响。秘书长总结了形势："尽管以色列-叙利亚地区目前平静，但整个中东地区的局势仍然存在潜在危险，而且很可能会持续下去。在目前情况下，我认为观察员部队在该地区的继续存在是必不可少的。"观察员部队在防止事态升级方面的价值可能远远超过它对该地区维持现状和僵局的鼓励。

联合国驻黎巴嫩临时部队，1978年至今

尽管以色列在1978年4月底撤军，但联黎部队的第二部分

任务——恢复黎巴嫩主权（现在也是）——几乎是不可能完成的，因为黎巴嫩南部实际上处于内战状态，而且极度虚弱的黎巴嫩政府无力承担该地区的任何责任。相比之下，1960—1961年的联刚行动采取了积极的、几乎是一个增援部队的行动结束了内战，直到建立一个更强大的中央政府。

然而，联黎部队的任务是维持和平，而不是准执行，这是它的弱点所在。因为除非赋予联黎部队实现和平的任务，否则解决这个问题是不可行的，是目前在政治和军事上无法实现的任务。虽然安全理事会威胁要采取进一步行动以确保充分执行第425/49号决议，但到目前为止，它只表现为延长联黎部队原来的任务、组成和职能。

尽管联黎部队没有促进黎巴嫩主权的恢复，但它成功地在以色列和巴解组织之间达成了一项从1981年7月持续到1982年4月的停战协议。然而，这一成功是短暂的，因为巴解组织认为停战只限于以色列和黎巴嫩的边界，而以色列当局将协议解释为禁止针对所有以色列或犹太海外目标采取的一切敌对措施。因此，1982年6月3日，当以色列驻伦敦大使被阿拉伯枪手击毙时，岌岌可危的停战协议解体了，以色列通过入侵黎巴嫩开始了"加利利和平"行动。

以色列向联黎部队发出了行动警告，并越过了该部队的防线。无论是联黎部队的任务、规模还是军备，都无法使其进行抵抗。随着以色列军队进一步深入黎巴嫩，联黎部队的原定任务已不可能完成；不过，安理会还是延长了它的任务期限，同时指示它在以色列占领期间向黎巴嫩南部居民提供人道主义援助。

在联黎部队驻扎期间,它的任务始终是监督以色列军队的撤离,并确保恢复黎巴嫩的主权。这仍然是一个渺茫的希望,因为即使在以色列撤出时,它也只是在黎巴嫩南部,利塔尼河以南建立了一个安全区,由以色列支持的黎巴嫩南部军队维持治安。

不时有人会就联黎部队如何执行其任务的第二部分提出建议。秘书长在一份报告中建议到,安理会应考虑为了使联黎部队更加有效力,允许其与黎巴嫩军队和国内治安部队的人员临时部署在一起。这将在一定程度上使联黎部队听从黎巴嫩政府的调遣,而且可以想象会造成一种类似于联刚行动的情况,即联黎部队可能需要强行驱逐外国军事人员,以完成其任务。然而,1985年2月,以色列在受到黎巴嫩抵抗团体的袭击后采取了搜捕和摧毁战术,联合国驻黎巴嫩临时部队再次无力阻止这一切,使秘书长的希望破灭了。

秘书长在报告以色列的措施时,反驳了他早先关于改变任务的建议。"联黎部队的困境没有简单的解决办法。撤出部队不符合黎巴嫩政府和人民的利益,而让部队积极参与目前的暴力活动,只会使已经极其困难的局势更加复杂化。"

安全理事会继续在坚定支持黎巴嫩独立和领土完整的前提下,每三个月或每六个月延长一次联黎部队的任务期限。理论上,联黎部队的任务规定仍然包括这一目标,但实际上,如果不授权联黎部队在万不得已的情况下使用武力来完成任务,其职能将受到严重限制。安全理事会似乎不愿意授权联黎部队使用武力,除非是严格的自卫,因为安理会可能不想再建立一支类似于刚果行动的部队,虽然这支部队很成功,但却严重分裂和削弱了联合国的力量。

第四章　使用武力的国际法机制

目前，联黎部队的职能可以归类为稳定职能，而如果联黎部队具有刚果行动式的任务，它就可以积极解除各种民兵的武装，驱逐外国分子，恢复黎巴嫩南部的主权。阻止联黎部队的任务的改变，使其能够在南部采取积极行动，可能符合苏联的利益，因为这可能导致要求对黎巴嫩其他地区采取类似行动。不撤出联黎部队符合所有大国的利益，即使它的效用很有限，因为担心（联黎部队的撤出）会造成真空，使黎巴嫩南部的各派别陷入进一步恶化的内战，并可能造成内战国际化。

除非包括以色列和叙利亚在内的黎巴嫩所有派别进行合作，否则联黎部队的士兵将继续被杀害，其任务也将无法完成。这种可能性似乎很遥远。联合国驻黎巴嫩临时部队最大的希望就是能够产生一种稳定的影响力，防止黎巴嫩可能出现的进一步的内战和灾难性的破坏。

联合国过渡时期援助团，1989 年至今

尽管安理会决定以最初的明确形式执行其纳米比亚独立计划，但在 5 个常任理事国的强烈压力下，它最终决定将联合国过渡时期援助团的规模减少到 4 500 人，这 5 个常任理事国认为，南非政治氛围有所改善，加上财政拮据，意味着规模较小的维和部队足以完成任务。

关于部队规模的争论，加上对和平进程预期成功的自满，可能已经导致了联合国计划不吉利的开端，1989 年 4 月 1 日，停战被打破。由于联合国在纳米比亚只有 1 000 名士兵，而在边境地区的士兵很少，几百名从安哥拉渗透进来的西南非洲人民组织（SWAPO）游击队遭到据称是在过渡时期援助团授权下行动的南非士兵的袭击。毫无疑问,南非军队以一种维和部队没有授权的方式来维持和平。另一方面,西南非洲人民组织似乎违反了将游击队限制在安哥拉境内基地的三方协定。然而,尽管西南非人民组织同意联合国 1978 年制定的计划,但它并不是最终确定细节的协议的缔约方。和平进程似乎忽视了这样一个事实,即争端各方必须完全同意和平进程的规定,才能成功地部署维和行动。

在西南非洲人民组织和南非军队之间的战斗中,联合国显得无能为力。它要求三方协议的原始签署方在 4 月 8 日达成一项新的协议,这一次西南非洲人民组织也同意了,然后新的停战得以生效。南非、安哥拉和古巴在美国和苏联的监督下签订了新的协议,协议规定在联合国的监督下停战以及西南非洲人民组织战斗人员撤离至北纬 16 度。这项协议由秘书长向安理会报告。

目前看来,尽管联合国出动了维和部队,并与南非当局一起监督选举,但迄今为止,选举进程并不掌握在联合国手中。三方协定、联合国过渡时期援助团的部署以及随后的停战行动都是超级大国压力下的产物。联合国对此做出了回应,尽管它的回应力度太小,但让联合国承担所有责任是不对的。

联合国计划摇摇欲坠的开端让人们担心原定于 1989 年 12 月举行的大选可能会被推迟。然而,安哥拉、南非和古巴联合监测委员会在 1989 年 5 月 14 日同意,局势已经恢复正常,计划可以如期进行。

综述

正如我们所看到的那样,一般来说,维和行动都履行了任务,但联黎部队是一个大例外，它受到的限制太多，不足以履行其广泛规定的任务。除了这种有限的成功之外，其他一些联合国维和行动对建立和平的进程也做出了积极的贡献，和平解决了争端。联合国在印度尼西亚的观察团、联合国驻西伊朗观察团和安全部队、联合国印巴观察团、联刚行动，以及联合国第二紧急部队，都在不同程度上帮助实现了和平解决争端。虽然在一些介入性或国家间维持和平的情况下，维和部队的任务都能得到完成，但"即使是成功的联合国维和行动也可能会产生负面的伴随物；它在化解对抗方面的成功会导致僵局"。联塞部队、印巴观察团和联合国脱离接触观察员部队都是维和部队助长冻结现状的例子。

然而，像联合国脱离接触观察员部队这样的国家间维和部队的总体效力，取决于对国际和平而言，相对于提高实现和平解决的可能性，预防冲突是否更重要。说维和行动阻碍了建立和平，就是否认在某些情况下——当然就观察员部队而言——维持和平比寻求和平解决更为重要。潜在的缔造和平的方案可能会使现状发生急剧变化，从而导致冲突。

解决办法是让缔造和平与维持和平携手并进，这似乎往往是国内冲突的唯一解决办法。然而，正如联刚行动的情况所表明的那样，这种解决办法促使维持和平朝着强制执行的方向发展。这个问题也是相对的，如果联黎部队以与联刚行动同样类型的任务要求而不是以联黎部队类型的任务要求来武装自己，它将有助于黎巴嫩实现和平。然而，这必然涉及积极使用武力，有可能破坏局势的稳定。因此，联黎部队应该更有效地发挥其目前作为稳定力量的作用。但是，联刚行动和联黎部队的经验表明，内战中不存在"维持和平"这种东西。在这种情况下,仅仅通过在冲突中部署一支防御部队(联黎部队)是无法维持和平的,除非这支部队像联刚行动那样,能够使用进攻性武力来积极努力完成其(维和)任务。

在评估维持和平组织的效力和考虑部署维持和平是否有助于维持和平时,还有其他因素需要考虑。我们不能总是说,维持和平的部署必然会防止进一步的冲突,并冻结争端双方之间的现状。因为也可能会发生进一步的敌对行动。1974年,联塞部队未能阻止土耳其入侵塞浦路斯,就说明了这一因素。此外,维持和平部队的撤离可能解冻现状,导致冲突而不是和平解决争端。我们可以承认,缓冲部队的存在阻碍了和平进程,但是我们也必须承认,如果没有维和部队,也会增加爆发新的敌对行动的可能性。撤军导致敌对行动有一个很好的例子,就是1967年联合国第一紧急部队撤军之后发生的六日战争。

鉴于从经验中得出的这些一般性结论,每支部队在国际和平与安全方面的效力取决于维持现状是否比改变现状更重要。就国家间冲突而言,冻结现状意味着军事和外交僵局,而在国家内部冲突中,维持现状意味着限制内战的程度并防止其蔓延。就已经建立多年并仍在驻扎的联合国部队而言,可以简要评估其在上述原则下的有效性。

就印巴观察团而言,可以说这个观察员小组通过帮助维持现状,抑制了任何一方采取主动行动。如果不是该观察团的撤离改变了这一现状,那么可能随之而来的战争不会升级到全球性的程度。早前在1965年和1971年的印度和巴基斯坦之间的战争(没有被联合国驻印度观察团所阻止)并没有升级。根据这一分析,可以认为有改变现状的可能机会。同样在联塞部队的情况下,冻结的现状已经扼杀了和平解决的可能性。这种状况的改变可能会促进双方达成和平解决方案,也可能会迫使双方开战。北约成员国之间的这种战争可能不会升级,在1974年(希腊和土耳其的冲突)就没有升级。

然而,就脱离接触观察员部队而言,升级的危险性太高,不能冒险改变僵局。1973年,以色列和叙利亚最后一次直接交战时,存在着超级大国干预的巨大风险。联黎部队的情况也是如此,冲突日益国际化的风险太大,无法批准联黎部队的撤离,尽管无论如何,联黎部队是否能够防止内战蔓延还值得商榷。

通过衡量和平解决的可能性与冲突升级的可能性来评价维和行动,脱离接触观察员部队和联黎部队是有效的,而对联塞部队和印巴观察团则有疑问。然而,所有的战争都是破坏性的,都会威胁到国际和平,因此,如果不带任何情感色彩地谈论非升级的战争,也许应该得出这样的结论:只要所有的维和行动都能减少战争的风险或影响,即使它们减少了和平解决的机会,特别是考虑到发动战争的倾向大于通过和平手段寻求解决的愿望时,这些维和行动就是成功的。

尽管如此,还有迹象表明,联合国最新的部队之一,过渡时期过渡团,可能比它的许多前身更成功,因为它直接参与了整个和平进程。尽管开始时不确定,但过渡时期援助团有一个优势,即自1978年南非从纳米比亚撤出时就已设想到这一点。与一支临时部队相比,有一支随时准备部署的维和部队的好处是,在部队集结和派遣的过渡时期,不允许局势恶化。有时,就像在刚果,局势的恶化是普通维和部队难以应对的。

另一方面,联合国阿富汗和巴基斯坦斡旋特派团和联合国伊朗伊拉克军事观察团具有传统部队的外观,因为它们被派去维持和稳定局势,随后,却不能与各自没有准备好的,也不成功的和平进程结合起来。

还有一个问题是,联合国的维和职能能否得到改善。正如我们在本章中所看到的那样,很难提高维和部队在当地的效力。然而,如果建立这种部队的程序制度化,而不是临时性的,就可能提高其效力。这种发展将类似于第 43 条所设想的联合国武装部队的协定和机制,当然,除了这意味着常备维和部队的协定。然而,关于维和部队的协议并没有实现,原因与第 43 条所遇到的类似,即在规模、驻扎、组成、控制以及是否应该为所有维和部队规定一个普遍任务方面存在分歧。1965 年成立的联合国大会维和行动特别委员会几乎没有取得什么进展,看来也不可能取得进展。

维和行动很可能将继续根据安理会的危机管理技术以渐进的方式取得进展。安理会今后不可能对维和做出任何重大贡献,虽然秘书长将继续担任维和部队的首席行政长官,但安理会将不会像过去那样给予他更多的自由。

4. 联合国在塞浦路斯的维和行动[①]

……国际机构——法律的造物也是法律的创造者——也在(关于塞浦路斯的)每一项决定中发挥了重要作用。联合国显然

[①] 欧利希,《国际危机与法律的作用:塞浦路斯 1958—1967》,1974 年,第 121—123 页。(脚注省略)

第四章 使用武力的国际法机制

是最重要的,在整个危机过程中,最明显的法律考虑表现就是联合国的辩论,这种辩论贯穿整个 20 世纪 50 年代,特别是在联合国大会,到了 60 年代,又在安理会继续讨论。仅在 1964 年,安理会就在 27 次不同的会议上审议了塞浦路斯问题;到 1965 年底,它已经通过了两项关于这场危机的决议。安理会的辩论显示出在这些外交部门很少看到的对立各方的激动情绪表现。几乎每次会议都以例行的争吵开始,有时需要几个小时才能解决。这些争论对观察家和读者来说一定都是令人恼火的。同时,它们可能是采取实质性行动的必要前奏。人们在阅读这些辩论时会有这样的感觉:不信任和怨恨是如此之深,如果没有最初的冷静期,就不可能解决实质性问题,在这段时间里,人们的情绪可以通过讨论看似无关紧要的琐碎事情使问题得到控制。在这种情况下,必须有某种机制来保持讨论,同时慢慢形成可能达成妥协的气氛。总的来说,这个机制是安理会解决冲突的常用手法。通过先例提供可预测性,法律常常引导人们把一个事件看作是某种模式的一部分,而不是独一无二的,从而提高了他们接受结果的意愿。在实质性问题上,这种现象在国际上并不像在国内内政那样普遍。但是在一系列的程序背景下,尤其是在联合国,这一职能是至关重要的。

当然,联合国以更重要的方式参与了这些决定,而不是作为一个论坛,在这个论坛上,每一方都可以公开其对其他方的愤怒,同时也可以谈判达成一些协议,至少是暂时和局部的协议。最重要的是,联合国提出并强调了单方面使用武力的成本。时间并没有特别成功地治愈塞浦路斯的问题,但是,通过制止暴力的重演,通过给予时间来减少新的危险爆发,联合国可能已经避免了那些会更严重地危及世界和平的决定。自1964年以来,暴力事件时有发生,但联合国维和部队将暴力事件控制在了最低限度。该队伍的成立标志着安理会5个常任理事国第一次一致投票决定成立一支维和部队。美国和苏联都对这一危机深感关切,并且都认为,与其他可能的选择相比,维持该岛的和平将促进它们的利益。因此,这场危机是对联合国维和机制效力的一个考验。到目前为止,结果好坏参半,但总的来说,这种机制是成功的。

  从整体上看,这场危机表明,在联合国的主持下有广泛的和平解决机制。安全理事会一开始处理这一争端,就出现了各种新的国际问题;同时,一套隐含的限制暴力重现的措施开始发挥作用。联合国大会的辩论虽然在本文中只是简短地提到,但也产生了重大影响,特别是在塞浦路斯和土耳其的相对立场方面。此外,这场危机需要加洛·普拉扎(Galo Plaza)先生根据安全理事会1964年3月4日的决议进行密集的调解努力。他的努力没有成功地解决岛上两个群体或其他有关各方之间的分歧,但他缩小了这些分歧并使问题集中,并且多次同秘书长斡旋。若不是由秘书长呼吁,塞浦路斯、希腊和土耳其政府是不会做回应的。当然,联合国通过影响国家决定来遏制冲突的这些努力得到了该组织以外的其他安排的补充。担保国之间、希腊和土耳其之间以及近期的在岛上两个群体的代表之间进行了谈判,美国还设立了第三方调解程序。但是在1950年代,特别是1960年代,主要的、持续的和平解决努力是在联合国框架下进行的。

纽约时报,1992年1月27日,A1版

联合国的安全作用提升的同时,
财政危机愈发严峻
维和费用增加
成员国拖欠的用于防止冲突的会费
估计为3.77亿美元

作者:保罗·李维斯

纽约时报特别报道

在联合国1月26日星期五的一次会议上,布什总统和安理会其他14个成员国的领导人预计将呼吁联合国在维护全球动荡地区的和平方面发挥越来越大的作用。但是,该组织发现自己面临着日益加深的财政危机,因为这些会员国中有许多没有为这些行动支付它们的(会费)份额。

自1988年以来,联合国被要求采取8项新的维和行动,而在其存在的前43年中一共只有13项。今年,联合国正计划在柬埔寨和南斯拉夫展开雄心勃勃的新行动,涉及大约1.5万名维和部队成员和警察,这可能会使联合国的维和预算增加一倍,达到10亿美元以上。

这意味着,根据会员国财富的计算公式,美国要支付30.38%的份额,其维和会费将从去年的约1.97亿美元增加到至少3亿美元。

3.77亿美元债务

但这里没有人知道成员国是否会支付新的摊款。美国和其他主要会员国已经拖欠联合国几亿美元的维和会费。在去年年底,会员国总共拖欠联合国3.77亿美元的维和摊款,虽然这笔债务低于他们在1989年底所欠的创纪录的4.441亿美元,但这一数字仍然是有记录以来拖欠维和摊款第二高的数字。在布什总统等人计划于本周发表的声明中,全是关于扩大联合国维和职能的呼吁,而并没有包含支付这些"账单"的承诺。一位不愿透露姓名的联合国高级官员说:"世界各国领导人来到这里,要告诉我们要更努力地工作,但他们会记得带自己的支票簿吗?"

中国已付讫

美国仍然是拖欠维和任务摊款最多的国家,截至去年年底欠下了1.409亿美元。

但在其他4个常任理事国中,只有中国全额支付了维和费用,而中国在5个常任理事国中所占份额最小。俄罗斯已经接替了前苏联在安理会的席位和债务。去年年底,俄罗斯在维和方面欠下了1.267亿美元,而法国和英国分别欠下了1040万美元和400万美元。其他联合国维和预算的主要捐助国,德国的未缴援助摊款总额为1700万美元,乌克兰欠1240万美元,波兰欠1000万美元,意大利欠500万美元。

除了未缴的维和会费外,联合国所有会员国还欠联合国常规预算4.393亿美元,这也是有记录以来的第二高数字,虽然只略低于它们在1989年底的累积债务。

官员们说,这些未支付的常规预算会费使联合国的预算危机进一步恶化,因为它们使整体财政状况更加紧张,使资金在账户之间的平衡更加困难。

美国负债 7.39 亿美元

算上常规预算的未缴摊款,包括今年的债务,美国对联合国的债务总额现在为 7.39 亿美元。不包括今年的评估的话,直到去年年底,美国一共欠款 4.073 亿美元。

这些不断增加的债务令许多联合国高级官员感到惊讶和愤怒,因为联合国在维和方面的作用近年来得到了各国政府和议会的广泛赞扬。1988 年,联合国因其在维和方面的努力而被授予诺贝尔和平奖。联合国秘书长哈维尔·佩雷斯·德奎利亚尔(Javier Pérez de Cuéllar)在上个月卸任前曾说:"这是一个极大的讽刺,当国际社会赋予联合国前所未有的新责任时,联合国却处于破产的边缘。"成员国必须共同为这一不幸的局面承担责任。

负责维和行动的前副秘书长布莱恩·厄克特爵士(Sir Brian Urquhart)抱怨说,维和行动一直是"资金拮据地运作"着,并认为各国政府必须准备好"为全球和地区安全体系投入足够的资源"。

虽然各国按其财富向联合国常规预算分摊会费,但维和会费的分配方式不同,5 个安理会常任理事国由于依《宪章》对维护国际安全负有特殊责任而支付的会费相对较多。

因此,虽然美国支付了 25% 的常规预算,但它的维和费分摊为 30.38%;俄罗斯维和摊款占 11.44%,但只需支付常规预算的 9.41%;英国的比例分别为 6.10% 和 5.02%;法国为 7.29% 和 6.00%;中国分别是 0.94% 和 0.77%。

预算官员说,按年计算维和行动的成本是困难的,因为安理会通常规定一支维和部队的期限是一年或两年之内;通常启动成本也会增加一项业务开始时的支出,使其在以后逐渐减少。

柬埔寨(维和行动)的支出

但是新的柬埔寨维和行动的费用,除了派遣军队和警察之外,"联合国还必须在组织选举的过程中接手这个国家的管理",据非正式估计,第一年的费用在7.5亿到10亿美元之间。

由于多年内战造成的道路、桥梁、飞机跑道等基础设施的缺乏,启动成本将特别沉重。

238 纽约时报,1992年3月1日,A4版第4节

随着联合国军力的增长,
防止战争的对话正在展开

作者:保罗·李维斯

联合国刚刚向全世界提交了有史以来最大的维和账单——"超过30亿美元用于平息南斯拉夫和柬埔寨的战火"。

找到这笔钱并不容易,但动用这笔钱的决定反映了一个新的现实,随着冷战结束,主要大国似乎已经接受了这样一种观念:在遥远的地方维持和平比让战争继续下去成本更低。还有让人更感兴趣的是有可能的最便宜的办法——从一开始就防止战争发生。

在星期五,安理会投票决定向柬埔寨派遣2万2000名由军人、文职人员和警察组成的混合部队,耗资约19亿美元,另外还有8亿5000万美元用于安置难民。与此同时,它已经向南斯拉夫派遣了一支先遣部队,同时试图减少最初设定的6.34亿美元

的开支。

这两个维和行动的总成本是去年全世界为其他所有维和行动支付的约 7.15 亿美元的四倍多,而要支付这笔费用可能会很棘手。联合国已被拖欠维和会费 3.77 亿美元;其中美国在这类债务中所占比例为 30%,欠款 1.4 亿美元,前苏联欠 1.27 亿美元。在受经济衰退影响的选举年,国会可能不愿意给外国人将近 10 亿美元,而其人民正被经济混沌折磨的苏联,甚至已经不复存在了。

但所有这些都无法改变一个事实,即制造和平仍然比制造战争要便宜得多。沙漠风暴行动每天花费 15 亿美元,仅柬埔寨境内的四个交战派系在他们相互战斗的 21 年里就从其敌对支持者那里得到了 30 多亿美元的补贴和武器。

最重要的是,新的大额维和账单表明了联合国在处理动荡地区方面的两项重大进展。

首先,随着联合国加大力度以政治手段解决棘手的问题,维和行动也变得更加雄心勃勃和复杂。其次,人们普遍认识到,防止冲突发生比事后清理要便宜得多。

延迟的承诺

联合国一直试图把维持和平与缔造和平结合起来,以便其士兵能够回家,尽管它并不总是成功的。1949 年,蓝盔维和部队首次被派往克什米尔山区巡逻,他们现在还在那里。1948 年第一次阿以战争结束时抵达中东的联合国停战监督部队的 300 人也是如此。联合国脱离接触观察员部队自 1974 年以来一直部署在戈兰高地,1978 年首次部署了并没发挥作用的联合国驻黎巴嫩临时部队。维持和平人员在塞浦路斯至今已经27年了。

但最近,联合国安理会成员国在缔造和平方面的努力取得了进展。在纳米比亚和中美洲这样多样化的领土上,它已经说服争端各方通过票箱解决他们的分歧,通过解除游击队的武装,引进维和士兵和警察以确保选举活动的自由和公平,限制军队在营房活动,对当地警察进行监督。

冷战的结束是这些维和行动成功的主要原因。

"随着冷战的结束,我们看到了全面的新行动,这些行动加强了人权,改变了一个国家的局势,而不是掩盖危机。"负责维和事务的前副秘书长布莱恩·厄克特爵士说。

与此同时,安理会从巨额维和费用中吸取了明显的教训;今年1月,它请联合国秘书长布特罗斯·加利(Boutros Ghali)提出建议,在争端导致战争和高昂代价之前,联合国可以做些什么来解决争端。

过去曾提出过各种想法,要使联合国在预防性外交方面发挥更大的作用。秘书长可能要采取更多的个人行动来修补萌芽中的争吵。他要更迅速地向安理会报告对和平的潜在威胁。安理会可能会召集敌对双方出庭,命令它们接受调解,这可以实现其同意在受威胁国家部署维和部队。

布莱恩爵士和其他专家更进一步,呼吁联合国快速部署部队,干预索马里等国家,这些国家表面上的政府已经崩溃,内战频发。安理会在其首脑会议宣言中也扩展了它对什么构成对当今世界和平与安全的威胁的定义,其现在的说法包括"所有大规模杀伤性武器的扩散"以及"引起经济、社会、人道主义和生态领域不稳定的非军事来源"。

这样的语言似乎涵盖了一切可能的内容。所以在当今世界，如果想要在未来减少冲突和花费更少的维和费用，接受一个具有政治干预性的联合国可能是全世界必须付出的代价。

三、禁止使用武力的执行

本章的第三部分，也是最后一部分，探讨了使用武力的禁令是如何以及如何很好地实际执行的，在国内，我们通常认为通过获得司法判决来执法。除了偶尔的例外，法院的判决是否可以执行几乎不存在任何问题——即治安官是否可以让法院认为应该发生的事情发生。第一部分节选自奥康奈尔的一篇文章，解释了为什么国际意义上的执法通常比国内法律的执法更复杂；但遵守是常态，而不是例外。奥康奈尔还提出了通过联合国加强执法的方法。第二部分，也是奥康奈尔一篇文章的摘录，探讨了联合国成员国如何加强对使用武力的禁止，特别是在联合国在沙漠风暴中对伊拉克采取集体行动的情况下。奥康奈尔研究了如何通过联合国军队和其他手段，提高对非法使用武力做出有效多边反应的可能性。本部分的最后三节涉及世界法院及其在限制使用武力方面的作用。第一节是尼加拉瓜案例的另一段节选——施韦贝尔法官关于正在进行的武装冲突的案件是否可由法院审理的反对意见的部分。接下来是奥康奈尔的关于执行国际法院判决的一篇文章的简短摘录，最后一节是联合国大会关于尼加拉瓜案的决议。现在是自世界大战结束以来最为有利的时刻，是扩大联合国在维持和平和限制使用武力方面的作用的有利时机，世界法院在此扩大和限制方面都具有潜在的重要作用。

（一）通过国际组织实施

当判定债权人确定债务人不愿履行国际法院的裁决时，使判决得到履行的第一个可能的办法是返回国际法院寻求帮助。最高法院拥有协助判决债权人的权力和一些可利用的手段，但事实往往证明，最高法院不愿或不能协助执行。另一个可以实施制裁的国际机构是联合国安理会。根据《联合国宪章》，安理会有协助国际法院判决执行的特定权力，并且可以请求联合国会员国，或者像国际货币基金组织和世界银行这样的强力机构的援助，以协助执行。然而，在许多情况下，安理会不太可能得到协助的机会，因为有可能会被某个理事国投票否决。这样一来，债权国通过第三个国际机构——联合国大会——寻求强制执行的努力就更有可能获得成功；它拥有向判决未被执行的国家提供援助的权力，尽管迄今为止，它几乎没有提供过任何帮助。

A. 国际法院

国际法院在遵守最终判决方面有着良好的记录。这种执行判决的效力似乎得到了广泛的承认，因为与过去 40 年相比，国际法院的前景似乎变得更好。越来越多的国家向国际法院提交了案件——1984 年和 1989 年，国际法院的案件数量创下了纪录。美国和苏联一直在讨论相互承诺利用国际法院解决某些类型的争端。

国际法院裁决的规则主要载于《国际法院规约》和《联合国宪章》。《规约》规定，当事方有义务遵守法院的裁决。但它没有提到当一国不遵守时应采取的适当措施。事实上，关于国家可能不遵守的唯一暗示出现在第 61 条第 3 款中，"法院于接受复核诉讼前得令先行履行判决之内容"。

国际法院及其前身常设国际法院（PCI）的判例对这一简短的提及几乎没有任何补充，因为根本还没有出现这样做的需要。自1970年以来，法院实际上还没有碰到需要考虑不遵守最终判决的问题。此外，在国际法院的一项裁决——科孚海峡案中，只有一个国家推翻了国际法院的判决，而该判决至今仍只得到了部分执行。在其他一些案件中，国家一开始就否定了国际法院的判决，但在每个案件中，事态的发展都使执行的必要性不复存在。例如，在"渔业管辖权"中，冰岛拒绝参加国际法院的诉讼。在国际法院做出判决一年后，冰岛和英国通过谈判达成了争端的最终解决方案。国际法院曾遇到过拒绝遵守临时措施的情况；虽然这种措施可能不具有与最终裁决相同的地位，但在这种情况下，法院没有采取任何回应行动，甚至是程序性的行动。尽管国际法院判决的成功率似乎很高，但评论家继续抨击国际法院作为"真正的"法院，其发挥作用和享有权威的能力。他们指出，在过去15年中，有好几个国家选择不出庭，而且各国始终无视关于"临时措施"的命令。

起草《国际法院规约》的国家代表不会对国际法院在执行方面的不作为感到惊讶，他们设想这是一项最好留给安全理事会的非司法职能。在制订这项计划时，他们不知道安全理事会会变得如此无效，他们甚至根本不认为执行是一个潜在的问题。国际法院的前身——国际常设法院——在遵守其判决方面有着良好的记录，起草者可能期望国际法院也能基于其声望地位享有同样的运气。

然而，尽管国际法院在国际社会受到广泛尊重，但判决执行率历来很高的原因可能不是国际法院的威望和地位迫使人们遵守,而是国际法执行中典型的分散执行程序。随着国际法的发展,这种分散的执行制度可能不再足够。对最容易在国内法院强制执行的罚金性判决的极其明显的拒绝,很容易损害国际法院的威望,这可能使利用国际法院解决争端的做法受挫。

鉴于提高法院的"威望"可能不足以提高遵守情况,国际法院可以考虑采取其他行动限制其范围,以便使其判决更有可能得到尊重。在案件待决期间,国际法院有各种选择来执行其裁决。与国内法院不同的是,国际法院没有扣押拒不服从判决的国家资产的机制,也无权命令各国将资产交给判决债权人,因为国际法院的命令只对其审理的双方具有约束力。在不去发展起初看来令人满意的执行机制的情况下,提高遵守(法院判决)情况的两种可能性,就是完全避免实施管辖或发布宣告性判决。

1. 避免管辖

如果国际法院担心一项判决得不到遵守,处理该问题的一种方法是通过拒绝受理案件来完全避免做出决定。瑞斯曼(Reisman)建议:

> 一项受到质疑的决定可能会危及决策程序的持续权威。因此,决策者可以合理地审查决策的不执行对组织的决策过程和社会公共秩序的可能影响,而且他应该把这些事项作为他最终决策的因素。

这种回避策略的风险是巨大的,与最高法院回避某些不稳定问题的批评类似。首先,国际社会肯定会意识到回避,这可能会损害国际法院的威望,而不是支撑它。例如,国际社会知道,国际法院回避了西南非洲的判决——而且可能再没有其他案件会如此损害它的声誉。当国际法院裁决南非不能继续留在纳米比亚时,大多数国家都对咨询意见表示欢迎,称它证明了法律是结束种族隔离斗争的有用工具。南非只是在最近才执行该意见,但这一事实似乎并没有像早先决定避免管辖那样对国际法院的声誉造成那么大的损害。

关于选择避免管辖的第二个问题是很难确定指导国际法院选择回避的原则。与美国最高法院一样,国际刑事法院对其管辖权也有一定的灵活性。然而,国际法院的《国际法院规约》和相关规则确实涉及管辖权问题,国际法院应根据这些文件中所载的原则,而不是政治评估做出决定。

国际法比国内法面临更大的规避风险。国际法仍处于起步阶段,执行对国际法的进一步发展是重要的,但如果以牺牲正义为代价,则国际法制度将受到损害而不是受益。国际律师引用的国际法院裁决包含了每一个细微差别,如果这些裁决反映了权宜之计,那么权宜之计就有可能嵌入规则中。因此,为了国际法的发展,国际法院甚至应该接受它的决定可能受到抵制的案件。

2. 宣告性判决

国际法院可以更好地遵守规定的另一种方法是,在适当情况下采取管辖权,但只做出宣告性判决,而不做出货币裁决。科孚海峡案可能是一个典型的例子:英国没有得到它的钱,但实际上得到了一份关于法律的声明,从那以后,英国和其他所有海军强国都从中受益。

然而，避免执行性裁决或甚至只是避免货币裁决的政策不会提高国际法院判决在国际社会眼中的地位。在大多数情况下，宣告性判决和金钱奖励之间的区别可能不会太大。例如，黄金货币（Monetary Gold）案中，西方同盟国要求国际法院提交一份宣告性判决，以确定阿尔巴尼亚或意大利是否拥有这些二战期间追缴的黄金。法院认为它不能在这个案件中做出裁决，但是如果它做出了裁决，而且同盟国没有将黄金归还合法所有人，那么世界对国际法院能力的看法就还是一样的——公众几乎不会区分要求黄金运往阿尔巴尼亚的裁决和将黄金运往阿尔巴尼亚的命令之间的区别。

此外，如果国际法院在某些案件中不裁定损害赔偿金，国际社会可能会得出这样的结论，认为国际法院根本没有实现公正。在科孚海峡案中，船只受损，人员伤亡。如果国际法院仅仅裁定阿尔巴尼亚非法在国际海峡布雷并向船只开火，大多数人仍然会认为赔偿才是合适的。

最重要的是，拒绝判处损害赔偿金也可能使国际法院的判决对国际法的重要性降低。例如，在尼加拉瓜，国际法院裁定美国实施经济禁运，违反了《友好、商业和航行条约》。仅仅是宣布这一结论，就增加了国际法内容的条约约束力，并可能鼓励今后更好地遵守条约。但是，如果裁定美国应承担损害赔偿金，以及随后对不服判决的债务人执行的裁决，显然会产生更大的影响。

使用宣告性判决不一定能消除执行问题。各国早就可以要求国际法院做出宣告性裁决，但它们自己很少这样做，而是要求金钱赔偿、执行边界线、归还寺庙、释放人质等，这表明，即使在法律非常明确的情况下，它们也希望获得积极的结果。与法院最相关的国家实践——利用法院的国家的实践——支持保留执行性判决,包括金钱赔偿。取消国际法院的发布执行性判决权,可能会鼓励一些国家不再信赖国际法院。

正如对上述建议的分析所表明的那样,这两项变化中的任何一项都更有可能削弱而不是增强国际法院执行判决的能力。此外,不管在承认国际法院的判决方面有什么积极的发展,国际法院显然不能像它的前身那样依赖自身的威望。因此,执行国际法院判决的手段必须在国际法院本身之外找到,即在安全理事会等国际组织或其他机制内找到。

B. 安全理事会

《联合国宪章》的起草者将执行的责任交给了安理会:

> 遇有一造不履行依法院判决应负之义务时,他造得向安全理事会申诉。安全理事会如认为必要时,得给出建议或决定应采办法,以执行判决。

然而直到最近,安理会似乎都不大可能履行这一责任,因为自由使用否决权所反映的内部意识形态上的分歧。而美苏之间新出现的合作可能意味着,安理会在未来可能会成为一种更可行的协助手段。因此,通过安全理事会进行执行在法律上是具有技术可行性的,尽管在实际中,这种执法在很大程度上取决于担任安全理事会职务的人的责任感以及寻求援助时的政治局势。

安理会的执行作用是按照国际联盟理事会的模式来的,后者确实在执行方面发挥了有益的作用。1933 年,希腊在罗多比森林案(Rhodopia Forest)中获得了常设国际法院对保加利亚的判决。当保加利亚似乎不愿支付判决时,希腊只是说,它将根据《盟约》第 13 条第 4 款要求联盟执行,该条要求理事会采取步骤执行任何司法决定。联盟刚将这一问题列入其议程,保加利亚就保证它将遵守这项决定。

强制执行条款的强制性本质被证明某种程度上是具有义务性的,因为在下一个提交给联盟的案件中,也就是"选择者案"(Optant)中,委员会出于政治原因不愿强制执行该决定。该案件引发了有关机构执行其法庭决定的义务的问题,这些问题在安理会接管联盟时从未得到充分的答复,当然也没有得到讨论。

《联合国宪章》的起草者至少意识到了与机构执行有关的问题,因为他们对《宪章》的第 94 条与《国联盟约》的第 13 条第 4 款做了一些重大修改。但是,关于第 94 条的资料很少,我们不知道这些变化是基于对机构执行的新看法,还是实际上是基于大量的分析。有几位代表可能担心,安全理事会如果承担一项新的职权——这在提出第 94 条时原本没有被认为是其作用的一部分——是否会负担过重。

第 94 条的措辞似乎表明,这种关切实际上是存在的。与联盟委员会被要求采取措施来执行判决不同,安理会只处理由当事双方提交的问题,而不是如联盟理事会一般自动处理,它只是执行国际法院的判决而不是其他国际法庭的决定和裁定。而且,第 94 条的措辞没有赋予重新审查国际法院判决的具体权力。

判决是终局性的,这意味着安理会受到限制,不能审查判决的是非曲直。然而,对于安理会应该将哪些情况下应执行判决做为一般规则,存在着一些问题。首先,美国过去一直认为,安全理事会只应执行有关威胁和平的判决。安全理事会当然拥有化解对和平的威胁的特别权力,但第94条的措辞并不支持任何这种(判决)主题的限制,而且会使第94条成为多余,因为安全理事会已经可以根据第六章和第七章来审议任何威胁和平的争端,无论争端的来源如何。

其次,更有趣的是,安全理事会成员的否决权是否适用于根据第94条提出的执行请求,在否决权产生40年后,这种解释很难得到支持。美国和苏联在许多不同的情况下都坚持使用否决权,很难想象它们会在哪种情况下不使用否决权。例如,第27条第3款从表面上看似乎是禁止在某些情况下使用否决权,要求根据第六章,提交安理会的争端当事国必须投弃权票,但弃权并不是常态。安全理事会的做法显然修改了第27条第3款的要求,今天看来,不能指望任何安理会常任理事国在表决时投弃权票。

然而,尽管安全理事会有这样的权力,但它从未收到过执行国际法院最后判决的请求。1954年,安理会确实收到了英国的请求,要求执行国际法院对伊朗采取的临时措施,原因是该国将英国公民持有的石油特许权国有化。然而,安理会没有就其执行临时措施的能力得出结论,因为该请求已失去意义。

如果不是因为该机构固有的政治困难,安全理事会在执行判决方面可能相当有效,因为它有能力呼吁成员国和联合国专门机构协助执行。例如,安理会可以呼吁成员国对拒绝遵守国际法院裁决的国家实施制裁。

但不太确定的是,安理会是否有权指示成员国扣押成员国管辖范围内判决债务人的资产,并将其交给债权人,以履行判决。安理会在《宪章》第六章中概述的要求成员国的权力无疑是非常广泛的,这表明,在判决未能得到遵守并威胁到和平或安全的情况下,安理会确实拥有这种权力。但在和平没有受到威胁的情况下,这种权力可能没法获得。

与安全理事会执行判决有关的另一个重要变量涉及安理会在执行判决时操纵或指挥联合国专门机构的能力。大多数专门机构协议都承诺各机构协助安全理事会维护国际和平与安全,这就意味着要执行国际法院的判决,而这些机构提供了一些机制来使判决得到遵守。例如,安全理事会可以命令货币基金组织或世界银行将债务人的资金交给债权人,国际民用航空组织("民航组织")可以要求其成员拒绝让违约者进入领空和享有着陆权,或者世界卫生组织可以不向债务人提供其方案和信息。这些组织中的每一个都可以单独或作为协调努力的一部分,来对顽固的判决债务人施加压力。

一些障碍可能会限制利用这些专门机构的努力的有效性,尽管这些障碍似乎并非不可克服。例如,货币基金组织与联合国的专门机构协定与其他机构略有不同。根据该协定,基金组织:

> 注意到根据《联合国宪章》第48条第2款,其成员中同时也是联合国会员国的成员有义务通过其作为成员的有关专门机构的行动来执行安全理事会的决定,并将在其活动中适当考虑到安全理事会根据《联合国宪章》第41条和第42条做出的决定。

"适当考虑"一词意味着货币基金组织可以拒绝安全理事会

的命令,一些评论家指出,货币基金组织很可能会拒绝这样的命令,而不会因为允许扣押以履行判决而危及其周转资金。基金组织不可能在所有情况下都拒绝协助安理会,但是,它总是可以以最低限度的对抗方式提供协助。因此,安全理事会似乎可以有效地利用专门机构,尽管也许并不是在它寻求利用专门机构的每一个案件中都能这样做。

安全理事会有望成为比国际法院本身更有效的判决执行者。安理会的执行潜力的某些方面仍未得到探索:在成员国有利益的案件中使用否决权、裁决的终局性、命令第三方国家扣押资产的能力以及安理会可以在多大程度上利用其法定权力迫使国际组织采取行动。虽然长期以来被认为无关紧要,但最近的事件表明,安全理事会可能是判决的有效执行者。

C. 联合国大会

与安全理事会不同,联合国大会没有执行国际法院裁决的明确权力。然而,根据《联合国宪章》,联大拥有执行的间接权力;它可以就"与本宪章规定的任何机关的权力和职能有关的"任何问题进行讨论并提出建议。这种广泛的权力可能包括在国家不遵守国际法院判决时进行讨论并提出建议,特别是在判决涉及和平与安全问题时。

根据《宪章》计划,安全理事会对和平与安全拥有主要权力,但联合国大会通过其"联合一致共策和平"决议可以提出建议,其中可能包括呼吁成员国使用武力。苏联对联合国大会授权使用武力的权利提出了异议。然而,联大在 1956 年苏伊士危机期间的行动和 1958 年根据该决议在中东采取的行动表明,联大今后可以明确建议对判决债务人进行经济制裁,拒绝提供福利和服务，命令维和部队巡逻边界，或派遣秘书长讨论遵守情况。然而，这一执行判决的途径在很大程度上仍未被探索。

（二）加强禁止武力的执行

"沙漠风暴"行动执行了联合国禁止使用武力的规定。这是合法、强制执行反对侵略的一个罕见的例子，与单方面、未经授权使用武力相比，无疑是一个进步。然而，有更好的手段来执行禁止使用武力的规定。《联合国宪章》规定组建联合国部队来反击侵略，应该由这些部队，而不是非联合国部队，对违反禁止使用武力的行为做出反应。这样做的理由很明显：联合国部队的存在，随时准备对任何侵略做出反应，将对未来的侵略起到威慑作用，而"沙漠风暴"不会这样做。

"沙漠风暴"不太可能起到威慑作用，因为威慑作用取决于执行机制的可信度，换句话说，取决于是否有可能以一致、公平的方式使用该机制。"沙漠风暴"不可能重新制定，尤其是在不涉及美国重要利益的情况下。另一方面，根据《宪章》规则，联合国部队到位，准备对违反行为做出一致的反应，可以产生可信的威慑力。威慑武力和消除执行的必要性显然是执行制度的最佳目标。

然而，批评者可能会说，组建一支联合国部队的可能性甚至比重新制定"沙漠风暴"的机会还要小，但如果真的要这样做的话，现在就是联合国成立以来的最佳时机，放弃这个机会也就意味着放弃了让禁止使用武力的规定得到最好遵守的机会。

布什总统至少已经表示，美国现在可能已经准备好参与联合国的改革了。在发动对伊拉克的地面战争时，他承诺建立一个可信的联合国，一个实现其创始人愿景的联合国：

当我们成功的时候,我们会成功的,我们有一个真正的机会来建立这个新的世界秩序,在这个秩序中,一个有信誉的联合国可以利用它的维和作用来实现联合国创始人所承诺和愿景的目标。

为了实现这一愿景,在使用武力方面至少要做三件事:必须建立一支联合国部队;必须对所有侵略者,包括联合国常任理事国,都能使用这支部队;以及安全理事会作为而且只能作为最后手段使用。

A. 联合国部队

《宪章》呼吁所有会员国给联合国派遣部队,随时准备在安全理事会的指挥下,打着联合国的旗帜反击侵略。筹备这样一支部队将提供一种可信的威慑力,并将更符合公平和道德的概念,这种符合性反过来又会增强部队的威慑价值。

当前国际法中的执行机制是自助式的,有时国家使用它,有时不使用。这种不一致使得自助的威慑力不那么可信。沙漠风暴也是如此。这是美国人的想法,在入侵伊拉克前一个月是无法预测的。如果联合国准备了一支部队,那么它被按计划使用的可能性要高于世界上某个国家对使用武力做出反应的可能性,特别是在不涉及国家利益的情况下。《宪章》的起草者相信一支随时待命的部队的存在就会产生威慑力。此外,这支部队将是可信的,因为它有办法做出应对。非洲各组织曾试图干预若干非洲冲突,但由于资源有限,它们收效甚微。然而,联合国可以号召全世界,从而组织一支部队,这应能阻止潜在的侵略者。

而且,威慑力量越公平,道德上越可接受,它就越可信。联合国军队的增援部队更加公平,因为它是普遍的,而不是单方面的。它在两个意义上具有普遍性——组成部队的部队将是国际性的,决策也是国际性的。因此,联合国的决策避免了产生这样一种感觉,即目前存在于海湾地区的一些国家是在与敌人作战,而不是在执行国际法。

联合国部队的存在应该削减各国,特别是美国单方面使用武力的借口。国际社会可以通过联合国作为一个整体来决定,是否应该使用武力来对付侵略,或建立民主政权,停止种族灭绝,帮助一个打击叛乱分子的政府,等等。

使用武力的多边决定将减少对规则和事实的操纵。国际组织中的客观的决策制定和多元执行方式,是一个可信的、有说服力的增援部队系统的重要组成部分。

B. 法律的统一适用

为加强公平感和多边主义,安全理事会应执行第 27 条第 3 款。该条要求冲突当事国,包括安全理事会常任理事国,在安全理事会表决时投弃权票。显然,常任理事国不应该对决定它们是否实施侵略的决议进行表决。反战法也应适用于常任理事国,不应受到否决。

正义的定义本身就包含了消除"任意区分"的概念。侵略者的军事或经济实力是确定是否违反禁止使用武力规定的任意区分。许多人会说,常任理事国不会接受这种对其权力的限制。也许是这样,但是美国和苏联都重新承诺加入联合国。如果这种承诺有任何意义的话,它应该意味着《宪章》适用于常任理事国以及所有其他国家。

C. 作为最后手段的武力

当然,即使否决权被压制,对常任理事国使用武力可能也不实际。但可以对常任理事国采取其他措施,如经济制裁或剥夺特权。常任理事国如果面临制裁,可能会离开该组织。但是,联合国已经对许多国家实施了制裁,但它们似乎并没有离开——甚至伊拉克也仍然是联合国的成员。为什么常任理事国会有所不同?

安全理事会只有在确定其他措施无效的情况下,才应该使用武力。关于"沙漠风暴"最严重的问题也许是,安全理事会是否真的认为除了武力以外的任何措施都不会奏效。威慑要想可信,还应该符合某种国际道德感。天主教主教团关于正义战争学说的当代声明表明,除了战争之外的所有措施都应该尝试。这一标准也符合第41条的要求,因此,如果得到执行,将提高威慑的可信度。许多专家认为,如果给伊拉克更多的时间,或者采取更有力的措施来执行对伊拉克的禁运,或许就会奏效。也许不会,但在今后的情况下,安理会必须保证它授权使用武力只是作为最后手段。此外,安理会还应该明确认定这一事实。

国际法的横向自助执行制度对许多规则都有效,但在威慑那种执行成本很高的强大的军国主义国家(如伊拉克)的情况下,这种制度就不灵了。禁止使用武力的《宪章》起草者知道,多边努力可以提供答案,我们现在可能终于有机会将他们的理论付诸实践。如果是这样,联合国就需要充分执行《宪章》的计划。联合国作为一个整体应该组织起来反击侵略,应使法律适用于所有成员国,在使用联合国部队之前,它应该穷尽除使用武力之外的措施。

结论

在1990年8月2日伊拉克非法入侵科威特之后,数千人死亡。国际法禁止这种入侵的事实并没有阻止伊拉克,也没有阻止杀戮。然而,国际法对各国使用武力的方式产生了影响。今天,各国并不随便使用武力,像伊拉克在科威特那样彻底"抢夺"领土的情况并不常见。然而,当国家非法使用武力时,联合国在冷战的最后40年里几乎没有做出任何反应。

随着冷战的结束,我们有了自《宪章》通过以来改善执行情况的最佳机会。在冷战结束以来对禁止使用武力的第一次重大考验中,国际社会联合起来应对伊拉克的侵略。这一行动本身就是对禁止线和安全线的重要验证,是(国际社会)对武力的整体应对。最好的方式是通过联合国。一个国家,特别是像美国这样的国家,在其最近的历史上违反了对武力的禁止,是不能实现联合国可以实现的那种积极目标的。联合国成员需要一支随时准备反击侵略的联合国部队。这样一支部队,再加上对联合国所有成员一致和统一地适用的多边决策,将实现对使用武力的最大威慑。这些改革将是对所有在海湾战争中牺牲的人的恰当的敬意。

(三)世界法院的裁决权

按语

以下节选自尼加拉瓜一案——来自美国籍法官斯蒂芬·施韦贝尔(Stephen Schwebel)的质疑。他认为,这个涉及正在进行的武装冲突的案件不应该被法院受理。当你阅读他的观点时,想想你自己在这个问题上的立场。国内法的类似问题是什么样的?这类案件在美国是如何解决的?

军事和准军事行动(施韦贝尔的反对意见)①

四、法律

A. 概述

42. 正如法院的判决和包括本反对意见在内的若干法官意见所表明的那样,本案在许多问题上可以有不止一种对法律的理解。我将首先处理某些初步和程序性问题,即可受理性和可审理性;根据多边条约(范登堡)对美国接受任择条款的保留和双边《友好、商业和航行条约》产生的未决管辖权问题;与案件当事方和寻求参加诉讼的国家缺席有关的问题;最后是证据问题。然后,我将谈谈案情的多个法律问题,首先是尼加拉瓜对推翻萨尔瓦多政府的物质支持是否等同于对萨尔瓦多的武装攻击——对此,美国有理由与萨尔瓦多一道进行集体自卫。

B. 可受理性和可审理性问题

1. 政治性问题

46.《宪章》第 51 条规定:"联合国任何会员国受武力攻击时,本宪章不得禁止行使单独或集体自卫之自然权利……但这一规定不能被合理地解释为只有行使自卫权的国家才能判断其行动的合法性。"《宪章》明确授权安全理事会"断定任何和平之威胁、和平之破坏或侵略行为之存在"。显然,安全理事会在其职权

---

① 《尼加拉瓜境内和针对尼加拉瓜的军事和准军事行动》(尼加拉瓜诉美国案), Merits, Judgment 1986 I. C. J. Reports.

范围内,有责任对其行动的合法性做出判断。美国充分认识到这一点,而且事实上也没有争辩说国家在自卫时使用武力是一种政治行为,不受其他国家的法律评价。美国认为,做出这种判断的集体责任主要是由安全理事会承担,其次是由联合国大会和根据安全理事会授权采取行动的区域组织承担,但这不是赋予法院的权力。

47. 然而,杰出的国际律师一直以来都认为,自卫时使用武力是一个政治问题,任何法院,包括国际法院,都不应做出裁决。有人将其与国家法院行使司法酌处权相提并论,国家法院拒绝处理某些问题——例如国家在国际上使用其武装部队的合法性——理由是这些问题是委托政府其他部门处理的政治问题,并敦促国际法院有义务或应该行使类似的酌处权。

48. 因此,这些争论提出了两个不同的问题。一个问题是,作为一个政治问题,一国在自卫或所谓的自卫中使用武力是否本质上是不可审理的。另一个问题是,如果一国使用武力进行自卫需要做出法律判断,那么做出这一判断的能力是否已委托给安全理事会,而不是法院。

49. 第一个论点的理论基础在赫希·劳特派特(Hersch Lauterpacht)的著作《法在国际社会中的功能》(*The Function of Law in the International Community* [1933])中被仔细审查过,该著作在其领域中从未被超越。劳特派特认为

> 自卫的法律概念的实质是,诉诸自卫首先必须是有关国家的判断。因为如果诉诸自卫是以法律管理机构的事先授权为条件的,那么它就不再是自卫,而是执行法律决定。(第

179页）

然而，劳特派特还指出，行使自卫权的合法性的学说

> 是无法进行司法判定的，不能承认其在法律上是合理的。如果自卫的概念是一个法律概念……那么根据它所采取的任何行动都必须能够得到法律上的评价……自卫权是一项普遍性的法律原则，因此，它必然在国际法中得到充分承认。但这一权利与个人根据国内法拥有的相应权利并无根本区别。在这两种情况下，它都是一种绝对权利，因为任何法律都不能忽视它。在这两种情况下，它都是一种相对权利，因为它得到法律的承认和规定。它被承认的程度——不会超过——取决于它本身并不违法；它被规范的程度是：法院有权决定是否有必要诉诸法律，诉诸法律的程度有多深，诉诸法律的时间有多长。自卫权的内容与主张自卫权凌驾于法律之上、不受法律评价之间没有丝毫关系。这种主张是自相矛盾的，因为它以法律权利为基础，同时，它又与法律的规范和评价相脱离。像任何其他涉及重要问题的争端一样，在自卫中诉诸战争的权利问题本身也是可以做出司法裁决的，只是各国决定不将这种性质的问题交由一个外国法庭裁决，才使其不可审理。（第179—180页）

50. 在纽伦堡审判中，劳特派特扮演了一个重要的角色——作为来自英国的杰出律师，在法庭事实管辖权的概念和构成，以及在审判前提出的论点方面，都发挥了重要的作用，劳特派特虽

然在收集关于无法用语言表达的有组织恐怖犯罪兽行的证据时感受到痛苦,但却有幸看到一个在历史上著名的法院在司法中认可了他中肯的分析:

> 还有人认为,根据许多缔约国在缔结《百里安-凯洛格公约(非战公约)》时所做的保留意见,只有德国才可以决定采取预防性行动是否是必要的,而且在做出决定时,德国的判断是决定性的。但是,无论根据自卫的主张采取的行动实际上是侵略性的还是防御性的,最终都必须接受调查和裁决,这样我们才能说国际法得到了执行(《审判德国主要战犯的国际军事法庭的判决书》,纽伦堡,1946年,皇家文书局,Cmd.6964,第30页)。

2. 国际法院对继续使用武力做出裁决的能力

51. 至于第二个论点,即判断一国诉诸自卫的合法性基本上是委托给安全理事会的,而在例外情况下,安理会不会受理,它在理论上是站得住脚的,在政治上也是可行的。没有任何既定理由说世界各国不能重建一个以法院为主要机关的当代国际组织,以便将判决权仅置于安全理事会手中,或置于安全理事会及其他政治机关,如大会和在安全理事会权力下行事的区域组织。国际法院的法官必须决定的问题是,《联合国宪章》和《法院规约》的制定者是否这样做了。

52. 在本案处理管辖权和可受理性的阶段,美国提出了一项尖锐的分析,以支持以下立场:根据《宪章》的条款和意图,其目的是将侵略的判断权完全留给安全理事会。美国指出,尼加拉瓜向法院提交的请求书的实质是声明美国目前止在对尼加拉瓜非法使用武力,侵犯尼加拉瓜的领土完整和政治独立。尼加拉瓜自己在诉诸法院前几天曾试图在安全理事会获得关于美国所谓的这些行动构成对尼加拉瓜的侵略的裁定,但没有成功。(尼加拉瓜1984年3月29日给安全理事会的信函呼吁安理会审议"目前对尼加拉瓜的侵略行为的升级"[S/16449]。尼加拉瓜在安全理事会指控的行为——它称之为"进一步的侵略行为"[S/PV.2525,第6、16、18、23、63、68—70页和S/PV.2529,第95—96页]——正是尼加拉瓜在法院审理的案件中的请求书所指控的行为。该请求书本身承认,尼加拉瓜已提请安全理事会和联合国大会注意美国的这些活动,"这些活动具有威胁或破坏和平以及侵略行为的性质"[第12段]。)美国认为,安全理事会没有按照尼加拉瓜寻求救济的条件给予尼加拉瓜救济的事实并不重要;国际法院既无权推翻安全理事会的决定,也无权行使明确分配给安理会的职能。

53. 美国坚持认为,"《联合国宪章》的起草者从未打算将对'仍在进行的非法使用武力行为'的控诉列入《国际法院规约》第36条第2款"(1984年10月16日上午的听证会),虽然《宪章》第24条只赋予安全理事会维持国际和平与安全的"主要"责任,而将补充责任赋予联合国大会和区域组织——而不是国际法院。根据《宪章》第六章,法院在和平解决国际争端方面具有明确、清晰的作用。但当案件涉及《宪章》第六章规定的"对于威胁和平、破坏和平及侵略行为之行动"时,《宪章》或《规约》中没有一个字表明法院的作用。相反,正如旧金山会议的记录所宣布的那样,会议决定"将关于什么构成对和平的威胁、对和平的破坏或侵略行为的全部决定以及该决定的全部责任留给安理会"(《联合国国际组织会议》第 11 卷,第 17 页)。美国在批准《宪章》和《规约》时的理解是,《规约》不"允许法院干涉安全理事会或大会的职能"(《外交关系委员会的报告》,"联合国宪章",第 79 届国会第一次会议,1945 年,第 14 页)。

54. 美国承认,《宪章》第 12 条第 1 款规定,当安全理事会就某一特定争端行使分配给它的职责时,联大不得就该争端提出任何建议,而法院则不受任何这种明确的推迟的限制;但美国认为,这是因为:

> 《宪章》的制定者打算,在联合国各机关中,只有大会在维护国际和平与安全方面具有补充安全理事会的作用。在旧金山会议上,根本就没有考虑过法院将或应该有能力处理这些事项。(1984 年 10 月 16 日下午举行的听证会)

55. 关于早先诉诸法院的涉及使用武力的案件,如科孚海峡案和空难案,美国指出,在所有这些案件中,所控诉的行动都是已然发生的行为。

> 在每一个案件中,法院都被要求就完全是过去的、不是正在进行的、不仅仅是一连串行动中的一个要素的事项,对当事方的权利和义务做出裁决。(同上)。

56. 尽管这些论点以及美国所依据的旧金山会议记录中支持这些论点的段落很有力,但我无法同意《宪章》和《规约》起草者的意图是将法院排除在《联合国宪章》第六章范围内的争端之外,也无法同意各国解释《宪章》和《规约》的实践证实了这一意图。

57. 很可能如美国律师所说,"在旧金山会议上根本就没有考虑过法院将有或应该有处理这些事项的权限"。很可能,如果正视和认真处理这个问题,就会决定将根据第七章提交安全理事会的事项或涉及在国际关系中继续使用武力的事项排除在法院的权限之外。当然,这一论点是可信的,在安理会享有否决权的任何国家都不会想到,虽然行使这一权利可以阻止安理会通过对其提出的任何侵略指控,但该国却有可能受到法院的判决,在它如此行使安理会否决权的同一案件和同一事实中把它定为侵略者。

58. 虽然这一论点十分有道理,但我认为是不够的,因为《国际法院规约》案文没有任何地方表明涉及继续使用武力的争端被排除在其管辖权之外。相反,《规约》第36条的规定是全面的。第36条第1款规定,法院的管辖权"包括当事国提交法院的一切案件"和"《联合国宪章》或现行条约及公约所特别规定的一切事项"。第36条第2款规定,各国可以承认法院"在一切法律争端中"的管辖权,这些争端涉及:

(a) 条约之解释。
(b) 国际法之任何问题。
(c) 任何经确定即属违反国际义务者。
(d) 因违反国际义务而应予赔偿之性质及其范围。

这些宽泛的条款并不排除关于继续使用武力的争端不受法院管辖。可以肯定的是,一个根据第36条第2款承认法院管辖权的国家,就没有此类涉及(国际法院对)使用武力的(管辖权)异议,有些国家是这样做的,但美国不在其中。(然而,美国在遵守其任择条款时所使用的"所有法律争端"一词是否包括涉及使用武力的争端,这是有待讨论的,因为小田法官[Judge Oda]在本案的意见中提出了理由。)

59. 现在,如果看一看《宪章》的案文,而《国际法院规约》是其不可分割的一部分,情况就不那么清楚了。在《宪章》的结构和条款及其准备工作中,美国的论点得到了支持。但这种支持是矛盾的,美国和国际法院目前对《宪章》第12条第1款的影响所做的截然不同的解释就说明了这一点。我不倾向于得出这样的结论,即这种含糊不清的表示可以被认为是对法院权限意义深远的限制。

60. 此外,虽然《宪章》赋予安全理事会认定是否存在侵略行为的权力,但它并不是作为一个法院来做出这种认定。它可能会做出侵略的判断,或者,更经常的情况是,由于政治而不是法律原因,它无法做出侵略的认定。无论可供认定侵略的事实多么令人信服,当安全理事会认为和平事业将有可能倒退而不是推进时,不做出侵略认定是在其权利范围内的。简言之,安全理事会是一个政治机关,它是出于政治原因而采取行动的,它可以考虑法律因素,但与法院不同,它没有义务适用这些因素。

3. 美国驻德黑兰外交和领事人员案(伊朗人质事件。——译者注)

61. 美国自己在美国驻德黑兰外交和领事人员案中提出的论点证实了这些结论。应当回顾的是,在伊朗扣押人质之后,美国立即向联合国安全理事会就释放人质问题寻求援助。1979年11月9日,美国紧急请求安全理事会考虑如何确保人质获释;1979年11月25日,联合国秘书长行使《联合国宪章》第99条赋予他的特殊权力,提请安全理事会注意任何他认为可能威胁国际和平与安全的事项,要求安全理事会紧急召开会议,努力寻求和平解决人质危机的办法;1979年11月27日秘书长在安理会的讲话中宣布,伊朗局势"威胁到该区域的和平与安全,很可能对整个世界产生非常严重的后果"(S/PV.2172);1979年11月29日,美国向国际法院提交申请书,对伊朗提起诉讼;1979年12月4日,安全理事会一致通过决议,要求伊朗政府立即释放被拘留人员;12月10日,法院就美国同时提出的采取临时措施的请求举行听证会,法院院长在听证会开幕词的最后向美国代理人提出以下问题。"基于诉讼的目的,安全理事会1979年12月4日通过的第457号决议对本院有什么意义?"(《国际法院法律文书》,美国驻德黑兰外交和领事人员案,第19页)

62. 当时的国务院法律顾问罗伯茨·欧文(Roberts Owen)对这个问题的回答很有启发性:

> 如法院所知,联合国安全理事会已经处理了目前的争端,在六天前通过的第457号决议中,安理会呼吁伊朗政府立即释放人质。在这种情况下,可以想象有人会说,国际法院不应对同一争端行使管辖权。恕我直言,任何这种建议都是站不住脚的。当然,一个令人印象深刻的事实是,在安全理事会有代表权的15个国家——15个具有非常不同理念的国家——对我提到的决议一致投了赞成票,0票反对。然而,

事实仍然是,安全理事会是一个政治机构,有责任通过政治手段寻求国际问题的解决办法。相反,国际法院是一个司法机构,有责任采用司法方法解决其管辖范围内的问题。《联合国宪章》或《国际法院规约》中绝对没有任何内容表明安全理事会的行动排除了国际法院的行动,即使这两种行动在某些方面可能是并行的。正如罗森在其论文《国际法院的法律和实践》第87页所指出的那样,联合国的一个政治机关正在处理某一特定争端的事实并不妨碍国际法院对同一争端中属于其管辖范围的那些方面采取行动。

就这一点做一下总结,美国向国际法院提出了一个明显属于法院强制管辖权范围内的争端,我谨提出,如果我们能使法院确信,以符合《国际法院规约》第41条的方式指示临时措施是正当和必要的,法院就有责任说明该措施,而且完全不须考虑联合国安全理事会可能已经采取的任何平行行动。(《国际法院法律文书》,美国驻德黑兰外交和领事人员案,第28—29页,第33—34页)

63. 应美国的要求,安全理事会于12月底再次举行会议,因为伊朗显然无意遵守法院1979年12月15日关于临时措施的指示,该指示主要要求立即释放人质。1979年12月31日,安理会通过了一项决议,对可能对国际和平与安全造成严重后果的局势表示关切,回顾了秘书长的意见,即伊朗和美国之间目前的危机"对国际和平与安全构成了严重威胁",并明确考虑到了法院1979年12月15日命令的规定。回顾《宪章》第2条第3款和第4款的规定,对违反法院命令扣留人质的行为表示遗憾,紧急呼吁伊朗立即释放人质,并决定于 1980 年 1 月 7 日举行会议,"以审查局势,并在不遵守本决议的情况下,根据《联合国宪章》第 39 条和第 41 条采取有效措施"。

64. 因此,在国际法院当时正在积极审理的一个案件中,安全理事会认为根据《宪章》第六章采取并考虑进一步采取行动是完全适当的。在该事件中,这种进一步行动因否决权的行使而受阻。然而,我不认为这段由美国在(安理会和国际法院)两个大会上提出的,就安理会和国际法院可以就属于《宪章》第七章的问题同时采取行动的历史,可以与美国在当前案件中的论点相调和,即法院的管辖权不能涵盖涉及继续使用武力的案件,因为《宪章》将此类案件的全部责任赋予了本组织的政治机构。法院在 1980 年 5 月 24 日的判决中认为:

> 安理会的任何成员似乎都没有想到,在法院和安全理事会同时行使各自的职能时,存在或可能存在不符合规范之处。这也没有什么好惊讶的。(美国驻德黑兰外交和领事人员案,《1980 年国际法院案例汇编》,第 21—22 页,第 40 段)

法院随后援引了《宪章》第 12 条的条款。

65. 当然,美国驻德黑兰外交和领事人员案确实不涉及本案所涉及的那种在国际关系中继续使用武力行为。但应该回想一下,美国将其失败的营救人质行动视为"行使其固有的自卫权,目的是解救已经并仍在遭受伊朗武装袭击的美国国民",并"根据《联合国宪章》第 51 条"向安全理事会报告了这一行动。(《国际法院法律文书》,美国驻德黑兰外交和领事人员案,第 486 页)我认为,这是对营救企图的合理法律评价;美国大使馆遭到武装袭击,美国人质被武力扣押在美国有理由认为危险的条件下。在1980年5月24日的判决中,法院本身虽然没有裁定营救任务的合法性,但提到"1979年11月4日武装分子对美国大使馆的武装攻击"(《1980年国际法院案例汇编》,第29页)。在法院做出判决时,情况并不像科孚海峡案那样完全成为过去;对人质使用武力的情况仍在继续,对和平的威胁——第七章的情况——仍在继续。

66. 虽然我认为,美国驻德黑兰外交和领事人员案表明,国际法院可以根据《宪章》第六章对安全理事会正在积极审议的案件的法律方面做出裁决,但美国驻德黑兰外交和领事人员案的事实复杂性与法院目前审理的案件之间存在重大区别。

67. 在前一个案件中,围绕着扣押和拘留人质的基本事实没有相应的争议。伊朗宣布了这些事实,同时受到了美国和国际社会的谴责。美国向国际法院提交的大量未经质疑的数据表明,这些事实基本上没有争议。

68. 在本案中,情况非常不同。双方的事实争论极为不同。诚然,尼加拉瓜对美国的一些指控得到了美国的正式承认。但是,尼加拉瓜坚决否认美国对尼加拉瓜的指控——即使如本意见附录所示,尼加拉瓜的否认与其承认和其他证据相矛盾。美国对尼加拉瓜的指控基本属实,因为事实表明,在美国采取支持萨尔瓦多对尼加拉瓜的反应行动之前,是尼加拉瓜先发动了对萨尔瓦多政权的武装颠覆,并进一步表明,尼加拉瓜一直在为暴力推翻萨尔瓦多政府提供物质支持。然而,有一个关键的问题还在一定程度上存在着不确定性。

4. 国际法院没有能力判断在本案的情况下是否有必要继续使用武力

69. 美国对尼加拉瓜侵略行为的反应必须是合法的,这种反应必须是必要的。法院是否能够判断美国继续采取集体自卫措施的必要性？我对此表示怀疑,主要是因为这种对必要性的判断要求法院判断美国拒绝尼加拉瓜政府迟来的承诺是否合理,即如果美国停止破坏邻国政府,它就不会破坏邻国政府。这种判决涉及对尼加拉瓜和美国的动机和诚意的评估,本法院现在极难做出。

70. 可以说,从1981年底到至少1983年年中,美国有理由,也有必要,对尼加拉瓜施加压力,当时尼加拉瓜似乎准备申明它不会支持萨尔瓦多的叛乱（特别是但不仅是通过提出附录第174—178段所述的四项条约）,以换取美国停止对尼加拉瓜反抗军和萨尔瓦多政府的支持。尼加拉瓜接受孔塔多拉集团（the Contadora Group）1983年9月9日的《意向书》（Document of Objectives）,可以理解为它做出了类似的表示。但是,如果这些明显的事实是真实的,那么本法院是否真的可以根据法律标准来判断美国拒绝尼加拉瓜这一迟来的做法是对还是错？如果尼加拉瓜先前的非法和推诿行为使美国相信,尼加拉瓜的变调或策略是不可信的,那么是否可以责怪美国拒绝尼加拉瓜的四项条约,就像后来尼加拉瓜在孔塔多拉集团的框架下通过双边方式做出的表态一样,因为美国担心,一旦反政府武装被放弃或解散,借此好时机,尼加拉瓜是否会恢复对邻国的武装颠覆？毕竟,尼加拉瓜政府已经申明（在九位执政官之一的讲话中）,其"干涉主义"政策——这是巴亚尔多-阿尔塞司令采用的词——"不能停止"("巴亚尔多·亚斯在尼加拉瓜社会党[PSM]的秘密讲话")。(《国务院出版物9422》,1985年,第4页)

71. 这是一个合理的问题,但我质疑它是否是一个可审理的问题。我这样说,不是因为美方所说的本案的"持续性"和其不断变化的事实的"易变性"。《国际法院规约》正确地考虑到法院可以处理"正在进行"的案件;如果不是这样,《规约》中关于指明"为维护任一当事方各自权利而应采取的任何临时措施"的规定就没有意义。我也不认为,这个问题的答案超出了法院的能力范围的原因是或主要原因是美国不愿意参加国际法院关于案情的诉讼程序。法院很难确定当事方在这类问题上的政策的真正动机和合理性,即使当事方在法庭上也是如此。国际法院无法要求中央情报局和白宫将其档案呈给法院,尼加拉瓜政府的档案也一样,更不用说古巴政府和其他支持颠覆萨尔瓦多的人的档案。纽伦堡法庭"最终"(用它的原话)在事实发生后做出必要性的判决,而且它面前有控方所俘获的被告的档案作为证据的一部分是一回事,本法院要对直接有关的国家的政策和动机做出有把握的判断是另一回事,尤其是当一个当事方缺席,而且无论如何出于安全原因不愿意透露它视为秘密的信息,而且与之有千丝万缕关系的其他国家也不在法庭上,显然也不愿意透露。法院不仅要在本案缔约国美国缺席的情况下,而且要在"集体中"的其他国家,即不是本案缔约国的萨尔瓦多和洪都拉斯缺席的情况下,裁定集体自卫的抗辩是否有效,这是相当困难的。如下文所示,也不能指责萨尔瓦多没有在案情实质阶段参加诉讼;与尼加拉瓜的论点相反,不能因为萨尔瓦多没有出庭支持这些指控而对其指控进行推论。

72. 至于尼加拉瓜政府,其国会没有被在野党控制,没有必要通过一项不受情报特别委员会监督或不受新闻界审查的《情报授权法》,其政府各部委在独裁政权顾问的协助下行事,其意识形态不自由,其部长们在国际法院面前歪曲事实,因此,要查明其行动的真相,尤其是其动机,困难重重。

73. 此外,如果说对事实进行更充分的调查可能会使国际法院更好地处理美国在所谓的自卫中采取行动的必要性问题,但正如下文所指出的那样,国际法院并没有费心去调查这些事实。事实是,如果国际法院使用其查明事实的权力,或许可以使国际法院对美国集体自卫行动的必要性或不必要性做出更知情的判断,但国际法院没有行使这些权力。

74. 鉴于所有这些考虑,法院本应审慎地认为,本案的一个核心问题——美国提出的自卫辩护是否正当——现在并不可审理。然而,法院已决定根据已发现的事实,并在其认定的事实基础上对这一问题做出判决。

75. 我认为,法院对事实的认定不仅是不充分的,因为本案的特殊性,或许还因为法院没能行使其事实认定的权力;一定程度上因为法院错误地适用了它为本案制定的证据规则,法院甚至没有充分认识和评估诉讼记录和本反对意见中确实出现的事实,包括尼加拉瓜政府故意推诿搪塞的事实。它也没有从这些事实中得出正确的法律结论,而它有一些迹象表明它承认这些事实,例如它没有对尼加拉瓜适用"干净的手"一词所生动地表述的基本一般法律原则。

76. 在这种情况下,我不同意法院的观点,即美国行动的必要性问题现在是可以审理的,我觉得一定能达成一个判断——根据呈在法院面前和公共可知的事实做出判断,尽管这些事实可能并不充分。出于本意见后面几段所述的理由,我的结论是,美国决定继续对尼加拉瓜施加武装和其他压力,以限制尼加拉瓜继续对萨尔瓦多施加武装和其他压力,是合理的,而且确实是合理的,至少不是不合理的。如果美国的行动是必要的,那么,从法律上来说,它就是适当的。

77. 这并不是说——如本意见第5段所述——我赞成或不赞成美国对尼加拉瓜、萨尔瓦多或其他中美洲国家采取的政策。我的结论仅仅是,作为一个国际法问题,美国对尼加拉瓜施加武装和其他压力的行为是合法的,目的是促使它明确停止武装颠覆萨尔瓦多政府和其他邻国的行为。

(四)执行世界法院的判决[①]

在尼加拉瓜这样的案件中,第三方司法执行最有可能发挥作用。一旦国际法院做出执行性裁决,尼加拉瓜可以在对尼加拉瓜友好的国家或对推动国际法感兴趣的国家的管辖范围内寻找美国的商业资产。例如,瑞典可能符合这两类国家的要求:可以扣押在瑞典水域的美国地质调查局的船只,并将其判给尼加拉瓜,作为对判决的部分补偿。

第三国在执行国际法院判决时可能或必须提供的协助程度越来越明确。第三国可以选择,甚至有义务在判决债权人提出请求时提供协助。虽然这种援助可能有一些重大的限制,如确定是否会得到赔偿的适当"等待期",但第三方援助已成为国际执行

---

① 奥康奈尔, The Prospects for Enforcing Monetary Judgments of the International Court of Justice: A Study of Nicaragua's Judgment Against the United States 30 Virginia J. Int' TL. 891, 939 – 40.(脚注省略)

中的一个关键因素。

判决债权国,如尼加拉瓜,有许多选择来执行国际法院的判决。它们可以向联合国的各个机构——国际法院本身、安理会或大会——提出申诉。它们也可以尝试通过自己的法院或债务国的法院来执行。在国际私法的发展所营造的有利于执行的氛围中,债权国在说服国内法院至少将国际法院的裁决与仲裁裁决同等对待方面,应该比索科贝尔格案(the Socobelge)更容易成功。如果债权国无法获得债务国在本国的资产,它可能不得不求助于债务国的法院或单方面的报复。第三方司法执行可能是比单方面报复更好的和平解决争端的方式,如果在几乎所有其他国际裁决都将得到执行的世界里,第三方司法执行应该是可行的。现在是让国际法院的判决与国际仲裁法庭的裁决一样成功,一样获得承认的时候了。

(五)尼加拉瓜案的联合国大会决议

1988 年 12 月 22 日

第四十三届会议

议程项目 33

大会通过的决议
[未提及主要委员会(a/43/L.14)]
43/11.1986 年 6 月 27 日国际法院

关于在尼加拉瓜境内和针对尼加拉瓜的军事和准军事行动的判决:需要立即予以遵守联合国大会,

回顾,安全理事会 1983 年 5 月 19 日第 530(1983)号和 1985 年 5 月 10 日第 562(1985)号决议及其 1986 年 11 月 3 日第 41/31

号和1987年11月12日第42/18号决议,

认识到,根据《联合国宪章》,国际司法法院是联合国的主要司法机关,各会员国承诺在其为缔约国的任何情况下遵守法院裁定。

考虑到,《国际法院规约》第36条第6款就法院是否具有管辖权做出了规定,在这种情况下应由国家法院裁定解决。

注意到,1986年6月27日国际法院关于在尼加拉瓜境内和针对尼加拉瓜的军事和准军事行动的判决,

审议了自做出判决以来在尼加拉瓜境内和针对尼加拉瓜发生的事件,特别是美利坚合众国继续资助在尼加拉瓜境内和针对尼加拉瓜的军事和其他活动,

强调各国根据国际习惯法有义务不干涉其他国家的内政,

1. 紧急要求充分和彻底遵守国际法院1986年6月27日关于"在尼加拉瓜境内和针对尼加拉瓜的军事和准军事活动"的判决,这是符合《联合国宪章》有关规定的;

2. 请秘书长随时向大会通报本决议的执行情况;

3. 决定将题为"1986年6月27日国际法院关于在尼加拉瓜境内和针对尼加拉瓜的军事和准军事活动的判决:需要立即予以遵守"的项目列入其第四十四届会议临时议程。

1988年10月25日第36次全体会议

问题

(1)联合国是作为世界和平的维护者而成立的,随着冷战的结束,联合国有了一个新的机会来履行这一使命。在巴拿马入侵

期间和之后,联合国的表现如何?它还能做什么?为什么在入侵科威特期间和之后,联合国的参与度如此之高?

(2)展望未来,在你思考后面的问题时,考虑如何修改联合国及其宪章,以帮助确保未来有一个更强大和更有效的维和组织?同时考虑今后成员国应如何支付维和行动的费用?

(3)联合国的四个主要机构通过四种完全不同的程序做出决定。下面的问题提出了什么样的决定适合于什么样的程序的问题——这是美国宪法分析中熟悉的任务。

(a)在联合国大会,除预算外,每个国家在所有领域都有一票表决权。根据第11条第2款和第14条,大会可以讨论和建议,但不能指挥。然而,第17条和第19条规定,联合国大会可以做出预算决定。根据世界法院在"费用案"中的裁决,法院检验这些决定是否有效的标准是什么?根据这一检验标准,哪些费用可能被认定为无效?

(b)安全理事会根据第五章采取行动,通过谈判和表决做出决定,因为常任理事国都有否决权。同时,安全理事会的权力比以前任何国际机构都要大。回顾一下,根据第25条,成员必须执行安全理事会的决定。考虑几个测试性问题:如果一个常任理事国投了弃权票怎么办?根据第27条,这是否属于否决权?如果一个常任理事国退出会议怎么办?安全理事会是否可以先采取行动?根据第27条第2款,一些问题是程序性问题。

(c)根据第十五章,秘书处通过调解做出决定。你认为是否应该修改《宪章》,以赋予秘书长更大的权力?

(d)世界法院当然是通过裁决来做出决定的。在"费用案"中,法院如何决定所提出的问题是否属于"法律问题"?根据法院的检验标准,伊拉克是否是第五章规定的"对和平的威胁"的法律问题？应该用什么标准来决定？

（4）根据《联合国宪章》,当争端威胁到国际和平时,首先应该怎么做？接下来怎么做？

（5）1950年通过了"联合一致共策和平"决议,以处理安全理事会的僵局问题。该决议授权开展中东维和行动（联合国紧急部队）和刚果维和行动（联刚行动）。世界法院是否应该批准这些行动的费用？而这些费用是由大会这个机构授权的,大会根据《宪章》除了预算之外没有任何决策权。

（6）国际法院在费用一案中给出了咨询意见。如果你是美国代表团的顾问,你会去寻求这样的意见吗？风险和优势是什么？

（7）世界法院可能拒绝对"费用案"做出裁决,理由是该案不涉及《宪章》第96条规定的"法律问题"。如果法院不对这样的问题做出裁决,那么宪章如何解释？将此情况与美国宪法的情况进行比较。哪些宪法解释问题是不需要裁决的？这些问题是如何决定的？

（8）关于"费用案"的案情,法院判断联合国大会授权的开支是否有效的标准是什么？

（9）"费用案"的关键问题是,建议成立维和部队的大会决议如何能成为对会员国强制性义务的依据？对此,美国认为,不能帮别人卖命,还要自己买单,这是一个有说服力的比喻吗？英国人则认为,即使会员不同意某项支出,私人俱乐部也可以对会员进行征收。这是否具有说服力？

（10）反对意见强调了"费用案"给大会带来的巨大权力,基本上是通过后门打开的。如果对一项活动是否有效的唯一限制是它是否符合联合国的宗旨，那么大会可以授权设立一个千亿美元的紧急救济基金，如果大会三分之二的人批准，这些费用就是有效的。最高法院说，分摊是可诉的，规则是每人有一票的权利。但是，究竟是该规则使其可诉，还是法院受理此案得意愿，迫使通过了这一规则，而不是更复杂的规则？对于世界法院在"费用案"中的规则，人们可能会提出同样的问题。

（11）在考虑施韦贝尔法官在"尼加拉瓜案"中的反对意见时，问题又是可诉性——裁判的限度。为什么施韦贝尔法官说法院不应裁决此案？问题在于，使用武力本身是一个政治问题，而不是像美国所主张的那样是一个法律问题吗？

（12）国际法院裁定尼加拉瓜案事可受理的，美国退出了尼加拉瓜的案子，施韦贝尔法官的结论是，事实尚不清楚。但这不是因为美国拒绝对此案进行辩论吗？美国应该因为它的不参与辩论而受益吗？在国内法中，当一方当事人无法辩护时，会发生什么？最高法院的规约规定，如果一方当事人没有进行辩护，根据第53条，法院仍然必须确定任何判决都是"有充分的事实和法律依据的"。在尼加拉瓜的案子中有这种可能吗？

（13）在国际法院在可诉性问题上对美国做出不利裁决后，美国政府是否应该继续履行其职责留在这个案子里？作为法律顾问办公室的律师，你会有什么建议？美国根据《国际法院规约》第36(2)条从国际法院的强制管辖权中退出了此案，这是一个明智的决定吗？

（14）我们在第一章中看到，美洲国家组织在美国入侵巴拿马的过程中发挥了很少的作用。它在解决中美洲的其他冲突方面也做得相对较少。它正经历着多事之秋。与联合国一样,美国一直扣缴会费以鼓励改革。因此,该组织已经被削弱了。你认为为什么美洲国家组织没有取得与欧洲共同体同样的成功?如果美洲国家组织是一个更强大的机构,该地区能否更有效地控制武装冲突?这是否符合美国的利益?从这些利益的角度来看,在例如中美洲的冲突通过美洲国家组织还是通过联合国来处理比较好?

(15)奥康奈尔教授建议,在伊拉克入侵科威特之后,作为保卫沙特阿拉伯的替代安排,可以建立一支永久性的联合国维和部队。需要采取哪些步骤来执行《宪章》第47条所提出的建议?秘书长敦促常备维和部队能够在危机时期迅速有效地介入维持和平。这样一股力量(常备维和部队)符合美国的利益吗?符合其他联合国会员国的利益吗?

第五章　使用武力的国际法规则

在本章中,我们将重点讨论本文的核心问题——第2条第4款中禁止使用武力的性质和范围,这可以说是本世纪国际法中最重要的发展。本章的目的是深入了解该规则的含义、它是如何运作的,以及为什么它被证明是有争议的。该规则的措辞使其含义有些含糊不清。此外,它必须与第51条一起阅读。当各国通过第2条第4款时,它们放弃了主权的一个重要方面——不受限制地使用武力的权利。然而,各国仍持续违反该规则使用武力。这一事实导致了第三章中提出的关于该规则是否真的对各国具有约束力的问题,以及第四章中关于国际法机构是否能够执行该规则的讨论。

违反第2条第4款的行为频发也促使各国政府和国际律师建议对其进行修正,以允许各国在更多情况下合法使用武力。有人认为,澄清第2条第4款的例外情况可以加强该规则本身。迄今为止,绝大多数国家都抵制这些建议,即使是面对违反严格意义上的禁令而持续发生的使用武力的情况。"是时候改变了吗?"或者说,我们是否已经到了一个历史时刻,第2条第4款可能真的会以最初的起草者所希望的方式被遵守或执行。当你阅读这一章时,不仅要考虑该禁令的含义,而且要考虑是否可以对其进行修正,以及为什么可以对其进行修正?以放松禁止或使其更加有效。

为了解释第 2 条第 4 款的含义,我们将本章分为三个部分。第一部分涉及被认为不使用武力的国家行为,因此不受禁止使用武力规则的禁止。第二节涉及第 2 条第 4 款明确禁止或允许的被认为是使用武力的国家行为。本节还评述了《宪章》通过前的法律以及近年来关于允许在比《宪章》目前所允许的更广泛的情况下使用武力的论点。最后,第三节集中讨论显然是使用武力的国家行为,但各国政府传统上认为这些行为不属于第 2 条第 4 款的范围,特别是在内战中使用武力。

一、不使用武力的国家行为

概述

根据国际法,国家的哪些行为是可以接受的?什么样的行为是不可接受的,什么样的行为是足以被定性为非法使用武力而被禁止的?在这方面,规范国家行为的通行规则与普通法如出一辙。在普通法中,个人不得制造危害,但不必不顾一切地帮助有需要的人。同样,下面的摘录也表明,国际法禁止干涉,但并不要求国家相互提供积极的援助。联合国大会在下面第一份文件中宣布的《友好关系原则宣言》,要求各国不对对方使用武力,不干涉内政,不相互胁迫。友好关系并不要求与挨饿的国家分享过剩的粮食,也不要求接收战争或自然灾害的难民,不要求出口重要的环境技术,也不要求履行其他积极的义务。

然而,即使在国家必须在尊重其他国家利益的情况下限制其行为的领域,这些规则也不排除所有的武力行为。事实上,各国可以采取相当强力的行为,《友好关系原则宣言》禁止干涉他国内政,但正如"航空运输协定案"的摘录所示,国家可以采取单方面行动,施加压力以确保其合法权利。在某些情况下或在某些程度上,压力可能会成为非法的。但是,关于不使用武力行为,我们没有什么权威性的例子能证明,国际社会甚至将非常强力的行为判定为非法使用武力或甚至是非法的胁迫行为。例如,美国自1960年代初就对古巴实行全面封锁。封锁的目的是促使古巴改变其政府形式。然而,很少有政府或国际律师抗议这是非法封锁,尽管它直接影响到古巴的内部事务。

随着国际社会对这些集体行动措施的协调,单方面禁运和其他单方面报复行动的合法性今后可能会受到质疑。安全理事会曾下令对伊拉克实施最全面的禁运。不参加禁运被视为违反国家义务。美洲国家组织最近下令对海地实施禁运,以促使其政变领导人恢复民选政权。然而,欧共体认为它不能合法地加入禁运,尽管它似乎并不认为禁运是非法的。另一方面,关贸总协定最近裁定,美国不能因墨西哥违反环境义务而单方面对其实施贸易制裁,美国作为关贸总协定的非成员,是否可以按照《友好关系原则宣言》这样做呢?

这些例子中所采用的措施类型可能比使用武力对有关社会产生更大的影响。在伊拉克一案中,许多人认为,持续两三年的制裁制度会比联军最终使用武力对人民产生更大的破坏性影响。然而,禁运、制裁和其他反措施并没有被第2条第4款所禁止。另一方面,英国人在"科孚海峡案"中辩称,收集证据提交国际法院——在另一国领海使用军舰——并不是使用武力或干涉。这一行为与美国在"航空运输协定案"中使法国航班停飞的行动一样,明确支持了英国的法律利益,但国际法院裁定英国的行动不合法,而美国的行动合法。因此,重要的是要努力区分具有强制性但不涉及武力的国家行为、武力行为和涉及武装力量的武力行为。

关于各国依《联合国宪章》建立友好关系及合作之国际法原则之宣言
联合国大会,2625号决议(35/1970)
弁言

大会,

重申据《联合国宪章》之规定,维持国际和平及安全,发展国际友好关系及合作,乃系联合国之基本宗旨,

覆按联合国人民决心力行容恕,彼此以善邻之道,和睦相处,

念及维持及加强基于自由、平等、正义及尊重基本人权之国际和平,以及不分政治、经济及社会制度或发展水平发展国际友好关系之重要,

复念及《联合国宪章》在促进国际法治上至为重要,

鉴于忠实遵守关于各国间友好关系与合作之国际法原则,并一秉诚意,履行各国依《宪章》所担负之义务,对于国际和平及安全之维持及联合国其他宗旨之实现至关重要,

念及自《宪章》订立以来世界上所发生之重大政治、经济及社会变迁与科学进步,使此等原则更见重要,并亟须将此等原则对国家在任何地方实行之行为更切实之适用,

覆按外空包括月球与其他天体,不得由国家以主权之主张使

用或占领或任何其他方法据为己有之既定原则,并念及联合国刻正考虑基于同样精神制定其他适当规定之问题,

深信各国严格遵守不干涉任何他国事务之义务,为确保各国彼此和睦相处之一主要条件,因任何形式之干涉行为,不但违反宪章之精神与文字,抑且引致威胁国际和平及安全之情势之造成,

覆按各国负有义务在其国际关系上应避免为侵害任何国家政治独立或领土完整之目的,使用军事、政治、经济或任何其他形式之胁迫,

认为所有国家在其国际关系上应避免为侵害任何国家之领土完整或政治独立之目的,或以与联合国宗旨不符之任何其他方式,使用威胁或武力,确属必要,

认为各国应依《宪章》以和平方法解决其国际争端,同属必要,

重申主权平等依据《宪章》所具有之基本重要性,并强调唯有各国享有主权平等并在其国际关系上充分遵从此一原则之要求,联合国之宗旨始克实现,

深信各民族之受异族奴役、统治与剥削,对于促进国际和平及安全乃系一大障碍,

深信人民平等权利及自决原则为对现代国际法之重要贡献,其切实适用对于促进国际以尊重主权平等原则为根据之友好关系,至为重要,

因此深信凡以局部或全部破坏国家统一及领土完整或政治独立为目的之企图,均与《宪章》之宗旨及原则不兼容,

鉴于全部《宪章》之规定并计及联合国各主管机关关于各项

原则之内容所通过各有关决议案之作用，

鉴于逐渐发展与编纂下列原则：

（a）各国在其国际关系上应避免为侵害任何国家领土完整或政治独立之目的或以联合国宗旨不符之任何其他方式使用威胁或武力之原则，

（b）各国应以和平方法解决其国际争端，避免危及国际和平、安全及正义之原则，

（c）依照《宪章》不干涉任何国家国内管辖事件之义务，

（d）各国依照《宪章》彼此合作之义务，

（e）各民族享有平等权利与自决权之原则，

（f）各国主权平等之原则，

（g）各国应一秉诚意履行其依《宪章》所负义务之原则，以确保其在国际社会上更有效之实施，将促进联合国宗旨之实现，

业已审议关于各国建立友好关系及合作之国际法原则，

（一）兹郑重宣布下列原则：

各国在其国际关系上应避免为侵害任何国家领土完整或政治独立之目的或以与联合国宗旨不符之任何其他方式使用威胁或武力之原则。

每一国皆有义务在其国际关系上避免为侵害任何国家领土完整或政治独立之目的，或以与联合国宗旨不符之任何其他方式使用威胁或武力。此种使用威胁或武力构成违反国际法及《联合国宪章》之行为，永远不应用为解决国际争端之方法。

侵略战争构成危害和平之罪行，在国际法上须负责任。

依联合国宗旨与原则，各国皆有义务避免从事侵略战争之宣传。

每一国皆有义务避免使用威胁或武力以侵犯他国现有之国际疆界,或以此作为方法,解决国际争端,包括领土争端及国际疆界问题在内。

每一国亦有义务避免使用威胁或武力以侵犯国际界线,诸如经由该国为当事一方或虽非当事一方亦必须尊重之国际协定所确立或依此种协定确立之停火线。以上所述不得解释为妨碍有关各方对此等界线在其特殊制度下之地位及影响所持之立场,或解释为影响此等界线之暂时性质。

各国皆有义务避免涉及使用武力之报复行为。

每一国皆有义务避免对阐释各民族享有平等权利与自决权原则时所指之民族采取剥夺其自决、自由及独立权利之任何强制行动。

每一国皆有义务避免组织或鼓励组织非正规军或武装团队,包括佣兵在内,侵入他国领土。

每一国皆有义务避免在他国发动、煽动、协助或参加内争或恐怖活动,或默许在其本国境内从事以犯此等行为目的之有组织活动,但本项所称之行为以涉及使用威胁或武力者为限。

国家领土不得作为违背《宪章》规定使用武力所造成之军事占领之对象。国家领土不得成为他国以使用威胁或武力而取得之对象。使用威胁或武力取得之领土不得承认为合法。以上各项不应解释为影响:

(a)《宪章》规定或在《宪章》制度以前所订而在国际法上有效之任何国际协定之规定;或

(b)《宪章》授予安全理事会之权利。

所有国家皆应一秉诚意从事谈判,俾早日缔结有效国际管制

下普遍及彻底裁军之世界条约,并努力采取缓和国际紧张局势及加强国际信心之适当措施,

所有国家皆应一秉诚意履行其依国际法公认原则及规则所负维持国际和平及安全之责任,并应努力使基于《宪章》之联合国安全制度更为有效。

以上各项不得解释为对《宪章》内关于合法使用武力情形所设规定之范围有何扩大或缩小。

各国应以和平方法解决其国际争端俾免危及国际和平、安全及正义之原则。

每一国应以和平方法解决其与其他国家之国际争端,避免危及国际和平、安全及正义。

各国因此应以谈判、调查、调停、和解、公断、司法解决、区域机关或办法之利用或其所选择之他种和平方法寻求国际争端之早日及公平之解决。于寻求此项解决时,各当事方应商定与争端情况及性质适合之和平方法。

争端各当事方遇未能以上述任一和平方法达成解决之情形时,有义务继续以其所商定之他种和平方法寻求争端之解决。

国际争端各当事国及其他国家应避免从事足使情势恶化致危及国际和平与安全之维持之任何行动,并应依照联合国之宗旨与原则而行动。

国际争端应根据国家主权平等之基础并依照自由选择方法之原则解决之。各国对其本国为当事一方之现有或未来争端所自由议定之解决程序,其采用或接受不得视为与主权平等不合。

以上各项绝不妨碍或减损可适用之《宪章》规定,尤其有关和

平解决国际争端之各项规定。依照《宪章》不干涉任何国家国内管辖事件之义务之原则。

任何国家或国家集团均无权以任何理由直接或间接干涉任何其他国家之内政或外交事务。因此,武装干涉及对国家人格或其政治、经济及文化要素之一切其他形式之干涉或视图威胁,均系违反国际法。

任何国家均不得使用或鼓励使用经济、政治或任何他种措施强迫另一国家,以取得该国主权权利行使上之屈从,并自该国获取任何种类之利益。又,任何国家均不得组织、协助、煽动、资助、鼓励或容许目的在于以暴力推翻另一国政权之颠覆、恐怖或武装活动,或干涉另一国之内争。

使用武力剥夺各民族之民族特性构成侵犯其不可移让之权利及不干涉原则之行为。

每一国均有选择其政治、经济、社会及文化制度之不可移让之权利,不受他国任何形式之干涉。

以上各项不得解释为对《宪章》内关于维持国际和平与安全之有关规定有所影响。

各国依照《宪章》彼此合作之义务。

各国不问在政治、经济及社会制度上有何差异,均有义务在国际关系之各方面彼此合作,以期维持国际和平与安全,并增进国际经济安定与进步、各国之一般福利及不受此种差异所生歧视之国际合作。

为此目的:

(a) 各国应与其他国家合作以维持国际和平与安全;

(b) 各国应合作促进对于一切人民人权及基本自由之普遍

尊重与遵行,并消除一切形式之种族歧视及宗教上一切形式之不容异己;

(c)各国应依照主权平等及不干涉原则处理其在经济、社会、文化、技术及贸易方面之国际关系;

(d)联合国会员国均有义务依照《宪章》有关规定采取共同及个别行动与联合国合作。

各国应在经济、社会及文化方面以及在科学与技术方面并为促进国际文化及教育进步,彼此合作。各国应在促进全世界尤其发展中国家之经济增长方面彼此合作。

各民族享有平等权利与自决权之原则。

根据《联合国宪章》所尊崇之各民族享有平等权利及自决权之原则,各民族一律有权自由决定其政治地位,不受外界之干涉,并追求其经济、社会及文化之发展,且每一国均有义务遵照《宪章》规定尊重此种权利。

每一国均有义务依照《宪章》规定,以共同及个别行动,促进各民族享有平等权利及自决权原则之实现,并协助联合国履行《宪章》所赋关于实施此项原则之责任,俾:

(a)促进各国间友好关系及合作;

(b)妥为顾及有关民族自由表达之意旨,迅速铲除殖民主义;并毋忘各民族之受异族奴役、统治与剥削,即系违背此项原则且系否定基本人权,并与《宪章》不合。

每一国均有义务依照《宪章》以共同及个别行动,促进对于人权与基本自由之普遍尊重与遵行。

一个民族自由决定建立自主独立国家,与某一独立国家自由结合或合并,或采取任何其他政治地位,均属该民族实施自决权之方式。

每一国均有义务避免对上文阐释本原则时所指之民族采取剥夺其自决、自由及独立权利之任何强制行动。此等民族在采取行动反对并抵抗此种强制行动以求行使其自决权时,有权依照《宪章》宗旨及原则请求并接受援助。

殖民地领土或其他非自治领土,依《宪章》规定,享有与其管理国之领土分别及不同之地位;在该殖民地或非自治领土人民依照《宪章》尤其是《宪章》宗旨与原则行使自治权之前,此种《宪章》规定之分别及不同地位应继续存在。

以上各项不得解释为授权或鼓励采取任何行动,局部或全部破坏或损害在行为上符合上述各民族享有平等权及自决权原则并因之具有代表领土内不分种族、信仰或肤色之全体人民之政府之自主独立国家之领土完整或政治统一。

每一国均不得采取目的在局部或全部破坏另一国国内统一及领土完整之任何行动。

各国主权平等之原则。

各国一律享有主权平等。各国不问经济、社会、政治或其他性质有何不同,均有平等权利与责任,并为国际社会之平等会员国。

主权平等尤其包括下列要素:

(a) 各国法律地位平等;

(b) 各一国均享有充分主权之固有权利;

(c) 每一国均有义务尊重其他国家之人格;

(d) 国家之领土完整及政治独立不得侵犯;

(e) 每一国均有权利自由选择并发展其政治、社会、经济及文化制度；

（f）每一国均有责任充分并一秉诚意履行其国际义务，并与其他国家和平相处。

各国应一秉诚意履行其依《宪章》所负义务之原则。

每一国均有责任一秉诚意履行其依《联合国宪章》所负之义务。

每一国均有责任一秉诚意履行其依公认之国际法原则与规则所负之义务。

每一国均有责任一秉诚意履行其在依公认国际法原则与规则系属有效之国际协定下所负之义务。

遇依国际协定产生之义务与《联合国宪章》所规定联合国会员国义务发生抵触时，《宪章》规定之义务应居优先。

总结部分

（二）兹宣布：

以上各原则在解释与实施上互相关联，每一原则应参酌其他各项原则解释。

本宣言不得解释为对《宪章》之规定，或《宪章》所规定会员国之权利与责任，或《宪章》所规定各民族之权利，并计及本宣言内对此等权利之阐释，有任何妨碍。

（三）并宣布：

本宣言所载之各项《宪章》原则构成国际法之基本原则，因之吁请所有国家在其国际行为上遵循此等原则，并以严格遵守此等原则为发展其彼此关系之基础。

关于各国内政不容干涉及其独立与主权之保护宣言
联合国大会第 2131 号决议(1965)

大会,

深切忧虑国际情势之严重以及武装干涉及威胁国家主权人格及政治独立之其他直接或间接干涉对于全球和平威胁之日增,

鉴于联合国一秉其消弭战争、和平之威胁及侵略行为之目标,建立以国家主权平等为基础之组织,而各国间友好关系则以尊重各民族权利平等及自决之原则与会员国信守不使用威胁或武力侵害任何国家之领土完整或政治独立之义务为其基础,

鉴于大会为实现自决原则,在 1960 年 12 月 14 日决议案 1514(NV)所载之准许殖民地国家及民族独立宣言中声明确信各民族均有享受完全自由、行使主权及维持国家领土完整之不可褫夺之权利,且凭此权利自由决定其政治地位,及自由从事其经济、社会及文化发展,

重申按大会在世界人权宣言中宣称人类一家,对于人人固有尊严及其平等不移权利无所区分之承认确系世界自由、正义与和平之基础,

重申美洲国际组织、阿拉伯国家同盟及非洲团结组织各宪章中所宣布、并经蒙台维岱渥、布埃诺斯艾莱斯、恰浦台佩克、波哥大各次会议及万隆亚非会议、贝尔格莱德不结盟国家国家元首及政府首长第一次会议之决议及开罗不结盟国家国家元首及政府首长第二次会议所通过之和平及国际合作方案以及阿克拉非洲国家国家元首及政府首长会议关于颠覆活动之宣言中予以确认之不干涉原则,

鉴于充分遵守一国不干涉另一国内政外交之原则为实现联合国宗旨与原则所必需,

认为武装干涉即系侵略,故有悖于国与国间和平合作所应根据之基本原则,

认为直接干涉、颠覆活动及各种方式之间接干涉均有悖于此类原则,故为对于《联合国宪章》之违犯,

认为不干涉原则之破坏实为对各国独立、自由及正常政治、经济、社会及文化发展之威胁,对于甫经摆脱殖民地统治之国家,尤属如此,且对和平之维持亦可能成为严重威胁,

深悉创造适当环境,俾所有国家,尤其是发展中国家,可在不受胁迫或强制之情形下选择其本国政治、经济及社会制度之迫切需要。

由于上述各种考虑,爰郑重宣告:

1. 任何国家,不论为任何理由,均无权直接或间接干涉其他国家之内政、外交,故武装干涉及其他任何方式之干涉或对于一国人格及其政治、经济及文化事宜之威胁企图,均在谴责之列;

2. 任何国家均不得使用或鼓励使用经济、政治或任何其他措施胁迫他国,以谋自该国获得主权行使之屈服,或取得任何利益。同时任何国家亦均不得组织、协助、制造、资助、煽动或纵容意在以暴力手段推翻另一国家政权之颠覆、恐怖或武装活动,或干涉另一国家之内乱;

3. 使用武力以消除一民族之特性构成对于该民族不可剥夺权利之侵犯及不干涉原则之破坏;

4. 严格遵守此类义务,为确保国与国间彼此和平共处之必要条件,因任何形式之干涉行为不但违背《宪章》之明文与意旨,

且将引致威胁国际和平与安全之情势;

5. 各国均有不受任何国家任何方式之干涉,自择其政治、经济、社会及文化制度之不可剥夺权利;

6. 所有国家均应尊重各民族及国家之自决及独立权利,俾能在不受外国压力并绝对尊重人权及基本自由之情形下,自由行使,故所有国家均应致力于各种形式与表现之种族歧视及殖民地主义之彻底消除;

7. 本宣言中所称之国家,系兼指个别国家及国家集团而言;

8. 本宣言所称各节,均不得认为对《联合国宪章》中关于维持国际和平与安全之有关条款,尤其其第六章,第七章及第八章之规定,有何影响。

论不干涉原则的持续有效性

赫德利·布尔(Hedley Bull)[1]

……

一方面,权力的严重不平等为干涉提供了条件。另一方面,引起干涉的动机广泛而不一致:经济动机,如希望获得或保持获得资源的机会;意识形态动机,如希望促进社会革命或民族解放,或反对社会革命或民族解放;安全动机,如关心影响全球权力分配;甚至可能是人道主义动机,如关心维护人权反对暴政。在我们的这种相互联系同时又敏感和脆弱的世界政治体系中,这种动机几乎是不可避免的:我们获得资源的机会、我们的价值观和生活方式的生存、我们的军事安全以及他人的人权,往往取决于其

---

[1] 布尔(编),《世界政治中的干涉》,1984年,第184页。

他国家管辖范围内的事件，而我们可以通过干涉这些事件来决定。这种动机也不一定是不值得或不光彩的……这是否意味着最好放弃不干涉规则，而不是维持国家受其约束的假象？在一个权力和使用权力的权威集中在一个中央国际权力机构（也许是在一个加强的联合国的基础上发展起来的）的世界里，权力机构在各政治单位的管辖范围内进行强制干涉的权利可能是无限的。在一个权力和权威掌握在区域性国际组织手中的世界里，欧洲共同体、苏联社会主义联邦及其盟国、非洲国家组织或东南亚国家联盟等机构可能同样拥有在特定区域内进行干涉的无限权力，而除了在各区域机构之间的关系中，不干涉规则将没有任何地位。我们还可以设想这样一个世界，在这个世界上，代替不干涉规则的是一项规则，将干涉权限制在有限的几个大国手中，每个大国都可以在世界的某一特定地区扮演警察的角色。这种国际秩序的概念是建立在少数几个在地区占主导地位的大国（美国、苏联、英国、中国、印度）之间的协议基础上的，在第二次世界大战期间曾短暂地吸引了战后世界规划者的注意，作为更符合当时现实情况的联合国系统的替代方案；在这种系统中，不干涉规则只在大国之间的关系中发挥作用。

然而，事实上，不干涉规则基本上是与国家有权享有独立或主权的规则联系在一起的，如果一个国家在其管辖范围内可能受到一个世界权威、一个区域机构或一个获准充当警察的大国的合法胁迫性干涉，那么这个国家就不是独立或享有主权的。沿着上文所述的一条或另一条路线提出的放弃不干涉规则的建议，实际上是提议放弃国家有独立自主权利的原则，并在一个完全不同的基础上建立世界秩序。

无论这些和其他关于替代性世界秩序的设想有什么优点,都必须承认,在当今世界的占主导地位政治力量中,没有任何一种设想得到任何程度的支持。所有国家都享有独立或主权的权利这一原则得到了压倒性的一致认同。

国家享有主权权利这一规则背后的共识延伸到其必然结果,即国家有不干涉的义务。有证据表明,今天的国家愿意在原则上对其遵守规则附加保留和限制,并在实践中不时违反这一规则,但这并不减损这一共识,也不减损这一规则在帮助确定当前世界秩序的基础方面所发挥的重要作用。也不清楚,目前世界政治中表现出的对不干涉规则的无视程度到底是新奇的还是不寻常的。我们的印象是,1945年后的时期是一个特别以干涉主义为特征的时期,这与其说是由于胁迫性干涉行为的发生率或严重程度比以前的时期更高,不如说是由于我们的意识或观念发生了变化:在这个世界上,干涉行为的定义更加广泛,受到的谴责更加响亮,受到的反感更加强烈,得到的报道更加真实,我们比国际政治历史上的早期阶段更愿意承认干涉行为的本质。

如果说现在有前进的方向,那么它不在于寻求用其他规则来取代不干涉规则,而在于考虑如何对其进行修改和调整,以满足当前的特殊情况和需要。

按语

对他国内部事务的干涉是非法的,但正如本节所述,旨在确保权利的武力行动是合法的。在海地的案例中,美洲国家组织下令实施制裁以恢复民主。这样的制裁合法么?如果你发现那里的人们还是没有享有在国际法意义上的民主权利,你会改变你的答案吗?

《美国对外关系法重述》的第 905 节,单方面补救措施

(1)在不违反第(2)款的情况下,因另一国违反一项国际义务而受害的国家可采取在其他情况下可能为非法的反措施,如果这种措施

(a)为终止违反或防止进一步违反或纠正违反所必需的;以及

(b)没有与违反和所遭受的伤害不成比例。

(2)对违反国际法的行为做出武力威胁或使用武力的行为,须受《联合国宪章》和本款(1)中所规定的禁止以武力威胁或使用武力条款的限制。

科孚海峡案

(英国诉阿尔巴尼亚)①

除了英国军舰于 1946 年 10 月 22 日通过外,《特别协定》中的第二个问题涉及 1946 年 11 月 12 日和 13 日皇家海军在阿尔巴尼亚水域的行为。这是双方在诉讼过程中称为"零售行动"(Operation Retail)的扫雷行动。本判决书将使用这一名称。

10 月 22 日爆炸后,英国政府向阿尔巴尼亚政府发出照会,宣布打算在不久后对科孚海峡进行扫雷。10 月 3 日在伦敦收到的阿尔巴尼亚的答复指出,除非有关行动在阿尔巴尼亚领水之外进行,否则阿尔巴尼亚政府不会同意这样做。同时,应英国政府的

---

① 1949 I. C. J. 4.

要求,国际中央扫雷委员会(International Central Mine Clearance Board)在1946年11月1日的一项决议中决定,在征得阿尔巴尼亚同意的情况下,应进一步在海峡进行扫雷作业。英国政府在11月10日的来函中通知阿尔巴尼亚政府,拟议的扫雷将于11月12日进行,阿尔巴尼亚政府于11月12日做出答复,抗议"英国政府的单方面决定"。阿尔巴尼亚政府说,它并不认为英国舰队对航道进行扫雷是不方便的,但它补充说,在进行扫雷之前,它认为必须决定哪些海域应被视为这一航道的构成部分,并建议为此目的成立一个混合委员会。最后,它说,未经阿尔巴尼亚政府同意,在阿政府认同的航道水域之外,即在阿尔巴尼亚领水内,外国军舰没有理由航行,进行的任何扫雷行动只能被视为蓄意侵犯阿尔巴尼亚领土和主权。

在这次交流之后,11月12日和13日进行了"零售行动"。法国海军司令梅斯特雷(Mestre)应邀以观察员身份出席,并出席了11月13日的扫雷行动。这次行动是在一支由航空母舰、巡洋舰和其他战舰组成的重要掩护部队的保护下进行的。这支掩护部队在整个行动过程中一直停留在基法利角东南部,科孚海峡以西的一定距离内。"扫雷"行动于11月13日上午9时左右开始,下午接近傍晚时分结束。扫雷作业的地区在阿尔巴尼亚领水内,并在先前扫雷的海峡范围内。

英国政府对"零售行动"是在违背阿尔巴尼亚政府明确表示的要求的情况下进行的,没有异议。英国政府承认,这次行动没有得到国际扫雷组织的同意,不能以行使无害通过权为理由,最后,国际法原则上不允许一国在另一国的领水内集结大量军舰并在这些水域进行扫雷。英国政府主张,这次行动极为紧急,它认为自己有权在未经任何人同意的情况下进行扫雷。

英国政府提出了两个理由。第一，1945年11月22日英国、法国、苏联和美利坚合众国政府签署协定，授权区域排雷组织，如地中海区排雷委员会等，将各自区域内的地段分配给有关国家进行排雷。联合王国政府以科孚海峡位于地中海区，地中海区扫雷委员会于11月5日，即上述协定签署之前，将其分配给希腊的作业区域为由，提交了一份由希腊政府对其重新扫除该航道中水雷的许可。

法院认为这一论点没有说服力。

必须指出，正如联合王国政府承认的那样，1945年11月并没有考虑到需要重扫科孚海峡；因为1944年和1945年的上一次扫航被认为已经实现了完全安全。因此，将有关航段分配给希腊，所依据的希腊政府的许可，都只是名义上的。还应指出的是，尽管科孚海峡通过阿尔巴尼亚领水，但在将该航段分配给希腊的问题上没有与阿尔巴尼亚协商。

但是，事实上，1946年10月22日在这条被宣布为安全（英国政府比任何其他政府更有理由认为是安全的）的航道上发生的爆炸，引起了与根据扫雷组织的命令进行的例行扫雷完全不同的问题。这些爆炸是可疑的；它们引出了一个责任问题。

因此，这是英国政府选择建立其主要辩论主线的理由。该国政府认为，必须尽快保护好这些犯罪证据，因为担心它们会被埋雷者或阿尔巴尼亚当局不留痕迹地拿走。在英国政府的论点中，这一理由有两种不同的形式。首先是作为干涉理论的一种新的和特殊的应用，干涉国将通过这种方式确保在另一国领土上拥有证据，以便将证据提交给国际法庭，从而为其任务提供便利。

法院不能接受这样的辩护理由。法院只能将所谓的干涉权视为武力政策的表现,这种政策在过去引起了最严重的侵权行为,无论国际组织目前存在何种缺陷,都不能在国际法中找到一席之地。如果将干涉作为最强大的国家的保留手段,人们可能更无法接受,而且这很容易导致国际司法本身的滥用。

英国代理人在其答辩发言中进一步将"零售行动"归入自我保护或自助的方法。法院也不能接受这种辩护。在独立国家之间,尊重领土主权是国际关系的重要基础。法院承认,阿尔巴尼亚政府在爆炸后完全没有履行其职责,其外交照会具有拖延性质,这些都有助于减轻针对联合王国政府所采取行动的处罚。

但是,为了确保国际法得到尊重,国际法院作为其执行机关,必须宣布英国海军的行动构成了对阿尔巴尼亚主权的侵犯。这一声明是根据阿尔巴尼亚通过其律师提出的请求做出的,是令其满意的。

阿尔巴尼亚政府还对实施"零售行动"的方法提出了批评,其主要理由是,联合王国当时使用了与扫雷要求不相称的不必要的大规模武力。法院认为,这种批评是没有道理的。法院不认为英国海军的行动是为了向阿尔巴尼亚施加政治压力而展示武力。负责任的海军指挥官将其舰艇与海岸保持一定距离,不能因为他在一个地区使用了一支重要的掩护部队而受到指责,因为在该地区的几个月内,他的舰艇曾先后两次成为严重暴行的目标。

按语

美国声称,法国违反了1946年的双边《航空运输协定》,因为它拒绝允许用一架较小的泛美航空公司飞机代替该公司从伦敦飞往巴黎的波音747。法国人辩称,未经法国同意,拟议中的改变("轨距改变")没有得到协议的授权。美国不同意。在讨论无果后,法国迫使泛美航空停止了飞往巴黎的航班。美国对此表示抗议并提出了仲裁。它还根据美国法律采取行动,暂停法国飞往洛杉矶的航班,这些航班是1946年达成的协议授权的,而且已经确立了很长时间。随后,该案根据和解方案提交仲裁,向仲裁庭提出两个问题:(1)美国承运人是否有权改变轨距?(2)美国是否有权暂停法国飞往洛杉矶的航班,以报复泛美航空公司被停飞巴黎?法庭对这两个问题都做了肯定的回答。

关于第二个问题,法国基于两个理由质疑美国报复的权利。首先,它认为报复是非法的,因为条约规定了仲裁,而报复性措施是在仲裁和解谈判时采取的。第二,它认为美国的报复(暂停法航长期以来的巴黎—洛杉矶航班)与法国暂停伦敦至巴黎的新服务是极不相称的。阅读下面的内容时,请考虑这些问题。

法美航空运输协定案,
1978年12月9日仲裁裁决
18 U. N. R. I. A. A. 第417页,第443—446页

如果出现一国认为导致另一国违反国际义务的情况,第一国有权在关于使用武力的国际法一般规则所规定的限度内,通过反措施来维护其权利。(第81段)

……

一般认为,所有反措施首先必须与指称的违约行为具有某种程度的等同性;这是一条众所周知的规则。在本诉讼程序中,双方都承认这一规则适用于本案,并都援引了这一规则。一般来

说,人们认为,判断反措施的"相称性"并不是一项容易的任务,最多只能用近似的方法来完成。法庭认为,在国家间的争端中,不仅要考虑到有关公司所受的损害,而且要考虑到涉嫌违规行为所引起的原则问题的重要性。法庭认为,在本案中,仅仅比较泛美航空公司因暂停预计服务而遭受的损失与法国公司因反措施而遭受的损失是不够的;还必须考虑到法国当局禁止在第三国改变轨距时采取的原则立场的重要性。(第83段)

是否可以说,如果发现当事各方先前接受了通过仲裁或司法解决程序来谈判或解决争端的义务,那么采取这种违反国际法、但据称其反措施针对的国家所实施的是违反国际法的行为,是应当受到限制的?(第84段)

人们很想说,当各方进行谈判时,它们有不加剧争端的一般义务,这种一般义务是善意原则的一种体现。(第85段)

虽然仲裁庭远没有拒绝这种说法,但认为在试图更准确地界定这一原则时,必须审查几个基本的考虑因素。(第86段)

仲裁庭回顾1946年《协定》第8条的规定

287

本条规定了双方之间继续协商的义务。在这一一般职责的范围内,《协定》为双方规定了一项明确的任务,即就可能发生争议的问题真诚的努力进行谈判。《协定》和附件的其他几项内容规定,当发生争端的可能性特别严重时,应在具体情况下进行协商。最后,第十条对缔约方提出了一项特别的协商要求,即尽管以前做出了努力,但当出现争端时,必须进行协商。(第88段)

但目前的问题是,根据上述案文,是否禁止实施反措施。法庭认为,无论是一般国际法还是《协定》的规定,都不允许它走到

这一步。(第89段)

事实上,有必要在相称性的框架内仔细评估反措施的意义。这些措施的目的是恢复双方的平等,并鼓励双方本着达成可接受的解决办法的共同愿望继续谈判;在本案中,美利坚合众国认为,第三国允许改变轨距;这一信念在法国拒绝之前就确定了它的立场;美国的反措施以消极的方式恢复了最初立场的对称性。(第90段)

不言而喻,采取反措施有可能引起进一步的反应,从而造成冲突的升级,导致冲突的恶化。因此,反措施应该是对智慧的赌注,而不是对对方的软弱的赌注。在使用反措施时,应本着非常克制的精神,并同时做出解决争端的真诚努力。但仲裁庭认为,在目前的国际关系中,不可能制定一项禁止在谈判期间使用反措施的规则,特别是在采取反措施的同时,还提出了一项有可能加速解决争端的程序。(第91段)

……

然而,还必须从另一个角度来考虑这种反措施的合法性。确实可以问,在涉及法律问题的争端中,如果有仲裁或司法机制可以解决争端,这些反措施一般是否有效?许多法学家认为,在仲裁或司法程序进行期间,即使受到相称性规则的限制,也禁止采取反措施。这种说法值得赞同,但需要进一步阐述。如果程序是确保某种程度的义务执行的制度框架的一部分,那么,在这种情况下,采取反措施的理由无疑将消失,但这是由于该框架的存在,而不是仅仅因为存在仲裁或司法程序本身。(第94段)

此外,在案件尚未提交法庭期间的情况与案件正在审理期间的情况是不同的,只要争端尚未提交仲裁庭,特别是由于需要双方达成协议以启动程序,谈判期就没有结束,上述规则仍然适用。这可能是一个可喜的解决办法,因为双方原则上确实同意诉诸仲裁或司法解决,但必须承认,根据当今国际法,各国并未放弃在这种情况下采取反措施的权利。然而,事实上,这种解决办法可能更可取,因为它有助于各国接受仲裁或司法解决程序。(第95段)

一旦仲裁庭能够采取行动,情况就会发生变化。只要仲裁庭有必要的手段来实现反措施的目标,就必须承认,当事方启动这种措施的权利就消失了。换言之,仲裁庭就临时保护措施做出决定的权力,无论这种权力是在其规约中明确提及还是默示(至少是作为提出这方面建议的权力),都会导致启动反措施的权力消失,并可能导致取消现有的反措施,只要仲裁庭将其规定为临时保护措施。然而,由于仲裁庭决定临时保护措施的权力的目标和范围可能被相当狭隘地界定,缔约方启动或维持反措施的权力也可能不会完全消失。(第96段)

就美国政府在本案中采取的行动而言,情况很简单。即使单方面启动《协定》第10条规定的仲裁,执行也需要时间,在此期间不排除采取反措施;但是,采取这种措施的国家必须尽其所能加快仲裁。美国政府正是这样做的。(第98段)

仲裁庭对问题(B)的答复包括上述全部意见,这些意见导致的结论是,在有关情况下,美国政府有权采取它根据《美国民用航空经济条例》(Economic Regulations of the C. A. B.)第213部分可采取的行动。(第99段)

关税和贸易总协定：
关于美国限制进口金枪鱼争端解决小组的报告

……

5. 调查结果

A. 概述

5.1. 专家小组指出,它所面临的问题主要源于以下事实:《海洋哺乳动物保护法》(MMPA)除其他外,对美国渔民和在美国管辖范围内作业的其他渔民捕捞金枪鱼做出了规定。《海洋哺乳动物保护法》要求这些渔民使用特定捕鱼技术,以尽量避免在捕鱼时附带捕获海豚。美国当局许可美国船只在东热带太平洋(ETP, east Tropical Pacific)捕捞黄鳍金枪鱼,条件是国内船队每年在东热带太平洋的附带捕捞量不得超过 20 500 头海豚。

5.2.《海洋哺乳动物保护法》还要求美国政府禁止进口用商业捕捞技术捕捞的商业鱼类或产品,因为这种技术会导致超过美国标准的海洋哺乳动物的意外死亡或意外重伤。根据美国海关法,在某国注册的船只所捕获的鱼被视为原产于该国。作为黄鳍金枪鱼或其船队捕获的黄鳍金枪鱼产品进入美国市场的一个条件,在东热带太平洋捕捞黄鳍金枪鱼的船只的每个注册国必须向美国当局证明,该国关于捕捞海洋哺乳动物的总体管理制度与美国的制度相当。为满足这一要求,有关国家必须证明,其金枪鱼船队在东热带太平洋作业时误捕海洋哺乳动物的平均率不超过同期在东热带太平洋作业的美国船只平均误捕率的 1.25 倍。条例规定了计算和比较这些平均误捕率的确切方法。

……

5.5. 根据《海洋哺乳动物保护法》，美国目前禁止从墨西哥进口黄鳍金枪鱼和黄鳍金枪鱼产品，这些黄鳍金枪鱼和产品是在东热带太平洋中用围网捕获的。1990 年 8 月 28 日对这种金枪鱼和金枪鱼产品实行了先前的禁运；目前形式的禁运自 1991 年 3 月 26 日开始。自 1991 年 5 月 24 日以来，美国还执行了《海洋哺乳动物保护法》的"中介国"禁运规定，禁止进口来自任何其他国家的黄鳍金枪鱼或黄鳍金枪鱼产品——如果金枪鱼是由墨西哥船只用围网在东热带太平洋捕捞的。如果这两者其中任何一项禁令在发布六个月后生效，那么自该日起，总统将根据《培利修正案》(Pelly Amendment)拥有酌处权，在他认为适当的期间内禁止进口墨西哥或任何"中介国"的所有鱼类产品，但这种行动必须得到"总协定的批准"。

……

5.23. 专家小组接着审查了第 20 条(b)款或第 20 条(g)款是否可以作为《海洋哺乳动物保护法》关于进口某些黄鳍金枪鱼和黄鳍金枪鱼产品的规定以及根据这些规定实施的进口禁令的理由。

本协定的任何内容均不得解释为阻止任何缔约方采取或执行措施，但前提是这些措施的适用方式不得构成在条件相同的国家之间进行任意或无理歧视的手段，也不得构成对国际贸易的变相限制。

(b) 保护人类、动物或植物生命或健康所必需的；

……

(g) 与保护可耗尽的自然资源有关，如果这些措施与对国内生产或消费的限制同时生效……

第20条(b)款

5.24. 专家小组指出,美国认为,禁止从墨西哥进口某些黄鳍金枪鱼产品,以及禁止进口所依据的《海洋哺乳动物保护法》的规定,在第20条(b)款中是合理的,因为这些规定完全是为了保护海豚的生命和健康,而且是该条款意义上的"必要",因为在保护其管辖范围以外的海豚生命和健康方面,美国没有合理的替代措施来实现这一目标。墨西哥认为,第20条(b)款不适用于为保护采取该措施的缔约方管辖范围以外的动物的生命或健康而采取的措施,美国实施的进口禁令没有必要,因为它可以采取符合《关贸总协定》的其他手段来保护海豚的生命或健康,即有关国家之间的国际合作。

5.25. 小组注意到,这些论点提出的基本问题,即第20条(b)款是否包括在采取措施的缔约方管辖范围之外保护人类、动物或植物生命或健康的必要措施,该条款的案文没有明确回答。因此,专家组决定根据第20条(b)款的起草历史、该条款的目的以及双方提出的解释对整个《关贸总协定》的实施所产生的后果来分析这个问题。

5.26. 专家组注意到,关于第20条(b)款的提案源自美国提出的《国际贸易组织宪章草案》,该草案第32条规定:"本宪章第四章[商业政策]中的任何内容不得解释为阻止任何成员国通过或执行下列措施:……(b)保护人类、动物或植物生命或健康所必需的措施。"在《国际贸易组织宪章纽约草案》中,序言部分已修订为目前的做法,例外条款(b)为:"为保护人类、动物或植物的生命或健康,除非进口国在类似条件下存在相应的国内保障措施。"增加的这一限制性条款反映了对进口国滥用卫生条例的担忧。后来,在日内瓦举行的筹备委员会第二届会议 A 委员会同意放弃这一但书,认为没有必要。因此,记录表明,第 20 条(b)款起草者的关切集中在使用卫生措施保障进口国管辖范围内的人类、动物或植物的生命或健康。

5.27. 专家小组进一步指出,第 20 条(b)款允许各缔约方制定其人类、动物或植物生命或健康标准。第 20 条(b)款规定了限制采用这一例外的条件,即所采取的措施必须是"必要的",而不是"构成任意或无理歧视的手段或对国际贸易的变相限制",这些条件指的是需要根据第 20 条(b)款说明理由的贸易措施,而不是指缔约方选择的生命或健康标准。专家组回顾了前一个专家小组的结论,即第 20 条的这一款旨在允许缔约方实施与《总协定》不一致的贸易限制措施,以追求压倒性的公共政策目标,只要这种不一致是不可避免的。专家小组认为,如果接受美国建议的对第 20 条(b)款的广义解释,每个缔约方可以单方面确定生命或健康保护政策,其他缔约方不能偏离这些政策而不损害它们在《总协定》下的权利。这样一来,《总协定》将不再是所有缔约方之间的多边贸易框架,而只是为具有相同内部规章的有限几个缔约方之间的贸易提供法律保障。

5.28. 专家小组认为,即使第 20 条(b)款被解释为允许对生命和健康的管辖范围外保护,美国的措施也不符合该条款规定的必要性要求。美国没有按照援引第 20 条例外情况的缔约方的要求,向专家小组表明,它已经用尽了所有合理可用的办法,通过采取符合《总协定》的措施,特别是通过谈判达成国际合作安排来实现保护海豚的目标,鉴于海豚在许多国家的水域和公海上出没,这似乎是可取的。此外,即使假设禁止进口是美国可以合理利用的唯一手段,小组认为,美国选择的具体措施也不能被认为是第20条(b)款意义上的必要措施。因此,墨西哥当局无法知道在某一特定时间点,其政策是否符合美国的海豚保护标准。专家小组认为,根据这种不可预测的条件限制贸易,不能被视为保护海豚健康或生命所必需。

292   5.29. 基于上述考虑,专家小组认为,根据第20条(b)款的例外情况,美国对墨西哥某些黄鳍金枪鱼和某些黄鳍金枪鱼产品的直接进口禁令以及据以实施禁令的《海洋哺乳动物保护法》的规定是没有道理的。

293 纽约时报1992年5月19日,A6版

海地陷入瘫痪
其他问题似乎制约着美国的政策

作者:芭芭拉·克罗塞特
纽约时报特别报道

华盛顿,5月18日——尽管布什政府继续坚持强调其致力于迅速恢复海地的民主,但这一政策似乎受到了国内政治担忧和不愿冒着与拉丁美洲和欧洲对抗的风险进行海上封锁或其他直接干涉的阻碍。

布什总统不愿增加投入以应对于9月30日推翻了总统让-贝特朗·阿里斯蒂德(Jean-Bertrand Aristide)神父的海地军方领导层,这让一些国会议员和地区专家感到困惑。他们说,通过打破政治僵局和结束地区禁运,政府还将达到其遏制难民流再次大

量涌向美国海岸的目标。

"我们正在迅速到达需要面对最艰难问题的时刻,"曾在国家安全委员会和卡特总统任职的拉丁美洲专家罗伯特·帕斯托(Robert Pastor)说,"在没有切实可行的恢复其宪法制度的办法的情况下,无限期地让这个国家挨饿,是否人道?"

帕斯托先生,现在是埃默里大学的教授,在今天的采访中说:"美洲国家如果离开海地,那将是一种犯罪,除非它尽可能加快行动,否则它能做的很少。"

在处理海地危机时,就像处理秘鲁危机一样,政府官员说他们更愿意让美洲国家组织发挥主导作用,这个国际组织没有执行机构,而且长期以来一直避免直接对抗。

船只定期抵达

本周末在巴哈马举行的美洲国家组织部长级特别会议采取的步骤,包括扣留政变支持者的签证和禁止与海地贸易的船只进入西半球港口,并没有超出美国已经单方面采取的政策。

要求欧洲国家停止与海地的业务往来,并没有达到遵守区域禁运的正式要求,尽管关键的物资正定期由欧洲船只运抵海地。欧洲人说,对海地的经济制裁将违反规定他们援助世界上最贫穷国家的《洛美协定》(Lomé Convention)。

政府官员说,对海地的封锁被认为是不可行的,也是不明智的,因为首先被拦截的船只几乎不可避免地是欧洲船只。政府现在正试图与欧洲领导人密切合作,解决前苏联和东欧的经济混乱、内乱和战争等巨大问题。在海地问题上的对抗将造成局势的紧张。

美洲国家组织在9月30日政变发生后的几个小时内就呼吁进行经济封锁。但当海地军方领导层表示不会在经济压力下屈服,也不会遵守阿里斯蒂德神父和美洲国家组织在2月达成的政治妥协时,这个37个成员国的西半球国家组织放弃了使用区域维和部队和封锁的想法。

阿里斯蒂德神父不主张建立一支国际部队来干涉海地的僵局,他说,他不希望依靠外国军队的肩膀重新恢复权力。这位流亡总统在接受采访时说,美国有足够的政治力量,可以在不使用武力的情况下恐吓篡位者。他回顾了1986年美国的干涉是如何迫使让-克洛德·杜瓦利埃(Jean-Claude Duvalier)和几年后普罗斯普·艾薇尔(Prosper Avril)将军流亡海外的。

但在访问华盛顿时,阿里斯蒂德神父从未得到白宫或国务院的公开关注,而这种关注会向海地军方发出强烈的信息。3月中旬,他在华盛顿待了近一周,没有与政府高级官员会面。"我们在这里得到的几乎是国务院和白宫每天的例行声明,表示支持阿里斯蒂德的复职,"华盛顿一个私人政策组织,西半球事务委员会的拉里·伯恩斯说,"但这些几乎是不流血的、机械的声明,没有体现在政治举措中。"

在国会中,人们普遍认为布什总统已经被政治顾问告知,在海地问题上的任何有争议的行动都可能对商业领袖产生负面影响,基于渴望使加勒比地区成为私营企业展示台的愿望,共和党政府敦促这些商业领袖在海地投资。现有的禁运规则已经调整,以允许美国公司继续在海地运作。

第二批有影响力的选民是佛罗里达州南部的古巴裔美国人,他们中的许多人是坚定的共和党人,他们"被判定为既反对海地移民,又反对更深地卷入海地的政治危机"。

黑人国会领袖说:"布什政府对在祖国受苦的海地人和冒着生命危险离开祖国的海地难民同样地漠不关心。"

"布什在海地问题上的沉默震耳欲聋。"密歇根州民主党众议员小约翰·科尼尔斯在最近的一次采访中说。科尼尔斯先生一直是阿里斯蒂德神父的坚定支持者,并主张为海地流亡者提供"安全避难所"。

伊拉克制裁:旧的,新的

迈克尔·马洛伊[①]

1. 概述

试图对正在发生的伊拉克危机进行评论,就像试图用流水做雕塑一样。在这种动态和不稳定的条件下,一切都在变化,准确地分析是非常困难的。唯一的方法是将材料冻结成一个静态的,因而也是人为的条件,并审视局势,仿佛所有的元素都在你面前。这种静态分析自然会导致一种扭曲的危险。我在其他地方已经论证过,这种扭曲往往会歪曲对过去制裁计划的分析。然而,如果要想进行对话,某种程度的静态分析是必要的。因此,在此前提下,我将继续就对伊拉克实施的经济制裁的法律层面和可能的效用提出一些看法。

在提出这些意见时,我希望能够证明,制裁计划的许多内容是由来已久的,并且在制裁的历史中,特别是在美国的实践中找到了共鸣。我还将提到,如果伊拉克的制裁与过去的制裁计划不

---

① 15 So. III. U. L. 413 (1991).

同,我们就可以找到一些基础来初步评估当前制裁计划可能的效用。最后,我将对现行方案可能存在的一些缺陷进行批评,这些缺陷可能会对制裁的效用产生不利影响,或者不适当地增加制裁对象以外的人的成本和负担。

伊拉克制裁的事实依据是众所周知的,其主要特点可以简单地概括一下。总统的直接反应是两项行政命令,一项是封锁伊拉克政府的财产,禁止从伊拉克进口或向其出口,另一项是封锁科威特政府的财产,这些行动的自然结果是美国各大银行争相遵守这些命令,查明并冻结它们所持有的、由两国政府中任何一方拥有的资产。伊拉克的回应是威胁要冻结其对第三国债权人的付款,但是,鉴于伊拉克在偿还债务方面相对较差的记录,这种威胁的报复并没有被视为一个重要的问题。与此同时,法国和英国对两个目标国政府的资产实行了冻结,日本、比利时、联邦德国、加拿大以及最终欧洲共同体所有12个成员国也迅速采取了类似行动。

尽管联合国安理会于1990年8月3日谴责伊拉克对科威特的侵略,但伊拉克对科威特的占领仍在继续,各种迹象表明伊拉克方面继续采取不妥协的态度。因此,1990年8月6日,安全理事会以13票赞成、0票反对(也门和古巴弃权)的表决结果通过了一系列由所有成员国对伊拉克实施的广泛的强制性经济制裁,表现出惊人的协商一致和果断。美国与其他成员国一起,通过总统于1990年8月9日发布的两项行政命令,调整了自己以前的制裁措施,使之符合这一决议。

伊拉克对这一事态发展的主要反应似乎是开始实施一项制度化的扣留人质方案——驻科威特的伊拉克士兵开始"围捕"数

百名还留在被占领国家的西方公民。与此同时,美英法三国在海湾地区的军事力量开始得到加强。在这一阶段,美国对伊拉克危机的反应出现了一个三方战略:第一,动员国际经济制裁;第二,发展和协调军事能力,部分通过海上封锁实施禁运,并可能对该地区的伊拉克军队做出反应;第三,鼓励产油国(主要是沙特阿拉伯)抵消伊拉克的禁运对世界石油市场的影响。虽然这一战略的三个方面显然是相互关联的,但我的发言将侧重于这一战略的第一个方面,即国际经济制裁。

这一战略的效果并不立即显现。1990年8月8日,伊拉克声称要吞并科威特,形成了伊拉克占领的残酷现实。次日,联合国安全理事会一致通过一项决议,宣布吞并"没有法律效力,……无效"。该决议还规定,会员国不承认吞并,伊拉克应予以撤销。

虽然不清楚安全理事会第661号决议规定的强制性禁运是否支持通过军事手段来执行,但1990年8月12日,总统还是下令使用这种手段,但没有称这种做法为"封锁",以执行贸易禁运。然而,第二天,当得知伊拉克从科威特运走了大约30亿美元的金条、硬通货和其他资产,从而增加了它的金融储备时,事情的风险进一步加大。

伊拉克的掠夺和劫持人质只会遭到国际社会更加强烈的反对,1990年8月18日,安全理事会一致通过一项决议,要求释放所有人质。1990年8月25日,伊拉克方面持续的顽固态度最终导致安全理事会以13票赞同、0票反对(也门和古巴弃权),批准了一项决议,授权使用海军部队执行8月6日决议实施的禁运。

不到三周后,1990年9月13日,安全理事会强调了它的决心,批准了一项严格的决议,管制向伊拉克和科威特运送人道主义食品。伊拉克的反应竟然是武装袭击在科威特的四个西方国家领事馆,包括袭击法国大使官邸。1990年9月16日星期日,安全理事会做出反应,一致通过了一项决议,其中除其他外,"强烈谴责[这些]侵略行为……"。1990年9月25日星期二,另一项安全理事会决议规定实行空中禁运。因此,国际社会团结一致,决心达到几乎前所未有的程度,现在站在了"战争的边缘",面临着一个非同寻常的、复杂的国际经济制裁方案。

2. 伊拉克制裁的法律问题

在本节中,我们将研究伊拉克制裁的法律层面,特别是美国在这方面的行动。伊拉克危机是当代制裁手段的一个名副其实的列表,仅仅因为这个原因,它就值得进一步探讨。然而,除了这一事实之外,国际社会对危机的反应也表明,在制裁实践中可能出现一种全新的方向,即各国根据联合国安理会的授权采取有效、协调的行动,并由一个积极参与的安理会进行监督和微调。如果这些都是后冷战时代的表现,那么它的到来是非常偶然的。

A. 美国的初步制裁

第12722号行政命令主要是援引《国际紧急经济权力法》(IEEPA)的授权,对伊拉克实施制裁。根据《国际紧急经济权力法》的要求,总统认定"伊拉克政府的政策和行动对美国的国家安全和外交政策构成了不寻常和特殊的威胁",并宣布进入国家紧急状态以应对这一威胁。根据法律规定,这一认定是他宣布国家进入紧急状态和行使《国际紧急经济权力法》制裁权的条件。虽然伊拉克的行动构成这种威胁的原因似乎显而易见,但总统并没有正式阐明这种情况的原因。然而,美国制裁实践中仅有的一点判例法似乎表明,他的结论是不能进行司法审查的。因此,作为一个法律问题,我们不得不接受这一结论。

无论如何,总统令所实施的制裁可分为四大类,分别是:金融制裁(特别是资产冻结)、贸易制裁(主要是进出口禁令)、旅行限制(进出伊拉克)和合同限制。这些类别将依次讨论。此外,该命令还具体禁止"美国公民规避、避免或意图规避、避免任何[实质性]禁令而发起的交易……"。避免交易的这一广泛的二级禁令可能会使那些咨询商业客户感到特别不安,因为目前没有什么用以区分"规避"行为的指导意见。

(1) 金融制裁

总统根据其在紧急状态下的法定权力,实施了以下禁令。他下令"冻结"属于该命令具体管辖范围的"伊拉克政府及其机构、代理和受控实体以及伊拉克中央银行的所有财产和财产权益"。对封锁制裁对象的这一描述几乎与1979年伊朗人质危机期间针对伊朗的封锁令的措辞完全相同。因此,鉴于在伊拉克制裁的含义和范围方面仍然缺乏行政指导,人们自然可以参考有关早先的伊朗制裁和其他类似方案的条例和解释以及广泛的判例法,以获得一些指导。

就其管辖范围而言,封锁适用于这些目标的任何财产,这些财产:(1)在美国境内,或后来进入美国境内;或(2)在"美国人"拥有或控制下,或后来在"美国人"拥有或控制下。这项禁令适用于美国公司的外国分公司持有的财产,但不适用于外国子公司。

该命令还规定了一项相关的禁令,禁止向伊拉克政府及其机构和受控实体提供或延长任何信贷或贷款。

（2）贸易制裁

该命令禁止从美国进口原产于伊拉克的任何货物或服务,但随后根据该命令颁布的条例中所允许的事项除外,以及出版物和其他"信息资料"除外。还有一项相关的禁令是,禁止任何"美国人"购买从伊拉克出口到任何其他国家的货物。

该命令还禁止从美国向伊拉克出口任何货物、技术或服务,但出版物和其他"信息材料"以及"旨在减轻人类痛苦的物品的捐赠,如严格用于医疗目的的食品、衣物、药品和医疗用品"除外。

（3）旅行限制

该命令禁止"美国人"进行与往返伊拉克的运输有关的任何交易。该禁令还禁止任何伊拉克人或在伊拉克注册的任何船只或飞机提供往返美国的运输。以及禁止美国联邦航空局（FAA）授权的任何航空公司在美国出售包括在伊拉克停留的航空运输服务。

（4）合同限制

最后,第 12722 号行政命令禁止美国人履行"支持伊拉克工业或其他商业项目的合同",应当指出,这一规定显然推翻了在规范国际商业交易时可适用的任何"合同神圣性"原则。

根据其本身的规定,这一行政命令立即生效。在与国务卿协商后,执行命令规定的任务被委派给了财政部长。因此,对伊拉克的制裁代表了另一种情况,即在美国的制裁实践中,越来越多的情况是,没有将重要的作用下放给商务部,而商务部在制裁领域曾经与财政部地位同等。

第12723号行政命令也于1990年8月2日发布,宣布由于"伊拉克入侵科威特造成的情况",全国进入紧急状态。这项命令只是重申了第12722号行政命令中禁止封锁的措辞,但适用于"科威特政府或声称是科威特政府的任何实体及其机构、部门和受控制的实体以及科威特中央银行的所有财产和财产利益"。这项命令立即生效,财政部长被授权"运用(《国际紧急经济权力法》)赋予(总统)的一切权力来执行"这项命令的规定。

B. 安全理事会的干涉措施

(1) 第661号决议

1990年8月6日,联合国安全理事会果断地干涉了这场日益严重的危机,批准了第661号决议,要求会员国根据《联合国宪章》第七章对伊拉克实施各种制裁,但不得使用武力。值得注意的是,该决议还明确"根据《宪章》第51条,针对伊拉克对科威特的武装攻击,确认了单独和集体自卫的固有权利"。因此,安全理事会采取的行动似乎并不打算作为对伊拉克在伊拉克危机中对国际和平与安全的威胁的排他的或先发制人的反应。

除其他外,第661号决议要求对伊拉克和被占领的科威特实施以下经济制裁:

(a) 阻止原产于伊拉克或科威特并在本决议通过之日后出口的任何商品和产品输入其境内;

(b) 阻止其国民或在其领土内进行任何促进或意图促进从伊拉克或科威特出口或转运任何商品或产品的活动,并阻止其国民或悬挂其国旗的船只或在其领土内经营原产于伊拉克或科威

特并在本决议通过之日后出口的任何商品或产品,特别包括阻止为这种活动或经营将任何资金转往伊拉克或科威特;

（c）阻止其国民或从其境内或使用悬挂其国旗的船只将任何商品或产品,包括武器或任何其他军事装备,不论是否原产于其境内,出售或供应给伊拉克或科威特境内的任何人员或团体;或

（d）阻止给意图在伊拉克或科威特境内经营的企业或从伊拉克或科威特营运的企业的任何人员或团体,但不包括纯为医疗目的的用品和在人道主义情况下提供食物,并阻止其国民或在其领土内进行任何活动去促进或意图促进这类商品或产品的出售或供应。

此外,该决议还明确呼吁成员国和非成员国在执行规定的制裁时不必考虑合同神圣性原则。该决议似乎还考虑让安全理事会在执行制裁方面继续发挥积极作用。

（2）美国的遵守情况

虽然美国最初的制裁与第661号决议规定的制裁之间有许多重叠之处,但美国于1990年8月9日采取行动,使其制裁方案更符合该决议的规定。在这样做的时候,总统明确表示,美国制裁的一个基本法律依据仍然是《国际紧急经济权力法》和第12722号行政命令中宣布的国家紧急状态。然而,总统还援引《联合国参与法（UNPA）》第5节,作为第12724号行政命令规定的重新调整制裁的依据。

先前的第12722号行政命令与第12724号行政命令不一致,已被撤销。因此,调整后的美国制裁方案还包括:(1) 继续封锁

伊拉克政府资产;(2)禁止进口原产于伊拉克的产品,并禁止"促进"这种进口(没有提到"上述信息材料中"的例外);(3)禁止"直接或间接"向伊拉克或从伊拉克经营的,或由伊拉克政府拥有或控制的任何实体出口,但"人道主义"材料除外(这里也没有提到出口"信息材料"的例外);(4)扩大对履行合同的禁令。

同样,第12725号行政命令扩大了第12723号行政命令对科威特实施的封锁,根据第661号决议列入了更多的制裁,这些制裁基本上反映了第12724号行政命令对伊拉克实施的新制裁。由于以前的第12723号行政命令与第12725号行政命令的规定不一致,前者已被撤销。

(3) 制裁的效力:一些建议

我的立场是,试图以任何明确的方式来衡量制裁计划可能的有效性都是一种空洞的说教。正如我最近在对美国经济制裁的研究(的文章)中所指出的那样,脱离面对真正的国际威胁时应该采取的各种国际和双边措施——外交、经济和军事措施,孤立地评估制裁是一种误导。也就是说,严格意义上的制裁的"效力"是一个实现我所说的工具性目标的问题。目标国家的贸易额相对于其所在地区而言是否有明显下降?其外汇储备是否显著减少?是否积累了大量被封锁的资产,以应对未来可能的需要,满足制裁国对目标国的国际索赔?以经济制裁的实施是否"导致"目标国以某种明确和戏剧性的方式改变了基本政策或行动来讨论经济制裁的"有效性"是不真实的;经济制裁一般不会单独产生这种线性效应。经济制裁本身并不是目的,也不是核心重点,而是通过持续、严格和坚定地运用各种反措施和反制力量来应对所感受到的国际威胁来实现的。

此外,即使是实现真正的工具性目标,在极其有限的时间内一般也不是一个实际的目标。然而,一般新闻界的许多评论都在谈论经济制裁,似乎它们应该能够立即取得线性的结果。1990年8月12日,《纽约时报》告诉我们,制裁"似乎有效"。到了9月7日,我们被告知"禁运出现了第一个裂缝",因为有几个国家可能会允许紧急运送食品和医疗用品,而美国最初的制裁和随后的安理会决议都考虑到了这种可能性。然而,四天后,评估结果是,海上封锁是有效的,潜在的贸易违规行为是微不足道的。

我认为,在现阶段,最多只能说,目前局势的实际情况有利于实现对伊拉克实施经济制裁的效果,有利于实现对伊拉克危机做出多方面反应的总体政策目标。这些实际情况包括,例如,就伊拉克的罪责及其行动的严重危险达成了一项显著的多边共识;伊拉克在国际贸易中对石油这一单一出口的依赖;伊拉克的粮食等重要商品几乎完全依赖进口;经济制裁措施与军事力量的对抗性存在密切协调,"军刀的隆隆声与口袋里的钱币的叮当声结合在一起"。

(4) 初步结论

因此,我们可以得出的初步结论之一是,对伊拉克实施的经济制裁以及这些制裁作为一种手段的更广泛的政策倡议似乎有相当大的成功机会。从更广泛的历史角度来看,如果制裁成功,那么这种成功将是通过使用熟悉的制裁实践方法来实现的。因此,这些制裁与过去的方案的不同之处在于,这些技术在多大程度上以一种新的模式,在一个相对新颖的事实背景下被整合在一起。

a. 熟悉的方法

贸易禁运、资产封锁、交易限制等,是美国制裁实践中由来已久的手段。在目前的情况下,使用这些手段的不同之处在于,制裁清单是作为一个广泛的整体来制定的。与最近使用的一些经济制裁手段(例如,美国对尼加拉瓜的贸易制裁和对巴拿马的金融限制)不同的是,美国对伊拉克实施的制裁范围很广。此外,与美国对南非的制裁,甚至在某种程度上与1979—1980年对伊朗的制裁不同,这一系列制裁几乎是同时对伊拉克实施的。制裁的广度和影响的紧迫性可能是取得最佳效果的关键因素,因为目标的反应能力和吸收影响的能力会因此受到损害。

此外,总统明确坚持不允许伊拉克和科威特境内的人质使美国的政策变成另一场伊朗人质危机,这可能是伊拉克制裁最终成功的一个重要因素。

b. 可能存在的不足之处

另一方面,目前的局势并非没有内在的风险。在这场动荡的危机中,未来的戏剧性发展可能会改变制裁措施成功的可能性。如果危机持续下去,制裁国的决心减弱,很容易使情况变成相当于堑壕战的令人沮丧的经济状况。此外,危机的延长有可能使参与制裁的国家的直接成本大幅增加。

具有讽刺意味的是,由于制裁对制裁国国民的实际影响仍存在不确定性,可能存在相当大的风险。在危机的这一阶段,负责管理美国制裁的财政部外国资产控制办公室仍未正式颁布任何实施制裁禁令细节的法规,这已接近小丑闻的程度。就目前的情况来看,美国的制裁仍然是根据非正式发布的"特别条例"来执行的。在我看来,这给受禁运影响的美国国民带来了不公平的负担,并使律师们在试图真诚地与制裁的合规性问题做斗争时,处于一种难以站得住脚的地位。如果美国国民最终发现,官僚主义的犹豫不决或自满导致他们被压垮在伊拉克和困境之间,那将是一个悲剧性的结果。

问题

(1)《不干涉宣言》中的国家行为类别:武装力量、武力、干涉和胁迫行为是否有任何有意义的分界线? 如果没有,为什么要根据第2条第(4)款规范一些行为,而不是所有行为。

(2)英国通过用军舰搜查证据来执行其合法权利与美国通过拒绝让法国飞机降落来执行其合法权利之间是否有重要区别? 美国在"航空运输案"中执行条约权利与在"金枪鱼案"中执行环境保护之间是否有重要区别? 通过终止贸易来执行环境保护与通过终止贸易来执行国际人权之间是否有重要区别? 海地不是《关贸总协定》的成员。如果是的话,终止贸易以支持民主是否合适?

(3)赫德利·布尔写道,国际国家体系依靠不干涉规则保持现有形式。你同意吗? 在现实中,我们当前有规则吗? 如果没有,实施这样的规则会带来什么样的改变?

(4)在科孚海峡案中,国际法院在阿尔巴尼亚水域收集证据的问题上是否做出了正确的决定? 一般来说,国际法是否应该根据行为或行为的动机来规范国家行动? 在不涉及使用武力干涉情况下,国际法要看动机,例如,经济制裁可以用来强制执行合法权利,但不能作为胁迫手段。

(5)国家是否应拥有采取单方面反措施的法律权利?"航空运输案"法庭指出了单方面措施的一些危险,然而,它还是允许采取单方面措施。你能想到国家对其他国家实施其法律权利的其他手段吗?

(6)如果国际法允许单边措施,那么关贸总协定在"金枪鱼案"中的决定是否正确?为什么关贸总协定可以不受反措施的侵犯,而航空条约、私人合同、其他贸易协定等却可以?

(7)你能不能为以下论点辩护,即欧共体可以合法地参与对伊拉克的制裁,但不能参与对海地的制裁?(伊拉克不是关贸总协定的成员。)你能为欧共体合法参与制裁海地辩护吗?

二、诉诸武力的规则

概述

随着第二次世界大战的结束,战胜国政府开始为法治下的世界新秩序起草规则。核心规则是第2条第4款,即禁止使用武力,将由安全理事会实施和执行。第2条第4款的起草历史表明,尽管该条的措辞有些含糊不清,但各国打算放弃使用武力,但自卫除外,尽管我们已经看到,根据第八章采取行动的区域组织被一些人视为另一个例外。即使在自卫方面,第51条的规定也要求安全理事会发挥重要作用。

尽管存在这些意图,但随着冷战的爆发,安全理事会在40多年的时间里没有发挥其预期作用。因此,国际社会早期的实践并没有确认《宪章》最初缔约方的意图。各国政府和国际律师开始对第51条和第2条第4款提出不同的解释。一些解释是出于对在更多情况下使用武力的兴趣，而不是对第2条第4款及其起草历史背景的严格解读。

针对围绕第2条第4款的辩论，联合国大会起草了《侵略定义》。该定义旨在成为对第2条第4款的权威性注释，说明那些被禁止使用武力的国家行动。该定义在某种程度上确实澄清了问题。但它也提出了新的问题。第7条规定，"定义"不应损害自决权。这是否意味着国家或团体有权使用武力追求自决，即使这意味着违反第2条第4款？有些讨论者认为是的。有些人认为，这只是指民族解放战争，反对殖民或种族隔离政权。有些人说，它不应该允许使用比第2条第4款本身更大的武力。

1986年"尼加拉瓜案"以重要的方式澄清了关于自卫的规则，但它也留下了重要的问题，特别是预防性自卫和报复权的地位。在《宪章》之前，国家可以对侵犯其合法权利的行为采取武装报复。《侵略定义》似乎完全否定了报复权。但是，如果报复可以说是作为自卫而采取的呢？根据第51条，它是否被允许？一个国家遭受攻击后多长时间可以做出反应？更具挑战性的问题是，自卫权究竟在什么时候产生？国际法院说，自卫权只有在武装攻击发生时才会产生。法院说，向另一个国家的叛乱分子运送少量武器，并不是对该国的武装攻击，不可能产生自卫权。法院没有试图描述何时发生了武装攻击。法院也没有排除在潜在受害者知道将发生武装攻击时进行防御性反应的权利，即使攻击尚未开始。因此，我们仍然必须考虑《宪章》之前的报复权和预防性自卫权是否继续存在,如果存在,其范围是什么。

我们还必须继续努力解决对第 2 条第 4 款的新解释。美国的国际律师特别主张人道主义干涉权不违反《宪章》。在里根政府时期,国际律师认为,人道主义干涉不仅是合法的,而且包括建立民主政权的权利。随着冷战的结束,欧洲的国际律师似乎对这种对《宪章》的解释有了新的赞同,至少如果是联合国进行干涉的话。然而,由谁来干涉又有什么区别?

今天,在内战的背景下,人道主义干涉问题得到了最直接的考虑,这是第三节的主题。

1. 宪章法

按语

阅读《联合国宪章》第 2 条第 4 款和第 51 条

"侵略的定义"决议,附件,联合国大会,第 3314 号决议(29/1974);

大会,

基于下列事实,即联合国的基本宗旨之一在于维持国际和平与安全,并采取有效的集体措施以防止并消除对于和平的威胁,和制止侵略或其他破坏和平的行为。

重申按照《联合国宪章》第 39 条的规定,安全理事会应断定任何威胁和平、破坏和平或侵略行为是否存在,且应做出建议,或按照第 41 条和第 42 条的规定,决定采取何种措施去维持或恢复国际和平与安全;

并重申按照《宪章》的规定。各国有义务以和平方法解决它们的国际争端,以免危及国际和平、安全与正义。

307 　　注意到本定义绝不得解释为对于《宪章》中有关联合国各机构职权的规定的范围有任何的影响,并考虑到:因为侵略是非法使用武力的最严重和最危险的形式,在一切类型大规模毁灭性武器存在的情况下,充满着可能发生世界冲突及其一切惨烈后果的威胁,所以,在现阶段应该订立《侵略定义》。

　　重申各国有义务不使用武力剥夺他国人民的自决、自由和独立权利或破坏其领土完整。

　　并重申一国的领土不应成为别国违反《宪章》实行——即使是暂时的——军事占领或以其他武力措施侵犯的对象,亦不应成为别国以这些措施或这些措施的威胁而加以夺取的对象。

　　并重申《关于各国依〈联合国宪章〉建立友好关系和合作的国际法原则宣言》的各项规定。

　　深信《侵略定义》的订立应可对潜在的侵略者产生威慑作用,简化对侵略行为的断定及其制止措施的执行,并便利对受害者权利及合法利益的保护和对他们加以援助。

　　相信侵略行为是否已经发生的问题,虽然必须按照每一个别案件的全部情况来考虑,但是制定若干基本原则,作为为这种断定的指导,仍然是可取的。

　　通过下列《侵略定义》:

第一条

　　侵略是指一国家使用武力侵犯另一个国家的主权、领土完整或政治独立,或以本《定义》所宣示的与《联合国宪章》不符的任何其他方式使用武力。

　　解释性说明:本《定义》中"国家"一词:

　　(a) 其使用不影响承认问题或一个国家是否为联合国会员

国的同题。

（b）适当时包括"国家集团"的概念在内。

第二条

一个国家违反《宪章》的规定而首先使用武力，就构成侵略行为的显见证据，但安全理事会得按照《宪章》的规定下论断：根据其他有关情况，包括有关行为或其后果不甚严重的事实在内，没有理由可以确定已经发生了侵略行为。

第三条

在遵守并按照第二条规定的情况下，任何下列行为，不论是否经过宣战，都构成侵略行为：

（a）一个国家的武装部队侵入或攻击另一国家的领土；或因此种侵入或攻击而造成的任何军事占领，不论时间如何短暂；或使用武力吞并另一国家的领土或其一部分；

（b）一个国家的武装部队轰炸另一国家的领土；或一个国家对另一国家的领土使用任何武器；

（c）一个国家的武装部队封锁另一国家的港口或海岸；

（d）一个国家的武装部队攻击另一国家的陆、海、空军或商船和民航机；

（e）一个国家违反其与另一国家订立的协定所规定的条件，使用其根据协定在接受国固有领土内驻扎武装部队，或在协定终止后，延长该项武装部队在该国领土内的驻扎时间；

（f）一个国家以其领土供另一国家使用，让该国用来对第三国进行侵略行为；

（g）一个国家或以其名义派遣武装小队、武装团体非正规军或雇佣兵，对另一国家进行武力行为，其严重性相当于上述所列各项行为;或该国实际卷入了这些行为。

第四条

以上列举的行为并非详尽无遗;安全理事会得断定某些其他行力亦构成《宪章》规定下的侵略行为。

第五条

1. 不得以任何性质的理由,不论是政治性、经济性、军事性或其他性质的理由,为侵略行为做辩护。

2. 侵略战争是破坏国际和平的罪行。侵略行为引起国际责任。

3. 因侵略行为而取得的任何领土或特殊利益,均不得亦不应承认为合法。

第六条

本《定义》绝不得解释为扩大或缩小《宪章》的范围,包括《宪章》中有关使用武力为合法的各种情况的规定在内。

第七条

本定义,特别是第三条,绝不妨碍《关于各国依〈联合国宪章〉建立友好关系和合作的国际法原则宣言》里所述被强力剥夺了源于《宪章》的自决、自由和独立权利的人民,特别是在殖民和种族主义政权或其他形态的外国统治下的人民取得这些权利,亦不得妨碍这些人民按照《宪章》的各项原则和上述《宣言》的规定,为此目的而进行斗争并寻求和接受支援的权利。

第八条

上述各项规定的解释和适用是彼此相关的,每项规定应与其他规定连在一起加以解释。

按语

下文中还摘录了尼加拉瓜案的另一段内容。与其他案件不同的是,这段摘录涉及案件的是非曲直——美国使用武力和支持反尼加拉瓜反叛军的合法性。法院对这一问题的裁决是当前国际法关于使用武力的最深远和最权威的声明。该判决并不太容易理解,但请尝试特别关注法院对一国何时可以使用武力自卫和何时可以援助另一国的描述。

在尼加拉瓜案摘录之后,是法院在尼加拉瓜案中没有回答的有关武装力量问题的摘录。例如,一个国家是否可以采取武装报复?预防性自卫是否合法?一国是否可以代表当权政府或叛乱分子干涉内战?为建立民主政权进行干涉是否合法?出于人权目的的干涉是否合法?或者是为了援助人道主义案件?或者是为了阻止恐怖主义而进行干涉?你们必须就这些问题得出自己的结论。

在尼加拉瓜境内和针对尼加拉瓜的军事和准军事活动
尼加拉瓜诉美国案①

……

227. 本法院将首先根据上文第187—200段所述的不使用武力原则评估事实。根据这一原则,对任何国家的领土完整或政治独立进行武力威胁或使用武力都是非法的。尼加拉瓜提出的控诉大多涉及美国对其实际使用武力。在法院认为美国政府应负

---

① 1986 I. C. J. 14.

责的行为中,下列与此有关:

1984年初在尼加拉瓜内水或领水埋设水雷(上文第80段)。

——对尼加拉瓜港口、石油设施和一个海军基地的某些攻击(上文第81和86段)。

这些行为违反了前面所界定的禁止使用武力的原则,除非有排除其非法性的情况为其辩护——这个问题现在有待审查。法院还发现(第92段),美国在尼加拉瓜边界附近举行了军事演习;尼加拉瓜提出了一些意见,认为这构成了"武力威胁",而不使用武力的原则同样禁止这样做。但是,法院不满意的是,所申诉的演习在当时的情况下,美国对尼加拉瓜而言,违反了禁止使用或威胁使用武力的原则。

228. 尼加拉瓜还声称,美国违反了《宪章》第2条第4款,并对尼加拉瓜使用武力,违反了国际习惯法规定的义务。

招募、培训、武装、装备、资助、供应和以其他方式鼓励:

支持、协助和指挥在尼加拉瓜境内和针对尼加拉瓜的军事和准军事行动(申请书,第26段[a]和[c])。

就该主张涉及违反《宪章》而言,多边条约的保留将其排除在法院的管辖权之外。关于美国与反政府武装有关的活动违反了不使用武力的国际习惯法原则的主张,法院认为,在不考虑美国的行动是否可以作为行使自卫权的理由的情况下,美国向尼加拉瓜反政府武装提供援助,"组织或鼓励组织非正规部队或武装团伙",显然违反了这一原则。根据大会第2625(25)号决议的规定,美国向尼加拉瓜反政府武装提供援助,"组织或鼓励组织非正规部队或武装团伙,侵入另一国领土",并"参与另一国的内乱行为……",这显然违反了这一原则。法院认为,虽然可以说反政府武装和训练反政府武装必然涉及对尼加拉瓜进行武力威胁或使用武力,但这并不是美国政府所提供的所有援助的必要条件。毫无疑问,如下文所述,干涉尼加拉瓜内政的行为本身并不等同于使用武力。

229. 因此,法院必须考虑,美国的有关行为是否如被告国所称的那样,是因行使其对武装攻击的集体自卫权而有理由的。因此,法院必须确定是否存在行使这一自卫权所需的情况,如果存在,美国采取的步骤是否实际符合国际法的要求。法院要得出结论认为美国是在合法地行使集体自卫权,就必须首先认定尼加拉瓜对萨尔瓦多、洪都拉斯或哥斯达黎加进行了武装攻击。

230. 关于萨尔瓦多,法院认定(上文第 160 段),法院确信,在 1979 年 7 月至 1981 年头几个月期间,断断续续的武器通过尼加拉瓜领土流向该国的武装反对派。然而,法院并不确信,自 1981 年头几个月以来,萨尔瓦多武装反对派得到了任何规模的援助,也不确信尼加拉瓜政府对这两个时期的任何武器流动负有责任。即使假设向萨尔瓦多反对派提供武器可被视为尼加拉瓜政府的责任,但为了证明援引国际习惯法中的集体自卫权是合理的,就必须将其等同于尼加拉瓜对萨尔瓦多的武装攻击。即使是在武器流动峰值的时候,法院也不能认为,根据国际习惯法,向另一国的反对派提供武器构成对该国的武装攻击。

231. 关于洪都拉斯和哥斯达黎加,法院还指出(上文第 164 段),法院应认定,1982 年、1983 年和 1984 年对这两个国家领土的某些越界入侵可归咎于尼加拉瓜政府。然而,关于这些入侵的情况或其可能的动机,法院所掌握的信息很少,因此难以决定是否可以为法律目的将这些入侵单独或集体地视为尼加拉瓜对两国中的一国或两国的"武装攻击"。法院注意到,在安全理事会1984年3月/4月的辩论中,哥斯达黎加代表没有指控武装攻击,只是强调他的中立性和对孔塔多拉进程的支持(S/PV.2529,第13—23页);然而,洪都拉斯代表说:

我国是尼加拉瓜侵略的对象,尼加拉瓜侵犯我国领土完整和平民的若干事件表明了这一点(同上,第37页)。

然而,还有其他考虑因素使法院有理由认为,无论是这些入侵,还是据称向萨尔瓦多反对派提供武器,都不能作为行使集体自卫权的理由。

232. 行使集体自卫权的先决条件是发生了武装攻击;显然,受害国是最直接了解这一事实的国家,它有可能引起人们对其困境的普遍注意。同样显而易见的是,如果受害国希望另一国家帮助它行使集体自卫权,它通常会为此提出明确的请求。因此,在本案中,法院在判断美国行使集体自卫权的理由时,有权考虑到萨尔瓦多、洪都拉斯和哥斯达黎加在相关时间的实际行为,因为这些行为表明有关国家认为自己是尼加拉瓜武装攻击的受害者,并考虑到受害国曾向美国提出帮助行使集体自卫权的请求。

233. 本法院没有看到任何证据表明,这些国家的行为符合这种情况,无论是在美国首次开展据称以自卫为理由的行为时,还是在其后很长一段时间内。就萨尔瓦多而言,在法院看来,虽然萨尔瓦多确实正式宣布自己是武装攻击的受害者,并确实要求美国行使集体自卫权,但这只是在美国开始据称因这一要求而有正当理由的行为之后很久才发生的。法院注意到,1984年4月3日,萨尔瓦多代表在联合国安全理事会投诉称"尼加拉瓜对我国内部事务进行公开的外国干涉"(S/PV.2528,第58页),但没有说萨尔瓦多受到武装攻击,也没有提到萨尔瓦多要求美国行使的集体自卫权。1984年4月萨尔瓦多就尼加拉瓜对美国的控诉致函法院时也没有提到这一点。只是在1984年8月15日提交的《干涉声明》中,萨尔瓦多才提到在不同日期向美国提出的要求,请美国行使集体自卫权(第11段),并在这次声明中声称,"至少自1980年以来,萨尔瓦多一直是尼加拉瓜侵略的受害者"。在该声明中,萨尔瓦多申明,最初它"不想向我们有权适用的任何司法管辖区提出任何[针对尼加拉瓜的]指责或指控",因为它寻求"谅解和相互尊重的解决办法"(第3段)。

234. 至于洪都拉斯和哥斯达黎加,它们也是在本案提起诉讼后才向法院提交来文的;这两份文书都没有提到武装攻击或集体自卫。如前所述(上文第231段),洪都拉斯1984年在安全理事会声称尼加拉瓜对其进行了侵略,但没有提到因此向美国提出了集体自卫援助的请求。相反,洪都拉斯代表强调,安全理事会面前的问题毫无例外地"是一个中美洲问题,必须通过区域解决"(S/PV.2529,第38页),即通过孔塔多拉进程解决。哥斯达黎加代表也没有提到集体自卫。可以指出,美国代表在那次辩论中也没有声称,它是根据在这方面的援助请求采取行动的。

235. 本法院还有权考虑美国行为的一个方面,以表明该国对存在武装攻击问题的看法。迄今为止,美国政府从未就本案所涉事项向安全理事会提交过《联合国宪章》第51条所要求的关于一国在行使单独或集体自卫权时必须采取的措施的报告。法院的裁决必须以国际习惯法为基础,它已经指出,在该法的范围内,《联合国宪章》第51条规定的报告义务并不存在。因此,法院不认为美国方面没有提交报告是违反了构成适用于本争端的国际习惯法一部分的承诺。但是,法院有理由指出,美国的这一行为很难符合美国所宣称的信念,即美国是在《宪章》第51条所规定的集体自卫范围内行事。这一事实更值得注意,因为在安全理事会,美国自己也认为,不遵守提交报告的要求,就与一国声称是在集体自卫的基础上采取行动相矛盾(S/PV.2187)。

236. 同样,虽然不能从萨尔瓦多宣布它是武装攻击受害者的日期和它就行使集体自卫权向美国提出正式请求的日期得出严格的法律结论,但这些日期作为萨尔瓦多对局势的看法的证据具有重要意义。萨尔瓦多于1984年8月首次公开发表的声明和提出的请求,并不支持1981年发生的武装攻击可以作为美国在该年下半年开始的行为的法律依据的论点。有关国家在美国认为尼加拉瓜的行为虽然没有实际构成武装攻击,但却最为突出的时候,并没有表现出武装攻击的样子;它们只是在这些事实远远达不到法院认为尼加拉瓜对萨尔瓦多进行武装攻击所需的条件的时候才这样做的。

237. 由于法院认为,美国行使集体自卫权所需的必要条件在本案中没有得到满足,因此,根据必要性和相称性的标准评价美国的行为具有不同的意义。由于法院的这一结论,即使美国的有关行为是严格按照必要性和相称性标准进行的,这些行为也不会因此成为合法行为。然而,如果不是这样,则可能构成不法性的另一个理由。关于必要性问题,法院认为,不能说美国在1981年12月1日(或最早在该年3月——上文第93段)采取的措施符合"必要性",使美国有理由以尼加拉瓜向萨尔瓦多武装反对派提供援助为由对尼加拉瓜采取行动。首先,这些措施是在武装反对派对萨尔瓦多政府的重大进攻被完全击退(1981年1月)几个月后才采取并开始产生效果的,反对派的行动因此而大大减少。因此,在美国不在尼加拉瓜境内和针对尼加拉瓜开展相关行为的情况下,就有可能消除萨尔瓦多政府面临的主要危险。因此,不能认为这些行为是出于必要而进行的。无论对反政府武装的援助是否符合相称性标准,法院都不能认为第80、81和86段中概述的美国的行为,即与尼加拉瓜港口布雷和袭击港口、石油设施等有关的行为符合这一标准。无论萨尔瓦多武装反对派从尼加拉瓜获得的援助的确切规模如何,显然,美国后面的这些行为不可能与援助相称。最后,在这一点上,法院还必须指出,美国在其认为是自卫的情况下做出的反应,在可以合理考虑尼加拉瓜的任何假定武装攻击的时期之后,仍然持续了很久。

238. 因此,法院的结论是,美国为证明其对尼加拉瓜的行为是正当的,针对据称对萨尔瓦多、洪都拉斯或哥斯达黎加的武装攻击提出的集体自卫抗辩不能成立;因此,美国违反了禁止诉诸武力威胁或使用武力的原则,因为上文第227段所列的行为,以及美国对反政府武装的援助"涉及武力威胁或使用武力"(上文第228段)。

239. 法院现在讨论不干涉国家内政原则在本案中的适用问题。尼加拉瓜认为,"针对尼加拉瓜政府和人民的军事和准军事活动"有两个目的:

(a) 实际推翻尼加拉瓜现有的合法政府,并由一个美国可以接受的政府取而代之;以及

(b) 大力破坏经济,削弱政治制度,以胁迫尼加拉瓜政府接受美国的政策。

尼加拉瓜还认为,上文第123—125段所概述的各种经济性质的行为构成了对尼加拉瓜内政的"间接"干涉。

240. 尼加拉瓜十分强调它认为美国政府向反政府武装提供援助和支持的意图。尼加拉瓜认为,美国政策的目的及其根据这一政策对尼加拉瓜采取的行动,从一开始就是要推翻尼加拉瓜政府。为了证明这一点,它提请注意美国政府高级官员的许多声明,特别是里根总统的声明,其中表示声援和支持反政府武装,有时将其描述为"自由战士",并表示将继续支持反政府武装,直到尼加拉瓜政府采取美国政府希望的某些行动,实际上等于向尼加拉瓜政府要求投降。上文第96段引述的1985年4月10日美国总统向国会提交的正式报告指出"我们没有试图推翻尼加拉瓜政府,也没有强迫尼加拉瓜实行特定的政府制度",但报告也相当公开地表示,"美国对尼加拉瓜的政策",包括支持反政府武装的军事和准军事活动,而报告的目的是继续支持这些活动,"一直试图改变尼加拉瓜政府的政策和行为"。

241. 然而,本院认为没有必要设法确定美国确保改变尼加拉瓜政府政策的意图是否达到了等同于努力推翻尼加拉瓜政府的程度。似乎可以清楚地确定,首先,美国支持反政府武装的意图是在国家主权原则允许每个国家自由决定的事项上胁迫尼加拉瓜政府(见上文第205段);其次,反政府武装本身的意图是推翻尼加拉瓜现政府。情报委员会1983年的报告提到反政府武装"公开承认的目标是推翻桑地诺派"。出于论证,即使接受美国协助反政府武装的目的只是为了阻止向萨尔瓦多武装反对派供应武器,但如果认为一个武装反对尼加拉瓜政府的机构自称为"尼加拉瓜民主力量",其目的只是为了制止尼加拉瓜对萨尔瓦多的干涉,而不是为了实现尼加拉瓜政府的暴力更迭,那就令人难以相信了。法院认为,在国际法中,如果一国为了胁迫另一国,支持和协助该国境内以推翻该国政府为目的的武装团伙,则构成一国对另一国内部事务的干涉,无论给予这种支持和协助的国家的政治目标是否同样深远。正是出于这个原因,法院只审查了美国政府对自卫问题有影响的意图。

242. 因此,法院认为,直到 1984 年 9 月底,美国通过资助、培训、提供武器、情报和后勤支持,支持尼加拉瓜反政府武装的军事和准军事活动,显然违反了不干涉原则。不过,法院注意到,从美国政府 1985 财政年度开始,即 1984 年 10 月 1 日开始,美国国会限制将援助反政府武装的拨款用于"人道主义援助"(上文第 97段)。毫无疑问,向另一国家的个人或势力提供严格的人道主义援助,无论其政治派别或目标如何,都不能被视为非法干涉,或以任何其他方式违反国际法。红十字会第 20 届国际会议所宣布的《基本原则》的第一和第二项说明了这种援助的特点:

> 红十字会的愿望是不加歧视地援助战场上的伤员,它以其国际和国家能力努力防止和减轻人类的痛苦,无论在哪里。它的宗旨是保护生命和健康,确保对人的尊重。它促进各国人民之间的相互理解、友谊、合作和持久和平。

并且,

> 本组织不分国籍、种族、宗教信仰、阶级或政治观点。它只努力减轻痛苦,优先考虑最紧急的危难情况。

243. 然而,美国立法将对反政府武装的援助限制为人道主

义援助,也界定了这种援助的含义,即:

> 提供食物、衣服、药品和其他人道主义援助,但不包括提供武器、武器系统、弹药或其他设备、车辆或可用于造成严重身体伤害或死亡的材料(上文第97段)。

[第244—262段省略]

263. 美国国会的调查结论还表示,尼加拉瓜政府已采取"建立共产主义极权独裁政权的重要举措",无论尼加拉瓜的政权如何界定,一国坚持任何特定的理论都不构成对国际习惯法的违反;否则,整个国际法所依赖的国家主权基本原则以及一国政治、社会、经济和文化制度的选择自由就会失去意义。因此,尼加拉瓜的国内政策选择,即使假设它们符合国会调查结果对它们的描述,也不能在法律上证明被告人所申诉的各种行为是正当的。法院不能考虑制定一项新的规则,使一国有权以另一国选择某种特定的意识形态或政治制度为由对其进行干涉。

264. 法院还强调,在其他方面,应重视诸如《赫尔辛基最后议定书》(Helsinki Final Act)等文本,或在另一个层面上重视大会第2625(25)号决议,该决议顾名思义是关于"各国依《联合国宪章》建立友好关系和合作的国际法原则"的宣言。"法院指出了诸如不使用武力和不干涉原则"等某些条款的习惯性内容,这类案文设想了具有不同政治、经济和社会制度的国家在其各种意识形态共存的基础上的关系;美国不仅表示不反对通过这类案文,而且积极地参与了这一进程。

265. 类似的考虑适用于美国对尼加拉瓜对外政策和联盟的批

评。无论个别联盟对区域或国际政治军事平衡的影响如何,法院只有权从国际法的角度审议这些问题。从这方面来说,可以充分地说,国家主权显然延伸到其外交政策领域,并没有国际习惯法规则阻止一个国家与另一个国家的协调选择和执行一项外交政策。

……

267. 法院还注意到,1985年美国国会的调查结果指控尼加拉瓜侵犯人权,这一点需要与尼加拉瓜是否对美洲国家组织做出尊重这些权利的"法律承诺"问题分开研究;没有这种承诺并不意味着尼加拉瓜可以不受惩罚地侵犯人权。然而,在人权受到国际公约保护的情况下,这种保护采取的形式是公约本身规定的监测或确保尊重人权的安排。尼加拉瓜的政治承诺是在美洲国家组织范围内做出的,因此美洲国家组织的机关有权监督其遵守情况。法院在上文(第168段)指出,尼加拉瓜政府自1979年以来批准了若干国际人权文书,其中之一是《美洲人权公约》(《哥斯达黎加圣何塞公约》)。事实上,美洲人权委员会在应尼加拉瓜政府的邀请访问尼加拉瓜后,采取了行动并编写了两份报告(OEA/Ser. L/V/1 1. 53和62)。因此,如果本组织愿意,它可以根据这些报告做出决定。

268. 无论如何,虽然美国可以对尼加拉瓜境内尊重人权的情况做出自己的评价,但使用武力绝不是是监测或确保这种尊重的适当方法。关于实际采取的步骤,保护人权这一严格的人道主义目标不可能与港口布雷、破坏石油设施或训练、武装和装备反政府分子相一致。法院的结论是,从尼加拉瓜保护人权状况得出的论点不能为美国的行为提供法律依据,而且无论如何也不能与被告国基于集体自卫权的法律战略相协调。

2.《宪章》前原则

瑠利拉仲裁案①(NAULILAA)

1914年10月19日,来自德国西南非洲的一名德国官员和两名德国军官在安哥拉的葡萄牙瑠利拉(Naulilaa)哨所被杀,情况如下:一队德国人越境进入安哥拉,与葡萄牙当局讨论将粮食进口到德国西南非洲的问题。由于翻译上的困难,双方产生了误解。在讨论过程中,一名葡萄牙军官抓住了一名德国官员的马缰绳,该德国官员打了他。这时,一名德国军官拔出了手枪。葡萄牙军官命令手下开枪,该德国官员和两名军官被打死。葡萄牙当局随后将德国翻译和一名德国士兵关押起来。德国西南非洲当局没有与葡萄牙当局沟通,但据说为了报复这一事件,德国军队袭击并摧毁了安哥拉的某些堡垒和哨所。这些事件发生在葡萄牙加入世界大战之前。战争结束后,葡萄牙政府要求赔偿该事件的损失。1920年8月15日,瑞士律师阿洛伊·德·梅隆(Alois de Meuron)被指定为仲裁员,根据《凡尔赛条约》第297—298条附件第4款的规定,确定葡萄牙索赔的金额。1928年2月9日,法庭增加了另外两名瑞士籍仲裁员罗伯特·盖克斯(Robert Guex)和罗伯特·法奇(Robert Fazy)。在1928年7月31日做出的一项裁决中,仲裁员指出,该名德国官员和两名德国军官的死亡不是葡萄牙当局违反国际法的行为造成的。他们宣称,行使报复权的必要条件是先前行为违反国际法,即使葡萄牙当局的这种行为得到证实

---

① Hackworth, *Digest of International Law*, Vol. 6, 154–55 (1943).

(违反国际法),德国关于报复是合理的论点也会被驳回,因为只有在要求未被满足时才允许报复。他们说,使用武力只有在必要时才是合理的。他们还指出,即使承认国际法不要求报复行为与犯罪行为程度相称,但肯定有必要认定与激发其报复动机的行为完全不相称的行为是过度和非法的报复。他们认为,在瑙利拉事件和随后的报复之间明显不相称,并将报复定义如下:

报复是受害国的一种自助行为(德语:Selbsthilfehandlung),是在要求未得到满足后,与违法国违反国际法的行为相对应的行为。它们的效果是在两国关系中暂时停止遵守这样或那样的国际法规则。它们受到人类经验和适用于国与国关系的诚信规则的限制。如果违反国际法的初步行为没有为其提供理由,这些行为将是非法的……

卡罗林号案①(THE CAROLINE)

在1837年加拿大的一次叛乱中,叛乱分子从边境的美国一侧获得了新兵和补给。一个由在布法罗组织起来的一千名武装人员组成的营地,位于上加拿大的海军岛;在美国一侧的黑石镇也有另一个叛乱者营地。卡罗林号是这些营地雇用的一艘小汽船。1837年12月29日,当这艘蒸汽船停泊在尼亚加拉河美国一侧的施洛瑟港(Schlosser)时,约有33名美国公民乘坐,加拿大方面的武装人员登上了这艘蒸汽船,向船上的人发起了攻击。后者只是试图逃跑。几人受伤,一人在码头上被杀,事后只查明21人。袭击者向蒸汽船开火,使其失去动力在尼亚加拉大瀑布上漂

---

① 2 Moore, *Digest of International Law* 412 (1906).

流。1841年,在纽约逮捕并拘留了一个叫亚历山大·麦克劳德(Alexander McLeod)的人,因为他被指控参与了摧毁该船,帕麦斯顿勋爵(Lord Palmerston)(时任英国首相[1855—1858,1859—1865]。——译者注)承认对摧毁卡罗林号负有责任,并声称因为这是英国军人公开的自卫武力行为。因此,他要求释放麦克劳德,然而,麦克劳德在纽约受审,并被无罪释放。1842年,两国政府在原则上达成一致,即基于自卫的需要可能需要使用武力。然而,美国国务卿韦伯斯特否认本案中的必要性,而英国公使阿什伯顿勋爵(Lord Ashburton)则为入侵美国领土道歉。1842年8月6日,国务卿韦伯斯特先生在给英国公使的一封信函中说:

> 总统先生很高兴地看到,阁下完全承认本政府所表达的适用于此类案件的那些伟大的公法原则;而且贵国和我们一样,认为尊重独立国家领土的不可侵犯性是文明的最重要基础。虽然双方都承认这一规则有例外,但他很高兴地发现,阁下也承认这种例外必须限定在本部门以前给英国全权大使的函件中所陈述的限制和使用的术语范围内。毫无疑问,这是公正的,虽然我们承认从伟大的自卫法中产生的例外情况确实存在,但这些例外情况应限于自卫的必要性是急迫的,压倒性的,没有其他选择的手段,也没有考虑的时间。

3.《宪章》后问题

鲍威特,诉诸武力的报复行为
根据《联合国宪章》,"以报复方式使用武力是非法的……"

这一主张得到了最多的支持。

不容置疑的是,《宪章》起草人所希望的彻底禁止武装报复,其前提是一定程度的社会凝聚力,以及随之而来的集体行动能力,以制止任何诉诸非法武力的行为,但这一点根本没有实现。不足为奇的是,随着各国对安全理事会是否有能力保护它们不受它们认为是针对它们的非法和极具伤害性的行为的伤害越来越感到失望,它们采取了报复形式的自救措施,并获得了这样的信心,即它们这样做不会招致安全理事会的正式谴责。关于报复的法律由于与实际做法相悖离,正在迅速退化到其规范性受到质疑的阶段。

以现在也许是经典的案例为例,让我们假设 A 国针对 B 国的游击活动最终导致(B 国针对)A 国境内的军事行动,B 国希望通过这种军事行动摧毁制造了之前的攻击的游击队的基地,并阻止其进一步的攻击。显然,就之前的游击队活动来说,这一军事行动不能严格地被视为自卫。这些活动已经结束了,由此造成的任何损害,现在都无法阻止,B 国采取的任何新的军事行动都不能真正被视为对过去发生攻击的防御。但是,如果把范围扩大,审视这两个国家之间的整个情况,难道不能说摧毁游击队基地是一种适当的、相称的防御手段——因为涉及国家安全——以抵御未来(鉴于过去活动的整个背景)某些必然的攻击?有人回答说,这构成了《宪章》不再允许的"预防性"自卫的论点,因为第 51 条要求的是实际的"武装攻击",这种说法是不充分的。《宪章》从来没有禁止预防性自卫的意图,传统的权利当然存在于"迫在眉睫"的攻击中。此外,在当今时代,拒绝预防权利是完全不现实的,也不符合一般的国家惯例。

事实上,安全理事会的记录中充斥着国家援引这一更广泛意义上的自卫的案例,但安理会大多数成员拒绝接受这一分类,认为其行为是非法报复……

权衡利弊……安全理事会在评估合法自卫的理由是否成立时采取的做法似乎有些不切实际。将这种评估局限于事件及其直接"原因",而不考虑双方过去的关系和由此产生的事件这一更广泛的背景,就是忽视了各国可能面临的困难,特别是在游击队活动方面。其结果是,安理会不仅被指责为"不公正",而且可能不得不将该行为定性为报复(因此是非法的)行为,而从更广泛的自卫观点来看,这种行为可能被认为是合法的。或者,更糟糕的是,安理会将这种行为定性为非法报复,但意识到"被告"国面临的困难,却没有做出任何正式谴责,因此似乎是在宽恕它认为是非法的行动。

最近的实践中,特别是在阿拉伯与以色列冲突的背景下,表明以色列,美国和英国不但不放弃关于自卫的更广泛的观点——基于"事件累积"的理论——尽管安理会拒绝这一理论,而且更令人吃惊的是,以色列已经越来越少依赖自卫理论而是选择采取被公开承认为报复的行为。1968年12月28日的贝鲁特袭击就是一个明显的例子,一项根本没有以自卫为基础来辩护的行动。事实上,即使作为报复,报复的动机似乎也已经从对以前行为的惩罚转变为威慑今后可能的行为。不能指望安全理事会会接受这一理由。但是,显然有一些证据表明,某些报复行为,即使不被接受为正当行为,至少也会避免受到谴责。论点从自卫转向报复,部分原因可能是认识到自卫的论点在任何情况下都不可能被接受。这在很大程度上可能是因为人们越来越认为,报复不仅提供了一种更有效的手段,可以遏制另一方的军事和战略收益,而且安理会只会对它们进行官方谴责,不必担心第七章规定的有效制裁。显然,如果这种趋势继续下去,我们将达到这样一种立场,即虽然报复在法律上仍然是非法的,但在事实上却被接受。实际上,今天更有意义的区分可能不是自卫和报复之间的区分,而是可能受到谴责的报复与因为符合某种"合理性"概念而不受谴责的报复之间的区分。

里根主义,人权和国际法

珍妮·柯克帕特里克(Jeane J. Kirkpatrick)

和艾伦·杰森(Allan Gerson)①

里根主义:对《联合国宪章》的违反?

有人称美国关于合法性的传统理念,仅仅适用于公民武力反抗其自身政府之权利,而不适用于他人为其提供武器的行为。这样的行为应受包含在《联合国宪章》第2条第4款中的禁止性规定的约束。

《联合国宪章》第2条第4款要求其所有成员国"在其国际关系上不得使用武力或以武力相威胁,或以与《联合国宪章》宗旨不符之任何其他办法,侵害任何国家之领土完整或政治独立"。但在美国看来,很明显这一条款本身表明其并非孤立存在的,而是应在整个《宪章》的框架内作为对第51条(该条款肯定了单独或者集体自卫的自然权利)以及所有有关保障人权的条款的补充。

况且,《宪章》也明确宣告联合国之成员国将尊重人权(包括

---

① Right v. Might 25 – 33 (*Council on Foreign Relations* 1989). (脚注省略)

民主自由)、热爱和平并有义务维持世界和平。正如美国在《宪章》颁布之时所指出的一样,《宪章》的整体宗旨在于促成世界上的国家及其行为的正义。《宪章》在设计上完全是美国式的,它既非为压迫性的独裁政府或帝国的扩张提供保护伞而创制,也未被视作如此。当说服苏联接受《宪章》时,人们只是期望能说服其最终按《宪章》规则行事。

美国前总统们对《联合国宪章》的理解

哈里·杜鲁门总统用我们所描述的措辞解读了《联合国宪章》的允许和禁止规定。"我相信,"他在1947年3月12日给国会联席会议的致辞中说,"美国的政策必须是支持那些抵抗少数派武装或外部压力的征服企图的自由民族。"这些话,后来被称为"杜鲁门主义",被用来支持他对希腊和土耳其的援助请求。杜鲁门选择不谈对美国安全利益的直接威胁,也不使用《联合国宪章》中提到的武装攻击的规定。相反,他把这个问题和《宪章》及《独立宣言》的价值观联系起来。

约翰·肯尼迪总统在1962年10月的一份声明中重申了杜鲁门主义,并将其具体应用于西半球。

杜鲁门主义是源于《独立宣言》中所蕴涵的价值观的一种承诺。正如富兰克林·罗斯福总统和温斯顿·丘吉尔首相在1941年8月签署《大西洋宪章》时明确表示,这些有关个人自由的价值观将被用以指导他们所期望出现的战后秩序。因此,《大西洋宪章》表达了这样的希望:"和平将足以使所有国家在其疆域之内能够享有安全,和平将足以确保所有人终其一生能够生活在没有恐惧和贫困的自由之中。"美国拥护联合国提出的新秩序,从未将其理解为禁止对一政府与其公民之间关系问题进行关注。相反,它将《联合国宪章》之于人权的强调看作恰是对人们如此行为的鼓励。美国将促进民主作为其对外政策指导的承诺同样可见之于1947年在里约热内卢签署的《美洲国家间互助条约》(Inter-American Treaty of Reciprocal Assistance 1947)(即《里约热内卢条约》)和1948年在波哥大签署的《美洲国家组织宪章》(Charter of Organization of American States)的字里行间。这两大文件均是在《联合国宪章》起草之后紧接着的一段时间内起草的,在很多方面均借鉴了宪章。然而它们关于民主的承诺以及民主是实现和平的必要条件的设想却比《宪章》更为清晰明确。《美洲国家组织宪章》的第5条d款即"重申"了"美洲国家间的团结一致及经由团结一致而寻求的最高目标要求这些国家在有效行使代议制民主的基础上在政治上组织起来"(此处强调)的原则。当胡安·博希(Juan Bosch)的民选政府被军事政变推翻后,林顿·约翰逊总统于1965年干涉多米尼加共和国就是基于《里约热内卢条约》和《美洲国家组织宪章》中之民主原则。约翰逊将美国在多米尼加共和国的目标解释为准许该国的人民"自由选择通往政治民主、社会正义及经济进步之路"。

促进民主的承诺同样也指导着二战后美国在远东的行动。德怀特·艾森豪威尔总统拒绝签署1954年分割越南的日内瓦协议。在日内瓦大会最后会议上美国重申了它的一贯立场,即各民族有权决定自己的未来。1968年,国防部长克拉克·克理福德(Clark Clifford)再次声明了杜鲁门主义关于支持自由民族抵制少数武装派或外来压迫的颠覆企图的宣言,并将之适用于越南。他说道:

根据《建立东南亚联盟组织条约》(SEATO)，我们会一如既往地帮助处于困境中的勇敢国家反抗外来侵略——也正是基于这一理由，20多年前我们将援助扩及希腊和土耳其。这是杜鲁门主义的传统，20年前，它告之天下我们将捍卫渴望捍卫自己的人们的自由……

关于美国应支持国外争取民主的斗争的思想随着《联合国宪章》的通过而告终结。里根总统1985年的国情咨文中提到，我们不能背弃在从阿富汗到尼加拉瓜的每一块陆地上冒着生命危险反抗苏联支持的侵略以寻求我们与生俱来的权利的人们，"重申"了过去40年来美国对外政策的主题。

虽然杜鲁门主义及肯尼迪主义为其后继者中的一些人所放弃，但这并不证明杜鲁门和肯尼迪关于《宪章》的认识就是错误的。相反，他们曾面临的问题随着赫鲁晓夫及其后继者们领导下的苏维埃共和国的壮大及扩张而变得愈发紧急。

里根主义与民族自决

显然，美国与苏联是从不同的角度来阐释民族自决这个概念的。在阐释列宁思想的时候，斯大林即明确表示"民族自决原则必须作为社会主义斗争的工具并服从于社会主义原则"。这一观点，即要求社会主义在世界范围内的推进不会屈从于《联合国宪章》的规定，持续主导着苏联的对外政策。

这表明接受《宪章》及其禁止使用武力的规定并不意味着苏联放弃了其支持世界革命的立场。一方面，为保护苏联及其附庸国在一个充满敌意的界中的安全,莫斯科必须捍卫主权平等的观念,根据这一观念,所有的政权都是合法的,享有同样的权利。另一方面,苏联又主张对东欧的控制并通过在联合国的活动重新定义现有的民族自决概念。

为此目的,苏联将《联合国宪章》第1条中与《宪章》序言(序言重申了关于"基本人权、个人尊严和价值之信念")措辞一致的民族自决原则改造成为一条推动社会主义民族自决原则之原则。由此,1968年苏联出兵捷克斯洛伐克后不久发表于《真理报》(Pravda)上的一篇文章提出了勃列日涅夫主义(the Brezhnev Doctrine):

> 毫无疑问,社会主义国家的各个民族以及共产党有且必须有决定其国家发展之路的自由。然而,他们做出的任何决定既不能破坏该国的社会主义,也不能破坏其他社会主义国家的根本利益,以及世界范围内为实现社会主义而斗争的工人运动。

在苏联阵营之内,勃列日涅夫主义定义了民族自决。而在该阵营之外,关于"民族解放运动"的苏维埃理论则宣称提供武器和其他帮助支持反抗非社会主义国家的"民族解放斗争"是合法的。

由此,《宪章》关于所有国家有权免遭破坏其领土完整或政治独立的武力之使用或武力威胁的规定也被重新定义,既用以维持苏联阵营国家的独立自主,也可使任何可被称作"外来的、殖民主义的或种族主义的"政府的言论和行动不受禁止。

美国和苏联的立场:"道德"或"法律"上的等同物?

一些评论家认为里根主义使得美国与苏联同为《宪章》关于禁止使用武力和禁止干涉他国内部事务的要求的违背者。他们引用了汉斯·摩根索(Hans Morgenthau)的观点,即"我们这个时代国家民族主义的普遍性要求赋予一个民族和一个国家将其价值观或行动准则强加于所有其他民族的权利"。但可以肯定的是摩根索本不应当在苏联和美国的国家民族主义的普遍性之间做比较。他本应懂得不该声称美国"在将苏联的方法和理论解释引入到里根主义中时,如今要冒更大的风险来借取苏联的借口、仿效苏联的价值观"。

采取近来为里根主义的众多批评者所共同持有的后种态度意味着在数个方面犯有错误。首先,这一态度错误理解了一直以来指导美国对外政策实施的各种价值标准的本质。其次,它将美国用以传播这些价值标准的手段同苏联将其自身价值标准及行动准则提供给其他国家作参考混为一谈。再次,它曲解了国际法及《联合国宪章》的法律,而该法正是在尊重国家主权平等的同时,更加青睐允许自由与民主的政府。同所有名副其实的法一样,这种法也是建立在对等基础上的。最后,这些声称里根主义与苏联的政策在道义上实质相同的人,他们未能认识到里根主义的运用事实上降低了而并非增加了同我们主要的对手——苏联——发生战争的可能性。

指责里根主义同苏维埃民族解放理论如出一辙纯属无稽之谈。后者支持扩张苏联势力。而里根主义则是允许为自卫者提供帮助。勃列日涅夫主义旨在保持其在境外的影响。而里根主义则是要恢复自治。

这些并非纯属字面上的差别,而是两者意义上的重大差别。如同杜鲁门主义,只有当其认为一独立政府正处于攻击之下,且该攻击无法通过其他手段击退时,里根主义才允许将武力反击与反干涉用作最后的救济手段。理想准则是在主权国家林立的世界中民主自治原则能够得到尊重。如果有任何地方在外来强权的帮助下暴力镇压民主自治原则,美国都将会保留以自己的方式提供援助的权利。

《联合国宪章》第51条规定了"武装攻击"情形下的单独与而集体自卫。此外,第2条第4款中规定的保护"领土完整"也并不等同于领土的不可侵犯。只要一国领土并未有任何部分从中割裂出去,领土完整即得以维持。贯穿《宪章》始终的是另外两个主题,其一是显而易见,另一个则是暗含其中。显在的主题可见之于《宪章》关于其宗旨及原则的明文规定之中,即促进人权和个人自由,包括自决权。隐含的主题则是由阿瑟·戈德堡(Arthur J. Goldberg)大使1965年于国会上的声明中提出的,指的是同一规则要么同样适用于所有人,要么一个也不适用。他强调:"一个组织的成员之间不能存在双重标准。"

有人或许有很好的理由主张为自由而进行的干涉不应仅限于反干涉。肯特(E. Kant)建议为了建立永久之和平,"各国应实行共和政体"。他写道:各个民族的立法必须建立在各民族之自由及"道德健全"之上。在肯特看来,为推翻专制统治而进行干涉是值得鼓励的。里根主义虽然走得没这么远,但它们有着同样的哲学基础。此外这些基础也与以促进人权、自由和民族自决为宗旨的《联合国宪章》之哲学基础相一致。自《宪章》通过以来主权平等原则已经历了四十多年的发展演变,认为主权平等原则即意味着不支持那些反抗倚靠外来强权的傀儡政权以争取民族自决的团体,这一观点已与《联合国宪章》及各国实践均不相吻合。

结束语

我们一直试图指出的是某些信仰并没有因为1945年《联合国宪章》的签署而告消亡:

——苏联领导人既未放弃社会主义对所有民族而言是恰当的政体形式的信念。

——美国领导人也未放弃其关于合法政府须建立在对个人权利之尊重、被统治者之认可或所有人都应受该种政府统治之确信的基础上之信仰。

——《联合国宪章》并非这些思想的折中。当一国运用武力或经济和军事援助以帮助压制民主价值及其实践时,其他国家有权采取行动以恢复均势并制止对这些价值标准的压制……

人道主义干涉

伊恩·布朗利①

1. 概述

在最近的法律文献中,有人提出了一些建议,大意是说,对人权状况的强行干涉是合法的,而且,目前需要澄清判断这种行动是否合法的标准。我的目的是对这些建议进行批评。批评将特

---

① *Law and Civil War in the Modern World* 217–228 (J. N. Moore ed., 1974). (脚注省略)

别涉及理查德·利里奇(Richard Lillich)的观点和《国际法协会人权委员会小组委员会的临时报告》(Report of the Sub-Committe of the Committe on Human Rights of the International Law Association)。临时报告是根据利里奇以前发表的两篇文章编写的。

我还要指出,我赞同主要委员会的目标,即把人权事项的重点从定义转移到执行……当然,问题是要找到大多数国家都能接受的最佳执行办法。虽然宣传人员和专家可以主动促使国家采取行动,但他们不能在制定提案时忽视政府的期望、态度和能力。

除非上下文有明确不同的解释,否则"人道主义干涉"在本文中是指一个国家、一个交战团体或一个国际组织为了保护人权而威胁或使用武力。必须强调的是,这种用法提出了合法性的问题,强调的是功能或目标。在外交上,"人道主义干涉"一词被更广泛地用于描述代表非国民或代表国民对其居住或居留国国内法律管辖范围内的事项进行的外交干涉。

2. 法律背景

笔者认为,主张强制人道主义干涉权的法学家显然负有非常沉重的举证责任。很少有熟悉当代国家实践的资料和使用武力的法律意见的作者会支持这种观点。首先,值得注意的是,支持利里奇观点的极少数作家包括麦克道戈尔(McDougal)和瑞斯曼,他们极度推崇对条约文本的灵活和目的性解释。现代主要权威人士要么不提人道主义干涉,他们的总体立场是反对人道主义干涉的合法性,要么明确否认人道主义干涉的存在,包括布莱弗里(Briefly)、卡斯特伦(Castren)、杰瑟普(Jessup)、希门尼斯·德阿雷查格(Jimenez de Arechaga)、布里格斯(Briggs)、施瓦岑贝格

(Schwarzenberger)、古德里奇(Goodrich)、汉布罗(Hambro)和西蒙斯(Simons)、斯库比谢夫斯基(Skubiszewski)、弗里德曼、瓦尔多克(Waldock)、毕肖普(Bishop)、索伦森(Sorensen)和凯尔森(Kelsen)。多年来,联合国各机构对侵略的定义以及关于国际关系和国家间合作的国际法原则进行了长时间的讨论,在所收集的各种意见中,甚至没有发现有相当一部分的少数派赞成人道主义干涉的合法性。《联合国机构惯例汇编》(The Repertory of Practice of United Nations Organs)没有提供任何支持;国际法委员会的《国家权利和义务宣言草案》(Draft Declaration of the Rights and Duties of States)也没有提供支持。《惠特曼文摘》(Whiteman's Digest)中的大量材料甚至没有提及人道主义干涉。当然,数人头不是解决原则问题的好办法。然而,除了上述专家意见的分量之外,作者认为,这些权威人士所报告和反映的是1945年以来各国政府意见和实践的普遍共识。因此,他们的观点既结合了国家合理预期意义上的政策,也结合了基于共识的规则的规范性。在适当尊重利里奇的前提下,必须指出,如果要提出一种新的观点,要么应该基于对有关国家使用武力的法律的实践、学说和一般发展的更实质性的阐述,要么应该将这种观点作为改变现有法律的建议向法庭提出……即使是那些倾向于给自卫下宽泛定义的人,也普遍不支持人道主义干涉是合法的观点。支持为保护国民生命而进行干涉具有合法性的观点的少数派,在很大程度上是基于自卫的类别:人道主义干涉从定义上来说不是一种自助形式,而自卫则是一种合法的自助形式。少数派认为第51条保留了习惯法中的自卫权而没有改变它,这取决于自卫的范畴的认定,但并不认为1928年前学者所提出的不稳定的"干涉权"仍然存在……

3. 国家实践

国际法协会的报告和利里奇关于人道主义干涉的文章几乎完全没有认真审查"国际习惯法"时期的做法,显然是在 1945 年以前。其中提到了土耳其对待基督徒和俄罗斯对待犹太人的做法——外交干涉的例子。其他被提及的 1914 年以前的例子是 1827 年在希腊的集体干涉和 1898 年美国在古巴的行动。这两个案例都只能作为"事后事实主义"的例子。在希腊叛乱案中,当时的政府并没有使用法律上的理由。法学家们对 1898 年(美国)对古巴的干涉进行了多种分类,国会的联合决议从美国利益的角度为干涉行为辩护。对这一做法的研究提供了一个可能是真正的利他主义行动的例子,即 1860 年(法国)在叙利亚的干涉,以防止马龙派基督徒(Maronite Christians)再次遭到屠杀。在 1913—1945 年期间,唯一近似使用这一理由的是希特勒于 1939 年 3 月 15 日发表的关于德国占领波希米亚和摩拉维亚的宣言。在这个公告中,他提到"对少数民族的生命和自由的攻击,以及解除捷克军队和威胁少数民族生命的恐怖团伙的武装的目的"。

在这一点上,《联合国宪章》时期完全没有实践。然而,国际法协会的报告却将 1964 年的斯坦利维尔行动(Stanleyville operation)和最初向多米尼加共和国派兵作为允许干涉保护人权的实例。斯坦利维尔行动是在刚果政府的授权下进行的,这在法律上和其他方面都有很大的区别……

4. 为保护人权而实施干涉的合法性讨论

我的研究……得出了三个结论。首先,人道主义干涉的作用,甚至在《联盟盟约》中第一次试图规范诉诸战争行为之前,就令人怀疑,而且这种做法可能并没有呈现出持续和统一的惯例。其次,联盟时期的实践不能说有助于某种程度上的无规则,尽管一些作者,特别是在《非战公约》前,继续支持这一做法。最后,《联合国宪章》时期的实践完全不足以确立对有利于为保护人权而实施干涉的当事国嗣后行为的解释。

还有两点需要考虑。第一,如何界定"保护人权"?这一点将予以保留,部分原因是定义问题不一定与问题的实质——是否存在特定的法律行为资格——完全相同。其次,除了以当事方随后的行为作为解释的指导外,如何正确解释《宪章》条款?国际法小组委员会对《宪章》的态度在某种程度上是奇怪的,因为与大多数法律相比,《宪章》的原则是规范国家使用武力的习惯法,即一般国际法。

国际法协会小组委员会说,《宪章》的起草者"没有注意这些(人道主义干涉)理论是否会在《宪章》中继续存在",这根本不是事实。参与国政府将法律制度视为一个整体,因为它们没有提到政治家会认为何为无关紧要的问题,所以很难说它们在这一点上保留了自己的立场。

国际法小组委员会提出了另外两点。第一点是引用瑞斯曼教授和托马斯教授的观点,即第2条第4款不禁止不损害一国"领土完整或政治独立"的干涉行为。这个论点很少有律师使用,而且早已被否定。如果有含糊不清的地方,那么,根据一般的解释原则,可以参照之前的资料。这些资料清楚地表明,"侵犯领土完整"一语是在旧金山会议上应一些小国的要求而添加的,这些小国希望得到更有力的保障,不受干涉。当然,在其他国家领土内采取行动的国家通常试图通过以下说法来减轻其政策的影响:它们的动机是有限的,甚至是仁慈的。小组委员会报告中的另一个法律论据与目前的问题无关。

5. 政策问题

我自己的假设是,基本上,利里奇教授打算让律师们重新审视人道主义干涉,而且将他的观点作为一项立法建议来审视其价值是有建设性的。首先要说明的一点是,历史证据的不可取性:几乎不可能发现一般政府有能力为保护人权而进行谨慎的、利他的、真正的干涉行为。下面的内容涉及人道主义干涉,因为它将在现有行为模式证据的基础上进行实践。自然,即使在真正的情况下,道德环境也远非如此简单。"安乐死"本身就是"人道主义干涉"的一种形式,它所引发的道德和立法问题也是如此。安乐死是非法的,但医生有时会在技术上违反法律,例如,使用大量药物,加速昏迷和死亡。人们普遍认为,安乐死合法化会改变道德风气,产生有害的滥用现象。

特别是在考虑政策问题时,应注意各国的实际行为,以1920年或1945年以前各国的行为为前提,认为可以在当时的实践中能找到人道主义干涉的模式,这就意味着没有将法律的发展视为一个整体。在起草《国联盟约》时,日本关于种族歧视和宗教歧视的温和建议没有得到支持。只有战败国和新国家(如波兰)才会被强加有关少数族裔的保障,作为承认的代价。令人惊讶的是,当最温和的建议不是为了实施而是仅仅为了制定标准时,却被视为对国内管辖权的威胁而被驳回,而国内管辖权在人权问题上的保护作用远不如1920年。问题是,自从有了联盟和联合国之后，国家单方面进行干涉的行为是否有所改善。是否个别国家的表现现在和将来都会优于联合国可以利用的集中执行和其他措施？有人指责我"把婴儿和洗澡水一起倒掉"，因为我对保护人权的干预采取了谨慎的态度，但我的观点是，那些提出新建议的人需要提供更多的证据。干涉的代价是什么？1964年的斯坦利维尔行动、1965年的多米尼加共和国行动以及其他可能的例子，其伤亡率是多少？为了"救人"，有多少人被杀？典型的干涉行为在多大程度上通过加剧内战、在支援行动中不分青红皂白地使用空中力量等方式造成了附带伤害？是否有一种平缓和普遍干预的政策，以条约或其他方式作为撤军的代价来获取让步？

利里奇教授的部分论点是基于国家实践的本质，即除了存在某种正式的干涉名义之外，国家实践到底是怎么样的，我们也可以用他的方式来看待证据。整体的情况，正如其他人也可能看到的，并不令人鼓舞。在斯坦利维尔事件和多米尼加共和国登陆事件中，有更严重和持续的人权威胁被忽视了。1965年，不少于30万华裔在印尼被杀害。这些事实在世界媒体上得到了充分的报道。肇事的政权得到了几个国家政府的大量物质支持，包括英国提供的100万英镑的信贷。在联合国能引起强烈共识的一个人权领域是种族歧视，特别是种族隔离的做法。美国在支持通过安全理事会对南非进行强制性的经济制裁方面表现得很谨慎。更何况，人权是一个可以为国家政策提供良好公共关系的范畴。在西半球，1959年古巴政权更迭后，对人权问题的关注更加突出。

还有其他更确切的政策考虑。国际法小组委员会没有探讨的一个主要问题是在社群关系中使用武力的整个问题。阿尔斯特(Ulster)的情况、美国的取消种族隔离问题以及许多国家的类似问题,都不能通过使用武力来"解决"。社群关系可以在粗略的意义上加以管制;可以防止爆发杀戮。然而,错误的干预和划定警戒线可能会增加疏远,恶化社群关系,并产生新的问题。另一个非常重要的问题是,少数群体的处境在多大程度上被来自外国保护或资助所危害。国际法学会小组委员会忽视了大量关于国际联盟保护少数群体机制的运作的文献,即使是通过国际机制进行监督,而且要求不高,许多评论家也认为,"少数群体"在国家内部的立场是让人反感的,因为其一定程度上表现出来的状况。

6. 原法律准则的价值

国际法小组委员会的报告概述了约翰·诺顿·穆尔教授(Professor John Norton Moore)制定的五项标准,可用于评价所谓的人道主义干涉是否合法。它们是:"(1)对基本人权的直接和广泛的威胁,特别是对广泛的生命损失的威胁;(2)适度使用武力,其对价值的破坏不超过对人权的威胁;(3)对当局结构的影响最小;(4)符合行动目的的迅速脱离;(5)立即向安全理事会和适当的区域组织提出全面报告。"南达和利里奇提出了类似的标准,但包括是否有被承认的政府的邀请和干预国的相对无私。如果发出了干预的邀请,那么无论从哪个角度看,该行动都是合法的。除此之外,根据我自己的法律观点,我认为这种标准是有价值的,因为它提供了(a)良好的标准,如果人道主义干预成为法律的一部分,(b)为在议会、联合国机构和区域组织中提出减轻影响的政治请求提供了良好的基础。我的安乐死案例在这里也适用：辩护律师和法院仍然需要区分虚假和真实的案件，作为减轻处罚的问题。

7. 保护人权的干涉行为的定义

国际法小组委员会没有讨论的一个问题是"干涉情形"的孤立性。显然，这些情形并不包括所有的侵犯行为。穆尔教授提到"对基本人权的直接和广泛的威胁，特别是广泛的生命损失"。《奥本海国际法》（赫希·劳特派特编辑）显然赞同"当一个国家对其国民实施残忍的迫害，剥夺其基本人权并冲击人类良知时"对其进行干涉。由于每十年都有不少国家符合这种条件，因此干涉的机会将非常多。也只有少数强国才会选择这种自愿干涉的方式。几乎每一个法律问题都可能引起一个界定问题，但很少有这样规模。值得注意的是，各国政府在为单方面行动提供含糊且容易被滥用的借口时，通常比学者更加谨慎。在古巴导弹危机中，美国国务院避免提及预防性自卫这一有些模糊的概念，而选择使用与美洲国家组织这一区域安排有关的理由。政策领域的"现实主义"包括国家政策的克制和谨慎……

8. 结束语

我的总体立场是明确的，一般的复述是没有用的。但有几点可以强调一下。利里奇采取的立场完全不符合国家实践的一般共识和各国专家的意见。

我赞成人道主义干涉，即在法律允许的条件下有效落实人权，而且行动的方法和情况不会导致与最初目标没有积极关系的结果,即使假设它是真正的目标。我觉得令人沮丧的是,没有证据表明人道主义干涉和其他可塑性很强的理论的支持者愿意耗时去详细研究国家实践。这对那些关心政策的人来说应该是至关重要的……

人道主义干涉:对伊恩·布朗利的回应和寻求建设性替代方案

理查德·利里奇①

伊恩·布朗利的前一篇(文章)是对目前关于人道主义干涉理论当代相关性的辩论的另一个值得欢迎的贡献。作为《联合国宪章》第2条第4款绝对禁止国家暴力自救,除非在针对第51条授权的武装攻击进行个人或集体自卫的情况下的观点的主要倡导者之一,布朗利得出了一个明确的结论,即"一国以人权需要保护为由在另一国领土上采取单方面行动,或为此对一国进行武力威胁,均属非法"。然而,有些出乎意料的是,他认为笔者判断一国为人道主义目的使用强迫性自助的合法性的标准具有一定的价值,即使只是"为在议会、联合国机构和区域组织中提出减轻处罚的政治请求提供了良好的基础"。事实上,布朗利两次引用安乐死和人道主义干涉之间的所谓平行关系,希望他在以后的著作中更充分地发展这种平行关系,他似乎在暗示,某些此类干涉虽然在技术上违反了第2条第4款,但即使没有得到国际社会的实际批准,也可能得到国际社会的宽容。

---

① *Law and Civil War in the Modern World* 229－233, 235－251(J. N. Moore ed., 1974).(脚注省略)

1. 宪章前的实践

粗略浏览一下甘吉(Ganji)院长的《人权的国际保护》一书的第一章(《人道主义干涉》)——这本标准著作没有被布朗利列入参考文献——就会发现许多出于人道主义目的而进行干涉的案例,除了1860年奥地利、法国、英国、普鲁士和俄国对叙利亚的干涉——布朗利有点勉强地承认这是"一个可能是真正的利他主义行动的例子"之外,甘吉还列举了以下例子。

(1) 法国、英国和俄国对土耳其屠杀和镇压希腊人的干涉行为,导致希腊在1830年独立。

(2) 奥、法、意、普、俄对奥斯曼帝国提出的要求(1866—1868年),要求其采取积极行动,改善克里特岛受迫害的基督徒的生活。

(3) 俄国对土耳其的干涉(1877—1878年),原因是土耳其的错误统治和对波斯尼亚、黑塞哥维那和保加利亚的基督教人口的残酷迫害导致了叛乱;以及

(4) 奥地利、俄国、英国、意大利和法国因马其顿的叛乱和不当统治而对土耳其进行的干涉(1903—1908年)。

此外,在这些人道主义干涉案件中,他还补充说,"一个或多个国家代表其他国家的公民提出了许多人道主义抗议和陈述",尽管甘吉显然忽视了自己调查的影响,但他令人惊讶地得出结论,认为人道主义干涉原则似乎并没有(重点强调)获得国际法习惯规则的授权。他坦率地承认,这种观点是少数人的观点,他承认该理论"获得格劳秀斯(Grotius)、瓦特尔(Vattel)、惠顿(Wheaton)、海伯格(Heiberg)、伍尔西(Woolsey)、布隆奇利(Bluntschli)、韦斯特莱克(Westlake)、鲁格尔(Rougeer)、阿恩茨

（Arntz）、温菲尔德（Winfield）、斯托威尔（Stowell）、博尔沙德（Borchard）等法学家的权威认同"。

2.《宪章》后的实践

虽然《宪章》中没有授权国家进行单方面或集体人道主义干涉的条款，但也没有具体废除传统的理论。事实上，尽管布朗利博士强烈反对，但值得重申的是，"《宪章》的起草者没有注意这些（保护国民和人道主义干涉）理论是否会在《宪章》中继续存在……"。因此，人们可以接受布朗利的论点，即"如果不把法律制度作为一个整体进行审查，就不可能将任何形式的干涉行为规定在法律范畴内"，同时拒绝接受他的结论，即《宪章》及其后的实践绝对禁止一个国家或国家集团为人道主义目的实施干涉行为。

"从整体上"审视《联合国宪章》，显然，其两大宗旨是维护和平和保护人权。与这两个宗旨相关的《宪章》条款第 2 条第 4 款禁止"以武力相威胁或使用武力，或以与联合国宗旨不符之任何其他方法，侵害任何国家之领土完整或政治独立"。由于国家的人道主义干涉远非不符合《宪章》宗旨，实际上在许多情况下可能是促进该世界组织的主要目标之一，所以，只有当这种干涉被认为影响到所针对国家的"领土完整"或"政治独立"时，才会触犯第 2 条第 4 款。布朗利采用了一位评论家所称的"枯燥的文本主义方法"，认为国家的所有人道主义干涉都会产生这种影响，因此违反了《宪章》。布朗利采用斯通教授所称的第 2 条第 4 款的"极端观点"，驳斥了斯通的论点，即该条所禁止的并不是所有的武力威胁或使用武力，而只是那些专门针对一国"领土完整"或

"政治独立"的行为。布朗利说,"这一论点"被极少数律师所使用,并早已被否定。

虽然本人同意布朗利的观点,即"数人头当然不是解决原则问题的好办法",但鉴于布朗利在试图证明国家的人道主义干涉违反了《联合国宪章》时引用了 13 个权威(专家),在此应提及几个相反的权威。在这些学者中,最重要的是麦克道戈尔,他在几年前重新评估了他先前的立场:

> 我惭愧地承认,我曾一度支持这样的建议,即第 2 条第 4 款和有关条款确实排除了自卫以外的自助行为。经过反思,我认为这是一个非常严重的错误,对第 2 条第 4 款和第 51 条必须做不同的解释……在没有集体机制保护免受攻击和剥夺的情况下,我认为主要目的原则应该做出尊重自助的解释,以抵御先前的非法行为。事后行为原则无疑证实了这一点。世界上许多国家都在不符合自卫要求的情况下使用武力来保护自己的国家利益。

他随后与瑞斯曼合作,利用这一修正的观点为防止严重的侵犯人权的非联合国干涉行为进行辩护。布朗利以麦克道戈尔和瑞斯曼"严重依赖对条约文本的灵活和目的论解释"为由,随意否定了他们的结论,但他们提出的令人信服的论点肯定值得考虑,而布朗利在很大程度上选择忽视这些论点。

首先,应当指出,(实施)上述人道主义干涉方法的条件是"缺乏保护人权的集体机制",而不是倾向于单边干涉而不选择集体干涉。联合国的有效行动仍然是每个人的目标。布朗利在很大程度上忽略了一个真正的问题,那就是,在严重剥夺人权的情况下,如果没有这种行动,今天的国家是否就必须袖手旁观,仅仅因为第2条第4款的起草者在1945年的意图可以说是排除单方面的人道主义干涉。专家对第2条第4款的理论分析,大部分是在《宪章》通过后不久写成的,或者是基于战后形成的态度和期望,但他们往往没有提到,如果说国家有意识地放弃了使用武力自救的权利,那么它们采取这种行动的前提是,第七章所设想的集体执行措施很快就会出台。然而,即使是集体行动的坚定支持者,如杰瑟普法官,也承认,如果联合国缺乏迅速采取行动的能力,单边的人道主义干涉可能是允许的……瑞斯曼接受《联合国宪章》并不绝对排除武力自助的论点,但他承认,作为一种历史解释,布朗利和其他作者所主张的相反观点"相当准确"。

> 然而,从国际社会当代需要的角度来看,它显然已经过时。只有在最特殊的情况下,联合国才有能力作为国际执法者发挥作用;在绝大多数情况下,不同公共秩序体系的利益冲突将阻碍任何行动。对《宪章》的合理和现代解释必须得出结论,即第2条第4款禁止自助行为,只要该国际组织能够承担执法者的角色。当它不能时,自助的特权就会复活。

正如上述摘录所揭示的那样,瑞斯曼认为这种权利是有条件的。因此,他说,鉴于联合国目前的地位,"恢复自助特权",以及他在其他地方关于"部分中止第2条第4款的全部要旨"的相关评论。瑞斯曼的研究……显然考虑到随着联合国发展和其在当前情况下采取行动的能力和意愿,这种理论(禁止自助)将逐渐被淘汰。

除了有条件外,麦克道戈尔和瑞斯曼对人道主义干涉的做法还依赖于对《宪章》主要目标的解释,根据这一解释,保护人权与维护和平具有同等重要性。如上所述,这种解释允许国家在符合人权目标的情况下,不顾第2条第4款进行人道主义干涉。"仔细阅读(第2条第4款)就会发现,禁令并不是反对使用胁迫本身,"瑞斯曼指出,"而是禁止为特定的非法意图使用武力。"他接着说:

> 由于人道主义干涉既不寻求改变领土,也不挑战有关国家的政治独立,不仅不违背联合国的宗旨,而且符合《宪章》最基本的强制性规范,因此,认为第2条第4款排除了人道主义干涉的说法是歪曲的。只要它是在严重剥夺人权的情况下发生的,并且符合关于使用武力的一般国际法律规定——经济性、即时性、相称性、目的合法性等——它就是对国际法的维护,事实上是替代性或功能性的执行。

虽然法尔(Farer)称这种对第2条第4款的解释为"教义篡改",但它至少比布朗利的观点更值得多加探讨。

后者……对其针对第2条第4款的僵硬解释所容忍的剥夺人权采取了一种相当宿命论的态度……与弗里德曼不同的是,弗里德曼得出了同样的结论,但认为这是"一个痛苦的结论",没有证据表明,布朗利考虑了他对《宪章》的解释所要求的生命和尊严方面的代价。其他权威人士,包括布朗利为支持其对第 2 条第 4 款的绝对观点而引用的一些权威人士,都进行了仔细的成本效益分析,并得出结论认为,第 2 条第 4 款并不构成对所有单方面人道主义干预的绝对禁止。除了麦克道戈尔、瑞斯曼、斯通和笔者之外,采取这一观点的当代评论家还有以下几位,阿尔福德(Alford)、戈尔迪(Goldie)、劳特派特、穆尔、南达(Nanda)、佩雷斯-维拉(Perez-Vera)、罗林(Roling)、塔帕(Thapa)和韦兹吉尔(Verzijl)。

最后,麦克道戈尔和瑞斯曼的以不采取集体行动为条件,并在其他方面符合《宪章》的主要宗旨的人道主义干涉的方法,得到了《宪章》后时代的联合国某些形式的大力支持。尽管这种行为模式远远没有达成共识,但也不是"完全不足以从有利于进行干预以保护人权的缔约方的嗣后行为方面确立解释"。事实上,只有对国际法和国际关系持特别狭隘观点的人才会像布朗利那样得出结论:"《联合国宪章》时期在这一点上完全缺乏实践。"他武断地裁定某些国家行为不构成惯例,完全无视联合国过去十年的某些决定(或不决定)所产生的影响,他采取了通常被认为是鸵鸟的姿态。

在不再次审查斯坦利维尔救援行动的情况下,值得考虑的是,这一行动以及随后联合国因这一行动而引起的辩论,揭示了国际社会在《宪章》颁布 20 年后对人道主义干涉的态度。虽然非洲人在联合国对干预国——比利时、英国和美国——的指控有时近乎诽谤,但这些指控一般都是基于政治而非法律方面。因此,即使是苏丹代表也认为,"在正常情况下,很难反对出于人道主义目的的救援行动"。正如希金斯所总结的那样,辩论确实表明,

"国际社会不愿意批准这种干涉行动",但也有人指出,在安全理事会最终通过的模糊决议中,"对刚果民主共和国最近发生的事件感到遗憾,人道主义干涉的概念没有被提及,比利时和美国也没有受到官方谴责"。事实上,一位撰稿人认为:"该决议构成了对该行动的默示,而不是明确的批准。"在刚果问题辩论之后,第2条第4款的法律原则仍然存在,但该条的含义已被政治演变所改变,现在国际社会不愿意将第2条第4款理解为绝对禁止在人道主义干涉中使用武力。

当然,我们必须小心,不要过分澄清联合国上述决定(或不决定)的结果。此外,联合国的其他行动,如最近通过的《关于各国依〈联合国宪章〉建立友好关系和合作的国际法原则宣言》中通过了一项广泛的不干涉原则,这与上述撰稿人提出的默示赞同的论点相违背。然而,联合国既没有谴责斯坦利维尔救援行动,也没有谴责任何其他声称的人道主义干涉行动,认为其违反了第2条第4款,这与联合国一再谴责通过报复手段强行进行自助的主张形成鲜明对比,这一事实在很大程度上说明了当今国际社会对人道主义干涉的态度。至少,这种做法表明,在适当的情况下,这种干涉可能被认为是可以宽恕的,布朗利引用的这一观点值得认真研究。

3. 呼吁采取建设性的替代办法

布朗利和大多数权威专家有一个共同点,即认为联合国的人道主义干涉比个别国家的干涉更可取,笔者也赞同此观点。他正确地指出:"根据《宪章》第六章,在侵犯人权而造成对和平的威胁的情况下,可以采取行动。"此外,其他权威人士,如埃尔玛科拉

(Ermacora），认为根据联合国最近的决议，严重或一贯侵犯人权的行为"基本上不再属于各国的国内管辖范围，因此不干涉原则不适用"。不幸的是，尽管存在着世界组织采取补救行动的这些管辖基础，"赋予联合国为人道主义目的进行干涉的主要权限的模式并不……反映（国际）体系的现状"。弗里德曼说，未能建立一支永久性的国际军事力量和否决权的存在，"实际上破坏了联合国作为对潜在违法者执行国际法的机构的权力"。因此，他得出的悲观结论是，无论喜欢与否，在不久的将来，"在国际事务中使用军事或较小形式的强制手段的有效权力基本上仍在民族国家手中"。

布朗利显然生活在被瑞斯曼称为"《宪章》的纸上谈兵世界"，他认为联合国的人道主义干涉比个别国家的干涉更可靠。在过去10年发生的事件中，很难（不然就是不可能）找到对这一观点的支持。以斯坦利维尔救援行动为例，从扣押人质到干预国进行空投的4个月时间里，联合国没有采取有效行动。大约在同一时间，正如布朗利自己所指出的那样，"还有更严重和持续的人权威胁被忽视。1965年，不少于30万名华裔在印尼被杀害"。然而，联合国及其会员国支持他的观点，即"整个领域都是由政治上的权宜之计和反复无常所驱动的"，却没有采取任何行动。联合国在孟加拉国问题上的惨淡失败是最近才发生的，无须赘述。从这些事例和其他事例中，人们不得不得出这样的结论：至少，"联合国采取有效行动的前景目前很渺茫"。事实上，可以毫不夸张地说，这种前景几乎不存在。

鉴于这种暗淡的前景，人们本以为布朗利和其他主张只有在联合国进行人道主义干涉时才允许进行干涉的人，会把注意力转向加强联合国在这种情况下的反应能力。至少,人们本来期望他们会有一套著作来讨论各种困难,并对明显的程序性缺陷提出可能的解决办法,例如没有一支待命的国际远征部队和存在否决权,这两点必须在联合国进行有效和统一的人道主义干涉成为现实之前得到纠正。人们尤其欢迎认真审视将集体干涉置于比单边干涉更可取的地位的传统智慧,然而布朗利和持相同观点的权威人士的著作却没有提及这些问题。同样,除了公认的依靠联合国的"不可靠"的反应之外,他们完全没有建设性的替代办法。例如,布朗利在上一章中发出的信息不过是请求保持"对集体行动的信心……"。

如果像福尔克(Falk)所说的那样,"放弃干涉并不能取代不干涉政策;它涉及发展某种形式的集体干涉",那么与此同时,未能发展有效的国际机制来促进人道主义干涉,可以说是允许一个国家在适当的情况下进行单方面干涉。朗宁(Ronning)在10年前明智地指出,"在没有提供令人满意的替代的情况下,取缔干涉是无用的,就像在没有令人满意的替代的情况下取缔战争一样……"。

如果像看起来的那样,"简单地禁止干涉无法解决干涉问题",那么,正如笔者几年前所指出的,国际律师面临的最重要的任务肯定是"澄清各种标准,据以判断一个国家在人权情况下使用武力性自助行为的合法性"。南达从这个角度出发,提出了五项这样的标准:(1)具体的有限目的;(2)得到承认的政府的邀请;(3)有限的任务期限;(4)有限地使用强制措施;(5)没有任何其他的追索权。笔者将这些标准和一些额外的标准整合,提出了笔者自己的五项检验标准,据此判断单方面的人道主义干涉:

(1)侵犯人权行为的紧迫性;(2)侵犯人权行为的程度;(3)是否有有关当局的邀请;(4)所用强制措施的程度;(5)援用强制措施的国家的相对无私性。此外,穆尔还提出了另外三项标准:"对当局结构的影响最小,达成行动目的后迅速脱离,以及立即向安全理事会和有关区域组织全面报告。"

布朗利以安乐死作类比,认为将安乐死合法化"会改变道德风气并产生有害的滥用",他拒绝将上述标准作为合法性的决定因素,而是接受它们为:

> 在议会、联合国机构和区域组织中,这是一个很好的政治诉求基础,可以减轻罪行。我的安乐死案例在这里也适用:辩护律师和法院仍然需要区分虚假和真实的案件,作为减轻处罚的问题。

因此,布朗利似乎加入了那些"否认人道主义干涉在法律上的合法性,但在实践中却或多或少地宽恕这种干涉"的作者阵营。如果人道主义干涉符合上述建议的各种标准,人们是否认为它们是合法的,或者如果它们符合同样的标准,人们是否认为它们在法律上是非法的,但在事实上是可以宽恕的,对笔者来说,似乎更多的是法理上的重要性,而不是实际的重要性。福尔克在谴责报复行为的同时,也制定了一个系统的框架来评估使用报复力量的要求。布朗利显然认为,上述标准主要基于人道主义干预的传统原则,是"一种二阶法律调查"的可接受的例证,对使用武力以维护习惯法中所载的国家利益采取更为宽容的态度。根据鲍伊特后来采用和发展的这种高度复杂的办法,制定了许多标准,当采取单方面行动的国家满足这些标准时,可防止其与联合国安全理事会发生冲突。安全理事会最近的决议避免谴责印度入侵东巴基斯坦(现孟加拉国),可视为这种"二阶合法性"方法的一个例子。与布朗利的安乐死类比是显而易见的。

如果现在的作者没有过度澄清布朗利的立场,那么至少就结果而言,他们的观点实际上几乎没有什么不同。虽然笔者更倾向于一种原则性的方法,即当单方面的人道主义干涉符合详细的标准时直接予以制裁,而不是无条件地禁止这种干涉,但在符合同样的标准时予以宽恕,但笔者仍然欢迎布朗利对当前关于人道主义干涉的辩论的初步贡献。希望布朗利在以后的著作中,不仅认真考虑完善上述标准,无论这些标准出于何种目的,而且能考虑制定程序,以便有朝一日通过联合国进行人道主义干涉。对于当今这种碎片化的国际社会来说,瑞斯曼关于人道主义干涉的程序议定书和爱德华·肯尼迪参议员关于紧急救援部队的提议可能都过于雄心勃勃,但这些以及其他创新的建议肯定值得给予更多的关注,远比它们迄今得到的要多。尽管大多数国际律师都未能解决这些程序性问题,但布朗利和其他批评单方面人道主义干涉的权威人士有特别的义务响应这一呼吁,提出建设性的替代办法。

武力的使用:法与美国政策

路易斯·亨金

……

对《宪章》第 2 条第 4 款就禁止性规定的例外建议

然而,最后有国家主张《宪章》第 2 条第 4 款的绝对禁止性规定存在例外,即允许出于某些"善意"目的进行武力干涉(除了第

51条规定的自卫例外之外）。但还没有哪个"善意例外"被正式承认；其中只有一个得到了普遍默许。

*人道主义干涉。*在有些情况下国家会主张使用武力进行"人道主义干涉"的权利。典型的例子就是1976年以色列解救其被困于恩德培（乌干达）机场的被劫持飞机上的人的行动。美国也声称其1980年解救被困于德黑兰的外交人质的失败行动属于例外之列。各国并不愿意将这一例外正式纳入第2条第4款,但法学界已经广泛承认《宪章》并不禁止严格限制在为挽救生命而确属必要范围内使用武力进行人道主义干涉。

笔者认为,这一例外并不仅限于一国代表其国民采取的行动。在当地国不能或不会这样做的时候,别国有权采取行动解救人质。然而,国际社会还不认同一国有权以武力干涉颠覆他国政府或占领其领土,即使这些对于终止暴行或解救被扣人员确属必要。恩德培事件尚可接受,但越南占领柬埔寨则不能够。而美国入侵和占领格林纳达,即使的确是为了保护美国国民的生命安全,也还是受到了广泛的质疑。

*为支持民族自决而进行的干涉。*认为一国可以在某些情况下通过武力干涉帮助某一民族"实现自决"的提议得到了一些人的支持。

民族自决是一项重要的政治信念并被接受为国际法原则。它包含在众多普遍接受的条约当中,包括《民事及政治权利国际公约》和《经济、社会及文化权利国际公约》。自决的概念迫切需要界定。人们对它的内容没能达成多少共识,但都认为它至少包括亚洲和非洲人民脱离西方殖民统治的权利。

无论是《宪章》第2条第4款还是其他任何国际法的规定都

并不禁止真正的革命和独立战争。实际上,现在任何国家强迫其他民族接受其殖民统治均属违法,而以武力来维持殖民地则使这种违法性更加严重。然而,另一个完全不同的问题就在于是否允许外国以武力干涉来帮助驱逐殖民者或促使其离开。

基于各种理论,许多国家都支持通过武力干涉帮助某一实体脱离殖民统治的权利。但美国坚决反对任何此类权利。在谈及1961年印度入侵和占领果阿(葡属印度)时,安迪拉·史蒂文森(Adlai Stevenson)大使说道:

> 当前最危险的并不是殖民主义,而是对《联合国宪章》一项最基本原则的粗暴侵犯……如果我们的《宪章》有什么意义的话,它就意味着各国负有放弃使用武力并寻求通过和平方式解决分歧的义务。

印度以武力结束了葡萄牙对果阿的控制并宣布果阿为自己的领土。随后,其他国家都宣称有权通过武力干涉帮助某一民族实现独立。

为民主而进行的干涉。民族自决作为以武力终结殖民主义的理由已失去了其存在的意义,但有人通过提出民族的"内部自决权"来支持一国为在另一国维护或实现民主而使用武力。例如,其中有一种说法是,《宪章》第2条第4款允许使用武力以"增加实现自决的机会……提高人民自由选择政府和政治结构的可能性"。有人将这种观点视作所谓的里根主义的基础,将其解释为包含为维护或实现民主而在别国使用武力的权利主张。

这种主张没有得到任何其他政府的支持。像使用武力维护或强加社会主义或其他意识形态一样，为民主而使用武力也显然与《宪章》第 2 条第 4 款的规定、该条款缔造者们的意图，以及美国一直以来对该条款的解释相违背。

实际上，所有关于《宪章》第 2 条第 4 款之例外的方案都意味着存在普遍承认的高于和平和国家自治的价值标准，而这与《宪章》缔造者们的设想是相反的。但总的来说，关于和平和国家自治的主张还是处于上风。

《宪章》规定的自卫。关于《宪章》法则含义的重要问题都是围绕自卫权展开的。《联合国宪章》明确规定了关于第 2 条第 4 款的例外。第 51 条规定：

> 联合国任何成员国受武力攻击时，在安理会采取必要措施以维持国际和平与安全以前，本《宪章》之任何条款不得被理解为贬损行使单独或集体自卫之自然权利。

《宪章》第 51 条的最初意图似乎很清楚：尽管《宪章》第 2 条第 4 款禁止单方使用武力，受到武装进攻的受害国还是可以使用武力自卫，而其他国家也可以参与使用武力以同受害国一起进行集体自卫，直到安理会采取行动。还没有人质疑在安理会未采取行动或基本不能采取有效行动的情况下（后经证明存在这样的情形）继续对武装进攻适用单独或集体自卫权的问题。人们认为，单独或集体自卫权应受到"必要性"和"对称性"的限制，而且自卫包括反抗武装进攻和为有效终止进攻并防止类似情况再次出现而对侵略国发动战争的权利。人们还普遍认为，应允许各国事先组织起来进行真正的集体自卫安排（如北大西洋公约组织），以便在任何成员受到武装进攻时做出可能的反击。

"当发生武装进攻时",就应有相应的自卫权。然而苏伊士-西奈事件(Suez-Sinai)中,一些国际法学家开始主张,《宪章》第51条所认可的"自卫之自然权利"是早在《宪章》诞生之前就已存在的传统自卫权,这种自卫权并不仅限于对"武装进攻"的防卫。他们认为,"当发生武装进攻时"的自卫权并不意味着"只有在发生武装进攻时"适用。他们表示,对自卫的唯一限制就暗含在《卡罗林宣言》(Caroline dictum)中:只有当"自卫的必要性十分迫切、压倒一切而没有选择和考虑的余地"时,才有权进行自卫。

这种对《宪章》第51条的更宽泛解释得到了一些评论家们的支持,但极少有哪个政府赞同它。当其盟国实际上在苏伊士事件(1956年)上援引这一解释时,美国却反对它。在古巴导弹危机(1962年)中,美国虽然急于为其对古巴的封锁寻找合法的根据,但仍然明确拒绝采用对第51条的"广义"解释,并未将行使"自卫之自然权利"作为其合法的根据。直到现在,美国仍然没有在未发生武装进攻的情况下主张行使自卫权。然而,在1985年,美国将武装进攻的概念解释为包括某些恐怖活动。在宣布利比亚政府应对包括造成一死多伤的"柏林夜总会爆炸事件"在内的欧洲的恐怖活动负责后,美国对利比亚境内的目标进行了轰炸。里根总统表示,美国的袭击"完全符合《联合国宪章》第51条的规定",这很可能是因为美国将这种恐怖活动视为"武装进攻",从而能够证明美国的轰炸是出于自卫的武力使用。

在这次事件中,美国还将其袭击称为一次"先发制人的行动",而这个词的法律含义并不十分清楚。根据《宪章》第51条,一国是否可以出于"先发制人"或"预先"自卫而使用武力,尤其是在核战略背景下？国际法学家对此进行了辩论。有人提出，如果一国有充分理由相信它将成为核攻击的目标，则"武装进攻就已发生"，而受害者无须等待便可进行"预先自卫"予以回应。幸运的是，这个问题还只停留在学术层面上。而为袭击利比亚辩护则显然是在一种不同的意义上运用"先发制人的行动"，里根总统声称，这一行动并非为了抢在利比亚之前采取行动，而是"不仅要削弱卡扎菲上校输出恐怖主义的能力，还要刺激和说服他改变其犯罪行为"。

美国对利比亚的轰炸被广为谴责，其辩护理由也被普遍否定。

干涉与反干涉。在《联合国宪章》诞生之前，法律上似乎允许一国向另一国政府提供军事援助，甚至帮助它镇压叛乱，但一国不得援助针对另一国现任政府的叛乱。如果叛乱足够成功而达到交战状态并构成内战，则法律可能禁止向其中任何一方提供援助。这一法则为20世纪30年代专门的不干涉条约所肯定，但却在西班牙内战时期由于各国对交战双方均有介入而遭到破坏。美国则未帮助任何一方，遵守了不干涉原则。

《联合国宪章》并没有明确解决内战中的干涉问题。第2条第4款没有禁止向当权政府提供军事援助，但使用武力支持叛乱方反对当权政府将被视作使用武力破坏他国领土完整，并可能破坏他国的政治独立。根据《宪章》规定，一国不得向他国境内派遣军队去支援内战中的一方，因为这也会破坏后者的领土完整并危及其政治独立。然而，不涉及武力使用的援助，如向内战中的一方或双方提供建议、出售武器或提供经济援助等，似乎并不在第2条第4款的规定范围之内，但却会违反《宪章》诞生之前就已存在并为联合国大会诸多决议反复重申的不干涉规则。

344 　　*法的权威解释：尼加拉瓜案*。已使用武力的国家有时会为自己的行为寻找理由而解释法律，或通过否认、歪曲事实，对形势进行虚假描述来为对其违法的指控进行辩护。在两次世界大战后的几十年里，各国通常都对每一次的武力使用进行了谴责。它们都或明或暗地对关于武力使用的《宪章》法则采取了最狭义的解释。最近，这种狭义解释在几个主要方面都得到了有力支持。

　　1986年，在尼加拉瓜案中，国际法院做出了实为其对《宪章》法则中关键原则进行解释的首次判决。它对第2条第4款的禁止性规定进行了广义的解释（使其成为强加于武力使用之上的严格限制），并对第51条的例外规定进行了狭义的解释（使其成为对可使用武力进行自卫的情形的限制）。实际上，它同时否定了勃列日涅夫主义和里根主义。此外，它还否定了对第51条的"苏伊士式的解释"。

　　在其影响深远、内容广泛的长篇意见中，法院主张：

　　——第2条第4款的唯一例外是第51条：不能被第51条规定的自卫权证明为合法的对他国使用武力是对第2条第4款的违反（第211段）。

　　——无论是单独或集体自卫，"都只能由作为武装进攻的受害者的有关国家来行使这种权利"（第195段，第232段）。

　　——武装进攻包括武装团体所采取的大规模行动，但"以提供武器、后勤或其他帮助的形式对叛乱者进行的援助并不能成为证明武力自卫合法的武装进攻"（第195段）。

　　——只有在受害国宣布自己已成为某种武装进攻的目标并要求以集体自卫方式进行援助的时候，一国才可以使用武力进行

第五章　使用武力的国际法规则

"集体自卫"以帮助该国(第195—199段)。

——各国无权对那些并不构成"武装进攻"的行动采取"集体"武装反击(第210—211段)。如果没有发生武装进攻,即便是"严格遵守必要性和对称性原则"的集体自卫也是违法的(第237段)。

——国际法院不得"考虑创设一项新规则以赋予一国因他国选择某种特定的意识形态或政治制度就对之进行干涉的权利"。而"相反的观点将会使整个国际法赖以存在的国家主权基本原则和国家选择其政治、社会、经济及文化制度的自由都变得毫无意义"(第263段)。

——不存在"为支持别国内部的反叛而进行干涉的普遍权利"(第209段)。

——"使用武力并不能作为督促或确保"尊重人权的"恰当方法"(第268段)。

国际法院并未解决关于宪章法则的重要问题。特别是,尼加拉瓜案的判决只能对干涉和反干涉的各种难题提供部分指导。法院主张,除对武装进攻进行集体自卫之外,任何国家均无权对别国进行武力干涉;任何国家也无权因其他国家以不构成武装进攻的方式干涉第三国而对其动武。但法院并未提及受害国对"不足以构成武装进攻"的干涉进行武力反击的权利,或受害国及其盟友对这种干涉可以用武力之外的何种方式进行反击(参见第210段)。法院也未说明,当一国支持他国内战中的一方时第三国是否可以介入另一方进行"反干涉",而如果可以的话,这种反干涉又应受何种限制。

尼加拉瓜案并没有给法院提出存在于《宪章》法则中的其他

现实问题。因此,法院并未决定一目标国(及其盟国)是否可以基于预期的武装进攻而使用武力(参见第 194 段)。在认定对恐怖活动负责的国家是否可以被视为已经向恐怖活动发生地或其国民成为恐怖活动目标或牺牲品的国家进行了武装进攻上,法院的意见并没有指导意义。

国际法院的判决对于涉案方之外的国家并没有约束力,但司法判决是"确定法律规则的辅助手段"(《国际法院规约》第 38 条)。因此,国际法院的判决具有极高的权威性。法院的主要结论代表着绝大多数法官的观点,因而无疑会被各国普遍接受,也会为美国和其他地方法学界中的绝大多数人所接受。

法院的观点并非最终定论。美国的里根政府在反对法院的某些结论时也得到了其他国家的支持。但是,分辨不同的结论是非常重要的。法院关于只能在反抗武装进攻的自卫中使用武力的声明再次肯定了《宪章》的最初宗旨和各国(除了一些为自身使用武力辩护的国家)的普遍立场。而对自卫权的过分要求则构成了对《宪章》法则的主要威胁。法院对《宪章》的解释应该更能实现其宗旨并维护国际和平与安全。

法院对"武装进攻"的定义及对关于受害国(及其盟国)在遭受不构成武装进攻的侵犯时可做出何种反应的法则的论述都不太清楚,可能更需要重新考虑和完善。这些以及其他关于干涉和反干涉的问题都是今后法律议程上的内容。

346 **《宪章》法则与国家行为**

在原则上以及在国家的正式行为和宣言中,整个国际体系都维护了它对《宪章》法则的义务。它坚持了法律原则并常常以实际行动对违犯行为进行谴责。

但显然,国际体系未能有效地阻止、预防或终止对重大义务的违反。安理会受到大国分歧的制约。而联合国大会也没有有效地代安理会发挥作用。

大体上看,我们现在的敌对状态主要表现为"干涉"和"反干涉"。从法学家的角度而言,这当中的一部分就是"间接侵略"的实例——特别是那些涉及苏联在捷克斯洛伐克(两次)、匈牙利以及后来在阿富汗的事件。其中一些是支持反叛者对抗当权政府的例子,这有时会伴随着其他国家的"反干涉",如在越南、萨尔瓦多、尼加拉瓜、乍得和安哥拉等事件中。这些都有可能会涉及对国际法的违反,即使并不总是对《宪章》第 2 条第 4 款的违反。恐怖主义四处散播恐怖行为,有时还会引起一国在别国境内使用武力,如美国轰炸利比亚和以色列攻击黎巴嫩境内与巴勒斯坦解放组织(Palestine Liberation Organization)有关的目标等。这一体系在阻止、预防或终止非法使用武力方面的无力,通过联合国的失败突出地体现出来了,而这反映了具备影响力的国家未能充分履行其义务以及国际政治势力之间的分歧。无论是在冷战还是在缓和期,东西方之间的矛盾都会不时以涉及违反《宪章》的形式体现出来。苏联就坚持维护其对东欧的控制,并在必要时动用武力;它还毫无限制地寻求在其他各处扩大影响,有时也会通过武力。美国则坚决抵制共产主义的发展,有时还会无视《宪章》法则而行事。东西方的斗争具有意识形态的内在意义,而这会引起或能被用于发生在不同国家的外来干涉,这种干涉有时会以不易受法院裁决和判决影响且不容易阻止或终止的隐蔽或含糊的方式进行。

大国之间的冲突和竞争削弱了它们帮助维护世界总体和平的意愿和能力。众多的贫穷、欠发达国家对现状普遍不满。其中有些并未承担维护和平和秩序的首要义务,还有少数对自己的邻国怀有特别的怨恨并有自己的野心。大国之间意识形态的政治冲突引出了"第三世界"的概念和内涵以及"不结盟"运动,这使得第三世界国家在一定程度上免遭大国抗议或安理会指责。它们的团结使第三世界国家实际上在联合国大会上不会再遇到不利的集体意见。阿拉伯和以色列之间的战争及反复出现的敌对状态、伊朗和伊拉克之间的战争、在东南亚和亚洲次大陆的战争和干涉、涉及埃塞俄比亚或利比亚的敌对状况等,不是非得认真考虑法律或政治团体的意见。

法律的确有些无力但也没人会说它濒临灭亡。政治体系原则上还是遵从法律的。对法律的违反尚不足以毁灭法律本身、法律运作的机制及国家遵守法律的义务。法律的影响很难确定和估量,但运行于国际体系的政治进程中的法律的确有助于阻止、预防或终止部分战争,并会继续给反对使用武力的力量以强有力的支持。

问题

(1)联合国第2条第4款和第51条有什么关系?如果一个国家受到危及国家存亡的武力威胁——例如,来自邻国的严重污染损害——第51条允许防卫国采取什么行动?

(2)《侵略定义》决议中对使用武力实施禁运,如目前对海地、伊拉克和前南斯拉夫实施的禁运,是如何规定的?

(3)尼加拉瓜案在澄清使用武力问题方面超越了《定义》,特别集中在自卫方面。你认为法院就允许和不允许的行动划出了正确的界限吗？法院说,适度的武器运输不构成使用武力。你认为大规模的军火运输或石油等必需品的运输应构成武装攻击吗？考虑到在撰写本报告时,希腊正在允许石油运达波斯尼亚的塞尔维亚战士手中,这是对波斯尼亚的武装攻击吗？如果这是对波斯尼亚的武装攻击,可以证明美国对希腊使用武力的正当性吗？

（4）如果加上相称性的维度,你对上一个问题中关于假设希腊（构成武装攻击）的问题的答案会改变吗？记得在尼加拉瓜案中,因为美国使用武力是非法的,法院不需要考虑相称性的问题。如果美国对希腊的石油运输做出了相称的反应,你是否会更有可能建议美国采取行动？

（5）《宪章》如何处理恐怖主义问题？此类袭击是否符合第51条的规定？鲍伊特建议如何应对这一问题？他的法律评估是否符合侵略的定义？这是否重要？

（6）第51条提到"固有的自卫权"是什么意思？瑞斯曼认为,该条保留了一个国家进行自卫的权利,不管安全理事会是否有相反的意见,这一点是否正确？如果是这样,"直到安全理事会采取行动"是什么意思？

（7）援助为建立民主政府而斗争的人民是否符合《宪章》？你是否会建议布什政府依靠里根主义来证明入侵巴拿马的正当性,还是索法尔法官在第一章中所讨论的理由的积累？你认为美国在干预尼加拉瓜问题上没有提出"里根主义"的论点的原因是什么？

（8）今天,美国能否依靠"里根主义"为使用武力支持波斯尼亚穆斯林对抗波斯尼亚塞尔维亚人辩护？

（9）你如何对比柯克帕特里克和杰森与利里奇在人道主义干涉上的立场？他们的任何一个立场能否包含美国在索马里的行动？

（10）利里奇认为，出于人道主义目的的武装干涉是根据《联合国宪章》授权的，尽管授权并不明确。利里奇是如何试图阻止国家利用人道主义干涉来为几乎所有干涉行动辩护的呢？美国在巴拿马的行动是否符合利里奇的标准？那索马里呢？为什么美国不将人道主义干涉作为其在伊拉克使用武力的正当理由？

三、内战

概述

在内战问题上，关于人道主义干涉的辩论——由里根政府再次提出的——从未停止。传统上，任何国家都无权干涉内战，正如昆西·赖特（Quincy Wright）的文章节选所显示的那样，美国自己在内战期间强烈反对外部干涉。然而，外部国家往往既同情那些为挣脱或推翻政府而战的团体，也同情那些试图保住权力或维持国家团结的政府。早在美国内战之前，人们就已经形成共识，认为在一个团体达到能够有效地反对现有政府的程度之前，所有第三国必须置身于内战之外。

自《联合国宪章》通过以来，这一规则可以说已经发展到第三国必须在新的政治安排出现之前不参与内战的地步，但具体何时出现并不清楚。正如多斯瓦尔德-贝克（Doswald-Beck）所指出的，国家实践继续坚定地支持这一观点。事实上，大多数国家政府的立场是，只有不参与内战，才能保证民族自决。然而，德尔布鲁克

(Delbrück)认为,联合国应该考虑对发生大规模侵犯人权的内战进行干涉。奥康奈尔指出,大多数国家还没有准备好接受这一观点,最近安理会关于库尔德人和克罗地亚人的决定证实了这一点。

然而,我们已经到了另一个历史分水岭,我们应该考虑重新制定规则,就像第二次世界大战结束时那样。联合国是否应该通过一个更大的任务授权?

美国内战(1861—1865)

昆西·赖特①

1. 冲突:致命的引信

a. 交战方

考虑到它的代价和后果,美国内战是西方世界100年来从滑铁卢战役(1815年)到马恩河会战(1914年)最重要的战争。直接的战争损失超过20万人,武装部队中疾病造成的生命损失超过这个数字的两倍,死亡总数高达将近70万人,比那个世纪欧洲所有战争死亡人数的总和还要多。这场战争的货币成本超过50亿美元,在今天虽然微不足道,但在这一时期的战争中却是空前绝后的。南方动员了十分之九的军事人口,损失了三分之一。北方动员了三分之一的军事人员,损失了四分之一。全国近十分之一的人口被动员参战。这场战争持续了四年(1861年4月—1865年4月),几乎是同时期欧洲战争持续时间的两倍。

在这一时期,没有任何一场战争在政治、社会和军事方面的后果比这更重要。通过消除大陆上的奴隶制和维护联邦,美国内

---

① 《内战国际法》,第30—103页,R. Falk 编辑,1971年。(脚注省略)

战确保了美国将成为一个有能力领导"自由世界"的"大国"。通过利用陆上和海上的蒸汽运输、电力通讯、铁甲舰和改进火器技术等军事手段,美国开创了现代军事技术的先河,德国在不久后的统一战争(普法战争)中也效仿了这种技术,直到20世纪的世界大战中引进了机动车、飞机、导弹和核弹头,才有了很大的改变。从南方的角度来看,这场战争是一场国际战争,正如它的名称"国家之间的战争"所表明的那样,北方是侵略者。从北方的角度来看,这场战争是一场内战,南方人是叛徒,正如其官方给它的名称"平叛之战"所表明的那样。欧洲列强普遍接受了后一种观点并将其视为美国国内管辖范围内的一场内战。它们避免对任何一方进行干涉,并拒绝承认南方邦联的独立。然而,它们对这种情况是"交战"的承认,要求它们接受"中立"的地位,包括在有关军事行动的问题上平等对待双方的义务;而没有认定这是"叛乱",按照这个词后来的定义,后者将阻止交战方在海上对其船只行使权利,并可能允许对它们承认的美国政府给予有利的差别待遇。

参战的北方(联邦主义者或美利坚合众国)得到18个州的积极支持,其中14个在梅逊-狄克森线和俄亥俄河以北,4个在西部,分别是爱荷华州、明尼苏达州、加利福尼亚州和俄勒冈州。战争期间,又有堪萨斯州于1861年和内华达州于1864年从西部地区加入,西弗吉尼亚州于1863年从弗吉尼亚州脱离。参战的南方(分离主义者或美国南部联邦)由11个分离州组成,包括南卡罗来纳州、佐治亚州、5个海湾州——佛罗里达州、阿拉巴马州、密西西比州、路易斯安那州和得克萨斯州,以及4个边境州——北卡罗来纳州、弗吉尼亚州、田纳西州和阿肯色州。3个边境蓄奴州——马里兰州、肯塔基州和密苏里州——仍未加入,尽管部分地区最初被联邦军队占领,但它们认真考虑了脱离联邦这一选择。特拉华州也是一个边境蓄奴州,支持联邦。美国战前拥有的广阔的西部领土(后来划分为14个州),定居者主要从北方迁入。只有后来成为俄克拉荷马州和新墨西哥州的领土被看作是南部联邦可能获得的。

战争爆发时,全国人口近3 200万。2 200万在北方,700万在南方,包括250万奴隶。未承诺的边境各州的人口为200万,领地的人口为100万。两部分承诺参战的面积大致相等。未承诺的州的面积不到其中一个州的八分之一,而领地的面积大于其中一个州。

在财富、工业发展和军事生产方面,北方与其人口一样优越。双方的意见都不一致。在南方,弗吉尼亚州和北卡罗来纳州犹豫是否要脱离,弗吉尼亚州的北部从该州分离出来,并于1863年作为西弗吉尼亚州加入联邦;在北方,印第安纳州南部和伊利诺伊州有相当大的异议,要求政府宣布戒严,尽管该地区实际上没有被入侵,最高法院后来宣布该行动违宪。没有承诺的州的人口后来都分裂了。虽然在它们的领土上发生了敌对行动,随着战争的进行,它们倾向于支持北方,但它们试图与战争保持距离。奴隶制在所有的州都存在,直到1862年国家宣布在所有的领土上消除了奴隶制,1863年1月1日的《解放宣言》在理论上消除了奴隶制。1864年马里兰和密苏里的州行动和1865年肯塔基和特拉华的国家行动结束了奴隶制。

希望这项研究将有助于了解一般的战争,特别是内乱,并有助于了解19世纪中叶与后来的发展相比,国际法在内乱方面的状况。

2. 战争法对交战双方之间关系的作用

在内战期间,国际法在确定国家的两个部分及其武装部队之间的相互关系方面发挥了重要影响。这种影响对于(a)确定敌对状态和南部邦联的地位,(b)指导敌对行动的进行,(c)终止敌对行动和建立和平都很重要。

a. 敌对行动的状态

很明显,在1861年4月12日萨姆特堡战役之后,南北双方之间存在着实质意义上的战争,美国最高法院于1862年12月认为,法律意义上的战争是在同一时间开始的。从敌对行动的规模中可以找到证据。"不管它以前的酝酿有多久,"格里尔(Grier)大法官代表法院写道,"这场战争就是从父神的头颅中横空跳出的披坚执锐的密涅瓦女神(雅典娜),总统势必要接受它所呈现的形态,而不需要等待国会给它洗礼,他或他们给它粉饰的任何名称都不能改变这一事实。"

在这一定论之前,敌对行动的状态是有争议的,人们援引国际法来支持各种立场。这一讨论大大有助于澄清内乱时期(1)叛乱与交战之间的区别,(2)交战与独立之间的区别,(3)叛乱与海盗之间的区别。

(1)叛乱与交战。最高法院通过格里尔法官在缴获敌船案(Prize)中的发言,认为大规模的叛乱在法律意义上和实质意义上都构成战争。

反对政府的叛乱可能最终导致或不导致有组织的叛乱,但内战总是由反对政府合法权力的叛乱开始。内战从来没有庄严地被宣布过；它之所以成为内战，是由于它的意外——发起和进行内战的人的数量、力量和组织。当叛乱的一方以敌对的方式占领和控制了某一部分领土，宣布独立，抛弃了他们的忠诚，组织了军队，开始了对他们的前主权的敌对行动时，世界就承认他们是交战方，而这场竞争就是战争。他们自称拿起武器建立自己的自由和独立，以便成为一个主权国家，而主权方却将他们视为叛乱者和叛逆者，他们应该效忠，他们应该以叛国罪被处以死刑……由于内战从来没有公开宣布过，针对叛乱分子的内战，它的实际存在是我国国内历史上的一个事实，法院必然会注意到并知道……因此，我们认为，总统在法律上有权对叛乱中的各州所拥有的港口进行封锁，而其他中立者必然会考虑到这一点。

该意见还提到了 4 月 19 日总统的封锁公告，4 月 27 日和 30 日通知外国；5 月 14 日英国宣布中立，承认战争；总统有承认战争的存在的宪法权力，无论是国际战争还是国内战争；1861 年 7 月国会确认了总统的行动。南部邦联国会于 1861 年 5 月 6 日正式承认战争的存在。

纳尔逊（Nelson）大法官写了一份反对意见，首席大法官托尼（Taney）、大法官卡特伦（Catron）和克里弗德（Clifford）同意这份意见，将实质意义上的战争与法律意义上的战争区分开来。在提到宪法规定赋予国会唯一的宣战权时，他认为，在国会宣布或承认战争之前，美国不可能存在法律意义上的战争。大规模的叛乱可以决定"实在意义上的战争的存在"，但这与"什么是国际法和美国宪法的法律意义上的战争"无关。战争要想在这个意义上存在，必须"由国家主权权力机构承认或宣布"，在美国，也就是说，由国会承认或宣布。国会赋予总统权力，可以召集民兵、陆军或海军,"以执行联邦法律,镇压叛乱和击退入侵",作为总司令的权力,他可以为这些目的命令军队的行动,以及有责任确保法律得到忠诚执行,这些都是林肯总统在萨姆特堡战役后召集民兵的理由,但并不意味着,如法院的大多数人所认为的,这就是在法律意义上承认战争的权力。纳尔逊法官坚持认为,只有国会才能做到这一点。叛乱,即使敌对行动发展到如此大的规模,构成"实质意义上的战争",仍然是个人的,只有对不忠诚的公民采取敌对行动是合理的。在国会承认其为"内战"之前,它并没有成为领土战争,允许将邦联各州的所有人视为敌人。国会直到1861年7月13日才这样做,因此,纳尔逊法官说,在此之前,敌对行动不是法律意义上的战争,封锁不能适用于中立船只。国会对总统过去的行动的确认不能使封锁有效,因为这相当于宪法所禁止的事后立法。因此,在公海上因违反封锁而被扣押的中立船只应归还船主。纳尔逊法官以英国议会1776年的法案为比喻,该法案承认美洲殖民地的叛乱为战争。自列克星敦和康科德战役(Battles of Lexington and Concord)以来已持续近一年的敌对行动被视为叛乱,而不是战争。

这一论点很难与纳尔逊法官一致,纳尔逊法官承认总统有权承认外国的内乱,如19世纪初西班牙美洲殖民地对西班牙的内乱,构成了需要美国宣布中立的战争,正如最高法院在桑蒂西玛·特立尼达号(Santissima Trinidad)一案的裁决中所认为的那样。如果总统可以承认外国的敌对行动是战争,那么他就不能承认强加给美国的国内或国际敌对行动是战争吗?法院大多数人的回答是肯定的,国会在1861年8月6日的行动中也是如此,确认了总统自1861年3月4日以来的行动,并在1898年4月25日宣布，自4月21日麦金利总统承认由西班牙行动引发的战争并宣布封锁古巴以来，与西班牙的战争已经存在。无论如何，如果一个外国承认美国的内乱是战争，就像英国在1861年5月13日的中立宣言中所做的那样，纳尔逊大法官似乎应该承认，从法律意义上讲，这一局势成为与该国有关的战争，并使对其船只的封锁合法化。

纳尔逊法官的论点是代表4月份因违反封锁而被扣押的墨西哥船只光辉号（Brilliant）出庭的律师提出的。该律师还认为，4月19日的封锁公告的措辞表明，它并不打算成为战争封锁，因为它提到的是"叛乱"的存在，而不是"战争"，而且在国会采取行动之前是"临时的"。因此，关闭南部港口并不是"严格封锁"，中立船只不能被指控为"意图"打破战争封锁。对4月19日公告的解读是，总统"认为应该根据美国法律和各国法律的规定，对上述各州的港口进行封锁"，并补充说，将派驻一支合格的部队，防止船只进出，警告接近或离开的船只，并将事实记录在船只的登记簿上，如果这些船只再次试图进入或离开，将被抓获，并送进港口履行缴获敌船程序。很明显，这是要根据国际法进行战争封锁。

该公告与缴获敌船案的多数意见一样，既表明总统承认法律意义上的战争存在，因为存在大规模敌对行动的事实，又表明他希望符合国际法规定的战争封锁的传统要求。

南方联盟政府对这种情况也有类似的解释。戴维斯总统在1861年4月17日的公告中宣称，他的政府有责任"用各国法律和文明战争的惯例所能使用的一切手段，击退威胁的入侵，捍卫人民的权利和自由"，并邀请人们申请私掠船委员会（privateering commissions），"帮助本政府抵御如此肆无忌惮和邪恶的侵略"。

1861年5月6日，邦联议会的法案叙述了邦联各州为和平、公正地解决所有分歧所做的努力，北方政府拒绝谈判，举兵攻击属于邦联各州的堡垒，以及对邦联港口的封锁。然后宣布"旨在征服邦联国人民的敌对和肆意侵略行为"表明了"邦联国与美国政府及其各州和领土之间存在战争，但马里兰州、北卡罗来纳州、田纳西州、肯塔基州、阿肯色州、密苏里州和特拉华州、亚利桑那州和新墨西哥州的领土以及堪萨斯州以南的印第安人领土除外"，从而表明其对邦联国潜在地区的概念。然后，该法案授权邦联总统"使用邦联国的陆军和海军力量来应对由此开始的战争"，发布特许证和报复令，并允许美国公民的船只有30天的宽限期离开邦联港口。它还提供了有关控制私掠船的详细规定，规定了捕获奖金，以及在被捕获的船只被"烧毁、沉没或摧毁"时奖金的分配。

弗朗茨·利伯制定的《陆战法典》在1863年4月24日被美国陆军部通过，成为总统发布的第100号通令《美国陆军管理指示》，该法典区分了"叛乱"和"内战"，并暗示当叛乱"范围很大"且具有事实上的领土性质时，叛乱就成为战争，但没有明确规定法律意义上确定战争存在的标准。

> 149. 起义是指人民拿起武器反对他们的政府，或部分政府，或反对政府的一部或多部法律，或反对政府的一名或多名官员。它可能仅限于单纯的武装抵抗，也可能有更大的目的。
>
> 150. 内战是指一个国家或州的两个或多个部分之间的战争，每个部分都在争夺整个国家的统治权，每个部分都声

称自己是合法的政府。这个词有时也适用于叛乱战争,即当叛乱的省份或国家的部分与包含政府所在地的省份相邻时。

151. 叛乱一词适用于大范围的叛乱,通常是一个国家的合法政府与同一国家的部分或省份之间的战争,目的是抛开对它的忠诚,建立自己的政府。

该法典没有明确宣布"正规战争规则"必须适用于内乱,而是指出,如果适用,出于"人道",这并不意味着承认叛乱政府的独立性,也不意味着其他国家有权承认这种独立性。这并不妨碍合法政府惩罚叛乱者的叛国行为,为了"共同的正义和朴素的权宜之计",军事指挥官应该"保护叛乱领土上明显忠诚的公民,使他们免受战争的苦难,只要所有战争的共同不幸所允许",并将"战争的负担,在他的能力范围内尽可能地扔给叛乱部分或省份的不忠诚的公民"。

第100号通令是在最高法院对缴获敌船案做出裁决后发布的,它既采纳了多数派意见也采纳了少数派意见的内容。它承认叛乱是"内战",多数人的意见也是如此,但它强调叛乱和交战之间的区别。无论在哪种情况下,它都建议对敌方领土上忠诚和不忠诚的公民区别对待,但没有像纳尔逊大法官那样明确宣布,当叛乱没有被承认为战争时,只有不忠诚的公民才能被视为敌人。大约30年之后,最高法院在1896年涉及古巴内乱的"三个友方"案(The Three Friends)中的意见也将叛乱与交战区分开来,认为内乱即使规模很大,在参与者或其他国家承认交战之前,仍然是叛乱。

这一案例表明,叛乱或交战的存在取决于或评价敌对行动的规模；这种评价属于政府的政治机关，特别是在美国属于总统；而且，只有在交战的情况下，战争法与中立法才完全适用，在叛乱期间，中立的义务是存在的。第三国绝不可允许其军队远征离开其领土去援助（他国）叛乱分子。这一义务是否也适用于旨在援助被承认的政府的远征，这一点并不清楚，尽管法院适用的1818年的法规说是适用。

格兰特总统在1875年12月7日就古巴内乱给国会的信中提出了应充分认识承认交战或叛乱所需考虑的因素，但这显然是基于对美国内战的记忆。"除非有必要，否则（承认交战）总是被公正地视为一种不友好的行为，是对叛乱的道义支持的无偿表现。"

格兰特总统拒绝承认交战，但确实承认古巴的叛乱。蒙塔格·伯纳德（Mountague Bernard）从英国人的角度写了一篇关于内战的文章，在事实上存在叛乱的情况下，允许外国在承认交战时有广泛的自由裁量权。

357 如果有人问外国何时以及如何承认战争状态的存在，答案很简单。如果它们认为合适，它们可以自由地选择，它们可以选择等待，直到它们的船只实际被交战方的任何一方扣留或俘虏；它们同样可以选择通过提前通知来预测这些意外情况。后一种做法是这两种做法中比较谨慎的，靠近敌对行动区或拥有大量商船的国家通常采取这种做法。如果有人进一步问，什么是战争状态——如何区分战争状态和单纯的叛乱？什么是持续的斗争——需要多少兵力，组织到什么程度？答案一定是，这些术语虽然足够明白，而且对一般意义的使用来说也不是太模糊，但却没有精确的定义。

将这一说法与本节所引用的格兰特总统和其他人的说法相比较，就会发现，这个问题比伯纳德所说的还要困难。交战双方和其他各州在内战期间采取的不同政策，它们对英国承认南方邦联交战国的合法性和效果所持的对立立场，以及战后将内乱的冲突承认为交战的做法的无效，都说明了这一点。

（2）交战和独立。第 100 号通令的规定表明，承认交战并不意味着承认叛乱分子的独立。

> 152. 中立者无权将被攻击的政府对叛乱分子采用战争规则作为自己承认叛乱人民为一个独立的政权的理由。
>
> 153. 对叛乱分子采用战争规则也不意味着与他们的交战超出了这些规则的范围。只有在战场上取得胜利，才能结束冲突并解决竞争各方之间的未来关系。

最高法院的缴获敌船案和美国政府与英国的通信中也强调了这一点。

特里特法官在 1862 年联邦地区法院的一份意见书中强调，外国有责任不通过过早承认交战或承认独立来干预内乱，美国法院有责任在处理叛乱人员和财产时完全遵循美国法律：

> 外国对这场叛乱的立场并不能决定它在美国法院的地位，后者完全遵循美国政府政治部门对该问题的决定。即使其他国家政府承认所谓的邦联政府是一个独立的政权，它们的承认也只对其自身及其公民有约束力——而不是美

国……对于所有的外国,美国政府在自己的领土范围内,对自己的公民拥有绝对的主权。它的内部宪法是外国势力无权干涉的主题。否则,各国的平等和独立就不可能存在。

英国政府在考虑承认南部邦联的独立时,讨论了在什么条件下承认一个叛乱团体的独立具有合理性的问题,但没有采取任何行动。国务卿约翰·昆西·亚当斯在1817年就拉丁美洲各共和国的问题发表了一个经典的声明,建议承认它们的独立是允许的,叛乱者可以适当地要求承认它们的独立,"当独立是作为一个事实而确立的,从而使对面的一方完全没有机会恢复其统治时"。然而,他承认,中立国和交战国可能对此有不同的判断,这种差异可能导致它们之间的战争,就像1778年法国和英国之间的战争一样。在南北战争期间,英国反对承认南部邦联的人士也大力主张同样的观点。

虽然自内战以来,几乎无人承认(内战双方)交战,但叛乱者的独立,特别是在殖民地地区,有时会过早地得到承认,已成为普遍现象。对人民自决原则的尊重,《联合国宪章》所要求的管理国在其非自治领土上发展自治的义务,以及来自联合国内部的新独立国家的压力,往往促使帝国主义国家在发生积极的叛乱之前承认其殖民地的独立……

本研究表明,在美国内战期间,交战国政府和中立国政府不断地提到国际法,特别是在叛军的地位、敌对行动的进行以及中立国的权利和义务方面。

实践、司法意见和官方法规都规定,当内乱的规模足以构成实质意义上的战争(现在称为"叛乱")时,叛军和政府都有义务在彼此关系中适用战争规则，政府或外部国家可以承认这种情况为法律意义上的战争，这意味着战争期间双方地位平等，并允许双方在海上对中立和敌方的商业行使交战权。因此，在战争期间，政府应将可能抓获的叛乱分子或反叛者作为战俘对待，而不是作为海盗、强盗或叛徒对待。然而，它可以惩罚被判定犯有战争罪的敌方人员，而且在战争结束后，如果它赢了，它可能会把他们当作叛徒。

叛乱不同于出于政治动机的暴动、暴民暴力或反抗，由于敌对行动的规模和由此产生的结果的不确定性，这种暴动没有超出政府的控制范围，也不同于海盗行为、强盗行为和根据叛乱分子或反叛者的政治目的为私人利益而使用相当规模的其他武力。人们认识到，在私掠船案件中，这两种情况是一样的，私掠船在战时被认为是合法的，直到1856年《巴黎宣言》宣布其为非法。尽管私掠者的行动只针对敌国，但他们实际上是为了私欲而谋取利益，因此类似于海盗。虽然人们认识到《巴黎宣言》的缔约方可以将私掠者视为海盗，但在南北战争期间，这种待遇被认为是不允许的，因为南方联盟不是该《宣言》的缔约方，而且现有的缔约方坚持认为，即使美国成为缔约方，也不能在战争期间适用关于私掠的规定，如它希望的那样。

美国强调，内乱属于发生内乱的国家的国内管辖范围，外国不应干预。外国承认，只要双方遵守战争规则，就可以自由地相互使用武力，但只有在（内战双方）承认交战的情况下，它们才可以干涉其他国家的国民在公海或外国领土上的商业活动。

在内战中，叛乱和交战之间的界限并没有明确划分。最高法院的少数人将这两个词做了明显的区分，就像30年后法院自己在描述古巴当时存在的内乱时一样。在内战案件中，法院的大多数人认为，实质意义上的大规模战争因其规模而构成法律意义上的战争，并允许总统在没有国会授权的情况下承认其为战争。英国舆论似乎也赞同这种观点。国务卿西华德(Secretary Seward)起初认为，无论多么大规模的叛乱，都不会赋予叛乱者交战的权利，但在总统宣布了旨在损害外国在公海上的和平时期权利的战争封锁之后，他无法维持这一立场。他必须承认，英国宣布中立，表明他们的默许，是可以允许的，因为美国通过宣布封锁，本身就承认了局势是战争，而且宣布中立对美国来说比抗议封锁的办法更有礼貌。

一方面，交战意味着外国必须承担中立的义务，包括在被承认的政府和叛乱分子之间保持公正，不向任何一方提供官方援助，并如阿拉巴马案(the Alabama case)所表明的那样，防止从其领土上进行军事远征以援助任何一方。另一方面，交战意味着法律上的政府和叛乱分子都享有交战的权利，可以在公海上询问、搜查甚至捕获和定罪所有国家的商船。交战的这些后果被普遍接受，但自内战以来的许多内乱情况中，很少有被承认为交战的，它们被视为叛乱，这种地位被认为是由大规模敌对行动的事实所引起的。

法律上的政府担心承认交战状态会帮助叛军，并可能导致外部国家站在叛军一边进行干预，就像在内战中差点发生的那样。外部国家担心这种承认会被被承认的政府视为不友好的行为，就像最初美国在内战中所做的那样。此外，它们还希望避免对其海上贸易的干扰，英国和其他中立国在内战中就曾遭受过这种干扰。自内战以来，在一些内乱的案例中，外部国家进行了干涉，但即使如此,除了1898年美国对古巴的干涉外,这种情况并没有被承认为法律意义上的战争,外部国家的海上贸易也没有受到干扰。

因此,美国内战期间交战国和中立国的经验,通过在严重的内乱中确立叛乱的地位,以及在这种情况下对交战的承认,促使了国际法的发展。这一变化旨在维护内乱中的战争人道主义规则,防止外部干涉,遏制敌对行动,防止内乱升级,并允许国家人民根据自决原则,通过法律、政治或军事手段自由决定是否通过一部新宪法,是保持一个国家还是分裂。

美国虽然勉强接受了南方联盟在内战中的交战行为,但也明确表示,承认南方联盟的独立或提供南方联盟急于寻求的外部干涉,将违反国际法,并很可能遭到战争回敬。英国基于国家利益、人道和自决的理由认真考虑了这种行动,特别是在1862年9月,当它确信南方会赢的时候,却被林肯在联邦军在安提塔姆(Antietam)胜利后立即发布的《解放黑奴宣言》(Emancipation Proclamation)所阻止。战争的目标不仅仅是维护联邦,而且要废除奴隶制,英国国内民众的情绪不允许支持奴隶制。在英国拒绝提供帮助后,法国继续提议调停,但总统和国会明确表示,尽管法律上允许这一提议,但这一提议是不可接受的。

这一点仍有争议,即规模足以构成叛乱但未被承认为交战的内乱,外国是否有义务公正对待敌对派别,即使在其被承认的政府提出请求时也不进行干涉。尽管发生了许多次干涉,特别是由于冷战和"区域谅解",如门罗主义和北约联盟,但参考实践和法学界的意见,除了一些例外,都倾向于公正和不干预,以利于敌对行动的局部化、不升级和民族自决。这一解释针对外国在内乱期间避免干涉和公正对待各派的责任方面确认了交战和叛乱。但是在外国船只在公海上的权利方面区分了它们。在发生叛乱的情况下,政府或叛乱分子都不能对海上的外国船只行使交战权。

除了对战争法、中立法和叛乱法的贡献外,内战还促进了仲裁作为解决争端,甚至是具有政治重要性的争端的一种手段的实践,并促进了国际法的编纂,正如《利伯法典》的产生和关于《巴黎宣言》的讨论及其对后来国际法各方面的编纂的影响所表明的那样。

内战的讨论激发了人们对国际法的广泛兴趣,导致不久后成立了国际法研究所和国际法协会,以便各国法学家对国际法进行科学研究。尽管在接下来的半个世纪里发生了多次国际战争和许多叛乱,但这一时期是法学的乐观主义时期,人们对国际法、仲裁和裁军将很快在地球上建立起和平抱有很大希望。这种乐观主义因第一次世界大战而停止,国际联盟的出现使这种乐观主义有所恢复,但第二次世界大战和随后的冷战则使这种乐观主义受到更粗暴的冲击。1871年日内瓦裁决(the Geneva award)后人们对国际法的厚望是否能重燃,还有待观察。

论受政府邀请的军事干涉的合法性

路易斯·多斯瓦尔德-贝克[①]

据认为,至少有一个非常严重的疑问,即一国是否可以有效地援助另一国政府镇压叛乱,特别是如果叛乱是广泛的,而且是以严重的推翻现任政权为目的的。考虑到第2131(20)号和第2625

---

① 56 B. Y. I. L. 251 (1985).(脚注省略)

(25)号决议背后的动机,考虑到各国以先前的外部干涉为理由进行干涉,以及考虑到有许多声明强调真正的独立、自决和不干涉内政,这两项决议提供了大量证据,支持这一理论——为支持受困政府而进行干涉是非法的。虽然确实出现过一些国家提供这种援助的情况,但对这种干涉的反应表明有必要证明第三国参与的作用。特别是在阿富汗的情况下,各国不相信已经证明了实质性的颠覆,仅仅是宣传或在第三国获得武器似乎还不够。美国1958年在黎巴嫩采取的行动就证明了这一点,当时安全理事会成员关心的是确定是否有人员和武器从叙利亚渗入黎巴嫩。所审查的其他事实情况也证明确实如此。干涉的另一种辩护理由是,干涉国声称,援助仅限于武器和(或)咨询,不涉及对反叛分子的直接行动。法国在向乍得政府提供军事援助时就是这样说的。在这方面,应当指出,似乎没有禁止国家在内战期间向政府提供武器和其他军事用品,因此,不干涉原则并没有将政府和叛乱分子置于完全相同的地位。

也许有人会说,各国以自卫为理由为干涉辩解,以便提供额外的借口,从而在政治上更容易接受。但是,有人认为,这种做法的一致性现在已经成为一项法律要求,而且自卫是《宪章》中个体使用武力的唯一理由的观点,因不干涉内政的新习惯准则而得到加强。另一种可能的反对意见是,认为国家的声明比起其行动,更不能作为国际习惯法的可靠基础。必须根据这一事实来看待这一论断——不同观察者对事件的不同看法。由于国际法主要是自动解释的,每个国家都将根据自己对事实的理解采取行动,而这种理解可能与另一个国家的理解大相径庭。但是,关于法律的陈述为可确定的规范提供了更可靠的基础,只要这种陈述是作为现行法而不是拟议法的主张提出。后一类标准将包括大致协商同意去努力争取的标准,如某些人权,特别是与经济发展有关的人权。所谓的"软法律"和"空头支票"可以与法律意见区分开来,因为后者涉及那些立即适用并具有具体法律效力的权利和义务。此外,一些违反法律的行为并不会消除该法律的存在,而一贯的相反行为将使所谓的规范成为"空头支票",而不是习惯法。不幸的是,许多人权"法律"属于前一类(即现行法。——译者注),而且据认为,各国在正常行为模式下,实际上并不会支持风雨飘摇的政府,而反对这种行为的规范性声明的重要性即表明存在着这样的习惯法。

关于不干涉内政准则的起源,笔者认为,从第 2131 号决议的准备工作中最能看出这一点。东西方阵营之间的意识形态差异,以及前者(东方阵营)对试图拒绝殖民主义枷锁的反抗运动的支持,在 20 世纪 50 年代和 60 年代引起了人们对看到某些反对现存政府的叛乱取得成功的兴趣。不干涉内政原则实际上是试图限制外部新殖民主义为了干涉国的利益而影响其他国家事件的企图。这一准则背后的政策是承认各国在实践中是为了自己的利益而进行干涉,大国的利益在于不允许敌对势力的影响借此得到加强。弱国的政策利益不言而喻,是避免暴力升级,普遍愿望也是如此。然而,可以预料的是,当一个国家认为在某些情况下必须这样做时,或者当它认为可以逃避惩罚时,这些规范就会被打破,但这在任何法律制度中都是很正常的,而且当规范明确表达且没有疑问时,它本身并不减损规范。据认为,不干涉内政的法律就是这种情况。

这一新的习惯法的效果是彻底改变传统法律,因为传统法律认为,除非宣布交战,否则外国可以进行干涉,帮助该国政府镇压叛乱。前面已经说过,交战理论很可能已经不再适用,而在本人看来,旧的表述已经完全被不干涉内政的新法律所取代。现在,正是这一法律规定了对内战的干涉,并代表了现代法律。

纽约时报,1992年12月29日,A9版

谁能阻止内战?

布莱恩·厄克特

使用现代武器的内战是十分残酷和具有破坏性的,往往非常难以制止。迄今为止,这种局势一般被认为超出了国际或区域组织的管辖范围。即使是提供国际紧急人道主义援助也常常被证明是困难和有争议的。

在南斯拉夫,不干涉的模式已被谨慎地搁置。欧洲共同体和联合国都参与了制止战斗和促进和平解决进程的努力。在索马里,对于公开的且更具杀伤力的内战,几乎没有任何地区或国际努力来制止战斗,甚至连提供最低限度的人道主义救济都变得越来越困难。在其他一些曾经引以为傲的国家,主权也在旧日的恩怨情仇和大量的武器供应的刺激下,逐渐走向无政府状态。

在这个非常时期的变化中,是否有理由采用新的方法,是否可以达成一致?

目前,联合国基本上有两种军事选择,第一种是传统的维持和平,即只有在停火后才能部署部队,这些部队得到冲突各方的接受,并且只能在自卫时使用武力;第二种选择是像1991年根据《宪章》第七章在科威特大规模集体执行行动那样,这两种行动

都是在美国的领导下进行的。

（国际社会）需要第三类国际军事行动,介于维持和平和大规模强制执行之间。它的目的是结束随意的暴力,并提供合理程度的和平与秩序,以便人道主义救济工作能够继续进行,和解进程能够开始。但是,与维和部队不同的是,这些部队在最初至少需要承担一定的战斗风险,以控制暴力。这些行动基本上是武装警察行动。

这种想法引起了政治和实际问题。现在,在世界许多地方,大多数形式的国际干预都非常可疑。必须制定新的交战规则,必须制定人员、训练、规划和指挥结构。人员、训练、规划和指挥结构必须得到发展。更多的政府会愿意在联合国的指挥下提供训练有素、领导有方的军事特遣队。

1945年,经过六年的战争,《宪章》第43条被认为是一个重要的实际创新。它规定,联合国会员国将"向安全理事会提供……维持国际和平及安全所必需之武装部队、援助及设施"。因此,安理会将拥有执行其决定的手段,而联合国成员国将根据其能力参与这一进程。由于冷战而导致其（功能）瘫痪,安理会从未启动第43条。

也许,第43条的时代现在已经到来,尽管其范围比"国际和平与安全"一词的原意更广。其目的是使安全理事会能够在除非进行坚决干涉,否则无法打破暴力循环的情况下迅速部署国际部队。这种情况现在在索马里,或许在南斯拉夫也存在。在西非国家经济共同体委员会（the Economic Commission of West African States）今年早些时候进行军事干涉之前,利比里亚也存在这种情况。这种情况在其他一些地方也存在或可以预想得到。

与所有创新一样,反对新型国际力量干涉的论点很多。但有较多论点是支持这种做法的。在越来越多的情况下,只有来自外部坚定的和不偏不倚的干涉,才有可能结束持续存在的流血杀戮和阻止曾经和平的人类社会的逐步毁灭。

联合国能不能做些什么来迎接这一挑战?还是世界必须继续袖手旁观电视机里的腥风血雨?

国际社会对南斯拉夫联邦共和国解体的反应[①]

马克·威勒

背景

南斯拉夫社会主义联邦共和国由6个加盟共和国(斯洛文尼亚、克罗地亚、塞尔维亚、波斯尼亚-黑塞哥维那、黑山和马其顿)和两个自治区(科索沃和伏伊伏丁那)组成。其中塞尔维亚人口814万,克罗地亚人口443万,斯洛文尼亚人口175万,阿尔巴尼亚人口173万,马其顿人口134万,"南斯拉夫人"122万,以及其他各种少数民族。

斯洛文尼亚有194万人口,其中90%是斯洛文尼亚族。还有少数的塞族、克罗地亚族和匈牙利族。

克罗地亚有468万人口,其中85%是克罗地亚族,有11.5%的塞族少数民族,他们生活在102个内部行政区中的14个行政区,占当地人口中的多数。塞族人主要居住的地区有克拉伊纳(Krajina)和佩特里尼亚(Petrinja)。

塞尔维亚的总人口为980万,其中三分之二是塞族人。它包

[①] 86 A. J. I. L. 569-607.(脚注省略)

括伏伊伏丁那和科索沃,这两个前自治领土于1990年9月并入塞尔维亚。伏伊伏丁那有一个约占21%人口的匈牙利少数民族,而科索沃则是当地91%的阿尔巴尼亚族人的家园。

黑山有65万人口,三分之二是黑山族人。有少数穆斯林和阿尔巴尼亚人。

波斯尼亚-黑塞哥维那有410万人口,其中约40%为穆斯林,32%为塞尔维亚人,18%为克罗地亚人。各类人口杂居在一起,贯穿全境。

马其顿的210万人口由67%的马其顿人、20%的阿尔巴尼亚人和其他各种少数民族组成。

联邦政府由总统委员会(或称集体总统制)领导,总统委员会主席由各加盟共和国和自治领土的领导人轮流担任。1990年9月27日,斯洛文尼亚议会宣布,联邦机构颁布的立法将不再在其共和国境内适用。在同年12月23日举行的公投中,88.5%的斯洛文尼亚选民选择了独立。此前一天,克罗地亚议会宣布其立法高于联邦法律。

1991年春,各加盟共和国之间为建立一个由完全或半主权国家组成的松散联邦而进行的谈判失败了,这显然是由塞尔维亚领导层的顽固态度所致,而塞尔维亚领导层迄今一直主导着联邦的政治结构。据《伦敦时报》报道:"克罗地亚人和斯洛文尼亚人希望建立一个松散的联邦,以淡化塞尔维亚人的影响,而塞尔维亚人则希望建立一个更紧密的联邦,以保持其对经济的集中控制和在南斯拉夫生活中的主导地位。"当其他共和国之间就"未来南斯拉夫的基本职能"达成协议时,总统委员会的塞尔维亚成员退出了。

美国、欧洲共同体(欧共体 EC)及其成员和欧洲安全与合作会议(欧安会 CSCE)对维护联邦领土完整的支持无疑加强了塞尔维亚领导人斯洛博丹·米洛舍维奇(Slobodan Milosevic)的信念,即谈判中不需要灵活性,因为斯洛文尼亚和克罗地亚的独立没有得到国际上的支持。塞尔维亚领导人没有提出接受一个更松散的联邦,而是让中央军队宣布戒严,而联邦总统府已经明确排除了这一行动(戒严),或者说如果要戒严,也应由联邦总统作为总司令。

5月,联邦委员会未能选举斯捷潘·梅西奇(Stipe Mesic),他是一名克罗地亚人,根据联邦的宪法,他本应继任联邦总统。5月19日,克罗地亚93.24%的选票选择了独立。当月,美国暂停了对南斯拉夫的所有经济援助,包括在国际金融机构的贷款和信贷支持,但仍表示坚决支持维护国家统一。6月21日,美国国务卿詹姆斯·贝克三世在访问贝尔格莱德时,强烈支持两天前在欧安会柏林会议上通过的一项宣言,该宣言表示支持"南斯拉夫的民主发展和领土完整"。

到1991年6月24日,在就分离或松散的主权国家联邦进行谈判的努力进一步失败后,南斯拉夫总理警告萨格勒布(Zagreb)和卢布尔雅那(Ljubljana)当局,"联邦政府将利用一切可用的手段阻止各共和国单方面走向独立"。尽管如此,斯洛文尼亚和克罗地亚还是在一天后宣布独立。

6月27日,中央当局的武装部队离开了在斯洛文尼亚的军营,在通过克罗地亚运来的一支重装甲纵队的支援下,袭击了斯洛文尼亚临时民兵。斯洛文尼亚当局宣布进入"战争状态",并呼吁国际援助,包括欧共体、欧安会和联合国的行动。

欧共体和欧安会的初步反应

欧共体和欧安会都没有为南斯拉夫的危机做好准备。欧洲共同体成员正准备开始1991年12月马斯特里赫特首脑会议（Maastricht summit）前的最后谈判阶段。加强欧共体成员国之间的外交政策合作以及将这种合作转变为共同的外交政策是有争议的问题。尽管南斯拉夫不是欧共体的成员之一，共同体还是立即介入了这场危机。

在72小时内，由欧共体外长组成的"三驾马车"（意大利、卢森堡和荷兰外长）迅速向南斯拉夫派出了两个代表团。欧共体谈判代表一再得到停火的承诺，但由于联邦军队继续巩固其在斯洛文尼亚的阵地，暴力事件再次爆发。6月30日午夜，欧共体轮值主席国派出了第三个访问团，这次由来自卢森堡、荷兰和葡萄牙的高级外交官组成。

> 观察他们是否能帮助监督斯洛文尼亚新的持久停火和联邦部队的撤离。同时，斯洛文尼亚外交部长迪米特里伊·鲁佩尔重申了斯洛文尼亚共和国早些时候向欧共体外交部长做出的承诺，即如果联邦部队撤出，斯洛文尼亚将暂停执行其独立宣言三个月。

随后，欧洲理事会在卢森堡举行的预定会议上要求召开欧安会紧急会议。

当时欧安会刚刚从一个致力于维护冷战时期欧洲危机稳定的机制转变为一个能够提供类似于欧洲内部集体安全程序的常

设组织。1975年最初的、不具约束力的《欧安会最后文件》（CSCE Final Act）在其第一项原则中确认了每个国家的司法平等、领土完整、自由和政治独立的权利。第四项原则更详细地界定了对各国领土完整的保护。

> 参与国将尊重每个参与国的领土完整。
> 因此，它们将避免采取任何不符合《联合国宪章》宗旨和原则的行动，破坏任何参加国的领土完整、政治独立或统一，特别是避免采取任何构成威胁或使用武力的行动。

领土完整原则借用了《联合国宪章》第2条第4款的术语，确认了各国的义务，并可能通过增加"参加国的统一"作为保护对象而扩大了这些义务。然而，这是一项义务，尽管就欧安会而言，这是一项不具约束力的义务，是在各国之间确立的。它保护各国的领土完整不受外部威胁，但不保护其内部的挑战。

当然，如果一个国家的人民有权援引自决权，领土完整原则可能会禁止外界对行使自决权的人民提供支持。有人认为，这就是欧安会第七原则关于人民平等权利和自决权的附录的含义。根据该原则，各国将尊重人民的自决权，"在任何时候都要按照《联合国宪章》的宗旨和原则以及国际法的有关规范，包括与国家领土完整有关的规范行事"。引用领土完整再次确认了一项针对国家而非人民的义务。这是一项不干涉的义务，《最后文件》第六原则强化了这一义务。

然而，在过去的实践中，人们认为可以方便地声称，领土完整原则也包括禁止内部分裂的企图。随着斯洛文尼亚敌对行动的爆发，这一政策的后果变得很明显：塞尔维亚主导的中央当局将其（领土完整原则）视为强行实现其统一联邦和巩固其在联邦内的领导地位的目标的通行证。例如，据报道，英国外交大臣道格拉斯·赫德"有义务对在早期支持南斯拉夫完整的声明中做出限定，补充说明，不应包括使用武力"。

这种不使用武力的义务的来源并不明确。如果自决权保护一个实体不被它希望脱离的中央当局使用武力，那么这就意味着，在所谓的内部适用中，领土完整和统一原则根本没有任何实质内容。因为在这种情况下，如果不以"内部警察措施"的方式使用武力，中央当局就无法实现统一和领土完整的延续。另一方面，欧安会、欧共体和个别国家仍在试图宣称存在这样一项规则，以保护各国免受分离的离心力的影响。

尽管概念混乱，欧安会和欧共体还是采取了相当果断的行动，试图制止南斯拉夫的暴力行为。欧安会成员召集了新成立的预防冲突中心的协商委员会，该委员会有权就"异常军事活动"举行会议。该委员会在1991年7月1日发表的声明中强调，有关各方必须立即完全停止敌对行动，并迅速履行所有南斯拉夫有关各方最近对话后做出的承诺，即南斯拉夫人民军（JNA）以及斯洛文尼亚有关部队必须立即返回军营。根据欧安会的程序，这一初步声明需要得到包括南斯拉夫中央当局在内的所有成员国政府的同意，也许可以看作是提出各方自己达成的谅解的请愿书……

［A］根据1991年7月13日欧共体及其成员国、南斯拉夫联盟当局、克罗地亚共和国和斯洛文尼亚共和国的代表在贝尔格莱德签署的《谅解备忘录》，派出了一个由50名观察员组成的监督团。然而，在克罗地亚，特别是在塞族人占多数的地区，爆发了敌

对行动。这些地区的塞族战士得到了南斯拉夫人民军部队的支持。塞尔维亚当局指责克罗地亚当局违反宪法、武装国民和政党团体,随后为其行动辩解如下:

> 塞尔维亚人民……要求尊重和保护他们合法的民族和公民权利。当克罗地亚决定从南斯拉夫分离出去,成立自己的独立国家时,居住在这个共和国领土上的塞族人决定脱离克罗地亚,留在南斯拉夫境内……
>
> 面对可能发生更广泛冲突的严重危险,南斯拉夫总统指示南斯拉夫人民军作为中立力量站在冲突双方之间,防止这种冲突。然而,克罗地亚当局非但没有接受人民军的这一使命,反而不仅公开攻击被其称为一群不法之徒的塞尔维亚人民,还攻击被其称为占领军的南斯拉夫人民军……战争就是这样被推到南斯拉夫的头上的。在这种情况下,必须保护塞尔维亚人民免遭灭绝……

虽然这一理由乍一看是在援引人道主义干涉的概念,但它是在主张南斯拉夫社会主义联邦共和国继续存在的背景下提出的。欧洲共同体及其成员国和欧安会参与国首先对这一理由做出了答复。

欧共体和欧安会对克罗地亚危机的反应

8月初,克罗地亚的暴力事件持续增加,据说卢森堡外交大臣雅克·普斯(Jacques Poos)建议:"我们可能需要考虑军事干涉部队。"欧共体三驾马车之首的荷兰外交部长范·登·布罗克

(van den Broek)、德国外交部长汉斯·迪特里希·根舍(Hans Dietrich Genscher)和法国总统弗朗索瓦·密特朗(Francois Mitterand)都赞同这一观点。据报道,西欧联盟秘书长威廉·范·埃克伦(Willem van Eckelen)提议,派遣部队不是为了捍卫现状,而是为了"尽可能地隔离冲突的根源。我们将在那里确保一个有序的变革过程——我们在意的是过程,而不是结果"。苏联却认为,"如果介入……支持一方……就意味着自动与南斯拉夫内外的其他国家发生冲突。冲突将发展成为全欧洲的冲突"。

在没有得到所有各方同意的情况下派遣"干涉部队"是不现实的。从联合国安全理事会的答复中可以看出,最初人们显然接受的是,即使仅在克罗地亚领土上驻扎国际维和人员,除了中央当局的同意外,塞尔维亚政府的同意或至少是默许的支持在法律上是必要的,在政治上也是不可或缺的。只有德国似乎认为,迅速承认将导致危机"国际化",从而使欧共体部队有权在未经前南斯拉夫共和国中央当局同意的情况下进入这些共和国。然而,在塞尔维亚拒绝在塞尔维亚和克罗地亚边境部署部队后,欧共体放弃了这一计划,相反,欧共体决定寻求联合国维和部队(干涉)。与此同时,塞尔维亚急剧扩大了其军事介入。

1991年8月27日,欧洲共同体及其成员国通过在布鲁塞尔举行的欧洲共同体特别部长级会议,对克罗地亚境内暴力事件的日益增多表示失望,提醒"暴力事件的责任人",欧洲共同体决心"绝不承认不是通过和平手段和协议造成的边界变化"。声明对塞尔维亚非正规军诉诸军事手段以及南斯拉夫人民军给予他们的支持表示遗憾,呼吁"联盟主席团立即停止非法使用其指挥的部队"。

正如欧安会 7 月 3 日紧急呼吁停火一样,欧共体显然接受克罗地亚是一个法律主体,可以对其"非法使用武力"。此外,欧共体承诺维护南斯拉夫联盟以前的内部边界,拒绝接受不是通过和平手段改变边界。该声明还宣布,不承认"领土征服",再次援引了一个迄今为止明确用于表示国家间关系的概念。此外,欧共体也不接受相当大的塞族少数族裔——大部分集中在克罗地亚境内按领土划定的飞地,其中之一(克拉伊纳)事实上已宣布独立——可以合法地接受南联盟部队的军事援助。

联合国安全理事会的初步行动

尽管克罗地亚发生了大规模的流血事件,但联合国安全理事会却整整三个月没有采取行动,即使开会,也没有援引《宪章》第 2 条第 4 款。没有任何迹象表明发生了国际侵略行为。

安理会是应奥地利、加拿大、匈牙利,最重要的是南斯拉夫的要求召开的。

苏联代表团强调了"政治解决的重要性,不仅对于政府间的冲突,而且对于国家内部的冲突也是如此。它们表明,分离主义和民族极端主义的增长是多么危险,不仅对每个国家,而且对整个地区都是如此"。英国表达的观点,肯定了冲突的"强烈的国际层面"。美国也提到对南斯拉夫邻国的危险影响,它们面临难民潮、能源短缺和战斗蔓延的威胁。我知道我们大家都同意,正是这种升级的危险使这一问题成为安理会最关切的问题。美国代表团独树一帜,继续将局势归为"南联盟对克罗地亚的彻底军事干预"。美国国务卿贝克代表美国发言,他接着说:

塞尔维亚领导人和南斯拉夫军方联手的明显目标是建立一个"小南斯拉夫"或"大塞尔维亚",将斯洛文尼亚和克罗地亚排除在外。这个新的实体将以塞尔维亚当局多年来在科索沃实施的那种镇压为基础,还将以使用武力为基础,对塞尔维亚边界以外的领土实行控制,这种做法在克罗地亚已经开始,在波斯尼亚也开始形成。因此,我想我们都会同意,南斯拉夫境内的侵略是对国际和平与安全的直接威胁。

该决议草案于1991年9月25日获得一致通过,成为第713号决议,其中指出南斯拉夫代表团欢迎召开安理会会议。该决议草案对南斯拉夫境内的战斗及其对该区域各国,特别是邻国边境地区的影响深表关切,并补充说,"这种局势的持续对国际和平与安全构成威胁"。这一结论虽然有些含糊,但符合第39条的要求,使《宪章》第七章发挥作用。

序言部分还在第八章的范围内指出了欧共体和欧安会的努力,并回顾了"《宪章》所载的"原则,欧安会9月3日的声明也指出,南斯拉夫境内任何通过暴力取得的领土收益或改变都是不可接受的。

该决议执行部分表示支持欧共体和欧安会为南斯拉夫的和平与对话做出的集体努力,并支持这些努力所产生的所有安排和措施。安理会还请联合国秘书长在这方面提供协助。理事会敦促所有各方严格遵守停火协定,在南斯拉夫会议上通过谈判和平解决争端。安理会还决定,根据《联合国宪章》第七章,为了在南斯拉夫建立和平与稳定的局面,所有国家应立即全面彻底禁止向南斯拉夫运送武器和军事装备,直到安全理事会在秘书长与南斯拉夫政府协商后另有决定为止。最后，安理会呼吁所有国家不要采取任何可能加剧紧张局势和妨碍南斯拉夫境内冲突的和平谈判结果的行动。

安理会的议程显示出相当程度的谨慎。如同对待伊拉克北部的库尔德人一样，达到在程序上允许根据第七章采取行动的程度的对和平的威胁，不一定是南斯拉夫境内个人、团体或当事方的所遭受的苦难，而是对邻国所造成的危害。正如我们所看到的，各代表团证实了安理会有权采取行动的这种限制性观点，有几个代表团明确申明，南斯拉夫的局势在所有事项上完全是国内事务，除了与对邻国的威胁有关的事项之外。没有人建议邀请克罗地亚和斯洛文尼亚或任何其他共和国的代表参加，"南斯拉夫"代表团的地位也没有受到质疑，大概是受联邦总统府残余势力的指示。只有一位发言者，即美国国务卿，直接谈到克罗地亚局势的法律性质，称其为内部侵略。

但基本上，（安理会）在不使用武力的原则和边界的不可侵犯性方面达成了一致意见，即使在大多数代表团仍然认为其属于内部事务的情况下也是如此。这一结果本身就很重要，表明存在一项关于不使用超过第 2 条第 4 款的武力的义务，而第 2 条第 4 款只涉及国家。同样重要的是，间接确认了实际占领地保有原则（uti possidetis）在殖民背景之外的适用性，保护前地方或联邦边界不被强行改变，这在欧安会和欧共体的声明中首次有所暗示。

武器禁运和呼吁各国不要助长紧张局势，实际上确立了在这种情况下不干涉的明确义务。虽然南斯拉夫中央政府显然仍享有在安全理事会代表联盟的权力，但它不再有权要求外部援助，以努力在前南斯拉夫全境建立控制。

377　　当然,由于中央政府一致支持对包括它自己在内的所有各方实行武器禁运,南斯拉夫案例的先例价值受到了质疑。然而,在安理会采取行动之前,它赞同西非国家经济共同体对利比里亚的干涉,随后又通过了对索马里国内冲突的武器禁运。从这个意义上说,南斯拉夫的禁运肯定符合新出现的法律实践,或许正将禁运稍微扩大到涉及脱离(联邦)的内乱领域。

结论

当然,南斯拉夫事件还没有结束,现在就试图评价其影响还为时过早。但是,可以就涉及制度、程序和实体法的问题,提出一些初步意见。

在体制上,南斯拉夫危机对欧共体、欧安会以及在稍小程度上对联合国提出了严峻的考验。欧共体和欧安会都没有军事能力对危机进行武力干涉,即使有,使用这种能力也可能被认为在政治上不谨慎。另一方面,两个组织确实在各种外交举措中进行了合作,这种合作是必要的,因为欧安会缺乏经济实力和体制权威,仅以经济制裁作为寻求和限制冲突各方的手段无法形成威胁。事实上,欧安会的机制是建立在非约束性的承诺基础上的,因此,该组织很难实施强硬和有约束力的措施。另一方面,欧共体确实具有相当大的经济影响力,但南斯拉夫社会主义联邦共和国和新兴实体都不是《欧共体条约》的缔约国。因此,欧共体不能像一个集体安全组织那样发挥作用,而是通过欧安会被绑在一个松散的共同安全结构中。当然,当拟议的武器禁运和全面经济制裁需要有约束力和普遍适用的制裁时,则会通过联合国安全理事会。同样,维和行动也是由联合国而不是其他两个组织承担的,尽管安理会似乎认为这两个组织都是《宪章》第七章意义上的区域机构。然而,欧安会内部最初在排除新的"南斯拉夫"实体问题上的僵局表明,新的欧洲距离一个拥有通常不依赖共识的可行程序的有效安全机制还有多么远。

一旦战斗开始,欧安会和社区都没有因为不干涉的程序障碍而停止参与局势,这与它们在暴力爆发之前采取的温和谨慎的做法形成鲜明对比。欧洲在解决这种可能引起爆炸式反应的局势方面的共同利益得到了明确的承认,尽管贝尔格莱德的中央当局提出了抗议。另一方面,联合国继续假装避免干涉基本上属于会员国管辖范围的事务,声称它实际上是在处理局势的外部影响,甚至是应前中央当局的要求这样做。

至于实体法,允许脱离和由此产生的实体的地位是需要解决的最突出的问题。这两点都与承认有关,实际上也与承认的法律性质和功能相互关联。

尽管仲裁委员会提出了详细的建议,但承认斯洛文尼亚和克罗地亚以及最初不承认马其顿的决定,再次证实了在这种情况下的承认的政治属性。不承认并不意味着马其顿没有达到国家地位的要求;只是因为欧共体,或者说希腊,最初不愿意与该实体建立外交关系。因此,承认是一个程序问题,因为如果不承认,这些前共和国就无法享有国际地位——无论是在双边还是在国际论坛上——但承认并不是创造与国家地位相关的基本实质性权利的必要条件。

欧共体、欧安会、联合国及其成员试图遏制南斯拉夫社会主义联邦共和国的解体,或至少迫使各方接受某些关于解体后内外事务的法律规则,这可能在很大程度上造成了危机的严重性。国际社会试图用来影响该事件的主要武器就是拒绝承认;然而,在这场危机中,特别是对斯洛文尼亚和克罗地亚,承认的影响被严重误解。

在法律上,这两个实体几个月来已经满足了建国的所有传统要求。人民有权行使自决权,并对民选政府表现出令人印象深刻的忠诚。该政府对大致界定的领土的大部分地区行使有效的权力,另一个实体非法使用武力而使该政府对某些地区缺乏控制,不会削弱其对主权的主张。根据迄今为止普遍存在的国际法原则,这些情况本身就应该足够了。然而,国际社会现在把承认变成了国家地位的一个构成要素,或者说似乎是这样。毕竟,在给予承认之前,已不复存在的南斯拉夫联盟的武装部队对杜布罗夫尼克、武科瓦尔和其他目标的攻击并没有被正式认为是国际侵略行为。斯洛文尼亚和克罗地亚甚至不被允许在联合国安全理事会发言。未能通过承认——主要是与建立外交关系有关的行为——正式确认它们的权利,塞尔维亚根据构成说理论进行了解释,该理论认为,一个国家在得到承认之前,在法律上是不存在的。塞尔维亚当然认为,不承认就证实了南斯拉夫作为一个国家仍然存在的主张,中央政府有权对整个联邦行使权力,甚至通过使用武力重新建立这种控制。

原则上,这种对局势的理解不应该使南斯拉夫各族人民完全得不到保护,即使承认是国家地位或相关基本权利的组成部分。国际人权法和人道主义规则仍应保障前联邦境内的基本权利和自由。然而,在国际上负有履行人权义务责任的南斯拉夫中央政府,却没有对它本应约束的国家当局,特别是军队,或对它本应保

第五章 使用武力的国际法规则

护的克罗地亚和斯洛文尼亚人民行使有效的控制。

国际社会不愿意承认分离出去的共和国,主要有三个原因。第一,人们希望能够完全避免一个在殖民地范围之外赞成脱离联邦的先例。拒绝承认的目的是为了确保联邦的继续存在——这是不接受现实,不接受从现有的事实中产生的法律,这可能在很大程度上促成了随后的负面发展。塞尔维亚意识到分离主义共和国不可能得到承认,并认为它们因此不享有国际人格,因此认为可以随意阻挠旨在实现会使其对其他共和国的控制大大削弱的主权国家的松散联邦的谈判。

第二,当改革联邦的选择显然是不现实的时候,南斯拉夫所有实体就试图在合作下实现有序的权力移交。因此,即使促进解决的组织不得不承认,在某些情况下,脱离殖民背景是可能的,但它们仍然希望建立一个需要有关各方同意的先例。然而,塞尔维亚拒绝参加这种合作事业,并阻挠旨在根据适用于整个前联邦的商定标准实现希望脱离的共和国脱离的谈判。不过,欧共体继续利用"承认"作为胡萝卜和大棒,在人权和少数族裔权利、放弃领土要求和接受国际义务,包括先前存在的条约等问题上强加共同标准。塞尔维亚受到威胁,如果它不接受卡林顿会议(the Carrington conference)上起草的一揽子建议,(欧共体)将立即无条件地承认分离主义共和国。相反,对于寻求分离的共和国,除非它们也不可逆转地承诺遵守条约草案的规定,否则不予承认。这一政策肯定给人留下了这样的印象:承认不仅仅是愿意开放外交关系的证据——承认与否决定着基本权利的存在与否。

另一方面,欧共体、欧安会和联合国尽最大努力向塞尔维亚表明,斯洛文尼亚和克罗地亚已经是国际法律主体,即使在没有

379

得到承认的情况下,至少在一定程度上享有国际法的保护。它们没有把这种情况当作前南斯拉夫联盟的纯粹内部事务。如上所述,它们呼吁停火,谴责使用武力并宣布其结果在法律上无意义,实行武器禁运和其他制裁,并考虑部署一支维和部队。因此,承认并不被理解为国家地位或与国家地位相关的基本权利的组成部分。

最后,欧共体在德国和奥地利的压力下,被迫接受了单方面的分离,尽管承认仍有附加条件。根据1991年10月的《卡林顿建议》,各共和国不得不接受对其新赢得的主权的限制。但是,欧共体本身行为并没有按照其制定的获得承认的标准来行事。对克罗地亚的承认是在违背仲裁委员会的建议的情况下给予的。最初拒绝承认马其顿,原因是希腊的关切,而与一般国际法中国家地位的客观标准无关。对波斯尼亚-黑塞哥维那的承认也被用作一种政治工具,尽管方式完全不同。尽管萨拉热窝的新当局没有得到人民的一致支持,也没有有效地管理前共和国的所有地区,但在全民投票后立即给予承认,目的是阻止针对波斯尼亚-黑塞哥维那的武装活动。

因此,总的来说,当国际社会各机构几乎是自联合国成立以来第一次在殖民背景之外面对一个反对但有效的分离案例时,它们以一种混乱和不一致的方式行事。在世界其他地区,一些实体已经获得了有效的独立,但却得不到承认(如索马里兰和厄立特里亚),而且在某些国家内可能不可避免地出现了暴力的分离运动。南斯拉夫事件可能揭示了与分离权的实质有关的法律实践的核心。

1. 即使是在殖民背景之外,法律上也不阻止人民的脱离。

然而,在这一事件中,脱离的权利虽然以自决权为基础,但并不普遍适用于将各民族(即共享独特的种族、语言和文化特征的个体集合)重组为与其地理分布相匹配的政治单位。它只适用于那些居住在其领土范围先前已由自治政府和行政当局界定的区域的人(如联邦州)。自决被认为不适用于前联邦实体(领土范围)内由少数民族作为当地人口多数派的飞地。最突出的例子是科索沃和克拉伊纳,这两个国家只在少数群体和人权的意义上被赋予了自决权,尽管,至少前者,已有自治政府的结构。这种克制的做法,旨在维持国家制度的基本参数,避免离心倾向的扩散和主张,今后几年将在波斯尼亚-黑塞哥维那和其他地区受到严峻考验。此外,这可能导致中央当局不愿意给予宪法权力下放,如果这种权力下放伴有分离权的种子的话。

2. 虽然征得分离所针对的中央当局的同意是被鼓励的,但这并不构成落实自决权的要求。当有权行使自决权的实体进行了公平、自由和(可能的话)在国际监督下的公民投票,并且用尽了谈判分离的所有合理途径时,同意的要求就被取代了。

3. 一旦谈判已经用尽,而且公民投票确认了民众的独立愿望,分离的实体就享有自决权所衍生的国际人格要素。特别是,前中央当局不得在分离实体内强行行使权力。在此情形下,被强行排除在全民投票之外的、享有自决权和分离权的人民是否可以暂时享有类似的权利,并没有得到澄清。

4. 如果分离实体对其人口和领土实现了有效的政府和行政控制,它就满足了国家的标准,尽管在没有得到外交承认的情况下,它可能无法充分维护其基本权利,而这些权利的存在仅仅是因为它满足了这些标准。如果分离的实体因武力而无法实现有效控制，并受到来自前中央当局的威胁或使用武力，国际社会：

- 无权协助中央政府在分离领土内行使权力的企图；
- 无权承认对分离实体使用武力的结果；以及
- 有权根据《联合国宪章》第六章、第七章和第八章，并在其范围内采取集体措施，阻止中央当局对分离实体使用武力。

5. 一个更有争议的问题是，个别国家可以采取什么措施来支持有权在殖民背景之外行使自决权的实体的自决斗争。南斯拉夫事件在这一点上没有提供什么指导。然而，欧共体、欧安会和联合国一直呼吁邻国不要进行可能使局势恶化的活动，这可以理解为表明不允许对合法分离的实体进行干涉，尽管这种限制不一定适用于严格的人道主义援助。联合国安全理事会在通过对所有各方的强制性武器禁运时，进一步加强了对不允许军事援助的推定。

6. 在决定是否承认分离实体时，即在决定是否建立外交关系时，国际社会似乎越来越多地受到国际公共政策考虑的指导。如果分离实体没有承诺保护人权和少数群体的权利，放弃领土要求，诉诸和平方式解决争端，并接受先有的条约义务和关于维护国际和平与安全的一般原则，包括核不扩散，那么承认——在任何情况下都是一种自愿行为——可以不被给予，而且很可能不被承认。

对联合国授权的人道主义干涉的再审视

约斯特·德尔布鲁克[1]

安全理事会 1991 年 4 月 5 日通过的第 688 号决议可能表明

---

[1] 67 In. L. J. 887, 895-901 (1992). (脚注省略)

安理会改变了以往的做法。在该决议中,安全理事会以强烈的措辞要求伊拉克结束对伊拉克境内库尔德人和其他少数民族的镇压,并允许向受压迫人民提供援助的国际人道主义组织进入其领土。此外,第 688 号决议要求联合国秘书长以一切可用的必要手段支持难民。

在第 688 号决议中,安全理事会在没有明确提及第 39 条或整个第七章的情况下,将伊拉克政府对库尔德人的迫害定性为"威胁国际和平与安全"。显然,第 39 条被安理会视为其决定的法律依据,鉴于这一法律依据,这一决定必须被视为对伊拉克所有地区具有约束力。伊拉克政府对这一观点提出了质疑,指出该决议的授权赋予了联合国秘书长一定程度的政治自由裁量权,以决定他将如何执行任务。此外,伊拉克政府强调,联合国秘书长对库尔德人的授权救济行动是基于与伊拉克政府签订的谅解备忘录,而该备忘录明确承认"尊重领土完整、政治独立和不干涉原则"。因此,根据伊拉克的立场,联合国发起的救济单位及其营地在伊拉克领土上的存在在法律上取决于伊拉克政府的主权同意,而不是联合国安全理事会的任何有约束力的决定。然而,这种观点既没有反映第 688 号决议的法律性质,也没有反映安全理事会的意图。安理会明确评估伊拉克对伊拉克境内库尔德人和其他少数民族的压迫是对国际和平与安全的威胁,而且完全没有暗示该决议只是一个建议,这显然默许了美、英、法三国军队在伊拉克北部临时驻扎,为库尔德人提供支持和保护,防止伊拉克政府军的种族灭绝攻击。如果对伊拉克境内库尔德人的援助和保护要以伊拉克同意为前提,那么安理会不可能接受第 688 号决议规定的这些活动。

为了在联合国的法律和体制框架内找到更有效地保护国际人权不受公然违反基本人权准则行为侵害的方法,我们必须从解释《宪章》第七章和第 2 条第 7 款开始。首先,对有关条款的字面和系统解释表明,安全理事会根据第六章所拥有的权力范围必须超出抵御或防止侵略行为或对国际和平与安全的军事破坏或威胁的权力范围。否则,作为根据第七章规定采取的措施,在第 2 条第 7 款中得到规定的不干涉原则一般规则的例外情况就没有任何实质意义:侵略行为和对和平的军事威胁就其性质而言,并不是成员国的内部事务。因此,针对这种行为或威胁所采取的措施永远不可能构成国际法规定的非法干涉,因此不需要明确排除在第 2 条第 7 款的不干涉原则之外。显然,第 2 条第 7 款预设了安全理事会根据第七章采取措施的可能性,这些措施如果不根据第七章采取,将构成对第 2 条第 7 款不干涉原则的违反。安全理事会采取的授权对一个会员国领土进行干涉就属于这一类,以结束或防止种族灭绝或类似的行为。比如安全理事会本可以下令对柬埔寨进行军事干涉,以结束波尔布特政权(红色高棉)犯下的种族灭绝。

但是,安全理事会没有采取这种行动。原因可能是柬埔寨当时的国内局势不被认为是对国际和平与安全的直接威胁。即使安全理事会接受了对第 2 条第 7 款的解释,即允许安全理事会为抵御军事侵略或破坏或威胁和平以外的原因采取强行干涉措施,但如果不首先确定柬埔寨的局势至少对国际和平与安全构成威胁,安理会就不可能根据第七章对波尔布特屠杀事件做出反应。

事实上,对假设的联合国对柬埔寨进行干涉的分析表明,将第 2 条第 7 款解释为允许安全理事会出于打击侵略行为或类似行为以外的原因进行干涉,并不能解决问题。如果第2条第7款允许基于其他理由实施干涉,它的条件只能是这些干预措施的依据是《宪章》第七章,也就是说,是为了纠正一种至少《宪章》第39条意义上的"威胁国际和平与安全"的情形。该条是安全理事会采取或授权采取强制行动的唯一法律依据。第2条第7款本身并没有赋予安理会更多的权力;如前所述,该条只是对根据第七章采取的措施给予不干涉原则的例外。这些措施可包括旨在制止或防止个别国家实施的不包括侵略和威胁或破坏和平行为在内的强行干涉,但前提是这些行动至少构成《宪章》第39条规定的"威胁国际和平与安全"。如果安全理事会要对个别国家境内严重侵犯基本人权的行为做出更有效的反应,即可能使用武力,就必须采取额外的步骤,对《宪章》,特别是对第39条进行(重新)解释。

建议的出发点是对《宪章》第39条中使用的"威胁国际和平与安全"的概念进行必要的(重新)解释。如果"威胁国际和平与安全"仅指在国家的国际、跨边界关系中使用军事武力的威胁,那么柬埔寨的种族灭绝或伊拉克库尔德人的待遇等情况就不能被视为"对国际和平的威胁",从而排除了安全理事会代表被压迫人民进行的任何强制干涉。但是,如果第2条第7款预先假定安全理事会有可能针对对国际和平的军事威胁以外的国家行动采取强制措施,而这些措施如果没有得到安理会根据第七章的授权或采取,就会构成非法干涉,那么,只有当第39条中使用的"威胁国际和平与安全"的概念具有比军事威胁更广泛的含义时,这才符合《宪章》的规定。它还必须包括其本质上可能构成对第39条狭义上的国际和平与安全的潜在威胁的那些情况。

事实上，相当一段时间以来，安全理事会一直在为更广泛地理解"对国际和平与安全的威胁"这一概念铺平道路。在根据第七章针对南非种族隔离制度做出的决定中，安理会将种族隔离制度定性为"对国际和平的威胁"。在关于南罗德西亚（津巴布韦）伊恩·史密斯政权的决定中也是如此。在最近关于伊拉克问题的决定中，安全理事会还——如前所述——将对库尔德人的迫害描述为"对国际和平与安全的威胁"。这一观点值得支持。

假设在一个对此类行为高度敏感的世界中，大规模的种族灭绝程度的侵犯人权行为迟早会升级为国际军事冲突，这是完全现实的。这种事态发展的最新例子是南斯拉夫——或者说塞尔维亚——中央当局对克罗地亚发动的战争，克罗地亚要求自由行使其民族自决权，但被塞尔维亚大规模使用军事力量剥夺。起初是一场内部冲突，现在却变成了对国际和平的威胁。然而，这意味着，在这种情况下，没有必要对"威胁国际和平"的概念做扩大解释，因为冲突本身的动态已经成为《宪章》第39条意义上的国际冲突。还有一点是正确的，即具有种族灭绝性质的大规模和严重侵犯人权，特别是以军事手段进行的侵犯，与和平作为一种法律秩序的认识是不相容的。因此，它们构成对国际和平的威胁。

继续限制联合国干涉内战
玛丽·埃伦·奥康奈尔①

联合国能否在未经冲突各方同意的情况下向内战派遣军队？迄今为止，联合国从未这样做过，但随着冷战的结束，联合国可以

---

① 67 In. L. J. 903, 903–913 (1992). (脚注省略)

重新思考其在内战中的适当作用。在过去的一年里,安理会收到了对伊拉克、南斯拉夫和索马里内战实施干涉的请求。到目前为止,联合国已经向伊拉克和南斯拉夫派遣了军队,但都是在得到各方同意后才派遣的。

安全理事会最近的决定符合《联合国宪章》的要求。根据《宪章》,联合国不得干涉成员国的内部事务。此外,《宪章》禁止安全理事会采取强制行动,除非是为了应对对国际和平与安全的威胁。然而,前联合国维和行动负责人布莱恩·厄克特最近呼吁联合国不顾各方同意与否,对南斯拉夫进行干涉,以便达成停火协议,更快地结束流血事件。厄克特和其他一些人一样,近年来一直呼吁修改或重新解释《联合国宪章》,允许联合国为各种人道主义目的使用军事手段。然而,军事干涉不太可能产生良性结果。历史常常表明,干涉内战只会延长流血,而不是结束战争。此外,干涉会剥夺人民的自决权,而且本质上是不人道的。

1990年8月,伊拉克入侵并占领了邻国科威特。11月,联合国安理会援引《宪章》第七章的授权,授权一个多国联盟部队使用武力解放科威特。随着战斗的结束,伊拉克库尔德人开始反抗巴格达政府。库尔德人希望反伊拉克联盟将他们和科威特一起从萨达姆·侯赛因政权手中解放出来。虽然联军政府对库尔德人表示同情,但这一请求立即引起了人们对干涉伊拉克以援助分离主义运动的合法性的关注。

1. 伊拉克

联军的关切是正确的。《联合国宪章》授权使用武力,但仅限于针对国际侵略。虽然库尔德人的人权是国际社会关注的问题,但侵犯受国际保护的人权并不能触发安全理事会使用武力的权力。安全理事会只能为"维护国际和平与安全"采取行动。此外,安理会必须避免通过改变一个国家的政治安排来干涉成员国的内政。安全理事会认真对待这些规则,授权进行人道主义救援,但不批准可能改变政治现状的干涉。

安理会决定只允许向库尔德人提供人道主义援助,这对未来的援助请求是一个重要的先例——比如克罗地亚人早已请求的援助。因此,应充分理解针对库尔德决定的背景和理由。

1991年2月28日,解放科威特的战斗刚刚结束,伊拉克内战就开始了。伊拉克北部的库尔德人开始反抗伊拉克政府,显然是为了脱离伊拉克或至少建立一个库尔德自治区。这一发展似乎让联合国和联军措手不及。两者都拒绝了最初的为了库尔德人而实施干涉的呼吁。美国采取的立场是,它不能进行军事干涉以支持起义,因为这将是对伊拉克内政的非法干涉。法国人同意这一法律评估,但认为"法律是一回事,但保护民众是另一回事,是如此重要,人类不能无动于衷"。法国表示,将努力争取修改法律,允许干涉。

然而,法国无法说服安理会其他常任理事国授权武力解放库尔德人。相反,安理会下令为库尔德人提供人道主义援助。在第688号决议中,安理会认为伊拉克对库尔德人的袭击对该地区的和平构成了威胁:

> 安全理事会……
> 谴责在伊拉克许多地区,包括最近在库尔德人居住区,对伊拉克平民的镇压,其后果威胁到该区域的国际和平与安

全……

在该决议执行部分随后的段落中,安理会呼吁伊拉克结束对库尔德人的镇压,并允许国际人道主义援助进入伊拉克北部。这是安理会在避免导致获得安理会 15 个成员所需的三分之二票数失败的情况下所能做到的极限。事实上,中国和印度投了弃权票,而古巴、也门和津巴布韦投了反对票。所有国家都表示,它们认为该决议干涉了伊拉克的内政。

如果联合国帮助库尔德人脱离或重新安排伊拉克政府,那么它就会干涉伊拉克的内政。然而,联合国向库尔德人提供人道主义援助,并没有通过采取武力以外的措施来进行干涉。根据国际法院的规定,实施人道主义援助,即使是违背有效控制的政府的意愿,也不属于非法干涉。在尼加拉瓜一案中,国际法院认为:

> 毫无疑问,向另一国的人员或部队提供严格的人道主义援助,不论其政治立场或目标如何,不能被视为非法干涉,或以任何其他方式违反国际法。

向库尔德人提供的援助类型——基本上是食物、水和住所——肯定属于这些范围。

安理会一通过第 688 号决议,英国和美国就同时宣布,它们在该地区的部队将执行人道主义援助。他们首先分发粮食。然而,10 天后,美国宣布其部队也将在伊拉克境内设立难民营,并进一步宣布将保护难民免受伊拉克的攻击。英军、法军、荷军、德军很快就加入了这一行列,将北纬 36 度线以北的伊拉克军队排除在外。

然而,建立保护区,似乎已经超出了第 688 号决议的条款。英国人却认为,第 688 号决议确实授权了建立保护区。在第 688 号决议中,安全理事会认为,伊拉克对库尔德人的行动威胁到了该地区的和平。这一措辞重复了第 678 号决议中关于伊拉克威胁该地区和平的结论。早先的这一结论促使安全理事会授权使用"一切必要手段"执行安理会呼吁结束伊拉克对科威特的占领和恢复"该地区的国际和平与安全"的决议。一些人认为,第 688 号和第 678 号决议授权联盟成员使用"一切必要手段"在包括库尔德地区在内的地区实现和平。因此,伊拉克对科威特的侵略构成了建立保护区权利的法律基础,而这种权利,是国家在提供人道主义援助时通常不会享有的。

然而,尽管有广泛的授权,联盟成员并不认为它们有权帮助库尔德人赢得对伊拉克的军事斗争。第 688 号决议只谈到了人道主义措施,联盟事实上将其帮助限制在人道主义援助上。到 4 月,当联盟部队开始抵达伊拉克北部时,库尔德人正在逃离。他们不再抵抗伊拉克人。在伊拉克人和库尔德人之间建立缓冲区,并没有给库尔德人提供任何显著的军事优势。事实上,联军没有杀死任何伊拉克人。

4 月初以后,联军成员没有呼吁人道主义援助之外的任何行动。美国显然是出于实际考虑。它表达了对卷入一场漫长的、血腥的、越南式的内战的担忧。它关切的是,伊拉克应该作为一个可行的国家存在。无论是美国还是其他任何人都不能肯定库尔德人能够在没有伊拉克的情况下形成一个可行的国家,也不能肯定他们在伊拉克的成功会不会鼓励土耳其和伊朗的起义,导致该地区的战争蔓延。也不清楚援助库尔德人最终是否会帮助实现民族自我决定。这里的"自我"又是谁？库尔德人还是全体伊拉克人民？类似的关切在其他内部冲突中经常出现，进而形成了反对军事干涉内战的一般规则。

到 4 月的最后一个星期，联军甚至急于让自己的部队撤出对库尔德人的人道主义援助。英国建议组建一支联合国警察部队，派去取代伊拉克北部的联军。美国认为，秘书长可以在没有安全理事会决议的情况下这样做。然而，秘书长不同意，并寻求安全理事会授权或伊拉克的同意。通常情况下，安理会或大会在得到冲突各方的同意后，才会授权派遣维和部队。联合国部队是缓冲部队，而不是作战部队，如果没有各方的同意，很快就会成为牺牲品。

联合国维和部队最终取代联军继续对库尔德人进行缓冲。安理会成员重申了对联合国不干涉伊拉克事务的关切，直到伊拉克同意，联合国部队才于 6 月前往伊拉克代替联军。

2. 南斯拉夫

就在联合国维持和平部队于仲夏前往伊拉克的同时，在南斯拉夫，已经宣布独立的克罗地亚省与南斯拉夫联邦政府之间爆发了战斗。这次冲突也引发了联合国干涉内战的问题。然而，安全理事会再次采取了谨慎而适当的路线。

在战争的最初几个月，联合国没有发挥任何作用。欧共体希望对冲突进行调解，宣布这是欧洲的事情。但欧共体在 9 月中旬之前没有成功地实现停火，于是荷兰要求组建一支欧洲部队，对南斯拉夫进行干涉。但是，如果没有安全理事会的授权或冲突各方的同意，这种部队不能合法地进行干涉。荷兰也承认这一点。11月中旬，在克罗地亚人和南斯拉夫联盟政府表示愿意后，英国、法国和比利时请求安理会介入。它们要求安理会派遣一支维和部队，并对南斯拉夫实施强制性石油禁运。

当安理会开始审议这一请求，就维和部队的规模和目的进行辩论时，立即引发了该部队应遵守什么边界的问题。到11月，南联盟部队几乎占领了克罗地亚三分之一的土地，并明确表示他们的立场，即所有联合国部队必须遵守占领的边界。当然，克罗地亚官员要求遵守原来的边界。这一争端引起了人们对各方不同意派遣维和特派团的关切。"难道武力可以不经授权就使用吗？"

如前所述，布莱恩·厄克特最近主张在未经同意和没有停火的情况下派遣部队。他将允许部队在建立停火之前进行战斗，但他承认这将彻底背离先例。如前一节所述，只有在各方同意的情况下才会使用联合国维和部队。当安全理事会援引第七章第39条的授权时，联合国显然有权在未经目标国同意的情况下使用军队。但第七章规定，在采取行动之前，必须确认该事件对国际和平构成威胁。包括美国在内的一些国家有时认为，安理会可以根据第39条确定对和平的威胁，即使这些威胁是非国际性的。也许是这样，但似乎也很清楚，除非安理会发现对国际和平的威胁，就像它在库尔德人问题上所做的那样，否则它不能下令采取行动。在南斯拉夫的局势中，似乎没有任何外部国家受到战争威胁或处于干涉的边缘。经过9个月的战斗，内战没有扩大到南斯拉夫以外。

有些人认为，安理会不需要认定对国际和平的实际威胁。因为只有安理会才有权认定对和平的威胁，而不需要参考任何限制性准则,所以它可以认定任何争端都是对和平的破坏——应该,也包括像南斯拉夫这样没有威胁到其他国家的战争。这种观点认为,对和平的威胁是由安全理事会的审议过程决定的,而不是根据什么是威胁国际和平的任何实质性概念。

然而,这种解释不符合《宪章》的立法精神。第2条第7款明确规定,会员国的内部事务不属于本组织的管辖范围。事实上,在民主制度盛行之前,战争是许多国家政权更迭的典型方式。联合国如果能够干涉这些事务,显然是把自己当作了世界政府。

> 当获得联合国援助的目的是以武力强加一种无法通过实行自决原则实现的政治解决时,例如,承认人民自己有权在不受强迫的情况下自由决定其政府的形式,决定管理其政府机构的人,或这种政府必须遵守的规则——这种干涉不能被视为合法。

南斯拉夫的情况显然如此——联合国除非通过武力,否则无法确立政治解决方法,而这种解决方法将干涉自决。除非对"和平的威胁"这一概念不加限制,那么,联合国在未经各方同意的情况下进行干涉是没有法律依据的。

联合国实施的与南斯拉夫情况最类似的干涉,是1960年的刚果内战。安全理事会最初授权联合国进行干涉,以对抗比利时在刚果独立前夕的干涉。然而,联合国最终与中央政府一起对抗试图分离的加丹加省人民。联合国试图保持中立,但却无法做到,从而使天平倒向不利于试图分离的一方。

同样,联合国也不可能为在南斯拉夫建立停火而进行中立的战斗。如果克罗地亚人或南斯拉夫中央政府进行抵抗,联合国将进行反击。联合国干涉后,联合国军队的成败将改变战役的形势,从而帮助一方伤害一方。此外,正如英国军队在北爱尔兰一样,联合国军队很难不对其中的一方或另一方产生同情。国际舆论似乎站在克罗地亚这一边,当然欧洲舆论也是如此,但目前的国际法表明联合国应该站在联邦政府这一边。虽然《宪章》赋予了像克罗地亚这样的民族以民族自决权,但这一权利最好解释为代议制政府的权利,而不是破坏南斯拉夫领土完整的权利。为了避免陷入法律和情感的冲突之中,联合国最好在停火后并在双方同意的情况下进行干涉。

就在11月27日,南斯拉夫各方同意联合国进驻,安理会通过了一项决议,授权派遣一支1万人的部队。这将是自联合国干涉刚果以来规模最大的部队部署。然而,在撰写本文时,这支部队还没有派出。秘书长已经承诺,在南斯拉夫实现可行的停火之前,不会派出这支部队。尽管这支部队的规模很大,但秘书长仍不认为它是一支作战部队。它的目的不是为了干涉战争以扰乱现状,而只是作为一支缓冲部队。

同时,秘书长试图说服德国和其他国家不承认克罗地亚。秘书长认为,承认将阻碍危机的全面政治解决。对承认国来说,承认意味着战斗不再是内战而是国际战争。然后,各国可以应一个被外部攻击的政府的要求进行干涉。德国并没有说过在承认后会向克罗地亚派兵或提供援助,它这样做是为了降低南斯拉夫政府的战争意愿。然而,除非人们能够确定这一结果,否则最好的解决方案肯定是只提供合法的人道主义援助,并使用和平手段鼓励问题解决。

结论

不幸的是,冷战的结束给联合国带来了活力,也助长了有利于内战的条件。然而,这些情况的同时发生不应鼓励联合国对内战进行军事干涉。根据现行法律,联合国不得在未经同意的情况下干涉内战。不干涉原则也不应改变:作为一个由平等国家组成的组织,联合国不该成为哪些国家应该保持统一、哪些国家应该解体的仲裁者。联合国当然应该努力帮助斡旋和平解决,但不应该使用军事手段强加政治解决。军事手段并不会促进民族自决、人权或人道主义利益。

《洛杉矶时报》1992年10月10日,A8版

联合国授权设立波斯尼亚禁飞区
安理会决议:如果塞尔维亚人违反禁令,可以选择空中作战巡逻

安全理事会星期五禁止在波黑上空进行军事飞行,那里只有塞尔维亚军队的战机,安理会还保留授权在违反(禁飞)禁令的情况下进行空中作战巡逻。

一项立即设立"禁飞区"的决议以14票赞成、0票反对获得通过,只有中国投了弃权票。

联合国驻南斯拉夫保护部队奉命在必要时向前联邦各地的机场派驻观察员,以监督禁令的执行情况。

其他国家也被要求"根据技术监测和其他能力"——这指的是雷达和空中预警机——提供协助。

理事会表示，如果出现违反禁令的情况，它将"紧急考虑采取必要的进一步措施来执行这一禁令"。

该决议称，建立禁飞区对于确保向被围困的共和国安全运送人道主义物资至关重要，是朝着结束敌对行为迈出的决定性的一步。

自波斯尼亚塞尔维亚族人最初在贝尔格莱德政府的帮助下，4月拿起武器阻止波黑脱离已解体的南斯拉夫联邦以来，已有1.5万多人被杀。

美国驻联合国大使埃德瓦尔·帕金斯（Edwar Perkins）说，该决议体现了各方在8月的南斯拉夫问题伦敦会议上达成的尚未执行的飞行禁令。他警告说："如果……目前的决议被违反，政府将采取行动，寻求理事会通过另一项决议，授权在波黑上空设立禁飞区。"英国联合国特使戴维·汉内爵士（Sir David Hannay）在安理会会议前向记者表示："任何认为他们可以藐视这项禁令而不被发现的人，都会大吃一惊。任何认为即使被发现后，也不会被采取任何行动的人，也会大吃一惊。"

波斯尼亚塞族人在很大程度上被联合国指责为引发了长达6个月的冲突，并通过所谓的"种族清洗"驱赶其他族裔，他们估计有40架飞机，是前南斯拉夫军队留下的。而波斯尼亚政府则没有。

美国从一开始就希望派出战斗机巡逻队来执行禁令，但被有军队在联合国保护部队中服役的英国和法国劝阻。

与秘书长布特罗斯·布特罗斯-加利（Boutros Boutros-Ghali）一样，它们担心与一直在袭击平民和军事目标的塞尔维亚战机发生冲突，可能导致对（联合国保护）部队的报复。

联合国保护部队在波黑大约有 1 500 人,预计未来几周内还将有 5 000 人增援。而在邻国克罗地亚,约有 1.4 万名联合国军守卫着主要由塞族人居住的飞地,是时候由安全理事会建立禁飞区了。美国、英国和法国在伊拉克北部和南部的大片地区实施禁飞令,但这源于海湾战争的余波,当时库尔德人和什叶派持不同政见者反抗巴格达政府,也是因为没有得到安全理事会的直接授权。

空中警报

虽然波斯尼亚上空的"禁飞区"禁止塞尔维亚战机飞行,但目前还没有任何规定来阻止它们。

391

纽约时报,1992 年 12 月 15 日,A8 版

392

美国必须摧毁这片土地的武装?

作者:简·佩雷兹

纽约时报特别报道

解除武装问题已成为美国主导的索马里军事干涉行动中的一个敏感话题,大量的武器给士兵造成了一个危险的环境,并使人们对索马里的和平未来产生怀疑。

正是这些枪支在很大程度上造成了饥荒,使联合国的救济努力停滞不前,也因此带来了美国人,许多索马里人希望这不仅能使他们摆脱饥饿,而且能将他们中许多人从猖獗的武器泛滥的传统中拯救出来。

但是,美国人准备在多大程度上解除索马里人的武装?索马里人是否愿意被解除武装?如果美国人不解除他们的武装,那么

帮助索马里人实现自给自足的任务是否值得?

联合国秘书长布特罗斯·布特罗斯-加利上周末表示,如果不解除索马里的武装,这次行动就会失败,并说布什政府已经承诺这样做,尽管安全理事会授权这次行动的决议中没有这样的措辞。

[在华盛顿,白宫发言人马林·菲茨沃特否认美国承诺解除武装。"我们的任务一直是,我们将收缴那些被使用的而且我们碰到了的武器,"他说,"但解除武装并不是我们任务的一部分,这一点没有改变。"]

[在联合国,布特罗斯-加利先生也坚持自己的立场。"解除武装对于提供安全非常重要,这将使我们能够以维和行动取代统一的指挥部,"他说,"联合国和安全理事会的观点是,解除武装是先决条件。"]

美国官员在这里支持政府的观点。"解除武装是一项巨大的工程,"这里的指挥官罗伯特·B. 约翰斯顿中将(Lieut. Gen. Robert B. Johnston)说,"在我们解决这一个问题之前,必须先改变我们的任务。"

美国官员说,他们担心如果开始大规模没收武器,部队可能会受到威胁。

这里的军事官员说,他们是根据一项政策行事的,该政策要求在索马里人对美军人员构成威胁时,解除他们的武装。除此之外,美国只是在鼓励解除武装,而不是强制执行解除。

这实际上不可能

美国官员说,美军面临的风险和实际不可能解除一个拥有

450万~600万人口的国家的武装,这只是其中的一部分考虑因素。他们说,同样重要的是,许多索马里人会反对。

美国人在这里的任务是减轻苦难,他们正在尽一切可能将自己表现为一支友好而非敌对的力量。因此,美国人认为,他们对索马里人的持枪权很敏感。

布什总统的索马里特使罗伯特·奥克利(Robert B. Oakley)说:"对索马里人来说,有三样东西很重要——妻子、骆驼和武器。"拥有武器的权利刻在索马里人的灵魂中,所以,当他们听到外国人会用武力夺走他们的武器时,他们会说:"不,不可能。"

奥克利先生说,挨家挨户的搜查将是"荒谬的"。他说:"索马里人会认为这是一种十足的殖民主义。"

一场劝说战

1982—1984年在这里担任大使的奥克利先生说,美国人正在集中精力寻找一种方法,使大多数重武器离开街道,运进管辖区。

最大的挑战是说服以部落为基础的索马里派系的领导人将他们的武装车辆——装有高射炮或无后坐力步枪的吉普车——开进围墙内。

上周五,两个最强大部族派系的领导人穆罕默德·法拉赫·艾迪德(Mohammed Farah Aidid)将军和穆罕默德·阿里·马赫迪(Mohammed Ali Mahdi)将军承诺在48小时内将他们的武装车辆集中起来,但这是一个雄心勃勃的时间表,它没有考虑到那些草根出身的驾驶这些车辆的失业青年。

其他正在讨论的想法是"激励计划"或以枪支换取食物。但援助官员说,由于持枪者可以获得如此多的抢夺食物,食物似乎不太可能成为一个有吸引力的诱惑。

厌倦了武器

然而,索马里人建议采取更强硬的办法,国家警察局前局长阿希迈德·贾马(Ahimed Jama)呼吁美国人与索马里领导人一起在全国范围内开展为期4至6个月的解除武装计划。

贾马先生说:"解除武装并不容易,但应该做。"应该与各派别领导人一起进行,并且应该在全国范围内进行。如果你试图在摩加迪沙(Mogadishu)解除武装,那你只是在解除一个派别的武装。

贾马先生说,这种努力是可行的,因为"索马里人已经厌倦了这些枪炮"。

他说,美国人是唯一拥有授权和带着善意来完成这一任务的外部力量。

在摩加迪沙的街道上,军队对武器的处理方式各不相同。一架美国直升机被机枪击中后,摧毁了地面上的三辆汽车。在另一个案例中,美国人避免了与奥斯曼·阿托(Osman Ato)的冲突,他是艾迪德将军的主要资助者和武器供应商,没有处理他的一个被发现的武器储藏处。这似乎符合奥克利先生对这项政策的描述。"我们可以大举进攻,捣毁大量武器,"他说,"但这会引起很多敌意。我们想要的是,能够被接受并且能够发挥作用。"

问题

(1) 比较美国内战和越南战争中南北双方的斗争。就国际法而言,它们的共同点是什么?它们的区别是什么?

(2) 为什么内战在后冷战时代会成为一个问题？对于这个问题，《宪章》是怎么规定的？它应该如何规定？多斯瓦尔德-贝克为当前国家实践的立场提出了一个设想，宪章是否应该采取这一立场？对于多斯瓦尔德-贝克所描述的规则，柯克帕特里克和杰森怎么评价？利里奇或亨金怎么评价？

(3) 柯克帕特里克和杰森同利里奇一样，认为自决是《联合国宪章》的一项重要原则，因此不应从属于和平原则。他们用什么标准来确定干涉者什么时候是帮助自决，什么时候是为了自身利益的？

(4) 奥康奈尔认为，南斯拉夫冲突从一开始就没有构成第七章规定的"对国际和平的威胁"，而是一场内部冲突。她认为，在安全理事会得到所有各方对采取行动的许可或局势成为对国际和平的威胁之前，安理会不得授权干涉这种冲突，这与第39条的字面含义是一致的，除非是为了保护人道主义援助的分配和阻止其他干涉者进入。欧利希认为，安全理事会在任何时候为了（a）提供人道主义援助或（b）减少冲突造成的生命损失而进行干涉都是合法的（虽然不一定是明智的）。他的结论是，如果安全理事会认定存在对国际和平的威胁，那么就不必满足进一步的法律要求；安全理事会根据第七章授权使用武力所固有的制衡是对行使武力的唯一法律限制。德尔布鲁克支持了欧利希的观点。奥康奈尔回应说，他们的做法忽视了《宪章》的文本和精神。谁是对的？

(5) 本章重点讨论了《宪章》第2条第4款广泛禁止使用武力的一系列可能的例外情况，其中包括：自卫、报复、反击、人道主义紧急情况、在内战中请求帮助和促进民主。现在，美国和苏联不再处于冷战状态，也许可以以两国和世界其他国家都能遵循的方式重新制定第 2 条第 4 款。重新考虑每一个例外情况,并考虑如何在此基础上对其进行措辞。请记住,《联合国宪章》是一部宪法,其条款必须足够宽泛,以涵盖未来不可预见的事件,同时也必须足够具体,以发挥效力。